TRILLIONS

（トリリオンズ）

How a Band of Wall Street Renegades
Invented the Index Fund and Changed Finance Forever

Robin Wigglesworth

［物語］
インデックス・ファンド革命

ロビン・ウィグルスワース　貫井佳子 訳

日本経済新聞出版

TRILLIONS

（トリリオンズ）

［物語］

インデックス・ファンド革命

TRILLIONS

by Robin Wigglesworth

Japanese translation rights arranged with
Janklow & Nesbit (UK) Ltd.
through Japan UNI Agency, Inc., Tokyo

マチルダとフィンへ
パッパから
無限に広がる超巨大ブラックホールよりも
大きな大きな愛をこめて

写真クレジット
ページ1：© Tim Seides ／ページ2上：courtesy of Markowitz's office ／ページ2下：courtesy of Stanford News Service ／ページ3中、ページ5上、ページ5下：© Dimensional Fund Advisors LP ／ページ3上：courtesy of John A. McQuown ／ページ3下：courtesy of Batterymarch Financial Management ／ページ4上：courtesy of Institutional Investor ／ページ4下：courtesy of Jan Twardowski ／ページ6上：copyright © 2021 by Eric T. Clothier, all rights reserved ／ページ6下：courtesy of BlackRock ／ページ7：courtesy of the Leuthold Group

目次

＊本文中、〔 〕は著者による追記、〔 〕は訳者による注記を示す。

本書に登場する人物

ウォーレン・バフェット
バークシャー・ハサウェイ会長で世界一有名な投資家。投資業界における世紀の賭けでインデックス・ファンドを利用し、ヘッジファンド・ポートフォリオで対抗した相手に勝利した。

テッド・サイディス
ヘッジファンド投資会社プロテジェ・パートナーズの共同創業者。一〇年間の運用成績でインデックス・ファンドが世界屈指のファンド・マネジャーに勝つ、と主張するバフェットの賭けに乗った。

ジャック・ボーグル
世界最大級のインデックス・ファンド運用会社バンガード・グループの創業者。投資業界で低コストのパッシブ投資商品の普及を推進し、より多くの人々に「公平な機会」を提供した功績から、しばしば「聖ジャック」と呼ばれた。

ルイ・バシュリエ
無名のまま他界した二〇世紀前半のフランスの数学者。株価の「ランダム・ウォーク」に関する研究がのちに発掘され、パッシブ投資理論のゴッドファーザーとみなされるようになった。

アルフレッド・コウルズ三世
シカゴ・トリビューン紙創業者の孫。裕福な家庭に生まれるが結核を患い、その療養生活の退屈しのぎに、プロの投資家の相対パフォーマンスをテーマとした、史上初とも言うべき本格的な研究を行った。

ジェイムズ・ローリー
社交的なシカゴ大学教授。メリルリンチから株式の長期投資リターンに関するデータの収集を依頼され、調査研究機関を創設した。そこで得られた株式市場に関する膨大で包括的な研究成果が、インデックス・ファンドの開発を勢いづける役割を果たした。

ハリー・マーコウィッツ
知性派経済学者。一九五二年に発表した金融市場に関する画期的な博士論文が、金融学の領域でとりわけ大きな影響力を発揮した。ノーベル経済学賞の受賞にもつながったこの論文は、その後のパッシブ投資革命の土台となった。

ウィリアム・シャープ
元医学生の経済学者。まだ希少だったプログラミング能力を発揮して、師匠のマーコウィッツと共同研究を行い、「市場ポートフォリオ」(つまりインデックス・ファンド)の威力を実証した。

ユージーン・ファーマ
若いころは運動選手として活躍した、シカゴ大学の伝説的な経済学者。市場に勝つのが難しい理由を効率的市場仮説で説明し、パッシブ投資という概念の誕生に寄与した。

ジョン・マクォーン
ウェルズ・ファーゴに創設された社内シンクタンクの初代責任者。恐ろしく強固な意志の持ち主で、コンピューター技術に習熟。大勢の花形経済学者をコンサルタントとして招き、金融業界を一変させることになる史上初のパッシブ投資ファンドを開発した。

レックス・シンクフィールド
ファーマの教え子で自称、効率的市場仮説の「アヤトラ」。アメリカン・ナショナル・バンク・[アンド・トラスト・カンパニー・]オブ・シカゴで史上初のS&P五〇〇インデックス・ファンドを創設した。のちに、マクォーンのかつての部下だったデイビッド・ブースとディメンショナル・ファンド・アドバイザーズ（DFA）を創業した。

ディーン・レバロン
断固たる意志をもった型破りな資産マネジャー。ゴーゴー時代と呼ばれる一九六〇年代の強気相場で名をはせたが、その後、自ら創業したバッテリーマーチで第一世代のインデックス・ファンドを創設した（ただし当初の顧客はゼロだった）。

ジェイムズ・バーティン
ウェルズ・ファーゴ金融分析部門の責任者。当初はマクォーンと激しく敵対していたが、やがてパッシブ投資推進派に改宗し、自らも熱心に改宗運動を行うようになった。

ウィリアム・ファウス
ちょびヒゲが特徴の美食家。大学時代はジャズ・ミュージシャンとして活動し、学費を自ら稼いだ。最初に就職したメロン・バンクを飛び出したのち、ウェルズ・ファーゴ金融分析部門に入り、同社の投資部門と最先端の研究を手がけるマクォーンのシンクタンクのあいだをとりもつ懸け橋的な役割を果たした。

ジェイムズ・リープ
ウェリントン・マネジメント時代のボーグルの右腕。内紛による「大分岐」後もボーグルに従ってバンガード創業に携わり、ファースト・インデックス・インベストメント・トラストの創設において重要な役割を果たした。

ジャン・トワルドウスキー
ボーグルのアシスタントを務めていた若き「クオンツ」。今では時代遅れとなっているプログラミング言語を用いて、バンガード初のインデックス・ミューチュアル・ファンドの設計に携わった。当初は十分な資金が集まらず、全銘柄を網羅できなかったが、パフォーマンスが指数から大きく乖離しないように工夫をこらした。

バートン・マルキール
著書 *A Random Walk Down Wall Street*（邦訳『ウォール街のランダム・ウォーカー』）で、ファーマらが構築した理論の多くを一般に広めた経済学者。のちにバンガードの取締役や、上場投資信託（ETF）を発明したアメリカン証券取引所（AMEX）の新商品委員会の委員長を務めた。

ジャック・ブレナン
育ちの良いボストン出身者で、ボーグルの信頼厚い右腕にして後継者。バンガードを巨大投資グループに成長させた立役者だったが、やがてボーグルと決裂した。二人の激しい対立により、一時はバンガードの先行きも危ぶまれた。

デイビッド・ブース
バスケットボールを愛するカンザス出身者。博士号取得をめざしていたが挫折し、ウェルズ・ファーゴのマクォーンの下で働きはじめた。その後、同じくファーマの教え子だったシンクフィールドとDFAを創業し、インデックス・ファンド革命が新たな領域へと発展するのを後押しした。

ラリー・クロッツ
DFA創業メンバーの一人で、AGベッカーの元トップ・セールスマン。創業当初、多くの大手顧客を獲得して会社に貢献したが、数年後にブースとシンクフィールドによって追放された。

ジーン・シンクフィールド
レックス・シンクフィールドの聡明だが厳格な妻。社会学博士から金融業界に転じて金融デリバティブの設計に携わり、やがてDFAのトレーディング担当責任者となった。DFAの新入社員全員に「ジーン・テスト」と呼ばれる口頭試問を課した。

ダン・ウィーラー
口達者な元海兵隊員の金融アドバイザー。DFAにリテール部門の創設を促し、金融アドバイザーを対象とした同社の研修プログラムの開催を主導した。同プログラムを通じて、効率的市場の教義を金融業界内に広く浸透させる役割を果たした。

ネイサン・モスト
マニアックだが温厚な性格の元物理学者で元潜水艦乗組員。さまざまな職を遍歴したのち、金融業界に足を踏み入れ、AMEXでETFの発明を主導した。

スティーブン・ブルーム
AMEXでのモストの若き相棒。ハーバード大学で経済学博士号を取得してすぐにAMEXに入社した。その古典的な経済学の見識とモストの型破りな独創性が見事に補完し合い、ETFの創設につながった。その後、ナスダック勤務を経て、陸軍士官学校で教鞭をとった。現在は国防総合大学ドワイト・D・アイゼンハワー国家安全保障・資源戦略スクールの教授。

アイバース・ライリー
ニューヨーク証券取引所（NYSE）のポスト争いでディック・グラッソに敗れ、AMEXに転職した元海軍パイロット。デリバティブ事業全体を統括し、業績不振のAMEXの「運命を変える商品」となる可能性をモストとブルームの発明に見いだした。

フレデリック・グラウアー
一度解雇されたウェルズ・ファーゴ・インベストメント・アドバイザーズ（WFIA）に呼び戻され、立て直しを任された元学術界のエリート。混乱に陥った同社を再起させ、世界屈指の投資グループへと発展する道筋をつけた。

パトリシア・ダン
大学でジャーナリズムを学んだあと、パートタイムの秘書として入社したWFIAでトップに抜擢されたカリスマ女性経営者。親会社と揉めて辞任した上司グラウアーの後を引き継いでバークレイズ・グローバル・インベスターズ（ＢＧＩ）の最高経営責任者（ＣＥＯ）に就任し、グラウアーを仰天させた。

リー・クレインファス
ダンにＢＧＩのＥＴＦ事業の変革を任された、起業家精神に富む元コンサルタント。不振のＥＴＦ事業ワールド・エクイティ・ベンチマーク・シェアーズ（ＷＥＢＳ）を、ｉシェアーズという独立したブランドとして再構築した。社内で反感を買うこともあったが、ｉシェアーズを誰も予想できなかったほどの成功に導いた。

ラリー・フィンク
巨額の損失を出してファースト・ボストンでの居場所を失った元世界的花形債券トレーダー。その後、創業したブラックロックを世界最大の投資会社に育て、汚名をそそいだ。

ロバート・カピート
フィンクのファースト・ボストン時代の右腕で、ブラックロックでも最も頼りにされている副官。ワイン愛好家で、愛想がなく攻撃的な性格で知られる。ブラックロックの事業拡大において非常に重要な役割を果たした。

ラルフ・シュロスタイン
財務省高官としての経験も有する元シェアソン・リーマン・ハットン社員で、友人フィンクと共同でブラックロックを創業した。政治家向きとも言える如才のなさを発揮して、買収したステート・ストリート・リサーチやメリルリンチ・インベストメント・マネジャーズ（ＭＬＩＭ）との事業統合を主導した。

マーク・ウィードマン
財務省高官の経歴をもつ社交的な性格の元弁護士。ブラックロックで買収したＢＧＩとの事業統合の指揮を任された。統合を成功に導いたことで、いずれ会社を去るであろうフィンクの後継者の有力候補とみなされている。

TRILLIONS
（トリリオンズ）

［物語］インデックス・ファンド革命

第1章 バフェットの賭け

BUFFETT'S BET

二〇〇七年夏、気だるく退屈なある朝のことだった。ニューヨーク近代美術館に隣接するビルの一五階にある瀟洒《しょうしゃ》な役員室で、テッド・サイディスは丸みを帯びた横長のモダンな机に向かっていた。CNBCにチャンネルを合わせたテレビは何やらがなりたてている。さしてやることもなかったため、サイディスは電子メールのチェックに取りかかった。おもしろい話はないものか。

ある友人から、ウォーレン・バフェットと大学生の一団のあいだで最近行われたミーティングの発言録が送られてきていた。サイディスはずっと前から伝説的なこの「オマハの賢人」のファンであり、バフェットが会長を務める巨大投資コングロマリット、バークシャー・ハサウェイの年次株主総会に熱心に参加してきた。この朝、発言録のある箇所を目にしたことで、そんなサイディスの心の中で何かがパチンと弾けた。

参加学生の一人が、一年前にバフェットが提案した賭けについて質問していた。アメリカの株式市場に連動する単純なファンドで、高実績を誇るヘッジファンド運用会社のどれをも上回るパフォーマンスをあげてみせる、という賭けだ。バフェットは、この賭けに乗る猛者が一人も現れなかったと答え、「つまり、わたしが正しいということなのでしょう」と続けた。ウォール街でキャリアを積んできた三六歳のサイディス（きれいにヒゲをそった映画監督ジャド・アパトーのような顔をしている）はめったなことでは動じないのだが、冷笑を含んだこの発言に腹立たしさを覚えた。なにしろヘッジファンドは自分の飯のタネなのだから。

運用の達人として名高いイェール大学基金のデイビッド・スウェンセンのもと、トップクラスの投資先を見きわめる技能を学んだサイディスは、二〇〇二年に投資グループ、プロテジェ・パートナーズを共同で創業した。年金基金やプライベート・バンクなどの顧客のために業界屈指の実力をもつヘッジファンドを発掘し、それらへ分散投資することに特化した「ファンド・オブ・ヘッジファンズ」である。プロテジェが顧客の代理として運用するヘッジファンドの規模は、二〇〇七年には三五億ドルに達していた。[1] そして運用リターンは、アメリカ株式市場の上昇率を優に上回る九五パーセントに及んでいた。

ヘッジファンド業界が最初に脚光を浴びたのは一九六〇年代だが、爆発的な成長を遂げたのは過去一〇年のことで、二〇〇七年には世界中の投資家の代理として二兆ドル近い資金を運用するようになっていた。ジョージ・ソロスやケネス・グリフィンなどの有力ヘッジファンド・マネジャーは巨額の富を蓄え、金融業界の他の高報酬分野の者からも嫉妬を買うほどだった。二〇〇〇年代半ばにはウォール街の若者の大半が、投資銀行で苦労したり、(「口をつつしめ」と言いたいところだが)企業向け融資のような地味な仕事をしたりするよりも、ヘッジファンドを運営したいと夢見るようになっていた。

こうしたヘッジファンド・ブームにバフェットは不満を募らせた。そもそも、ただ顧客に巨額の手数料を払わせて私腹を肥やしているだけのような凡人が投資業界にあふれている、との思いを長らくいだいていた。前出の賭けを初めて提案したバークシャー・ハサウェイの二〇〇六年の株主総会で、バフェットは投資業界を痛烈に批判した。

「妻が妊娠しているのなら、自宅出産を選ぶよりも産科医にかかったほうがいいし、水道管がつまったときは、配管工を呼んだほうがよいでしょう。大抵の場合、その道のプロには、素人が自力で成し遂げられることを超えるだけの付加価値があります。でも、総じて投資のプロはそうした付加価値を提供していません」。バフェットは総会参加者に向かってこう説いた。「膨大な数の投資家が、わたしの推計によれば総額で年一四〇〇億ドルのリターンをあげていますが、ある種の人にとって、それは一年の中のわずか一〇分間で自ら稼げる額です」。

まともな成績をあげていない資産運用のプロが実は多いというバフェットの指摘に、サイディスはある程度の共感を覚えたが、賭けの提案はバカげているとしか思えなかった。その夏の朝、オフィスのテレビでＣＮＢＣが声高に報じていたように、サブプライム・ローン危機の足音が聞こえはじめており、状況は改善ではなく悪化するだろうと考えていたからだ。海賊さながらに相場の海で奔放に活動するヘッジファンド業界のプロたちは、迫りくる嵐の中での舵取りにもはるかに長けているようにみえた。何といってもヘッジファンドは相場の上下動にかかわらず利益をあげられるのであり、バフェットが自分側の賭けの条件としたアメリカのスタンダード&プアーズ五〇〇種株価指数（S&P五〇〇）よりもはるかに幅広い対象に投資している。ヘッジファンドに投資すれば巨額の手数料を課されるかもしれないが、そのコストを支払ったうえでも、S&P五〇〇のパフォーマンスを優に上回る数字をあげられる、とサイディスは確信していた。このとき、S&P五〇〇は迫りつつある金融危機を尻目に、なおも異常なほどの高水準にあった。

バフェットが最初に賭けの提案を行った二〇〇六年のバークシャー・ハサウェイの株主総会にサイディスは出席できなかった。だが、その後も提案を受け入れる者が現れた様子がないため、そして時間を持て余していたため、自分が賭けに乗ることを伝えるバフェット宛ての手紙を書きはじめた。「親愛なるウォーレン」という書き出しに続けて、サイディスは以下の言葉をつづり、古式ゆかしく封書で送った。[2]

先週、あなたが直近の株主総会で発表した挑戦について知り、その賭けにぜひ乗りたいと思いました。ヘッジファンド投資では投資家の総リターンが高い手数料を取る運用担当者に食いつぶされる、というあなたの主張には全面的に同意します。フレッド・シュエッドが存命なら、『顧客のポンティアックG5はどこにある？』というタイトルで本を書くのではないでしょうか。

ただし、わたしはあなたの主張がおおむね正しいものの、厳密には間違っていることを証明します。わたし自身は、超優良なヘッジファンド・ポートフォリオで市場インデックスを上回る運用成績をあげられることを十分に実感しています。したがって、一〇とは言いません、五つのファンド・オブ・ファンズを選んで投資することで、あなたとの賭けに勝ってみせます。あなたにとっても楽しみな勝負になることでしょう！

うれしいことに、バフェットからはすぐに返事が来た。なんとサイディスからの手紙に簡潔なメッセージを殴り書きし、それをニューヨークのオフィスへと送り返してきたのだ。それから、両者のあいだで賭けの詳細をめぐり丁々発止のやりとりが繰り返された。最終的に、二人は一〇〇万ドルを賭けて正反対の投資哲学を戦わせることになった。一方は顧客から巨額の手数料を獲得しつつ、大儲けの機会を求めて世界中を探索する傲慢な投資マネジャー。もう一方は、ただひたすらに市場全体に投資する、安上がりな「パッシブ」ファンド。業界に君臨する賢者が、向こう意気の強い格下を迎え撃つ格好となった。

＊

投資家として名をはせたバフェットだが、長いこと自身の職業を辛辣な目でみてきた。そうした姿勢がにじみ出ているという点で注目すべきは、一九七五年にバフェットがキャサリン・グラハムに出した手紙である。グラハムは大手新聞社ワシントン・ポストの当時の社主で、ワシントンDCの重鎮だった。「平均を超えるパフォーマンスを評価基準とするのなら、投資マネジャーの大多数は敗者になってしまいます」。バフェットは物憂げにこうつづっている。[3]

手紙の本題は年金だった。持ち前のウィットをきかせながら、バフェットは友人であるグラハムに、加入者への定期的な一定額の年金給付を約束する退職年金制度に関して、退屈な保険数理の話を交えて説明していた。ただし、とりわけ冷徹な筆致で記したのは、年金制度の資金運用のためにプロのファンド・マネジャーを雇うことの有用性についてだった。

歯に衣着せぬバフェットによれば、すべての年金基金に市場平均を上回るパフォーマンスを期待するなら、「待ち受けているのは失望です」。結局のところ、そうした年金基金こそが事実上の市場なのである。それは、ポーカーの席で誰かが「いいか、みんな、今夜は慎重にプレイするんだぞ。そうすれば全員が少しばかり勝てるんだから」と言うような話だ、とバフェットは伝えている。取引コストと運用担当者の人件費を加味すれば、投資ファンドのパフォーマンスがより広い市場全体の平均を概して下回ることは避けがたい。

もちろん、多くの投資グループ（そして、それらに資金運用を託す年金基金の幹部）は、平均を超える実力のあるマネジャーに投資すれば済む話だと反論するだろう。たしかに成績がともなわない、怠惰な、あるいは運用が下手なマネジャーは少なくない。だが綿密な調査により、一貫して市場平均を上回る成績をあげられる銘柄選択のエリートを探し出すことはできる、と。

そうしたエリートは、規制がより緩い時代であれば、企業幹部を酒食でもてなし、地味だが相場を動かすような非常に重要な情報を、下々の大多数の一般投資家よりも早く入手するだろう。また、ビジネス・チャンスを得ようと必死なウォール街企業の調査情報に特権的にアクセスすることもできる。さらに、取引の多くは依然として個人投資家や歯科医や弁護士によって行われていた。そうした人々は、専門性や倫理の面で疑義がある場合も多い大勢の証券ブローカーの推奨に従って行動する。そのような状況において、プロのファンド・マネジャーが一貫して市場平均を超える成績をあげるという前提は、それほど不当とは言えないだろう。

このような見方は、間違いなく当時の共通認識だった。ミューチュアル・ファンド界にスーパースター的なファンド・マネジャーが初めて登場したのは一九六〇年代のことだ。頭脳的な銘柄選択をするマネジャーがその投資の才覚をもてはやされて有名人になった。それまでは、業界誌のインスティテューショナル・インベスター誌に当時、記されていたように、「神聖な場所で、大樽で寝かされた資金がゆっくりと熟成していくのを見守る慎み深い人たち」が業界における多数派だった。だが「ゴーゴー」時代と呼ばれる一九六〇年代の強気相場ですべてが変わった。「ファンドで儲けたいという欲求が市場で著しく高まって、いまやファンド・マネジャーは花形職業となり、利益の一部を手にするようになった。その人気はポール・ニューマンやエリザベス・テイラー並みだ」と、インスティテューショナル・インベスター誌は伝えている。[4]

それらのスターたちは、ゼロックスやイーストマン・コダックといった活きのよい高成長企業に投資することで、市場を上回るパフォーマンスの達成をめざした。そうした企業の多くは、その株価パフォーマンスの力強さから「ニフティ・フィフティ（素晴らしい五〇銘柄）」と呼ばれるグループに属していた。ただし、一九六〇年代末に強気相場が終わると、ニフティ・フィフティはあっという間に輝きを失い、地に落ちた。

グラハム宛ての手紙の中でバフェットは、称賛すべき実績をもつファンド・マネジャーであっても、そこに頼りきるのは往々にして誤った考えであることを、コイントス大会という巧妙なたとえを用いて説明した。コイントスをして表裏どちらが出るかを予想するゲームに千人が参加した場合、数学的には三一人が五回連続して当てることに成功する。自分たちの仕事がコイントスと大差ないとほのめかされたら、高学歴で勤勉なファンド・マネジャーが腹を立てるのも無理はないが、そこに確率の法則が働くのは明らかだ。

その後、バフェットが一九八四年に行った有名なスピーチで取り上げたように、このたとえ話を全米コイントス大会のレベルに広げると以下のようになる。二億二五〇〇万人のアメリカ国民がそれぞれ一ドルを元手として、一日一回、コイントスの結果を予想する賭けを行う。毎日、予想を外した者が脱落し、賭け金は翌日の賭け金として持ち越される。これを繰り返すと一〇日目には一〇回連続して当てた者が約二二万人となり、それぞれが一〇〇〇ドル超を獲得する。「そうなると、これらの人々はちょっと調子に乗りはじめるでしょう。人間とはそういうものです」とバフェットは語っている。[5]「謙虚に振る舞おうとするかもしれませんが、カクテルパーティーで魅力的な異性に出会ったりすると、自分がどのようなテクニックを用い、どんな素晴らしい洞察力を働かせてコイントスで成功を収めたか、自慢してしまうこともあるでしょう」。

全米コイントス大会をさらに一〇日続けると、統計学的には二〇回連続で当てた者が二一五人残り、それぞれが元手の一ドルを一〇〇万ドル超まで増やすことになる。ただし、全体でみると賭け金の総額は二億二五〇〇万ドルで変わらず、残った者が得る額も合計二億二五〇〇万ドルのままである。この段階までくると当てつづけた者たちはすっかり舞い上がりはじめる、とバフェットは予測し、こんなジョークを飛ばしている。「きっと『毎朝三〇秒働いて、二〇日間で一ドルを一〇〇万ドルに増やす方法』といったタイトルの本を書くでしょう」。

バフェットは、一部ではあるが本当の強みをもったファンド・マネジャーを見いだすことも可能だと認めている。ベンジャミン・グレアム（著名な投資家で「バリュー投資」というアプローチを確立した学者でもある）の門下生として当然のことながら、バフェットは実績のある投資マネジャーの多くにはグレアムと「知性の面で共通する祖先」がいると説く場合も多い。ただし、一貫して市場を上回るパフォーマンスをあげることのできる投資家は非常にまれだと論じている。

キャサリン・グラハムへの手紙の終盤で、バフェットは年金基金の運用方針に関するアドバイスを提示している。大手で主流のプロのファンド・マネジャー複数との関係を維持する、ワシントン・ポストの年金基金のパフォーマンスが市場平均をやや下回るであろう点を許容する、規模は大きくなくても市場をアウトパフォームする可能性の高い特化型の投資マネジャーを見つける、あるいは単純に市場全体を反映した広範囲を網羅する分散型株式ポートフォリオを構築する、というように。そして、「つい最近、市場平均と同等のパフォーマンスを目的としたファンドがいくつか創設されましたが、銘柄変更にともなう運用コストをなくせば全体のコストが安くなり、平均的な運用手数料を得ているファンドのパフォーマンスを取引コスト控除後で若干、上回ることができるという原理をまさに体現しています」と、遠まわしに極意を伝えている。

当時はこうした一見怠惰な投資戦略を示す用語は存在せず、サンフランシスコやシカゴ、ボストンにある中堅以下の金融機関で働く一部の変わり者が実施しているにすぎなかった。だが今日、この手のファンドはインデックス・ファンドと名づけられ、そのアプローチは「パッシブ投資」と呼ばれている。

インデックス・ファンドとは、単純に金融証券の指数（インデックス）に連動することをめざした投資商品である。対象となる指数は、アメリカのダウ・ジョーンズ工業株三〇種平均株価、イギリスのFTSE一〇〇種総合株価、日本の日経平均株価などの大型で有名なものから、途上国の債券を網羅したベンチマーク指数といった、よりニッチあるいは特殊な分野のものまで多種多様である。従来型の「アクティブ」ファンドでは、プロのファンド・マネジャーが値上がりしそうな銘柄を買い、値下がりしそうな銘柄を避ける形で運用を行うが、インデックス・ファンドでは既定の組み入れルールに従ってベンチマーク指数の構成銘柄すべてを買うだけである。たとえば、広範な銘柄を網羅するS&P五〇〇は、アメリカ株式市場の実態を表す最良の指数として広く認められている。このS&P五〇〇を対象とするインデックス・ファンドは、それぞれの相対的な時価総額を正確に反映する形で指数を構成する五〇〇銘柄全部を買う。アラスカ・エア・グループ株よりもアップル株を多く買う、という具合にだ。

奇妙なアプローチに思えるかもしれないが、バフェットは事情通のウォール街のプロですら銘柄選択をひどく間違う可能性があると気づいていた。さらに、ファンド・マネジャーやその他の人員に支払うコストを考慮すると、投資家がインデックス・ファンドに投資した場合と同等の利益をあげるには、指数を優に上回る運用成績が必要となる。サッカーにたとえるならば、コストの高いアクティブ運用のファンドを選ぶのは、毎回、相手チームに先制ゴールを取られた状態から試合を始めるようなものである。しかも、逆転するためには二ゴールをあげなければならないが、そうした技能をもつ選手を常に見きわめる方法はないと思われる。

市場の実態を冷徹に伝えるデータは、数年間にわたって幸運に恵まれる者がいるとしても、それがもっと長い期間に及ぶ場合はほとんどないことを一貫して示している。正確な統計は、国ごとや市場のタイプごとなど多岐にわたって存在するが、大まかにまとめると、どの時点においても、一〇年間保有した場合のリターンがベンチマーク指数を上回るアクティブ・ファンドは全体の一〇~二〇パーセントしかない。つまり投資とは、怠惰をむさぼり、低コストのパッシブ・ファンドを選んだだけのほうが概して損をしない生活の中で、わざわざ出歩くようなものだ。

とはいえ一九七〇年代の段階では、こうしたデータはよく知られておらず、「インデックス投資」はまだ揺籃《ようらん》期にあった。業界人の多くは、とにかく株式市場全体の動きをまねればよい、という突拍子もない考え方をあざ笑うばかりだった。ワシントン・ポストにとって、そのような型破りなアイデアに基づいて年金制度の資金を闇雲に投じることは、あまりにも度の過ぎた行為であった。このため、かわりにバフェットが個人的に推奨した一握りのファンド・マネジャーに年金の運用を託した。

公平を期すために言うと、多くの企業年金制度が苦戦を強いられている時期に、ワシントン・ポストはバフェットの慎重な助言によって潤沢な年金を確保することができた。ただし、単純に市場の構成をまねるという安上がりな手法をとる革新的なファンドの一群を密かに認めていたバフェットには、先見の明があったことがのちに判明する。そして数十年後、投資業界における世紀の賭けで、この慧眼《けいがん》がバフェットを勝利へと導くのだった。

*

サイディスは当初、賭け金をバフェットの年俸と同じ一〇万ドルにするよう提案した。だが、バフェットは賭けをもっとおもしろくしたかった。自分の年齢と、一〇年の期間の途中で自分が他界した場合に遺産整理に関する面倒が増える可能性を考慮し、賭け金五〇万ドル以上でなければやりたくないと伝えた。それでもなお、「財産担当弁護士は、こんなふうに事態をややこしくするわたしのことを、正気を失っていると思うでしょう」とサイディス宛ての手紙に書いている。[6]

サイディス個人にとっては少しばかり額が大きすぎたため、プロテジェ・パートナーズがバフェットの賭けの相手になった。両者はそれぞれ約三二万ドルを出し、二〇一八年の賭け終了時に一〇〇万ドル相当となる見通しのアメリカ国債を購入した。プロテジェが勝った場合、賞金はヘッジファンド業界の名士たちが支援する慈善団体アブソリュート・リターン・フォー・キッズに寄付される。そしてバフェットが勝利した場合には、バフェット家が長いこと支援してきた由緒ある慈善団体ガールズ・インクに寄付が行われることになった。

二〇〇六年の時点でバフェットは一〇のヘッジファンドとの勝負を提案していたが、プロテジェはかわりに五つのファンド・オブ・ファンズを投資対象に選んだ。プロテジェ自体と同じく、多数のヘッジファンドに投資を行う投資ファンドである。この五つのファンド・オブ・ファンズが投資するヘッジファンドの数は合計で百を超える。したがって、ずば抜けて成績が悪い、あるいは素晴らしい運用者がいたとしても、全体のパフォーマンスに大きな歪みは生じない。常にショーマンシップを忘れないバフェットは、賭けの途中経過をバークシャー・ハサウェイの株主総会で毎年報告すると宣言した。

アメリカの一部の州ではギャンブルが法律で禁じられているため、賭けはロング・ベッツという名のウェブサイトを通じて行われた。ロング・ベッツは未来の予測に関する大型の賭けの場を提供するプラットフォームで、アマゾン創業者のジェフ・ベゾスから資金援助を受けて創設された。お遊びのようにみえるギャンブルも巨大な力を発揮する場合がある。一六〇〇年、ヨハネス・ケプラーは火星の公転軌道を表す方程式を八日で導き出せるとして、デンマークの天文学者と賭けを行った。結局、その取り組みは五年の月日を要したが、天文学に大変革をもたらした。[7]ロング・ベッツは、まさにこうした変革につながる動きを推進することをめざしたプロジェクトであり、バフェットとプロテジェとの賭けはうってつけの案件だった。この賭けは、やがて二〇〇八年六月発行のフォーチュン誌で正式に発表された。記事を書いたのは、著名なジャーナリストでバフェットの友人でもあるキャロル・ルーミスだ。

バフェットは、プロテジェが投資対象にファンド・オブ・ファンズを入れたのが間違いだと思った。一個の腐ったリンゴのせいで同じ樽のほかのリンゴもみな腐ってしまう、というようなことは起こりにくいとしてもだ。ヘッジファンドへの投資には高いコストがかかる。多くの場合、運用資産の二パーセントに相当する額の管理手数料を毎年課されるうえ、利益が出れば、そのうち二〇パーセントを成功報酬手数料として支払わなければならないからだ。ファンド・オブ・ファンズに投資すれば、手数料を支払う相手がさらにもう一段階、増える。一方、バフェットが選んだアメリカ株式市場連動型のパッシブ投資商品（かつてキャサリン・グラハムへの手紙で言及したインデックス・ファンドの一つ）は、年に運用資産額の〇・〇四パーセントの手数料しか課さないものだった。

「ヘッジファンドの運営には優秀な人たちが数多く携わっている。だが、その労力の大部分は自分たちへの影響を中和するために費やされるのであり、彼らのIQは自分たちが投資家に課すコストを引き下げることには生かされない」とバフェットは説いた。[8] サイディスは、株式に重点投資する従来型のミューチュアル・ファンドがS&P五〇〇などの「狭義の」ベンチマークを概してアンダーパフォームするであろう点は認めていた。しかし、値下がりする証券からも利益をあげられるうえ、より広い市場分野で投資を行うことができるヘッジファンドを同じように論じるのは、リンゴとオレンジを比較するようなものだ、と主張した。

「ヘッジファンドの場合、相場が活況を呈しているときに市場をアンダーパフォームしても、低迷期にアウトパフォームすれば成功とみなせる。ただし、トップクラスのヘッジファンド・マネジャーはサイクルのどの時期においても、リスクを低減させつつ、あらゆる費用を差し引いたうえで市場を上回るリターンを実現することができる」。コストが余計にかかる点は問題だが、優良ヘッジファンドを選別することでファンド・オブ・ファンズはその短所を克服できる、とサイディスは確信していた。

実のところ、バフェットは賭けの相手が「頭脳とアドレナリンと自信を持ち合わせたエリート集団」であることから、当初は自分が勝つ確率を六〇パーセントと控えめに見積もっていた。[9] 一方のサイディスは、そのバークシャー会長に勝利する確率について、八五パーセントとより強気な数字を掲げていた。[10]「幸い、われわれが打ち負かすべきはバフェットではなく、S&P五〇〇のパフォーマンスだ」。

実際に初期の段階では、オマハの賢人が屈辱を味わうはめになるのではないかと思われた。バフェットは二〇〇九年のバークシャーの年次株主総会で当時、大幅に後れを取っていたこの賭けについて語ることを拒否した。二〇〇八年、金融危機で市場に激震が走るなか、ヘッジファンドが二〇パーセント超の下落を記録する一方、バフェットが選んだインデックス・ファンドは三七パーセントも値下がりした。下げ相場において価値の下落を抑えるという点でヘッジファンドはより優れている、というサイディスの主張が現実味を帯びているようにみえた。

二〇一〇年になっても状況はさほど好転せず、バフェットはバークシャーの株主総会で初めて賭けについて触れたものの、形ばかりの報告で終わった。翌年の総会ではもう少し長く語ったが、あくまでも毎年報告するという約束を果たすためという様子だった。「今のところ勝っているのは

〔手数料で稼ぐ〕運用担当者だけです」と茶化し、昼食休憩前のセッションを締めくくった。四年目にはS&P五〇〇とヘッジファンドのパフォーマンスの差は縮まりはじめたが、なおもバフェット側が後れを取っていた。当時、ヨーロッパで進行していた経済危機を考慮すると、きわめて危うい状況にあるように思われた。

＊

二〇一六年一二月、ジョン・クリフトン・ボーグル（通称ジャック・ボーグル）は、元モルガン・スタンレー・ストラテジストで旧友のスティーブン・ガルブレイスから謎めいたメッセージを受け取った。ボーグルが八八歳の誕生日を迎える翌年五月の最初の週末を空けておいてほしい、というものだった。ガルブレイスは特別なお祝いを用意しているようだったが、何を企んでいるのか明かそうとはしなかった。

ジャック・ボーグルは、一般投資家向けのインデックス・ファンドを最初に導入した投資グループ、バンガードをその約四〇年前に創業した人物である。一九七四年に前途多難な状況で始動したバンガードだが、頑固一徹な創業者の救世主的な力によって世界最大級の資産運用会社に成長した。同社は、市場をアウトパフォームすることではなく、市場に連動することだけをめざした超低コスト・ファンドを大量に提供してきた。実はバフェットがサイディスとの賭けに際して選んだのがバンガードのファンドであり、その賭けの勝者は奇しくもボーグルの誕生日の頃に発表される予定となっていた。

八八歳の誕生日を迎えようとしていたボーグルに、かつての堂々たる存在感はなかった。骨ばっていた顔のラインは緩み、GIカットがほぼ定番だった髪はすっかり薄くなり、脊柱側彎《せきちゅうそくわん》症と加齢とその他の体の不調から背中は曲がってしまっていた。三一歳で最初の心臓発作を起こし（その後、何度も繰り返した）、三八歳で不整脈源性右室異形成という希少な心臓病を患ったボーグルは、六七歳のときに心臓移植手術まで受けていた。それでも、その声はなおも霧笛のようにとどろき、頭脳は相変わらず冴えわたり、冒険に対する好意的な見方はまったく失われていなかった。だからガルブレイスの計画がどれだけ謎めいていようと、潔く従うことにした。

二〇一七年五月五日の朝、ボーグルとその家族はペンシルベニア州ブリンマーの自宅からフィラデルフィアの自家用機空港アトランティック・アビエーションへと車で向かった。すると、ビジネスジェット機のサイテーションに乗ってガルブレイスが現れ、ボーグル一家を同乗させるとそのままネブラスカ州のオマハへと飛び立った。ボーグルをバークシャー・ハサウェイの年次株主総会に初めて出席させるためだった。

このイベントは、しばしば「資本主義のウッドストック」と呼ばれる。同社の株主なら誰でも参加し、バフェットとそのパートナーで副会長のチャーリー・マンガーにビジネスの話から地政学や個人の価値観にいたるまで、何でも質問することができる。二人は参加者の注目を集めるこの質疑応答の時間を大いに楽しむ。バフェットは気取らずウィットに富んだ態度で、マンガーは簡潔かつ辛辣に参加者の質問に答える。

オマハ・ヒルトンにチェックインしたボーグルを待ち受けていたのは、戸惑い半分、うれしさ半分の予想外の事態だった。iPhoneを構えた客の一群がパパラッチよろしく取り囲み、ネブラスカでの資本主義のカーニバルへと向かう金融業界セレブの最新の姿を撮影しはじめたのだ。「U2のボノをエスコートしているような気分だった」とガルブレイスは振り返っている。夫の健康を気づかうボーグルの妻イブは、この熱狂状態を少し不安に思ったが、当人は楽しんでいた。撮影の嵐はホテルでの夕食時もおさまらず、その日が終わるまで続いた。「『ノー』と言って押し問答になるより、『イエス』と言ってしまったほうがはるかに効率的だということにすぐ気づいた」とボーグルはのちに述べている。[11]

バークシャーの株主総会というイベントの重大さを実感したのは、翌朝、目を覚ましてホテルの部屋の窓から外を見たときだった。横四人で並んだ人々の列が、カンファレンス・センターから見わたすかぎり蛇行している。ネブラスカの朝の肌寒さを物ともせずに、少しでもバフェットとマンガーの近くの席に座ろうと数千人が押し寄せているのだ。この年の参加者は四万人に達し、うち半分以上が本会場に入れずに近くの別会場での中継映像による観覧を余儀なくされた。ただし、ボーグルとその家族、そしてガルブレイスには、巨大なアリーナ型会場の最前列近く、バークシャーの長年の株主たちの真後ろで取締役たちの隣、という特等席が用意されていた。

バフェットとマンガーの二人は、いつもどおり緩いジョークで会を始めた。「われわれ二人の見分けはつきますよね。耳がまだ達者なのが彼で、目がまだ達者なのがわたしです。だからこそ、われわれはとても相性よくやっている」。バフェットがまず軽口をたたいた。それから例年のようにバークシャーの前年度の業績について説明した。興味深い話だったが、やがてボーグルは、高齢と体調不良にもかかわらず、なぜ自分がはるばるオマハまで連れてこられたのか、疑問に思いはじめた。するとバフェットの話が突然、横道にそれて真相が明らかになった。

「本日、もう一人紹介したい人がこの会場にいるはずなのですが。姿は見ていないけれど、来ると聞いていて」。バフェットはそう言いながら、聴衆を見わたした。「今日ここにいますよね、ジャック・ボーグル。……ジャック・ボーグルはこの国でおそらく誰よりも投資家のために尽くしてきた人です。ジャック、起立してもらえますか。ほら、あそこにいた」。割れんばかりの拍手を受けて、ダークスーツとチェックの開襟シャツを身にまとったボーグルが、衰えは隠せないものの晴れやかな表情で立ち上がった。そして聴衆に手を振り、演壇のバフェットとマンガーに軽く会釈した。

バフェットは、この老人のことを知らないかもしれない参加者のために、バンガードが開拓した類のインデックス・ファンドが資産運用業界を背負って立ち、変革してきたことを説明した。「ジャックは少なく見積もっても何百、何千億ドルのお金を投資家の懐にもたらしてきたのであり、その額はこれから先も何百兆、何千兆ドルへと増えていくでしょう」。そして、こう続けた。「あさっての月曜日はジャックの八八歳の誕生日です。だから、ひとこと言わせてください。『お誕生日おめでとう、ジャック』。それからアメリカの投資家を代表して、ありがとう」。心のこもった拍手が再び会場に沸き起こった。

ボーグルにとって、数千人の聴衆の前でバフェットその人に称賛されたことは、大きく感情を揺さぶられる経験だった。「大抵のことには感きわまったりしないのだが、このときは本当に胸を打たれた」とガルブレイスは振り返っている。「ボーグルはものすごく喜んでいた」。一緒に写真を撮りたがる人が増えすぎたせいで、ボーグルは会場外で休憩を取るために、各セッションを終了時間よりも前に抜け出さなければならなくなった。のちの手記に「エンターテインメントの世界でロックスターがとにかくパパラッチを避けようとする理由がわかってきた」と書いている。それでも、富は築けたが決して恵まれたとは言えない、波瀾に満ちた長い人生が終わりに近づきつつある人間にとって、驚くべき遺産が輝かしいものとして認知されたという感覚がしっかりと胸に刻まれる出来事であった。

「正直に言うと、投資の世界に、そしてバンガードのインデックス・ファンドに資産を託してくれた人たちの財産に貢献してきたことを認めてもらえて、大きな満足を感じた」。ボーグルはのちに振り返っている。[12]「わたしも所詮は人の子なので」。

だが、人の子なのはバフェットも同じだ。そしてボーグルの総会参加は、このオマハの賢人にとってウィニング・ランにも等しい意味をもっていた。

＊

バークシャーの株主総会のほんの数日前、サイディスは賭けに負けたことを正式に認めた。サイディス自身は数年前にプロテジェを辞めていたが、その代理として、終了まで八カ月を残した段階で敗北は避けられないと宣言した。

ロング・ベッツのウェブサイトには、すでに勝ち誇ったようなコメントが寄せられていた。ある者はこう書き込んでいる。「ウォーレンがプロテジェをたたきのめしている……ハラハラドキドキの結末などない……インデックス・ファンドの勝利だ」。キャロル・ルーミスはフォーチュン誌記者としての六〇年に及ぶ輝かしいキャリアの終盤で、「バフェット、ヘッジファンドを焼け野原にする」というタイトルの記事を書いた。バンガード創業者のファンのためのオンライン・フォーラム、ボーグルヘッズのメンバーたちが浮かれたのも無理はない。そのうちの一人は、「パッシブ投資こそ成功の道だという、ジャックとボーグルヘッズがとっくにお見通しだったことをオマハの賢人が証明した」と快哉《かいさい》を叫んだ。

結果は僅差ですらなかった。バンガード五〇〇インデックス・ファンドは、一〇年間で一二五・八パーセントのリターンを記録した。皮肉にも、それは四〇年前にボーグルが導入した当時、悲惨な失敗商品とみなされていたものだった。一方、五つのファンド・オブ・ファンズの平均リターンはわずか三六・三パーセントにとどまった。実のところ、五つのファンド個々でみても、バンガードのファンドが連動するS&P五〇〇をアウトパフォームできたものは一つとしてなかった。

二〇一六年のバークシャー・ハサウェイの年次報告書の時点で、バフェットは勝ち誇ったような言葉をためらわずに発していた。「ここで留意すべきは、土台となるヘッジファンドを運用する一〇〇人超のマネジャーのそれぞれが、最善を尽くす見返りとして巨額の報酬を得ていたことです。そのうえ、テッドが選んだ五つのファンド・オブ・ファンズのマネジャーも、可能なかぎり最良のヘッジファンド・マネジャーを選ぶために、同様のインセンティブを与えられていました。選別したヘッジファンドの成績に応じて成功報酬を受け取る決まりになっていたのです。どちらの階層のマネジャーも誠実で頭の良い人ばかりだったに違いありません。しかし、彼らに資産を託した投資家にとって、結果は散々、まさに散々としか言いようのないものでした」。

サイディスはコストの悪影響が大きいというバフェットの主張に同意しつつも、そのメッセージがかなり誇張されていると今でも思っている。サイディス自身は、アメリカ株式市場に連動するファンドに対抗するうえで、リターンが低めの社債や国債を主な運用先とする場合が多いヘッジファンドに幅広く投資したことが間違いだったと説く。しかも、賭けが行われた期間は金融危機の衝撃があったにもかかわらず、アメリカの株価が著しく上昇した一〇年間であった。

ガールズ・インクに寄付された賭けの賞金は、最終的に二二〇万ドルに達していた。途中で賭けの担保をバークシャーの株式へと切り替えていたからだ。この絶妙なタイミングでの担保変更による成果は、人間の判断がなおも貴重な役割を果たすことを印象づけた。賞金は、困窮する若年女性のための一時滞在施設を整備するガールズ・インクのプログラムに使われた。オマハ郊外に設けられた同施設は修道院だった建物を改造したもので、このときの縁から今ではプロテジェ・ハウスと呼ばれている。

ところで、サイディスはあとになって自らの選択の過ちを認めるような発言をしている。いま自分が若かったら、投資業界の仕事は選ばないだろう、と。競走圧力が強まるばかりの難しい職業になっており、個人の成績が運と能力のどちらによるものかを判断することはほとんど不可能だ。しかも、経験が必ずしも熟練に結びつかないという点でまれな職種であり、二流以下は無価値とみなされる。「平均的な医者は、それでも命を救う役割を演じられる。だが平均的な投資家は社会の価値を損なっている」とサイディスは本音を打ち明ける。

当然のように、バフェットはプロの投資家は不可能な職業ではないと説くが、多くの者が成功できるかという点については懐疑的だ。好成績をあげる頻度の高い者ですら、往々にして成績は徐々に悪化していく。良い成績をあげたファンド・マネジャーは通常、多くの新規投資家を引きつける。だが、一人のマネジャーが運用する資金の額が増えれば増えるほど、高リターンを得る機会は見いだしにくくなる。投資業界で働く者の大半は、概して動かすお金の額によって得られる報酬が変わるため、運用額を管理しやすい規模にとどめておくインセンティブはほとんどない。「何兆ドルもの資金が高額の手数料を要求するウォール街の専門家によって運用されているのであれば、巨額の利益を得るのは顧客ではなく、その運用担当者になります。大口、小口を問わず投資家は低コストのインデックス・ファンドに絞って投資すべきです」とバフェットは説く。[13]

＊

バフェットの賭けは投資業界における、より大局的な変化を象徴している。ワシントン・ポストは、一九七〇年代半ばには出現していたものの、まだ揺籃期にあったインデックス・ファンドを年金基金の運用先とするのを避けてきたようだが、今日ではこの種のファンドが投資業界のパイの大部分を食い尽くそうとしている。投資情報サービス大手のモーニングスターによると、二〇二〇年末までにインデックス・ファンドの運用資産総額は一六兆ドル近くに達した模様だ。ただし、これはインデックス・ファンドと銘を打つファンドの数字であり、多くの大手年金制度や政府系投資ファンドでは、独自の大規模な指数連動型戦略を採用したり、通常のファンドの形態をとらずに同様の戦略を実践する投資グループに運用を委ねたりしている。世界最大の資産運用会社ブラックロックの推計によると、同社や同種の業者がパッシブ株式投資戦略に基づき内部で運用している資産の額は、二〇一七年の時点で六・八兆ドルに達していた。公になっているインデックス・ファンド市場と同様の速度で成長していると仮定すると、いまや二六兆ドルを超える資金が何らかの金融指数、たとえばS&P五〇〇（アメリカ株式市場）、ブルームバーグ米国総合指数（アメリカ債券市場）、JPモルガンEMBI指数（新興国債券市場）にただひたすら連動する形で運用されていることになる（これでも保守的な推計値と考えられる）。

今日では、世界最大の株式ファンドも世界最大の債券ファンドもインデックス・ファンドである。世界最大規模の金価格連動型ファンドが保有する金塊は、驚くべきことに一一〇〇トンと、大半の中央銀行の保有量を上回っている。これはフォート・ノックス〔訳注：ケンタッキー州にあるアメリカの金塊貯蔵所〕が保管する金塊全体の四分の一に相当する量だ。金融情報大手ブルームバーグは上場投資信託（ETF）と呼ばれるインデックス・ファンドの情報ポッドキャストを配信しているが、そのタイトルが「トリリオンズ（*Trillions*）」であることにも合点がいく。ヘッジファンド・マネジャーのボビー・アクセルロッドが主人公の金融サスペンス・ドラマ『ビリオンズ（*Billions*）』のタイトルをもじっているのだ。

インデックス・ファンド隆盛の恩恵は直接的、間接的にほぼすべての人に及んでいる。二〇〇九年に連邦準備制度理事会（ＦＲＢ）元議長のポール・ボルカーが、過去二〇年における有益な金融イノベーションはＡＴＭ（現金自動支払機）だけだ、と皮肉ったのは有名な話である。過去五〇年に範囲を広げると、一九七〇年初頭に誕生したインデックス・ファンドになるのではないか。アメリカではミューチュアル・ファンドの平均コストが過去二〇年で半減した。インデックス・ファンド市場が成長し、投資関連のあらゆる手数料への低下圧力が増大したことが主因である。

この間にアメリカの純貯蓄額は数兆ドルに拡大し、投資のリターンは高報酬の金融業界のプロにではなく、貯蓄者の懐へ直接渡った。たとえば、八兆ドル規模のＥＴＦ（本書のあとの章で詳述するインデックス・ファンドの次世代版）市場において、投資家が負担する年間コストの総額はだいたい一五〇億ドルである。これは資産運用大手のフィデリティ・インベストメンツ一社の二〇二〇年の収入を大幅に下回っており、ヘッジファンド業界の利益総額のごく一部にすぎない規模だ。[14]

歴史的に金融業界は、主流の商品よりも懐を潤すことのできる新商品の発明を得意としてきた。インデックス・ファンドはこうした慣例に反する希少な例外だ。あらゆるところで持てる者と持たざる者との格差が広がっている時代に、金融業界の背教者あるいは異端者と自称する者たちの発明が、最初は大不評でも、その後数十年間にわたって状況の改善をもたらしうる、という話には心を打たれる。

とはいえ、新技術（インデックス・ファンドがまさにそうなのだが）には副作用が付き物であり、そのすべてがプラスに働くわけではない。インデックス投資に対しては、当初は小ばかにしたような反応が寄せられたが、市場規模が大きくなるにつれて懸念、さらには恐怖心がそれに取って代わっていった。過去一〇年には、そうした否定的な反応が一段と激しくなっている。著名なヘッジファンド・マネジャーで、業界大手エリオット・マネジメントの最高経営責任者（CEO）のポール・シンガーは、パッシブ投資はいまや「資本主義を破滅させる危険性」をはらんだ「汚点」になりつつある、とまで言う。

「いつも驚かされるのは、まっとうなアイデアや見識が元のものから飛躍しすぎてパロディと化したり、場合によっては反実用的になってしまったりすることです。パッシブ投資にも当てはまる話ではないでしょうか」。二〇一七年にエリオットの顧客に向けて出したレターにシンガーはこう書いている。[15]

シンガーは、冷静に業界の動向を見つめることが到底できない立場にある。インデックス・ファンドによって二つの面で苦境に陥っているからだ。まず、ヘッジファンドが従来、課してきた非常に高い手数料に低下圧力がかかっている。また、エリオットは「物言う株主」として名をはせてきたが、この手法を用いることが一段と容易ではなくなっている。とはいえ、シンガーの批判は大げさながらも一抹の真理を含んでいる。

インデックス投資の支持者にとっては、インデックス投資がマイナスの影響をもたらす可能性がある点を認識し、それを頭ごなしに否定するのではなく、改善しようとすることが重要である。パッシブ投資の拡大は、今後数十年にわれわれが直面する非常に重大な問題の一つへと発展するだろう。それは単に市場や投資だけでなく、資本主義のあり方にも影響を及ぼす。とりわけパンデミックやナショナリズムの再燃、不平等の拡大が起きている状況においては、仰々しく思える話かもしれない。だが、二〇〇八年の経験からわかるように、好むと好まざるとにかかわらず、金融はわれわれの社会のあらゆる面に多くの場合、見当もつかないような形で関係しているのである。

＊

バフェットが公の場で、サイディスとの賭けに用いたS&P五〇〇インデックス・ファンドの創造主であるボーグルを称えたのは、当然とも言える行為だった。ボーグルは投資業界の巨人であり、おそらく誰よりもインデックス・ファンドの布教と普及に尽力した風雲児であった。インデックス・ファンド市場拡大の大半は、投資業界で広く冷笑、愚弄、軽蔑されるなか、自分たちの信条のためにボーグルが発揮した救世主のような熱情あってのものだったと言える。

とはいえボーグルは、やがて金融業界を刷新するにいたった革命における唯一の熱狂的な主導者ではなかった。インデックス・ファンドの大義を誰よりも率先して説いたかもしれないが、知見面での土台を築いたわけでも、仕組みを発明したわけでもなく、今日の状態へと続くその後の進化の道筋を作ったわけでもなかった。

わたしはインデックス・ファンドについて、専門用語や機構的な仕組みに関する徹底解説を避け、個人に焦点を合わせたストーリーや物語的な迫力を重視した「サルでもわかる入門書」を書くつもりはなかった。書きたかったのは、読者がインデックス・ファンドのめざましい興隆を正しく評価し、より広い投資の歴史の中でどのような位置づけにあるのかを理解するうえで、そしてわれわれが今どこに向かっているのかを知るうえで手助けとなるものである。

パッシブ投資の発明と拡大を後押ししてきた人々は（その多くは怠惰なイメージがともなう「パッシブ」という呼び方を嫌っているが）、才気煥発で魅力にあふれており、多くの場合、気前のよいことに自分たちの時間を本当に惜しみなく使ってきた。記憶は薄れていくものだし、諸説ひしめくなかで、一つの明解で正確なナラティブにまとめるのは一筋縄ではいかないこともある。だが、わたしとしては、自分が伝えたかったストーリーの重要性を十分に感じてもらえるような本が書けたのではないかと思っている。

次章以降でわかるように、これはベル・エポックのパリでまかれた種がもたらした革命である。その種がまず自由奔放なサンフランシスコで収穫され、それからウォール街の金融エンジニアたちによって世界を制覇するような発明へと姿を変えた。そこに登場する人物は、元農業従事者のコンピューター・マニア、アマチュア・ジャズ・ミュージシャン、元神学生、学者崩れ、温厚な音響物理学者、ＣＥＯに出世したカリスマ秘書、金融業界の巨人、さらには（特別出演程度ではあるが）映画『ターミネーター』の主演俳優まで、実に多彩だ。これらの人々は巨大な障壁や一般大衆の無関心、そして多くの場合、傲慢な投資業界の主流派全般からの冷笑に直面した。だが、驚異的というよりほかのない功績を残したのである。

第2章

ゴッドファーザー

THE GODFATHER

瓶底眼鏡がトレードマークのレナード・〝ジミー〟・サベッジは、シカゴ大学の統計学教授で、型にはまらない才気あふれる人物だった。一九五四年、大学の図書館で資料を物色していたサベッジは一冊の本を発掘した。一九世紀末から二〇世紀前半にかけて活動していたほぼ無名のフランス人数学者ルイ・バシュリエの著作で、そこには驚くほど時代を先取りした考えが書かれていた。サベッジは何人かの友人にこの本を称賛するハガキを出し、「著者の名前を聞いたことがあるか」とたずねた。[1]

ハガキを受け取った者の中に、のちにアメリカ人として初めてノーベル経済学賞を受賞する大物経済学者のポール・サミュエルソンがいた。勤務するマサチューセッツ工科大学（ＭＩＴ）の図書館にこの本はなかったが、フランス語で書かれたバシュリエの博士論文を見つけることができた。この論文に大いに関心をそそられたサミュエルソンは、急いで英語に翻訳すると、次の言葉を添えて経済学者仲間にそれを広めた。「バシュリエは一つの考えに執着するタイプだったようだ。だが、その考えのすごさといったら！」[2]。実のところ、一九五四年にサベッジが出した当たり障りのないハガキが、金融史の流れを変えたと言ってもよいだろう。

金融史においてルイ・ジャン＝バティスト・アルフォンス・バシュリエほど、生前は冷遇されていたのに後世になって並外れた影響力を発揮した人物はほぼいない。裕福だが平凡なワイン商人の家に生まれたバシュリエは、今なおこの金融業界を支えつづけることになる考えの土台を人知れず築いていた。視力に難をかかえるアメリカの統計学者が、何となく物色していて見つけた文献に非凡さを感じ、一風変わった方法で国内の経済学者仲間に発信したからこその成り行きではあったが。

バシュリエは一八七〇年三月にル・アーヴルで生まれた。当時は政治的混乱が激化する一方、文化が円熟し、アンリ・マティス、エミール・ゾラ、マリー・キュリーといった芸術家、作家、科学者が輩出したベル・エポックと呼ばれる時代であった。ただし、バシュリエ自身の生い立ちに、後世に残した偉大な遺産を予見させる要素はほとんど見当たらない。むしろ、その生涯の大半について詳細があまりわかっていない点から、生前ほとんど評価されていなかったことがうかがえる。ル・アーヴルという港湾都市として知られる土地も、国際的な中継貿易地として栄えてきたが、パリのカフェや画廊や高等教育機関から遠く離れた、概して平凡な町のままだった。

若い頃のバシュリエはもともと家業のワイン事業を継ぐべく育てられていたが、一方でアマチュア科学者でもあった父親はこの長男に物理と数学への愛を吹き込んでいた。ノルマンディー地方北中部の都市カーンの近郊にある高等学校で学んだバシュリエは、一八八八年の卒業後、数学の道に進む予定だった。だが、そこで悲劇に見舞われる。

一八八九年一月一一日に父親が他界し、そのわずか四カ月後に母親もこの世を去ったのだ。当時一八歳のバシュリエは家業を継ぎ、姉や三歳の弟の面倒をみるために、学業継続の道をあきらめて実家に帰らざるをえなくなった。そして、二一歳になると徴兵された。

一年間の兵役を済ませたあと、バシュリエはようやくソルボンヌ大学に入り、アンリ・ポアンカレをはじめとする大家の指導のもとで数学を学んだ。[3] 学業成績は平凡だったが、三〇歳の誕生日を迎えてまもなく応用数学の博士論文の審査に合格した。「株価変動への確率論の応用」というテーマのひらめきは、大学で研究するかたわら、パリ証券取引所でアルバイトをしていた経験から得たようだ。[4]

ポアンカレから「非常に独創的」とほめられはしたが、決まりの悪いことに、この論文が受けた評価は「良」で、一般に大学での常勤職を得るのに必要とされる「優」に届かなかった。当時、金融は本格的な科学研究には値しない低俗な分野とみなされていたため、おそらくはテーマ自体が評価を下げる要因になったのだろう。ポアンカレは「テーマが当大学の学位申請者が通常扱うものから少々、外れている」と評した。

これはバシュリエにとって大きな痛手となった。ソルボンヌ大学では基本的に無報酬で確率論の講義を担当するはめになり、第一次世界大戦で徴兵されるまで、その場しのぎの奨学金で何とか生活しなければならなかった。戦争から戻ってもフルタイムの教授職は得られず、ブザンソンとディジョンとレンヌの大学を行ったり来たりする身となった。一九二一年五月にブザンソンの大学長へ送られた極秘文書に、高等教育局の役人がこう記している。「彼は野心家ではないし、研究内容もどちらかというと異色だ。だが大戦中に軍人としてよく働いたのであり、その点を考慮するとわれわれは彼を十分に公正には扱ってこなかった。というわけで、貴学の教員として試験的に任用された次第だ」[5]。

バシュリエの人生においてとりわけ屈辱的だったのは、ディジョン大学で一時的に追放される仕打ちを受けたことだ。これは、終身在職権のある教員の空きができた際に、ほかの候補者を好んだ学部長がバシュリエの信用を落とす画策をしたことによる。バシュリエのある論文に明らかな誤りがあるとして、文脈を無視して抜粋したメモを作り、パリの名門理工系大学エコール・ポリテクニークに送ったのである[6]。バシュリエがようやくブザンソン大学で終身在職権のある教授職に就いたのは、一九二七年になってのことだった。そこで一〇年間働いたのち、引退してブルターニュ地方に移り住み、そして一九四六年にひっそりとこの世を去った。

確率論に関するバシュリエの研究は数学界でいくらか注目されたが、ジミー・サベッジに発掘されるまで、ほぼ知られないままだった。博識家として名高く、経済学者のミルトン・フリードマンに「これまで出会った中で、何のためらいもなく天才と呼べる数少ない人物の一人」と評されたサベッジが、アメリカの経済学者たちに熱心にその重要性を説いたことで、バシュリエの研究は遅ればせながら相応の高い評価を得るにいたったのだ。

バシュリエの「投機の理論」という論文は、証券価格がランダムで予測不能な動きをするとみられる点を史上初めて厳密かつ数学的に検証したものであり、現在では金融史において特に大きな影響力を発揮した著作の一つと広く認識されている。一九六〇年代において金融研究の第一人者だったポール・クートナーは、のちに「投機的価格の研究は彼が着想した時点ですでに栄光の時を迎えていた、と言えるほどバシュリエの業績は傑出している」と評した。[7]

パリ証券取引所でのアルバイト経験からひらめきを得たバシュリエは、トレーダーの本能的直感に基づくのではなく、数学を用いることで相場の変動に関する「確率の法則」を構築しようと試みた。数式だらけで文芸的要素がまったくなく、業界内の限られた読者以外は理解できない典型的な学者文体で書かれたその論文は、一般人の手には負えない。だが、その非常に重要な核心は以下のようなバシュリエの見解にあった。「［相場］変動についての相反する見方は著しく分断されており、同じ時点でも買い手は相場が上昇すると確信しているし、売り手は相場が下落すると確信している。……市場、つまり投機家の集合体は、ある瞬間において相場の上昇も下落も確信できていないと考えられる。一つ一つの気配値について、売り手と同じ数の買い手が存在するからだ」。

言い換えると、お買い得価格で買えるかもしれないと思う賢明な買い手がいれば、高値で売れると考える、おそらく同様に賢明な売り手が存在するはずだ。さもなければ売買はまったく成立しないだろう。したがって、どのような時点においても証券価格は投資家全体が概して公正とみなす水準になる。こうしたバシュリエの認識は画期的だった。

それだけではない。バシュリエは、証券価格が科学者の言うところの「確率論的な」、つまりランダムな動きをみせることを示した。ランダムな動きに関して最も有名なのは、スコットランド出身の植物学者ロバート・ブラウンが発見した現象である。一八二七年、顕微鏡で水中の花粉を観察していたブラウンは、花粉から飛び出した微粒子がパターンとして認識できない、行き当たりばったりの動きをすることに気づいた。この現象はその後、ブラウン運動の名で知られるようになった。

ランダムにみえる相場の動きをよりよく理解するため、そして証券の価値を推計しようとするために、バシュリエは史上初めてギクシャクとした「確率論的な」動きを分析する手法を編み出した。アルベルト・アインシュタインは物理に重点を置いた独自のやり方で同様の分析を行ったが、それより五年も早い段階でのことだった。こうした動きは、暗い道をよろめきながら歩く酔漢の足取りに似ているとされ、今日では一般に「ランダム・ウォーク」と呼ばれている。相場というものは概して、特に忙しかった一日の終わりに大学生が学内のバーで見せる千鳥足と同様の動きをたどるようにみえる。

生前、ほとんど評価されることのなかったバシュリエだが、現在では一九世紀の偉大な学者の一人、そして数理ファイナンスと呼ばれる分野の父とみなされている。無名のまま、この世を去ったと言えるだろうが、二〇〇〇年にはその崇拝者たちがバシュリエ・ファイナンス協会を設立し、数理ファイナンスに特化した学会を年に二回開催しつづけている。

さらにバシュリエの研究は、なぜプロの資産運用者のほとんどがろくな成績をあげられずにいるようにみえるのか、という投資業界におけるとりわけ難解な謎を解明するのに役立つ理論の礎を築いた。

＊

一九二〇年代の活況は、ある衝撃によって終わりを迎えた。一九二九年一〇月の第四木曜日、肌寒い曇天のこの日に、神経質な展開が続いていたアメリカの株式市場で壊滅的な暴落が起きた。大手銀行や投資信託が、過去の危機時に功を奏した大量の株式購入によってパニックを鎮めようと必死になったが、相場の下落を一時的に止めることしかできなかった。同年の九月半ばから十一月半ばまでの間に、アメリカ株式市場の時価総額は元の半分に近い水準まで縮小した。その打撃は世界中に波及し、大恐慌の引き金となった。

一九二九年の大暴落は、草創期の資産運用業界の信頼性に深刻な打撃を与えた出来事として、ほぼ最初のものであった。好況時には「投資信託」の運用担当者（数千人の個人貯蓄者の代理としてプールされた巨額の資金を運用するプロの投資家）の判断に対する信頼感は非常に強かったため、運用資産に関する情報開示は年に一回しか必要とされなかった。透明性をより高めれば、運用者が購入している株式をめぐって投機熱が生じる可能性もあった。だが暴落により、こうした資産運用の帝王の多くが裸であることが明らかになってしまった。この大暴落の経緯を記し、大きな影響力を発揮したジョン・ケネス・ガルブレイスの著書にあるように、「アメリカ最強の有力者たちがただの人間であることが、この短期間で露呈した」[8]のだ。

一九四〇年には、かつてウォール街で株式ブローカーをしていたフレッド・シュエッドが、投資業界に対する幻滅を描いた独創的な著書『顧客のヨットはどこにある？』（*Where Are the Customers' Yachts?* 邦訳『投資家のヨットはどこにある？』）を出した。このタイトルは、ブローカーや金融アドバイザーと比べて投資家の多くが一体どれだけ報われているか、という辛辣な見方を示すフレーズとして、今なお使われている。ただし、プロの投資家がいかに得をしているかという点に関して、経験に基づく厳格な研究が最初に行われたのは、思いがけないところであった。

氏名の末尾の表記からうかがえるように、アルフレッド・コウルズ三世は一八九一年に裕福な特権階級の家に生まれた。祖父のアルフレッド一世は、シカゴ・トリビューン紙の創業者の一人だった。父のアルフレッド二世は著名な弁護士で、のちにシカゴ・トリビューン紙の経営にも携わった。アルフレッド三世は父がたどった道を従順に歩み、イェール大学に進学した。その後、同じ新聞社に入り、管理職になるべく仕事を仕込まれた。

だが運命のいたずらにより、若きコウルズの人生の進路は激変する。一九二〇年代に結核を患ったコウルズは、家族の判断でコロラド・スプリングスに移住した。新鮮な山の空気や湿度の低い気候、燦々《さんさん》と降り注ぐ太陽の光が結核患者の療養に良いと言われていたからだ。退屈しのぎに始めたのが、一族の資産を運用する父親の手伝いだった。相場をうまく渡り歩くために大量の投資情報やニューズレターを定期購読して参考にしたが、衝撃的なことにどれも、一九二九年の暴落という大惨事を予測したり、その余波を乗り切ったりするのに、とりたてて役に立たなかった。そこでコウルズは、株価が本当に予測可能なのかどうかを研究する決意を固めた。[9]

手がけたのは、①一六の金融情報の定期購読サービス、②ウォール・ストリート・ジャーナル紙の創業者チャールズ・ダウが考案した「ダウ理論」、③最初の段階から購読していた二四の投資情報出版物、④大手火災保険会社二〇社の株式売買記録という四つの対象における実績の分析で、[10]非常に膨大な作業を必要とした。具体的には、計七万五〇〇〇件の中から抽出した金融情報サービスによる個別の銘柄推奨七五〇〇件、保険会社の四年にわたる売買記録、ウォール・ストリート・ジャーナル紙の論説二五五回分、投資情報出版物における推奨三三〇〇件を吟味し、データ化した。

研究の成果は、コウルズ自らが出資し創刊した数理経済学専門の雑誌エコノメトリカで発表された。記事のタイトルは「株式市場予測家は予想できるのか?」である。その問いに対する答えを、コウルズは簡潔かつ容赦のない英単語三つだけの要約文で示した。「それは疑わしい(It is doubtful)」[11]。

コウルズの分析は、予測家のうち、市場全体を上回る成績を実現した者がごく少数しかおらず、それもまぐれにすぎない可能性があることを示唆していた。「長年の経験と自由に使える巨額の資金」を有するとコウルズが評した火災保険会社ですら、一九二八〜一九三一年の期間の投資パフォーマンスは市場を年率換算で一・二パーセント下回った。コウルズは痛烈な批判とも言える結論を下した。「これらの企業の場合、その最良の成績も、一六の金融情報サービスの最上位のものと比べてはるかに優れているわけでなく、投資に関する何らかのスキルが確かにあるとは言えない[12]」。

すべてのデータを蓄積し、予測家の成功度合いを測るのは、非常に骨の折れる作業だった。使用したのはパンチカードでデータ入力を行う原始的なコンピューターで、インターナショナル・ビジネス・マシーンズ（ＩＢＭ）という当時の新進気鋭の企業によって提供されたものだった。コウルズはその後、一五年以上にわたる期間の六九〇四件の市場予想を対象とした追跡研究を行い、一九四四年にその成果を発表した。ここでも、株式市場の先行きをうまく予想する能力が存在するという証拠は一つも見いだせない、との結論が下された[13]。

もちろん投資のプロたちは、コウルズによって自分たちの優れた能力にスポットライトが当たった、とは受け止めなかった。コウルズはのちにこう振り返っている。「言うまでもなく非難が殺到した。誰がおまえに成績の記録をつけろと頼んだか、とか、投資アドバイザーの仕事をみくびるな、と。そんなものは職業とは言えないと反論したものだが、当然のように連中の怒りをさらに募らせただけだった[14]」。

ただし、この大手新聞社の御曹司による金融業界への貢献は、これにとどまらなかった。一九三二年には「科学とは計測なり」をモットーにコウルズ経済研究委員会を設立した。計測はコウルズが生涯を通じて情熱を傾けてきたものであり、のちに息子が明かしたように、大量に残したメモの中にはイェール大学の合格率からアメリカ国内の視覚障害者数、最も人気の高い犬種、パーム・ビーチの天候、サメにいたるまで、多岐にわたるトピックについて事実と分析が記されていた。[15] コウルズ委員会は長年にわたり、経済、金融分野の優れた学者たちを招いて研究の場を提供し、支援しつづけた。ジェームズ・トービン、ジョセフ・スティグリッツ、アバ・ラーナー、ケネス・アロー、ヤコブ・マルシャック、チャリング・クープマンス、フランコ・モディリアーニ、ハリー・マーコウィッツといった錚々たる顔ぶれが在籍し、そのうちの何人かは委員会での研究が評価され、ノーベル経済学賞を受賞している。実のところ、最盛期のコウルズ委員会は歴史上最も影響力の強い経済シンクタンクだったと言える。結核のせいで風光明媚ながら辺鄙《へんぴ》なコロラドに移らざるをえなかった新聞社御曹司が残した功績としては上々だろう。

*

コウルズ委員会は、重要性が高まっていた別の分野でも非常に重大な役割を果たした。株式市場全体の数値化である。一九三八年、コウルズは新たな大型研究の成果を発表した。一八七一年以降のニューヨーク証券取引所（NYSE）全上場銘柄についてデータを手間暇かけて収集したうえで、市場全体を表す指数を開発したと明らかにしたのである。その目的は「アメリカにおける平均的な〔株式〕投資実績を表す」ことにあった。[16]

この取り組みは、株価指数が当時いかに重要視されつつあったのかを如実に示している。初期の指数は概して金融新聞によって算出されていたが、その計算方法は場当たり的で連続性に欠けていた。日次の株価指数が初めて導入されたのは一八八四年で、チャールズ・ダウが発行するニューズレター「カスタマーズ・アフタヌーン・レター」で発表された。最初に誕生した指数は輸送関連業一一銘柄の株価を単純平均したもので、ほとんどが鉄道株だった。このニューズレターは一八八九年に「ウォール・ストリート・ジャーナル」に改称された。一八九六年にはダウが工業株だけで構成される最初の月次指数、今では有名なダウ・ジョーンズ工業株価平均を導入した。

金融指数が本格的に普及しはじめたのは、「狂騒の二〇年代」の株価高騰期になってからのことだ。ただし、注目度が高まったとはいえ、現在の基準からするとその質は長いこと原始的なままだった。コンピューターがなかったために、データの収集と計算を人間の手で行わなければならず、ある程度の構成銘柄数が必要なベンチマーク指数の算出は骨の折れる作業だった。だが一九五七年に画期的な出来事が起きる。スタンダード&プアーズが、アメリカの大企業で構成される独自の指数を導入したのだ。ノーベル経済学賞を受賞したロバート・シラーの言葉を借りると、「金融業界における電子時代幕開けの象徴」であった。[17]

当初、主として工業株（四二五銘柄）で構成されていたスタンダード&プアーズ五〇〇種株価指数（S&P五〇〇）というその指数は、ウォール街に設置されたストックティッカー〔訳注：株価情報を送受信する通信媒体〕と直接つないだ〔真空管式〕コンピューター「データトロン」で計算された。継続的に指数を更新することが可能になったという点で、これは驚異的な前進であった。S&P五〇〇は一九六二年には五分ごとに計算されるようになった（一九八六年にはその間隔が一五秒まで短縮された）。

だが奇妙なことに、株式投資の長期リターンについては誰も正確には把握していなかった。結局のところ、指数には特に売買が活発な大型上場銘柄しか組み込まれておらず、配当の支払いや合併、スピンオフ、場合によっては株式分割（株価が一般投資家にとって高すぎる水準に達したときに、取引しやすくなるように一株を複数株に分割すること）も考慮されていない。さらに厄介なのは、株式にも多様な種類がある点だ。株式投資でどのような長期リターンが期待できるのかを断定的に語ることは誰にもできなかった。

これは、見込み客の関心を集めようとするウォール街の企業にとって問題だった。多くの者にとって大恐慌の記憶はなおも鮮烈で、堅実な企業やアメリカ政府が発行する安全性の高い債券のほうが株式よりも圧倒的に好ましかった。

一九四八年、証券会社メリルリンチ・ピアース・フェナー・アンド・スミスのマーケティング責任者ルイス・エンゲルは、「株式・債券投資について……誰もが知っておくべきこと」を「複雑に思われがちだが単純なビジネスについて語るときの平易な語り口で」説明する、とうたった見出しをつけて、ニューヨーク・タイムズ紙に全面広告を出した。[18] 六〇〇〇語を超える言葉が連ねられた、おそらく歴史上でも屈指の冗長な広告だったが、結果的には大成功を収めた。この広告はその後二〇年近くにわたって何らかの形で掲載されつづけ、証券業界で「地響きを立てる雄牛の群れ」というメリルリンチのおなじみのイメージを強固にした。そして、ここから派生する形で出版されたエンゲルの著書『株式投資法』は、累計販売部数四〇〇万部のベストセラーとなった。[19]ただし、一九六〇年にエンゲルが、株式が一般人にとって良い投資先だと明示した広告を出そうとした際には、証券業界の監視機関である証券取引委員会（SEC）に、そのような主張をするには根拠が必要だとしてストップをかけられた。

このため、エンゲルは母校のシカゴ大学に、株式の実際の長期投資リターンについて明確かつ実証的に説明できる者はいないかと問い合わせた。メリルリンチがシカゴ大学経営大学院の副学部長ジェイムズ・ローリーに五万ドルの助成金を出すと、ローリーは必要なデータを収集するための施設として、一九六〇年三月にシカゴで証券価格調査センター（CRSP）を創設した。当初は一年以内に明確な答えが出せると楽観的だったが、実際には「二五万ドルと四年の月日を費やした」と、のちにローリーは自嘲ぎみに振り返っている。[20]

こうしたつまずきはあったものの、ローリーは専門的な資質、そして個人的な資質の両面でこのプロジェクトを主導するのにうってつけの人物だった。シカゴ大学の一部の同時代人のように名声やノーベル賞を獲得することはなかったが、同大学経済学部の知的醸成、ひいてはインデックス・ファンドの発明に貢献したその功績は疑いようもない。

＊

一九二二年にカンザスシティで生まれ、乗馬とボードゲームのバックギャモンを愛好したローリーは、[21]朗らかで冗談好きな性格と（ジョニー・カーソンが特にお気に入りのコメディアンだった）[22]、選り好みしない一流の気質を持ち合わせていた。こうした特性は、多種多様な有名経済学者たちをシカゴ大学に呼び込むうえで役に立った。経営大学院の学生たちに大人気の金融論の授業は、話し手が好んでエピソードや余談をふんだんに盛り込んでいたため、「ローリーのお話の時間」と呼ばれていた。[23]ただし、ローリーにとって最高の偉業が生まれたのはCRSP、通称「クリスプ」においてだった。

メリルリンチの依頼で着手した仕事は決して退屈なものではなかった。ローリーは〔一九六五年に〕アメリカ統計学会で研究成果について講演した際に、持ち前のウィットを発揮して次のように語った。「フロイトが考えていたほどセックスは重要ではないという声があります。わたしも年齢を重ねるにつれて、その意見に賛成する方向にどんどん傾いていています。社会主義者が訴えるほどお金は大切ではないと言う人もいます。たぶんそのとおりでしょう。そうはいっても、セックスもお金も人気があって、重要ですらあるということは疑いありません」。こう前置きしてから、二〇〇〇万人のアメリカ人が約六〇〇〇億ドル相当の株式を直接、あるいは年金基金を通じた形で保有していることに言及した。[24]

ローリーはコウルズが草分け的な役割を果たしたことに敬意を表しつつも、株式市場には造詣が深いかもしれないが、統計についてはほとんど知らない人々によって従来の研究が行われてきたと指摘した。そして、こう説いた。「この熟知と無知の組み合わせは、逆の場合、つまり統計に精通していても、それを用いる分野には不案内というケースほど不毛ではないでしょうが、それでもやはり十分な価値を生み出せてはいません」[25]。ローリーはより良い成果をあげられる人物と見込んで、コンピューター通の同僚ローレンス・フィッシャーに演算の実務への大々的な協力を仰いだ。

二人はNYSE上場の普通株の平均リターンを計算するという決意のもと、上場一七〇〇銘柄の毎月末の終値や、リターンを計測するうえで関連するその他のあらゆるデータを収集した。この作業は言うは易く行うは難しだった。アメリカ企業が長年にわたって行ってきた多種多様な形での株主への利益分配、各種の手数料や税制、さらには企業が発行する異なる種類の証券を考慮する必要があったからだ。ローリーとフィッシャーは、普通株とは呼ばれていない普通株、つまり発行企業の何らかの所有権と残余利益分配請求権が得られる証券が五〇種類超も存在すること、そして普通株と呼ばれているのに実態は違う証券があることを知った。

二人が収集した四〇万件近くの株価データのうち、三万件超については精査と整理をする必要があった。こだわり屋のフィッシャーが、のちのローリーの言葉によれば、「称賛に値しうるが、明らかに行き過ぎた熱意」を発揮して、原データよりも正確で整合性のあるデータを整備しようとしたからだ[26]。ただし、一九六四年になってようやく発表された研究結果は素晴らしいものだった。伸ばすと五キロメートル超の長さになる磁気テープに記録されたデータセット[27]は、一九二六～一九六〇年の中の二二の異なる期間における株式投資のリターンを、配当の有無や多種多様な税制を考慮したうえで算出することができるものだった。株式市場全般のパフォーマンスに注目すると、一九二六年にNYSEの全上場銘柄を買い、支払われた配当をすべて再投資していた場合、一九六〇年までに年率換算で九パーセントのリターンが得られていたことがわかった。それまで想定されていた水準よりもはるかに高い数字だった。

研究を助成したメリルリンチの関係者にとって興奮すべきことに、一九二九年の大暴落の直前にあたる一九二〇年代の強気相場のピークに投資していた場合でも、年七・七パーセントのリターンをあげていたはずだった。そして一九五〇年以降の投資リターンは年一〇パーセントを超えていた。気をよくしたメリルリンチの株式売買仲介部門は、即座に研究報告書を全文引用した全面広告をウォール・ストリート・ジャーナル紙に出した。[28] 研究報告書は国内全域で七〇万人を超える個人に配布され、その内容はロンドン、ジュネーブ、ニューヨーク、サンフランシスコなど各地で行われた講演で強調して伝えられた。[29] それまで債券のほうが安全で長期的に高いリターンが得られると考えていた多くの投資家は、特にこの研究結果に衝撃を受け、自分たちの想定を見直す必要に迫られた。

ところが、CRSPはこれ以外にも同じぐらい重要なデータを弾き出していた。アメリカ株式の長期的な投資リターンが実際には投資信託とミューチュアル・ファンドの平均リターンをわずかながら上回っていた、というものだ。当時は、こうしたデータの収集がAGベッカーなどの投資コンサルティング会社によって、より体系的に行われるようになってきていたところだったため、これは興味深い話だった。一九六五年の講演でローリーは楽しそうにこう述べている。[30]「こうした組織によって管理されているファンドの運用担当者は責任を負った有能なプロで、そのキャリアは銘柄選択と売買のタイミングの成否におおむね左右されます。でも銘柄のリストやカレンダーにダーツを投げて決めるような手法をとっても、有能なプロの判断を頼りに投資する場合とだいたい同じぐらいの成果が得られるのです」。

こうした気まずい真実は、やはりシカゴ大学出身の著名経済学者マイケル・ジェンセンが一九六七年に発表した草分け的な研究の結果によって一段と鮮明になった。プロの投資家のパフォーマンスを検証する研究を最初に試みたコウルズから引き継いだ頭脳派のジェンセンは、一九四五年から一九六四年にかけての一一五のミューチュアル・ファンドのパフォーマンスを精査し、コストを差し引く前の段階でも、これらのファンドが概して市場全体をアウトパフォームできなかったことを発見した。さらに、ファンドにとって都合の悪いことに、ジェンセンの研究は「何らかの個別ファンドで、単なる偶然から得られるリターンを大幅に上回る成績をあげられる、という証拠はほとんど存在しない」と結論づけていた[31]。

急成長するミューチュアル・ファンド業界の現場にこうした研究結果はほとんど届かなかった。なにしろ、一九六〇年代の強気相場で頭角を現し、我が世の春を謳歌していた花形ファンド・マネジャーに、象牙の塔の中で暇そうにふんぞり返っている学者の話に耳を傾ける余裕はなかった。たとえ存在に気づいていたとしてもだ。インターネットがなかった時代には情報伝達のスピードが遅く、都合の悪い情報を無視することも簡単だった。フィデリティ・インベストメンツのジェラルド・ツァイのような大物ファンド・マネジャーは、人気の「ニフティ・フィフティ」銘柄への投資で得られる潤沢なリターンを宣伝できたが、今からすると信じがたいことに、ほとんどの投資家は相対的なパフォーマンスのデータを求めたりしなかったし、ファンド・マネジャー側もそれを提供することはなかった。[32] そして、市場の全銘柄を買えば良い成果が得られる可能性がある、という考えは荒唐無稽とみなされた。

その好例が、カリフォルニア大学で経済学を教えていたシカゴ大学経済学部出身のエドワード・レンショーと、その教え子のポール・フェルドシュタインが一九六〇年に発表した、急進的で時代を先取りした研究に対する反発だ。レンショーは、投資対象をダウ・ジョーンズ工業株価平均などの株価指数に連動させるだけの「〔能動的に〕運用しない投資会社」の設立を提唱した。[33] この研究論文は、ファンド・マネジャーの技能を批判するものではなく、不慣れな投資家にとっての利便性に主眼を置き、このころ大量に登場していたミューチュアル・ファンドのマネジャーをふるいにかける手助けをするような内容であったが、完全に無視された。むしろ、業界のあるベテランがジョン・B・アームストロングというペンネームでフィナンシャル・アナリスト・ジャーナル誌に投稿した反論文[34]が表彰されたほどで、レンショーの構想は跡形も残さず消えていった。このように、投資機関は学術界からの攻撃に対し、どのみち市場全体は買えないと反論しつづけることができた。主流の経済紙にとって、こうした議論は難解すぎて取り上げにくかった。花形ファンド・マネジャーに関する記事がはるかによく売れる状況では、なおさらだった。

しかし、ビジネスウィーク誌（偶然だがメリルリンチのエンゲルは同社入社前にこの雑誌の編集長を務めていた）はCRSPの研究結果が示唆することに言及した。「ミューチュアル・ファンド関係者や証券アナリスト、投資アドバイザーなど、ウォール街の幅広い分野で働く人々は、この研究結果を知って落ち着かない気分にさせられているだろう。この業界の者はみな、程度の差こそあれ、自分のスキルをより専門性の劣る人たちに売ることでお金を稼いでいるのだから」[35]。

金融業界の内部でも、こうした指摘に向き合おうとする動きが少しずつ出てきた。一九七五年、フィナンシャル・アナリスト・ジャーナル誌に「敗者のゲーム」というタイトルの記事が掲載された。著者は投資銀行ドナルドソン・ラフキン&ジェンレット勤務で、のちに有力投資コンサルティング会社グリニッジ・アソシエイツを創業したチャールズ・エリスである。そこにはこう記されていた。「投資運用ビジネス（一つの専門職種であってしかるべきだが、確立されてはいない）の土台には、単純かつ基本的な信念がある。プロの資産運用者は市場に勝てる、というものだ。だがこの前提は間違っていると思われる[36]」。

CRSPの研究データは、このような新たな認識を次々と生み出す源泉となった。当時、シカゴ大学経営大学院で学んでいたレックス・シンクフィールドは、「重大イベントのランクづけをしろと言われたら、CRSPによるデータ発表の開始を天地創造よりも少し上にするだろう」と冗談まじりに語っている[37]。

当のローリーは「一九六五年の講演で」、プロの投資家は「有益な存在になりうるし、ほぼ確実にそうなっています」と強調していた。（ローリーが示したとおりに）債券投資や銀行預金よりも高いリターンを生む株式に投資するよう人々を説得し、比較的効率のよいやり方で顧客のポートフォリオの分散化を実現するなど、価値あるサービスを提供していたからだ。結局のところ、会計処理や証券管理業務にかかわるコストは膨大になる可能性があり、「自分で選択し、責任をもつことによる労苦」を減らすためにプロが小口投資家に提供するサービスは有益だ、とローリーは述べた。[38]

一方で、プロのファンド・マネジャーの平均リターンが市場を上回れそうにない理由の説明も試みた。ローリーによればその一部は明白で、たとえばミューチュアル・ファンドが投資家から通常八パーセントの販売手数料（業界用語では「ロード」）と年間管理手数料を徴収する、という業界の実態だ。また、ミューチュアル・ファンドと投資信託が株式市場に全資金を投じることはほとんどない。通常は、資金の引き揚げを望む投資家が出た場合、あるいは魅力的な買い場が突然訪れた場合に備え、ある程度のキャッシュを手元に残しておくからだ。だが手元のキャッシュは、相場が上昇している際にパフォーマンスの足枷《あしかせ》となってしまう。さらに、プロの投資家はしだいに株式市場で重要な役割を演じるようになってきており、のちにバフェットがキャサリン・グラハム宛ての手紙で指摘したように、多くの面で市場そのものになっていた。

最後にローリーは、物議を醸しながらも、徐々に支持を集めつつあった理論について語った。株価はランダムに変動するのであり、正確かつ継続的に予測することは事実上、不可能だという「ランダム・ウォーク」理論で、学術界の領域を越えて広がっていた。一九〇〇年にルイ・バシュリエが最初に打ち出していたものの顧みられず、ジミー・サベッジやポール・サミュエルソンの尽力によって、ここへきてようやく見直されるようになった考え方である。

一九六四年、サミュエルソンのMITの同僚であるポール・クートナーは、五〇〇ページに及ぶ研究書を出版した。『証券価格のランダムな特性』というタイトルで、自身やコウルズをはじめとする証券分野の研究者の学術研究を数多く盛り込んだ本である。その中に、株価変動の見え方について味わいのある表現をした著作があった。イギリスの著名な統計学者モーリス・ケンドールが一九五三年に発表した論文で、イギリスの株価やシカゴ市場の小麦価格、ニューヨーク市場の綿花価格の変動に関する研究結果が示されていた。ケンドールは、これらの価格の時系列での変動がすべて行き当たりばったりにみえると指摘し、「まるで『偶然の悪魔』がランダムに数字を抜き出しているかのようだ」と書いている[39]。

クートナーの本は、バシュリエが一九〇〇年に発表した論文の初の英語完訳版も掲載しており、より広い層にその存在を知らしめる働きをした。ローリーはバシュリエについて、こう語っている。「彼の研究は大きな影響力を秘めていたが、日の目を見るまでの期間が長かった。ここ一〇年のうちに、その内容を検証し、ほかのデータに当てはめてみることに関心をいだいた人たちによって、ようやく見直されるようになった[40]」。

バシュリエはインデックス・ファンドの学問的側面でのゴッドファーザーであると言ってよいだろう。ただし、経済学と金融論は先人たちが積み重ねてきた知見を土台として発展する学問分野だ。どのように市場が機能し、それに投資家がどう対応していくかを説明する鮮烈で多角的なモデルにランダム・ウォーク理論を取り入れる研究は、主として三人の非常に卓越した経済学者によって行われ、やがて訪れるパッシブ投資による激震の学術的な基礎を築くことになった。その三人とは、いずれも自身の研究によってノーベル経済学賞をのちに受賞するハリー・マーコウィッツ、ウィリアム・シャープ、ユージーン・ファーマである。

第3章 偶然の悪魔を手なずける

TAMING THE DEMON OF CHANCE

シカゴ大学の大学院で経済学を学ぶハリー・マーコウィッツは、指導教官の研究室の控室で面談の順番を辛抱強く待っていた。そこには株式ブローカーと称する男もいた。知性派でひょろりとした風貌の若きマーコウィッツは、意を決してこの男と会話を始めた。

一九五〇年のことだ。漫画『ピーナッツ』の新聞掲載が始まり、ジェームズ・ディーンがペプシコーラのCMに出て大ブレークした年である。夏に北朝鮮軍が韓国に侵攻し、冷戦下の緊張が高まっていた。ただし、こうした大衆文化の流行とそれに反するような地政学上の動きはシカゴ大学においては遠い出来事のようであり、二人は何とはなしに、マーコウィッツが決められずに悩んでいる博士論文のテーマについて語った。すると男が「株式市場について書けばよいのでは？」と提案した。[1]

あとから振り返れば、この邂逅をきっかけにマーコウィッツは一風変わった名声を築くにいたったのだった。一般の目にとまることなく外を歩けるが、専門家たちには畏敬の念をもってその名をささやかれる人物になったのだ。二〇世紀最高のアメリカ人経済学者とも言うべきポール・サミュエルソンが「ウォール街の土台はハリー・マーコウィッツが築いた」と語ったとも伝えられている。[2] マーコウィッツの革新的な功績は、今なお億万長者のヘッジファンド・マネジャーや肥大化した投資銀行、膨大な年金基金制度の資産運用原則に影響を及ぼしつづけている。

もともとは金融の世界に疎く、興味すらほとんどなかったマーコウィッツがそのような存在になったのだから、運命とは奇妙なものだ。一九二七年にシカゴで食料雑貨品店を営むユダヤ人の両親から生まれ、成長してきたマーコウィッツは、世間の荒波とは無縁の穏やかな暮らしを送っていた。大恐慌でさえも、経済への関心が自然と芽生えるきっかけにはなったものの、忘れられないほどの印象を残すことはなかった。野球やサッカー、バイオリンに親しみながら育ったが、情熱を注ぐようになったのは哲学で、とりわけデイビッド・ヒュームとルネ・デカルトに夢中になった。シカゴ大学で二年制の学士課程を修了すると、主に数学が好きだからという軽い気持ちで経済学を専攻した。

だが、その疑いようのない天賦の才を見込まれて、マーコウィッツは約二〇年前にアルフレッド・コウルズ三世が設立したコウルズ委員会に学生メンバーの一人として招かれ、その流れで前委員長のヤコブ・マルシャックに指導を仰ぐこととなった。若きマーコウィッツが株式ブローカーと称する客人と言葉を交わすにいたったのが、このマルシャックとの面談の待ち時間だった。晴れて面談にこぎつけたマーコウィッツは、指導教官に控室での会話について語り、株式市場に関する何らかの論文を書くという考えを切り出した。[3]

当時、株式市場を研究テーマにするという発想は型破りだった。シカゴ大学には飛ぶ鳥を落とす勢いのビジネススクールがあったが、株式市場自体は真剣で知的な学術研究の題材としては、なおも少々下劣なものとみなされていた。だがマルシャックは、コウルズ自身も株式市場に強い興味をいだいていたと話し、大きな収穫が得られる分野になる可能性があるとして、マーコウィッツの考えに賛同した。ただし、それは自分にはなじみの薄い題材であると打ち明け、指導役として経営大学院のマーシャル・ケッチャムを紹介した。ケッチャムは手始めに、読むべき文献のリストをマーコウィッツに提示した。

ある日の午後、指示に従うべく図書館へと赴いたマーコウィッツは、やがて劇的な影響力を発揮することになるアイデアの核をその場で見いだした。現代ファイナンス理論はこの日に産声を上げた、と説く業界人も多い。

マーコウィッツは、ケッチャムが提示したリストの上のほうにあったジョン・バー・ウィリアムズの『投資価値理論』をさっそく読んだ。ウォール街で働いていたウィリアムズは、一九二九年の大暴落と大恐慌のあと、一連の災厄をよりよく理解し、自分の仕事をもっと厳密なものとするため、ハーバード大学に入って経済学博士号を取得した。ウィリアムズは『投資価値理論』で、株価はその企業が将来、株主に支払う配当の期待値の現在価値と同じであるべきだ、と説いた。この本を読んだマーコウィッツは、膨大な蔵書を誇るシカゴ大学の図書館で思索の日々を送ることになった。

ウィリアムズの説に従えば、少なくとも理論上は、期待リターンが最大である銘柄一つに集中投資すべきだという話になる。だがマーコウィッツは、現実にはそれが常軌を逸した行動であるとわかっていた。将来の配当は本質的に不透明であり、投資家は投資対象のリターンだけでなくリスクも気にかける。そこでマーコウィッツは、卵を複数のカゴに分けて保管するように、投資先を分散化することによってリスクは低下すると考えた。そして、各株式のボラティリティをリスクの代理変数として用い、値動きがそれぞれ異なる大量の証券へ分散投資すれば、投資家にとってのリスクが実際に低下することを経験的に実証した（金融業界では、投資する証券の集合体を「ポートフォリオ」と呼ぶ）。

要するにマーコウィッツは、すべての投資家はポートフォリオを構成する各個別証券の値動きを気にするのではなく、ポートフォリオ全体のパフォーマンスこそを注視すべきだと説いた。各銘柄の価格がある程度、独立して変動するかぎり、その他の個別の要素がどうであれ、ポートフォリオ全体のリスク（あるいは少なくともボラティリティ）は低下する。株式市場全体を網羅した、広範囲に及ぶ受動的なポートフォリオを通じて実現できる分散化が、投資家にとって「フリーランチ」（タダ飯、つまり苦労せずに手に入る利得）を享受できる唯一の方法だ、とマーコウィッツは主張した。

もちろん、ほとんどの投資家はすべての卵を一つのカゴに入れることの危険性をもともと本能的に知っていた。だが金融史家のピーター・L・バーンスタインによれば、当時、最良の株式ポートフォリオを構築するには、「経験則と言い伝え」ぐらいしか頼る術《すべ》がなかった。[4] 一九五二年に権威あるジャーナル・オブ・ファイナンス誌に初掲載されたマーコウィッツの論文は、リスクとリターンのバランスを最適化する試みが可能であることを初めて定量的に示した。「ポートフォリオ選択」というタイトルのこの論文は、やがて「現代ポートフォリオ理論」として知られるようになるものの礎となった。同理論は今なお、ほとんどの投資家にとって資産運用における指針となっており、マーコウィッツはその功績によって一九九〇年にノーベル経済学賞を受賞した。「瞬く間の出来事だった。ノーベル賞を取れると思っていたかと聞かれるたびに『いいや、でも博士号は大丈夫だと思っていたよ』と答えている」。のちにマーコウィッツはこう振り返っている。[5]

ところが本人の自信（そして論文が残した遺産の偉大さ）とは裏腹に、マーコウィッツが経済学博士号を実際に取得できるかどうかは、どういうわけか不透明だった。一九五二年にシカゴを離れ、陽光あふれるカリフォルニアの名門シンクタンク、ランド研究所での研究生活を始めていたマーコウィッツは、まだ済ませていない学位審査の口頭試問のために戻らなければならなかった。シカゴに着いた時点では不安もなく、「自分はこのテーマについて熟知している。［シカゴ大学経済学部の伝説的な教授である］ミルトン・フリードマン博士でさえも、わたしを窮地に追い込むことは不可能だ」と考えていた。[6]

だが残念なことに、フリードマンは納得していなかった。マーコウィッツが口頭発表を始めて五分たったところで、このシカゴ大学随一のインテリが口をはさんだ。「ハリー、きみの論文は読んだし、数学的な間違いは一切見つからなかった。だが、これは経済学の論文ではない。経済学ではない論文で経済学博士号を与えることはできない」。これに対してマルシャックが教え子を弁護する立場をとり、議論は紛糾した。結局、マーコウィッツは部屋から退出させられ、廊下で決定を待つことになった。五分ほどするとマルシャックが現れて、こう言った。「おめでとう、マーコウィッツ博士」。

ランドでの研究は思いがけない成果をもたらした。マーコウィッツはそこで頭脳明晰な若手経済学者ウィリアム（ビル）・シャープと出会った。やがてマーコウィッツの弟子となり、その研究を劇的に発展させた人物だ。マーコウィッツはのちに多大な感謝の意を表している。「ビルはいつも、ポートフォリオ理論を用いていたわたしに師事したからノーベル賞を受賞できたと話す。わたしは、彼がポートフォリオ理論の居場所を経営学から経済学へと変えてくれたおかげでノーベル賞が取れたと言ったものだ。さもなければ経済学の分野での受賞はなかっただろうから」[7]。

＊

カリフォルニア州南部のリバーサイドで育ったシャープは、もともとは医師を志していた。だが一九五一年にカリフォルニア大学バークレー校で学びはじめてすぐに、血を見ると吐き気を催す体質が障害になりうると気づいた。そこでロサンゼルス校（ＵＣＬＡ）に転校し、経営学での学士取得をめざした。会計学の課程はほとんどが簿記の授業で構成されており、行き過ぎだと感じた。ただし、「経済学」という謎めいた分野の入門講義にはたちまち魅せられ、再び進路変更をすることになった。「とにかく美しい世界だと感じ、それで経済学専攻に変えた。どうやって生計を立てるのかなんてわからなかったが、そうせずにはいられなかった」。のちにこう振り返っている。[8]

だが今とは違う時代のことで、シャープの優秀な学業成績はウォール街での職を得るのに役立たなかったどころか、逆効果だった。ある銀行での就職面接では、学業成績に目を通した面接官に金融業界で働くよりも大学院に進んだほうがよいと勧められた。「銀行には「成績の良い」人間は別にいらない、という印象を受けた」とシャープは振り返る。地元のセーリング・クラブの会長を務めていることや、予備役将校訓練課程でも学んでいること、（短期間ではあっても）友愛会に所属していたこともアピールし、「実際にはお堅くない人間だ」と主張したが報われず、結局は経済学修士号の取得をめざす決意をした。その後、陸軍での二年間の兵役に服さなければならなくなり、バージニア州のフォートリーに駐在した。

幸運にも朝鮮戦争での戦闘任務は免れ、また兵役生活も苦ではなかったが、シャープは政府委託業者で働けば兵役期間が二年からわずか六カ月に短縮できることを知ってしまった。もともとＵＣＬＡの指導教授の一人が兵役終了後にランド研究所に入ることを勧めてくれていた。ランドは空軍の支援を受けた研究機関であったため、シャープは一九五六年にエコノミストとして入所し、同時にＵＣＬＡで博士号取得をめざせることになった。

ランドは発展途上のシンクタンクだった。名称（RAND）について「研究すれど開発せず（Research And No Development）」の略だと揶揄する従業員もいたが〔訳注：正しくは Research ANd Development の略〕、その知性重視主義は若いシャープにとって刺激的だった。ランドの理念は、場合によっては解決不能と判明するまで徹底的に問題に取り組むことにあった。研究員は一週間のうち四日、研究所のプロジェクトに専念するが、次の一日は自分の思うがままに個人的な研究を行うことができた。シャープが在籍しているころにランドでの研究に携わっていた者の中には、著名経済学者のケネス・アローや、映画『ビューティフル・マインド』で不朽の名声を得たゲーム理論家のジョン・ナッシュがいた。ランドの研究コミュニティに根づいていた型にとらわれない多様性は、「スモッグ税」の提案や、陸軍派兵用の軍用機の機内デザイン基準に関する考察をテーマとした初期のシャープの研究論文に反映されている。

草創期にあったコンピューターの分野もシャープに影響を及ぼした。シャープは、二〇世紀を代表するアメリカの偉大な数学者の一人、ジョン・フォン・ノイマンが開発したランドの巨大なコンピューター「ジョニアック」（スタッフが命名）や、最新型のＩＢＭコンピューターをプログラミングする技術を身につけた。当時まだ珍しかったこのスキルは、夜間に膨大な量のキーパンチ入力作業をこなすことで磨かれ、やがて若い経済学者のシャープにとってかけがえのないものとなる。プログラミングができる経済学者という前例のない存在になったことで、シャープは純粋数学に疎いという弱点を克服しただけでなく、最終的に博士号を取得するにいたったのである。

何よりも重要だったのはマーコウィッツと一緒に研究する機会を得たことだろう。シャープは初めて挑戦した博士論文の執筆でつまずいてしまっていた。マーコウィッツがシカゴ大学で行っていた研究のことはよく知っていたため、その当人がランドに来たときにアドバイスを求めた。そして、この出会いが実り豊かな共同研究へとつながっていった。

シャープがマーコウィッツのモデルを簡素化するコンピューター・プログラムを書いたことで、モデルの実用可能性は高まった。一九五二年の時点では、マーコウィッツが思い描くような分析が可能なコンピューターは、核兵器設計のためにアメリカ政府が管理していたものしかなかった。[10]ランドでフォートランというプログラミング言語を習得したシャープは、三〇秒で一〇〇銘柄の証券の分析ができるアルゴリズムを開発した。簡素化する前のマーコウィッツのモデルでは、同じコンピューター（IBM七〇九〇）で同じ分析を行うのに通常三三分かかっていた。当時は計算処理にかかる時間が大きな負担となっていたため、これは大きな前進であった。

それだけではない。マーコウィッツのモデルを簡素化するために、シャープは株式市場全体のリターンを基準となる基本的要素として設定し、個別銘柄同士の相対バリュエーションではなく、市場全体に対する個別銘柄の相対バリュエーションを計算した。この相対バリュエーションを示すためにシャープが用いた市場感応度という指標は、ギリシャ文字のベータ（β）で表記されるようになった。たとえば、市場全体の株価が一パーセント上昇するごとにコカ・コーラの株価が〇・八パーセント上昇する場合、コカ・コーラ株のベータは〇・八である。また、同じ条件で二パーセント上昇する銘柄のベータは二である。ベータが高い銘柄は値動きが激しく、したがって安定性がより高い低ベータの銘柄よりもリターンは高くなる。こうしてベータは株式市場全体との連動性によってもたらされるリターンを表す共通語となった。これに対し、投資家のスキルによって生み出される超過リターンを表す用語として、のちにアルファ（α）が登場する。

ベータという概念はシャープに経済学博士号をもたらしただけでなく、やがて大きな影響力を発揮する論文へと結実した。そのテーマは、投資家が証券価値の計算に使える「資本資産評価モデル（CAPM《キャップエム》）」である。CAPMは、リターンのボラティリティを加味して個別の銘柄やファンド・マネジャーのパフォーマンスを評価するうえで必要な「リスク調整後リターン」という概念を導入したという点で画期的だった。また、ほとんどの投資家にとって、リスクとリターンのトレードオフが最適化された市場全体に投資するのが総リターンを最大にする方法だ、と示すことで広範囲に影響を及ぼした。

CAPMはのちに発明されるインデックス・ファンドの構想上の土台となった。シャープはインデックス・ファンドについて公言したことはなく（なにしろ当時は発明前だった）、また「［能動的に］運用しない投資会社」を提唱したエドワード・レンショーのラディカルな論文のことも知らなかった。シャープ自身は「市場ポートフォリオ」という単純な表現を使ったが、その意味は明解だった。CAPMに関する論文を発表したのと同じころ、ジャック・トレイナー、ジョン・リントナー、ヤン・モッシンらも同様のモデルをそれぞれ開発していた。だが、経済史上屈指の影響力をもつ著作となったのはシャープの論文だった。

皮肉なことに、この論文に対する当初の反応は鈍かった。一九六二年初頭、雑誌掲載のために論文を提出した際、シャープは自分のそれまでの著作の中で最高の傑作だと自負しており、賛辞を伝える電話がかかってくるのを待っていた。ところがジャーナル・オブ・ファイナンス誌は、論文中の前提の多くが非現実的すぎるとの理由で掲載を断ってきた。それでもあきらめずに再提出したところ、一九六四年になって掲載が実現したが、最初のうちは反応薄だった。「おいおい、二度と書けないくらいの最高傑作なのに、誰も興味ないのか?」[11]。普段は陽気なシャープも密かに嘆いた。だが時間がたつにつれて、その重要性への注目が高まり、この論文は最終的にシャープ(とマーコウィッツ)による一九九〇年のノーベル経済学賞受賞へとつながった。

とはいえ、「市場ポートフォリオ」が最適となる理由を厳密に説明する本格的な理論を構築し、醸成途上にあった金融学界が大々的な革命期に突入するのを後押ししたのは、別のシカゴ大学の経済学者であった。

＊

アメリカへの移民にまつわる典型的なストーリーから始めよう。一九〇〇年代初頭[12]、ガエターノとサンタのファーマ夫妻はシチリア島での暮らしを捨て、アメリカへと向かうイタリア人移民団に加わった。肌寒いニューイングランドに到着すると、ガエターノはガイへと名前を変えた。やがて理髪師としての働き口を見つけてボストン北部のリトル・イタリーにサンタと居を構え、そこで七人の子どもを育てた。息子のフランシスは別のイタリア移民夫婦の娘アンジェリーナ・サラセーノと出会って結婚し、ボストンの北部郊外にある堅実な労働者階級の町モールデンに引っ越した。一九三九年のバレンタインデーに四人きょうだいの三番目にあたる男の子が生まれ、ユージーン（ジーン）・フランシス・ファーマと名づけられた。[13]

ジーンの幼年期の記憶は第二次世界大戦の初期、そして父親が徴兵されるかもしれないという不安と結びついている。父フランシスはトラック運転手だったが、戦争中はボストンの造船所で戦艦建造に携わっていた。徴兵は免れたものの、戦艦に被覆材として使われていたアスベストのせいで、生涯を通じて酒もタバコも嗜まなかったにもかかわらず、石綿肺による肺がんを患って七〇歳で命を落とすことになった。その後まもなく、母アンジェリーナもがんで亡くなった。当時、「人生の転換期」にある女性の症状緩和のために行われていたホルモンの高用量投与が原因だった。[14]

とはいえ、ジーン・ファーマは幸せな子ども時代を過ごした。両親はフランシスの姉妹の夫婦と共同で、ミスティック川をはさんだモールデンの隣町メドフォードに二世帯用住宅を購入していた。一番体格が良い時期でも身長一七三センチメートル、体重七三キログラムと比較的小柄だったジーンだが、バスケットボールや野球、陸上競技、フットボールで活躍する運動選手になった。フットボールでは、自分よりもはるかに大柄な相手によるタックルを避けるため、「スプリットエンド」というポジションを開拓したと主張している。それが正しいかどうかはさておき、スポーツでの素晴らしい功績が認められ、高校の運動選手の殿堂に名を連ねることになった。

このころ、ジーンは近くのカトリック系女子校に通うサリーアン・ディメコという小柄で美しい女性と出会った（高校卒業後、二人は結婚することになる）。恋愛で気もそぞろになった面はあったが、ジーンは学業にも優れており、母も進学を勧めた。高校教師になること（そして、できればスポーツのコーチにもなること）を夢見て、ロマンス諸語を学ぶためにタフツ大学に入学した。一族で初めて大学に進んだのである。こうして、目立たないが幸せな中流層の生活に向けて、確かな一歩を踏み出したかにみえた。

ところがロマンス諸語の学習はとても退屈だった。「行きづまってしまった」と、のちにファーマは振り返っている。来る日も来る日もボルテールの著作に向き合うような生活を二年間送ったあと、ある経済学のクラスを気まぐれで取ったところ、経済学そのものと、「一生食うや食わずの高校教師の薄給生活から逃れられる」という展望の両方に魅せられた[15]。タフツ大学での最後の二年間には、取れるかぎりの経済学のクラスをすべて取り、数多くの名門大学の大学院に出願した。すぐ近くのハーバード大学からは合格の通知が来たが、シカゴ大学からは何の連絡もなかった。

ファーマがこの件を放置したままでいれば、シカゴ大学は傑出した経済学教授となるはずのこの人物を受け入れずに終わったかもしれない。だが音沙汰がないことをいぶかしんだファーマは、シカゴ大学経営大学院の学生部に電話をかけた。すると、たまたま電話に出たのが学生部長のジェフ・メトカーフ本人だった。

「えーっと、こちらにはあなたが出願されたという記録がないのですが」。メトカーフはファーマにこう告げた[16]。

「いや、間違いなく出しました」。ファーマは言い張った。

「成績はどんな感じですか？」とメトカーフが問うと、ファーマが答えた。

「オールAです！」

そのまま話を続けるなかで、メトカーフはこの若い学生に興味をそそられた。そこで、タフツ大学の学生を特別に対象とした奨学金制度があることを伝えた。こうして、早熟な元スポーツ青年はシカゴ大学の門をくぐる運びとなった。ベルギーのルーヴェン・カトリック大学の客員教授を務めた一九七〇年代半ばの二年間を除き、ファーマはあの運命を決めた電話以降、シカゴ大学に忠誠を示しつづけ、八〇歳を超えた今も同大学で教鞭をとっている。

シカゴでファーマは、ポーランド生まれフランス育ちでアメリカ在住の才気あふれる数学者ブノワ・マンデルブロに出会った。世界を渡り歩くこの博識家は、時折シカゴ大学を訪れては大学院生を対象に講演を行っていた。そして、若いファーマと大学のキャンパス周辺を長時間散歩するようになった。非常に重要なことに、金融市場でみられるランダム性や、半世紀以上も前にバシュリエが書いていた革新的な論文についてファーマに教えたのはマンデルブロだった。フランスで教育を受けたマンデルブロは『投機の理論』に精通しており、バシュリエの研究を（特にシカゴで）より広く知らしめるうえで、ジミー・サベッジ、ポール・サミュエルソンと共にきわめて重要な役割を果たした。

ファーマは博士論文のテーマを決めるにあたり、指導教官である花形経済学者のマートン・ミラーに五つのアイデアを示した。「ミラーはそのうち四つを優しく却下したが、残りの一つには色めき立った」と、ファーマはのちに振り返っている。[17] タフツ大学での最終年、ファーマは株価予測サービスの仕事も兼業している教授の下で働き、株価予測の手法を開発するという課題に取り組んでいた。問題は、過去のデータを用いれば機能する手法が、「サンプル外データ」（モデル構築時に使われていないデータ）を用いたテストでは、まったくうまくいきそうにない点にあった。

たとえば、月曜日に自動車メーカーの株式を買えば利益をあげられるとデータが示唆していても、それを実行に移すと得られるはずのリターンが消えてしまう、という具合だった。サンプル外データ・テストは、あるパターンが（一人当たりのチーズ消費量と、ベッドシーツにからまって死亡する人の年間発生数のあいだに強い相関関係がありそうにみえる、というように[18]）たまたま疑似的な相関関係を示しているのではなく、実際に予測として使えるかどうかを確認するために統計専門家が用いる手段である。

結局、ファーマは有効な株価予測手法を見いだせなかった。だが、このときの労を惜しまぬ作業の中で、ダウ・ジョーンズ工業株価平均を構成する三〇銘柄の日次情報のデータベースを構築していた。当時はまだ、ジェイムズ・ローリーとローレンス・フィッシャーがシカゴ大学キャンパスの近くの建物で証券価格調査センター（CRSP）のためのデータを収集している段階だったため、このデータベースは情報の宝庫であった。ファーマは博士論文の執筆に際して、株式のリターンは「非正規」分布に従って変動する、つまりほとんどランダムで、一般に考えられているよりも激しい動きをする、というマンデルブロの仮説について、詳細な証拠を提示し、時間とともにリターンがどう変動するか、詳細に検証するとの方針をミラーに示した。こうしたテーマに関する学術研究はすでにいくらか行われていたが、ファーマは自身が収集してきたデータをもとに「統一的な見解」を示すと約束した。

その約束は果たされた。ファーマは博士論文で、実際に株価が常道から外れた極端な動きをすることを（のちに本人が語ったところによると）「へどが出るほど事細かく」示した。ほとんどの自然現象は、その確率分布を図示すると、統計学者が「鐘形カーブ」と呼ぶ形状で表されるのが通常である。たとえば、身長一八三センチメートルの人の数は、二一三センチメートルや一二二センチメートルの人の数よりも多い。こうした事象の確率分布を図で表すと、ほとんどの観測値が最も一般的なデータ点を中心として左右均等に散らばり、鐘の形を描く。この標準的な形状の確率分布（正規分布）は、一八世紀のドイツの数学者カール・フリードリヒ・ガウスにちなんで「ガウス分布」とも呼ばれる。

株価もこの分布に従う。ただし、ある程度は、である。株価の場合、たしかに二パーセントの上下動よりも一パーセントの上下動のほうが頻繁に起きる。一方で、ファーマの一九六四年の博士論文で指摘されているように、統計的にはありえなそうな大幅な下落が、正規分布が示唆するよりも頻繁に起きる傾向もみられる。統計学の専門用語を使うと、株式のリターンの確率分布では、正規分布の鐘形のカーブよりも裾野の部分が厚くなった「ファット・テール」が生じる、というたちの悪い傾向がみられる。さらに、「株価の変動」と題したファーマの論文は、株価の変動はランダムに近く、したがって予測できないと論じたマンデルブロやサミュエルソンらの先行研究を裏づけた。ファーマが序論で書いたように、「一連の価格変動は記憶とは異なるのであり、何らかの有意義な形で将来の変動を予測するために過去の変動を使うことはできない[19]」。

だが、それはなぜなのか。ファーマの重大な功績は、この結論を導き出すために包括的な仮説を提示した点にあった。博士論文では明示的に言及しなかったが、一九六五年にフィナンシャル・アナリスト・ジャーナル誌に掲載された「株価のランダム・ウォーク」という論文で、ファーマは「効率的市場」という表現を初めて用いた。〔博士論文の簡約版として書かれた〕この論文は、〔三年後に〕資産運用業界の代表的な雑誌であるインスティテューショナル・インベスター誌に再録された。

ファーマは、数多くの聡明なトレーダー、アナリスト、投資家が競争する効率的な市場では、既知の関連情報は常にすべて株価に反映されている、という仮説を提示した。そして新しい情報もほぼ即座に株価に織り込まれつづける、とした。

これはやがて「効率的市場仮説」と呼ばれるようになったが、まったくの新しい考え方ではなかった。一八八九年にはジョージ・ラトリッジ・ギブソンが『ロンドン、パリ、ニューヨークの証券取引所』で、「公開市場で一般に知られるようになった株式に付与される価値は、最も知的な関係者による評価とみなされうる」と書いている。[20] ただし、理論とデータを一つの包括的な枠組みにまとめたのはファーマが初めてだった。その成果を記した一九七〇年の論文「効率的市場仮説：理論と実証研究の検証」は、同仮説の普及において大きな影響力を発揮するようになった。

この仮説はみるみるうちに、アメリカ中のビジネススクールの専門家のあいだで必修の事項となった。シカゴでは事実上の宗教になった。二〇年ほど前にハリー・マーコウィッツに指針を示したマーシャル・ケッチャムは、なおも証券分析の講義を受け持っていたが、ファーマの研究が教義と化したことで、その人気は低下した。「流行に敏感な者はケッチャムのクラスを取ろうとしなかった」。当時、シカゴ大学経営大学院の学生だったデイビッド・ブースは振り返っている。

とはいえ、効率的市場仮説は物議を醸した。そして、今なお論争の的となっている。そもそも、市場がそれほど効率的なのであれば、なぜ過熱と暴落を繰り返す傾向があるのか。少なくとも一部の人が比較的安定して儲けているようにみえるのはどうしてか。二〇二一年初頭の「ミーム・ストンク」騒動〔訳注：インターネットでの情報拡散によって取引が急増する「ミーム株」のせいで株価が乱高下した現象〕のように、みるからに粗暴な熱狂に包まれる事態が起きうるのは明白なのに、一体どうすれば効率的市場仮説が正しいと言えるのか。発表当時でさえ、学術界の外では笑いのタネにされていた。株式ブローカーはＣＲＳＰの研究でローリーが算出したリターンのデータを活用していたかもしれないが、それよりも利便性に欠ける研究は敬遠していた。一九六八年にオッペンハイマー＆カンパニーが出した広告は、効率的市場仮説に対する金融業界の姿勢をよくとらえていた。[21]

気の合う仲間と公園を気ままに散歩（ランダム・ウォーク）するのはとても楽しいですが、株式市場でランダム・ウォークすると危険な道に入り込んでしまうかもしれません。一部の事情通の理論家の見解に反しますが、資産運用において定性調査に代わるものはありませんし、これから先も出てくることはないでしょう。

二〇〇八年の金融危機は効率的市場仮説の支持者たちにとって、とりわけ強烈な一撃となった。

ただファーマ自身も、起こりそうにない「ファット・テール」イベントによる暴落に市場が直面しがちであることを指摘し、のちに、投資家に市場を上回る長期リターンをもたらす要素について、大きな影響力をもつ研究（本書のあとの章であらためて触れる）を行ってはいた。ファーマは、市場が完全に効率的であることはまれだと説き、効率的市場仮説が「物議を醸すのは、それを信じたくない人々のあいだでだけだ」と辛辣に語っている。ドットコム・バブルや二〇〇八年の金融危機、コロナ禍発生後の二〇二〇〜二〇二一年の株価上昇といったイベントは、株価は常に「適正」ではないかもしれないことを示しているとも言えるが、イベントが起きる前の段階でそれを知ることは現実的に不可能だ、というのがファーマの見解である。

ただし、効率的市場仮説の永続的な価値について語るうえで最もふさわしいのは、二〇世紀のイギリスの著名な統計学者ジョージ・ボックスの言葉だ。ボックスは「すべてのモデルは間違っているが、中には有益なものもある」と皮肉ったと言われている。効率的市場仮説は完全に正しくはないかもしれない。結局のところ、市場を形成するのは人間であり、人間はあらゆる種類のバイアスと不合理に左右されがちだ。だが、同仮説は少なくとも市場の変動をそこそこ近似的に示しており、市場をアウトパフォームすることが実際には非常に難しい理由を説明するのに役立つ。多くの投資家にとって長老のような存在であるベンジャミン・グレアムでさえも、キャリアの後半には効率的市場仮説の事実上の信者になった。

ファーマはのちに、自身の考えに異を唱える投資家たちの鼻をつまんで目覚めさせるような、やや下品だが絶妙な比喩を披露した。伝統的な資産運用をポルノになぞらえて、こう言ったのである。「好きな人はいるだろうが、実際のセックスほどの満足感は得られないものだ。それでも喜んで出費するというのならすればよい。ただ、あまりつぎ込んではいけない」[22]。

*

投資業界に対する学術界の反乱においてはいくつかの前哨基地があったが、シカゴ大学は明らかにその本拠地だった。ワシントン・パークとミシガン湖のあいだに位置し、豊かな緑とゴシック様式の建物に彩られた〇・八平方キロメートルのキャンパスの中で、世界で最大かつ最も聡明な経済思想家の集団が金融業界に静かなる革命をもたらした。

ただし、この知的醸成も金融業界の現場ではなかなか浸透しなかった。ウォール街の人々は大体が時間や気持ちに余裕がなく、学術界で起きている革新的な動きを理解する能力すら欠いている場合もあった。それでも、その免疫系には一つの非常に重大な綻びが生じ、そうしたラディカルな考え方がウイルスのように金融業界に伝播していくのを、ゆっくりとではあるが後押しした。

CRSPの貢献は、業界で使われる金融データの材料を提供したことにとどまらなかった。研究成果の発表後、ローリーとフィッシャーはシカゴ大学の生涯学習センター（キャンパス南側で東西に伸びるミッドウェイ・プレイサンス・パークに隣接）で、年二回のセミナーの開催を始めた。二人が研究成果のデータを持ち込み、また世界の一流経済学者の多くが自分たちの論文と構想を披露する場に、並外れて柔軟な頭脳をもった投資の専門家や金融機関関係者が多方面から大勢訪れ、学術界で起きている動きについて学んだ。
その中には、アメリカ有数のミューチュアル・ファンド・グループ、ウェリントン・マネジメント・カンパニーの敏腕幹部ジョン・クリフトン・ボーグルや、のちにアメリカン・ナショナル・バンク［・アンド・トラスト・カンパニー・オブ・シカゴ］の信託部門に就職したシカゴ大学経営大学院の学生レックス・シンクフィールド、ウォール街の有名企業スミス・バーニーの投資銀行部門に務めるバートン・マルキール、メロン・ナショナル・バンク・アンド・トラストの証券アナリスト、ウィリアム・ファウス、ウェルズ・ファーゴの剛毅な幹部ジョン・マクォーン、ミューチュアル・ファンド・グループ、キーストーンの社交的で型にはまらないファンド・マネジャー、ディーン・レバロンがいた。その多くは、「クオンティファイアーズ（数値化人間たち）」と呼ばれていた。過去数世紀のあいだ、人手をかけて行われてきた定性的な作業をより厳密に数値化するために、ようやく投資業界でも珍しくなくなってきていたコンピューターを用いていたからだ。インスティテューショナル・インベスター誌の一九六八年四月号には、こう記されている。

すべての革命が、五月のある日に流血をともなう権力奪取という形で起きるわけではない。じわじわと進行する革命もある。まず、ゲリラが無益にも丘を歩き回る。次に、過去の例とは不穏なほど異なるタイプのリーダーが何人か登場する。最後に、そのリーダーたちの友人が政府内のあらゆる場に出現し、変節しなければ生き延びられないことを思い知らせる。投資業界はこうした静かなる闘争の真っ只中にあり、革命派が勝利するのは確実だ。革命派の名はクオンティファイアーズ、その武器はコンピューターである。

こうしてローリーとフィッシャーが開催した年二回のセミナーを通じ、堅苦しい言葉で書かれた学術論文から斬新で異質な考え方が抽出され、金融業界の血流に取り込まれていくようになった。

マルキールの例を挙げよう。CRSPから多大な感化を受け、投資業界の問題も肌で感じていたマルキールは、プリンストン大学で経済学博士号を取得して学術界に入るためにウォール街を離れた。そして一九七三年に、数多くの学術的な理論を金融業界の主流に浸透させる働きをした著書『ウォール街のランダム・ウォーカー』を出版した。そこには「目隠しをしたサルに新聞の相場欄めがけてダーツを投げさせ、命中した銘柄でポートフォリオを組んだとしても、専門家が熟考して選んだポートフォリオと同等の成績があげられる」という忘れがたい辛辣な言葉も記されていた。

同書でマルキールは、「単純に市場平均指数を構成する数百銘柄を組み込み、入れ替えは一切行わない」ファンドを設定するよう、呼びかけた。「運用会社側はすかさず『市場平均は買えませんよ』と言うだろうが、そろそろ一般の人がそうしたファンドを買えるようにすべきだ[23]」。

実のところ、マルキールが研究やベストセラーとなる学術書の執筆を行っているあいだに、ある競争がすでに始まっていた。金融学界における革新的な研究の波を取り込んだ、史上初の投資ファンドの開発競争である。ボストン、シカゴ、サンフランシスコの型破りで個性豊かな企業幹部の一団が、やがて投資業界をひれ伏させ、金融を一変させることになる商品を最初に導入するため、しのぎを削っていた。

第4章

クオンティファイアーズ

THE QUANTIFIERS

場にふさわしい装いとして、数少ない手持ちのスーツの一着を身にまとったジョン・マクォーンは、胸を張って大股で、何の変哲もない会議場の演台へと進んだ。一九六四年一月、カリフォルニア州サンノゼでのことだ。コンピューター使用による株価予測の可否、という奇想天外なテーマで行っていた研究について発表することが目的だった。本人は知る由もなかったが、これがマクォーンの人生を大きく変える出来事となった。

ニューヨークの証券会社スミス・バーニーの投資銀行部門に務めていたマクォーンは、同社では初々しさの残る存在だった。当時はウォール街がまだ穏やかな時代で、ほとんどの企業はのんびりとしたパートナーシップ形態を維持していたし、自己勘定でやりたい放題に取引をする尊大なトレーダーが幅を利かせてもいなかった。マクォーンは大半の時間を企業金融の業務に費やし、国内企業の資金調達を手助けしていた。実務は概して地味だが、価値のある仕事だった。

ただし、太く黒々とした眉とボサボサの髪、(少年期から一族の農作業を手伝い、海軍で技師を務めた者ならではの)頑強な体軀《たいく》、そして押しの強さを特徴とするマクォーンには、もう一つの顔があった。駆け出しのスタートアップ企業で、過去の株価パターンに基づいた将来の株価予測の可否を探る仕事にも携わっていたのだ。

その作業のために、マクォーンとパートナーはタイム-ライフ・ビル(マンハッタンの五一番ストリートと六番アベニューのあいだ)の地下に設置された巨大なIBM七〇九〇メインフレーム・コンピューターを一回五〇〇ドルで借りていた。昼間の仕事とレンタル料のことを考えると、作業は夜間と週末にやらざるをえなかった。当時のコンピューターは処理速度が遅かったため、マクォーンはギーギーギーとうなりながら計算を行うマシンの横で、寝袋に入って仮眠をとることもしばしばだった。[1]

この取り組みは結局、実を結ばなかった。過去の株価データから何かしらのパターンが検知されたとしても、どの銘柄が日々どのような値動きをするかという点に関する手がかりは得られなかった。すべてはどうやらランダムに動いているように思われた。だが、夜を徹しての数字の入力作業や、コンピューターが最終的に吐き出した大量の特殊データは、機器を管理していたIBMのマネジャーの好奇心を刺激した。関心をいだき、またコンピューターのより多くの潜在的な使用方法をアピールしたいと考えたＩＢＭは、既存顧客や見込み客を集めたサンノゼでの会議にマクォーンを招待し、一連の作業について発表してもらうことにした。

マクォーンがサンフランシスコに到着したころ、この都市は世界屈指のおもしろい場所になりそうな空気を醸し出していた。〔ヒッピー・ムーブメントの〕「サマー・オブ・ラブ」が起きるまでにはまだ三年あったが、安価な住宅と緩やかな社会的道徳観という要素が組み合わさった土壌で、活気に満ちたカウンターカルチャー（反体制文化）運動が育まれていた。また、サンフランシスコ・ウォリアーズのウィルト・チェンバレンの活躍でＮＢＡ（全米プロバスケットボール）人気に火がつき、のちにシリコンバレーと呼ばれることになる地域では新興のハイテク産業が頭角を現しはじめていた。そしてハンター・Ｓ・トンプソンやトム・ウルフといった作家が一九六〇年代のサンフランシスコの様子を著書につづり、より広い範囲の人々の目を反体制的な文化のうねりに向けさせる手助けをした。

サンノゼにあるＩＢＭの物静かなビジネス・センターでは、こうした喧騒は縁遠いものに感じられた。だが、一九六四年初めに同社が開催した会議は思いがけない巡り合わせをもたらしたと言える。出席者の中にウェルズ・ファーゴの会長兼ＣＥＯのランサム・クックがいた。当時のウェルズ・ファーゴは一八五〇年代のカリフォルニア州でのゴールドラッシュに起源をもつ由緒ある一流の銀行だったが、本拠とする西海岸の外ではほとんど存在感がなく、何らかの形での事業拡大を望んでいた。そうしたなか、クックは中西部出身のマクォーンとその技術的な能力に心を惹かれた。

会議終了後、クックはマクォーンに話しかけるために近づき、ウェルズ・ファーゴではコンピューターへの支出が経費の中で最も急速に拡大しているのだが、これまでのところ、その成果があがっていないと伝えた。「わたしの知るかぎり、今やっていることは一九三〇年代と変わらない。緑の遮光バイザーとアームバンドを着けたスタイルとか、手書きの書類とか」。こうぼやいてからクックはたずねた。「コンピューターを使えば新しいことができるのかね」。マクォーンはもちろんだと答えた。

しばらく話をしたのち、クックはマクォーンにあと何日か滞在する予定なのかと聞いた。たまたまそうするつもりだったマクォーンは、翌日にウェルズ・ファーゴの本部に立ち寄り、クックともっと長く会話を交わした。クックは即座に本題を切り出した。「ポートフォリオというものの投資パフォーマンスがとても気になっている。実のところ、ポートフォリオが何かよくわかっていないし、ほかにわかっている人がいるとも思えないのだが」と本音を打ち明け、IBMの会議で紹介された大量のコンピューター処理データについて、マクォーンに問いかけた。「本当にあれで資産運用ができるのか」[2]。

マクォーンは、より科学的なアプローチにこそ投資の未来はあると説いた。マクォーンによれば、従来のアプローチは一九世紀の哲学者トーマス・カーライルが最初に唱えた「偉人」理論のようなものに従っている。ある超常的な才能に恵まれた英雄が、値上がりすると自身が見込んだ銘柄を選ぶ役割を担う。その偉人たる彼にも(一九六〇年代においては常に「彼」だった)、神通力に見放される日がやがて否応なしに訪れる。すると、投資家は自分たちの望みを託す相手を単純に別の偉人へと替える。「このようなプロセスは運まかせでシステマティックではない。われわれの知らないことはまだたくさんあり、研究する必要がある」とマクォーンは訴えた。[3]

こうした主張にまさに合点がいったクックは、その場でマクォーンに仕事のオファーを出した。投資運用業務を含むウェルズ・ファーゴの事業をさまざまな面で改善する方法を探るための社内シンクタンクを設立し、主導するという仕事だ。光栄に思う半面、オファーの唐突さに意表をつかれたマクォーンは、ニューヨークに戻ってコロンビア大学〔経営大学院〕に在学中の妻ジュディス・ターナーとじっくり考える必要がある、と告げた。妻は気乗りしない様子だったが、その後数週間にわたってクックが電話で口説きつづけたところ、その熱意にやがてマクォーンが折れた。一九六四年三月、マクォーンはクック会長の要望に直接応えて「ウェルズ・ファーゴ・マネジメント・サイエンシズ」という新部門を設立するため、サンフランシスコに居を移した。妻もカリフォルニア大学バークレー校のビジネススクールで、経営学修士（ＭＢＡ）の学位を取得するための勉強を続けることになった。

オファーは魅力的だった。スミス・バーニーで六〇〇〇ドルの年俸を得ていたマクォーンに、クックは一万八〇〇〇ドルを提示した。また、西海岸への移住に関する妻の不安を和らげようと気を配った。新部門の予算としてどの程度の額を想定しているか、この新たな部下にたずねると、見当がつかないながらも、かなり少なめに申請して実際の額がそれを下回ることを懸念したマクォーンは、「とりあえずは年一〇〇万ドルぐらい」と答えた。[4] 幸いにも、クックはこれをきわめて妥当な額ととらえた。このときだけでなく、クックは革新性を追求するうえで事あるごとに並外れた寛大さを発揮していった。

ウェルズ・ファーゴ・マネジメント・サイエンシズの設立当初にマクォーンが実行したことの一つは、証券価格調査センター（CRSP）のデータベースを初めて商業利用できるようにするため、CRSPのセミナーへの参加と株価情報の取得についてクックに許可を求めることだった。ジェイムズ・ローリーのプロジェクトに投資するには巨額の費用がかかる。革新的で独立型のこの新部門にクックがどれだけ真剣に力を注ぐつもりなのか、マクォーンは確信をもてずにいたが、当の会長は腹をくくっていた。

「お金は必要なだけ使えばいい。入り用になったら知らせてくれ。わたしが工面するから」。クックの言葉にマクォーンは安堵した。その日からマクォーンは、金融の新境地を切り拓くためであれば、欲しいものすべてに使いたいだけの資金を費やせる、という事実上の自由裁量を手にした。「口は出さず、ただ金庫のカギを開けてくれた」。今なお自分の運の良さに驚きを隠せない様子でマクォーンは振り返る。こうした支援は一九六六年末にウェルズ・ファーゴの会長兼CEOがクックからリチャード・クーリーに替わったあとも続いた。「二人とも、そういう思い切ったことをする度胸の持ち主だった。飲んでいた水にでも何か秘密があったのではないか」とマクォーンは話す。

＊

マクォーンはイリノイ州農業地帯にある一族が営む農場で育った。ウォール街とはまったく無縁な環境だったと言ってよいだろう。第二次世界大戦中、町の男たちが徴兵されると、八歳の「マック」少年は農場の仕事を手伝わなければならなくなった。自然に対する揺るぎない感謝の念をいだくようになる一方で、少年は農業機械に魅了された。この原体験から、やがてマクォーンは一族で初めて大学へ進み、ノースウェスタン大学で機械工学の学位を取得することになった。

大学在学中、工学専攻者がビジネスの世界でどれだけやっていけるか知りたくなったマクォーンは、スチール製オフィス家具を製造する企業でのインターンシップを体験し、そこで初めてコンピューターに出会った。直径二四インチ（約六一センチメートル）の磁気ディスクを記憶媒体とし、パンチカードでデータ入力をするＩＢＭ三〇五ＲＡＭＡＣという機種で、この企業では製品と部品の在庫管理のために用いられていた。「稼働中は貨物列車みたいな音がして、それがお気に入りだった」と、のちにマクォーンは振り返っている。[5] ところが、ほどなくして新たに情熱を注ぐ対象が現れた。大学でたまたま金融のクラスを受講したところ、その複雑さにたちまち魅了され、これがのちに債券と株式の世界に没頭するきっかけとなった。

ノースウェスタン大学で予備役将校訓練課程に参加していたマクォーンは、一九五七年に卒業するとアメリカ海軍少尉に任命され、サンディエゴ沖で第二次世界大戦時代の駆逐艦ウィルツィーでの二年間に及ぶ乗船任務に就いた。二四歳となった二年目には技師長の肩書きを与えられ、七カ月にわたって西太平洋を航行した。若いマクォーンにとっては、技師の実務とリーダーシップの両方を学ぶ短期集中コースに突然、放り込まれたような経験だった。「人間形成の場だったと言って、あれを十分に正当化することはできない」と後年、語っている。[6]

この経験が大きく影響し、若くしてすでに鋼鉄のように強固だったマクォーンの意志力は一段と頑強になった。友人やかつての同僚は、マクォーンが並外れたエネルギーを内に秘めていると語る。最悪の場合、消えることのない苛立ちや好戦性につながりかねないそのエネルギーを、マクォーンは物事を成し遂げる力にした。年齢を重ねても、その頑固さが和らぐことはなかった。ある友人が語ってくれたエピソードがある。六〇代に入り、スキー中の事故で骨折したマクォーンは、片足をギプスで完全に固定され、痛みも消えていないような状態だったにもかかわらず、その友人を軍用ジープに乗せてカリフォルニア州ソノマにある自分のブドウ園まで荒れた道をドライブしたという。「不屈の男だ」と友人は振り返る。

海軍での二年間にわたる任務を終えたマクォーンは、ハーバード・ビジネススクール（HBS）でMBAの学位取得をめざすことにした。かつていだいたコンピューターへの関心が情熱へと変化したのはこのころだ。HBSには学生が利用できるコンピューターがなかったので、マクォーンは定期的にコンピューターを使うため、チャールズ川沿いに歩いてMITまで行かなければならなかった。そこで出会ったあるMITの教授が、過去の売買の規模やパターンから将来の株価が予測できるかどうかを研究しようとしていた。マクォーンはその教授のデータ担当助手となり、投資情報誌バロンズから株価情報を収集し、コンピューターに入力可能な形に変換して、MITのIBM製メインフレームで教授の仮説の検証を行うという仕事をした。

マクォーンは一九六一年にHBSを修了したが、面接試験を受けた投資銀行の一部では、その研究内容や関心についていぶかしむ声が上がった。ある面接官は「工学専攻者がウォール街で一体、何をしたいというんだ？」とたずねた。現在では工学、物理学、数学の学位取得者は金融業界に欠かせない存在になっている。だが当時はマクォーン本人ですら、この問いにうまく答えられなかった。結局は、より包括的な金融実務の研修プログラムがあることが主な動機となり、ウォール街の有名企業の一つ、スミス・バーニーに入社した。そのかたわらでマクォーンはMIT教授のプロジェクトの仕事も続け、これがやがて一九六四年初頭のウェルズ・ファーゴ会長との運命的な出会い、そして新部門マネジメント・サイエンシズの創設へとつながったのだった。

マネジメント・サイエンシズは、実際に資産運用ビジネスを展開しているウェルズ・ファーゴの信託部門の正式な内部組織として設置されたわけではなかった。しかも、各支店の業務の数値化や、大企業融資における収益性と統計的デフォルト・リスクの推計といった、広範囲に及ぶほかのプロジェクトの遂行も任されていた。

コンピューターを用いた消費者信用力の測定尺度を開発するプロジェクトは、のちにフェア・アイザック・アンド・カンパニー（現FICO）*のクレジット・スコアの土台となる分析フレームワークの構築につながった。また、バンク・オブ・アメリカの人気カード「バンカメリカード」

＊　リチャード・クーリーはフェア・アイザックの創業者ビル・フェアの友人だった。

に対抗するクレジットカードを導入するため、他の銀行が結束して設立したインターバンク・カード・アソシエーション（ＩＣＡ）の業務でも、マネジメント・サイエンシズは一役買った。ＩＣＡはのちに会社組織化され、現在のマスターカードになった。

　信託部門の業績とその改善の余地について分析するプロジェクトは、マクォーンがマネジメント・サイエンシズでの任務に就いた日に開始された。このマクォーンの就任自体もちょっとした注目を集めた。「ウェルズ・ファーゴはコンピューターを投資関連業務に応用するための研究に本気で取り組んでいる」。一九六八年、インスティテューショナル・インベスター誌は、頭角を現しつつある「クオンティファイアーズ」を大々的に紹介した。「そうみなす根拠はジョン・Ａ・マクォーンの存在にほかならない」[8]。ただし、新しい仕事へ傾けた情熱には代償がともなった。マクォーンの妻ジュディスは西海岸での生活にまったくなじむことができなかった。一九六六年、二人は結婚生活に終止符を打ち、ジュディスは東部へと戻っていった。

　専門家たちからの抵抗も避けては通れなかった。最大の障害は、マクォーンの取り組みに対するウェルズ・ファーゴ投資部門幹部の強い敵意だった。とりわけ敵対的だったのが、信託部門のために調査とポートフォリオ管理の業務を行ってきた金融分析部門の責任者ジェイムズ・バーティンである。バーティンはマクォーンを「マック・ザ・ナイフ（匕首《あいくち》マック）」と呼び、マネジメント・サイエンシズについては「コンピューターがブンブンうなる部屋にいる白衣のヤツら」と表現した。そして自分のテリトリーに侵入してくる様子に、「水を切って近づいてくるサメの背びれ」のようだと恐れをいだいた[9]。ウェルズ・ファーゴ内部でさまざまな軋轢《あつれき》が生じたのも無理はない。「押し寄せる波に向かってシャベルで汚物をすくい投げるみたいに際限がなかった」。のちにマクォーンは振り返っている。[10]

そうしているあいだに、ハリー・マーコウィッツ、ウィリアム・シャープ、ユージーン・ファーマらによる最先端の学術研究から知識を得て、革新的な指数連動型パッシブ運用ファンドの第一号創設をめざす者たちが、ほかにも背後に潜んでいた。

＊

レックス・シンクフィールドは、極貧の中で育ち、聖職者の道を考えたこともあったという、金融業界の中でも異色の経歴の持ち主だ。だが業界に残した功績は、当人がしばしば好んで笑いものにする東海岸のリベラルなエリートたちの誰にも負けないほど大きく、見過ごすことができないものである。

シンクフィールドはミズーリ州セントルイスで育った。父が他界したあと、母だけではレックスと四歳の弟を養うことができなかったため、しばらくのあいだ厳格なドイツ人修道女たちが取り仕切るカトリック系の孤児院で生活せざるをえなくなった。当時すでに高校生だった姉は家に残って母と暮らした。家族離ればなれの生活はとても辛かったが、シンクフィールドはセント・ビンセント孤児院での規律に縛られた生活も何とか乗り切り、六年後に母が秘書の仕事を得た時点で家に戻ることができた。

高校を卒業すると、当初は神父になるつもりで神学校に進んだが三年で中退した。神学校の中退者がその理由を問われることはまずない。非常に個人的な事情が絡んでいる場合があるからで、シンクフィールドも詳しくは語らないままだ。「自分には向いていなかった。教会側としても〔わたしのような者が神父にならなくて〕よかっただろう」とだけ話す。神学生は哲学専攻者として学ぶ。まったく違う世界にあこがれたシンクフィールドは、セントルイス大学に入って引き続き哲学を専攻するかたわら、経営学のクラスも受講し、最終的には金融の学士号を取得するため、在学期間を一年延長した。

成績優良なシンクフィールドは教授陣にシカゴ大学経営大学院への進学を勧められたが、ベトナム戦争の激化にともない徴兵されたため、入学は当面持ち越しとなった。幸い、配属されたのはカンザス州の陸軍フォートライリー基地で、安全で業務も少ない事務部門だった。もともと熱烈なチェス・プレイヤーだったシンクフィールドは、持て余した時間をやり過ごすために柔道を習い、同州近辺での試合にも出場した。

シカゴ大学経営大学院は、神学校とはまた別の啓示的体験が得られる場だった。シンクフィールドはマートン・ミラーやその弟子ユージーン・ファーマなどの才気あふれる教授陣に魅了され、効率的市場理論の熱烈な信奉者となった。「これこそ真理だ」と、当時のシンクフィールドは密かに考えた。「この世界に、市場に秩序をもたらす唯一のものだ」[11]。のちにシンクフィールドは、ファーマの理論を絶対的真理として強く信奉する自分のことを効率的市場の「アヤトラ」と表現するようになった[12]〔訳注：アヤトラとはイスラム教シーア派において有力な指導者を示す称号〕。シカゴ大学での生活には、ちょっとしたおまけもついてきた。博士課程で社会学（専門は人口統計学）を専攻する聡明な女性ジーン・ケアンズと、地元の柔道クラブで出会ったのだ。三級茶帯のこの女性と、まもなくシンクフィールドは結婚した。

経営大学院修了後、学んだことすべてを実践したいという強い思いから、シンクフィールドは投資業界での就職を志望した。だが、シカゴでMBAの学位を取得したにもかかわらず、面接試験を受けたシカゴ、ニューヨーク、ロサンゼルスの大手銀行はすべて不合格となり、資産運用ビジネスを一新するという熱烈な願望はむなしく打ち砕かれた。唯一、採用の通知をくれたのが、大手ではないが評判の良い地元の商業銀行アメリカン・ナショナル・バンク・［アンド・トラスト・カンパニー・］オブ・シカゴ（以下アメリカン・ナショナル・バンク）の、その中でも規模の小さい信託部門だった[13]。

シンクフィールドは信託部門で株式市場の調査の仕事をするために採用された。アメリカン・ナショナル・バンクは活気に満ちたシカゴ金融街の中に位置しており、その象徴的なアールデコ調の美しいタワーの奥深くに信託部門は配置されていた。効率的市場の熱心な伝道者にとって、この部署への配属は苦痛だった。優良銘柄を選択するための株式の調査は望んでいた仕事ではなかった。配属後、最初に書かされたのはビール製造会社アンハイザー・ブッシュのレポートで、シンクフィールドにとっては苦行でしかなかった。ある日、自分の秘書に向かってこんな言葉を吐き捨てた。「シンディー、全部クソだ。ここでやっていることは何もかもクソだよ」。

昼間の仕事のかたわら、シンクフィールドはシカゴ大学教授のロジャー・イボットソンと共同で、CRSPの研究を刷新し、長期国債と短期国債の長期リターンやインフレ率にも対象を広げる取り組みを行っていた。その成果はのちに『株式、長期国債、短期国債、インフレーション』という本にまとめられた。一九七七年に初めて出版された同書は、やがて投資業界の年鑑とも言うべき長期シリーズ本になる。

シンクフィールドの学歴と、当時行われていた革新的な学術研究に関する蘊蓄《うんちく》は、元空軍大尉で信託部門の威厳ある責任者ゴードン・キャンベルの興味をかき立てた。キャンベルは若きシンクフィールドに、自身が熱狂的に信奉する効率的市場について同部門のスタッフに説明するよう求めた。このときの話が好評だったため、キャンベルはアメリカン・ナショナル・バンクの理事会でも同じプレゼンテーションを行わせ、そこでもシンクフィールドの話は好意的に受け止められた。

ここへきて、シンクフィールドはようやくシカゴ大学で取得したMBAの学位を生かし、ポートフォリオ運用グループに移ることができた。一九七二年一月のことである。異動した翌月に、シンクフィールドはそれまで温めてきた構想を過激とも言える提案書にまとめた。S&P五〇〇に連動する「パッシブ運用の」株式ポートフォリオを設定すべきだ、という一ページのメモを上司たちに送ったのだ。シンクフィールドは当初、このポートフォリオを「マーケット・ファンド」と名づけていた。メモには構想の土台にある金融理論と、ほとんどのアクティブ運用ファンド・マネジャーの成績が良くないことを示す経験的証拠が簡潔に書かれていた。

しかし、反応がほとんど得られなかったため、シンクフィールドはこの件について信託部門トップのキャンベルを問いつめた。するとキャンベルは、いいアイデアだと思うし、二年ほどかければ実現できるプロジェクトではないか、と本音を打ち明けた。立ち去りながらシンクフィールドは胸の中で叫んだ。「二年だと？　ふざけるな。今すぐやるんだ」。

思いがけないことに、理事会はまもなくシンクフィールドに、その奇想天外な構想を追究し、株価指数に連動するポートフォリオを実際に低コストで正確に構築できることを証明するよう、ゴーサインを出した。「理事会の面々には本当に頭が下がる思いだった」。シンクフィールドはのちに振り返っている。「わたしがやろうとしていることをよくわかってもいないのに、銀行全体の評判を危険にさらす決断をしてくれた、と」。

一九七三年の夏のあいだ、シンクフィールドは架空のポートフォリオを慎重に構築しては、そのポートフォリオとS&P五〇〇のパフォーマンスの乖離が小さいかどうかを毎晩、確かめる作業に全力を注いだ。ありがたいことに、かつて効率的市場に関するシンクフィールドのプレゼンテーションを見て関心を示した信託部門の多くの事務スタッフが、その仕事を支持してくれた。ただし、実際に運用する指数連動型ファンドの創設について、アメリカン・ナショナル・バンクの上層部から最終的な承認を得られるかどうかは、まったくわかっていなかった。

＊

マクォーンやシンクフィールドと同様に、ディーン・レバロンも金融業界で因習を打破した異端児だった。よそよそしく控えめな人間が多い世界で、レバロンは社交性を発揮し、衝動にまかせて行動する。そして、ほとんどの者が第一人者になりたいという野心をいだくのに対し、むしろ自分は先駆者になりたいと常に主張してきた。「第一人者になるのは簡単だ。ほかの誰かがやっていることを、よりうまく、より派手にやればよいのだから」と軽口をたたき、こう続ける。「だが先駆者になるのは難しい」。

レバロンはハーバード・ビジネススクールでMBAの学位を取得したのち、一九六〇年に投資業界に入った。[14]周りのように、ただ「グレーのフランネルのスーツに身を包み、どこかのゼネラルモーターズの副工場長になることを夢見る」人間になるのが恐ろしかった、というのが主な理由だ。[15]成長株を牽引役とした一九六〇年代の株価上昇期に、レバロンはキーストーン・インベストメント・マネジメントで（本質的には逆張り派の）腕利きポートフォリオ・マネジャーとして名をはせた。だが、やがてシカゴ大学、スタンフォード大学、そして近隣のMITが発信する最先端の金融研究に魅了され、シカゴで年に二回開催されるCRSPのセミナーに時折参加するようになった。

そのかたわらで、レバロンは当時コンピューター・プログラミング言語として一般的だったフォートランを学びはじめた。型破りな人物像を強く印象づけるエピソードがある。熱狂的なパイロットでもあるレバロンは、双発機のセスナ・スカイマスターを操縦していた。さらには、西ドイツ製の真っ赤な水陸両用車「アンフィカー」を購入してボストン港の周辺で乗り回し、埠頭《ふとう》沿いのレストランに向けてヘッドライトを点滅させたりしていた。[16]

一九六九年になると、すべての幹部社員は給与の一部を政治献金に回し、[17] ポジションペーパー（見解表明書）の執筆に時間を割かなければならない、という会社の方針を拒んだことで、キーストーンの経営陣と衝突した。レバロンはこうした方針を事実上の産業ロビー活動だとみなした。その妥協しない姿勢は社内に驚愕をもたらした。「そのころから、別室で経営陣が釘を打つ音が聞こえるようになったよ。わたしがちょうど入るくらいの箱を作るためにね」と冗談まじりにレバロンは振り返る。

棺桶に押し込まれるような目に遭う前にキーストーンを飛び出したレバロンは、その年にバッテリーマーチ・フィナンシャル・マネジメント（以下バッテリーマーチ）を創業した。めざしたのは、金融サービスに特化した工学系の企業、人間の判断力とコンピューターの能力を組み合わせてデータを処理し、割安な中小型株を集めてより優れたポートフォリオを構築する企業である。新会社には、キーストーン時代にレバロンが採用した若く優秀なイギリス人投資マネジャーのジェレミー・グランサムも加わった。

厚かましいことに、バッテリーマーチという社名はオフィスを構える通りとビルの名前から取ってつけた。事実とは逆に、新会社にちなんで通りやビルの名前がつけられたという印象を見込み客に与えるためである。ただし、一九七〇年代初頭の弱気相場の打撃を大きく受けたため、設立後しばらくは苦しい時期が続いた。レバロンが購入し、商売道具にしていた第二次世界大戦時の古いフライト・シミュレーター[18]だけが多少の実入りをもたらした。レバロンは好業績以上にイノベーションを渇望していたが、やがてそのどちらも少しながら実現する日が訪れる。

一九七一年、グランサムがハーバード・ビジネススクールで開催されたある夕食会に参加すると、そこではファンド・マネジャーを評価して選ぶ最良の方法について議論が交わされていた。グランサムは、「スタンダード&プアーズの紳士たち」に資金を預けるのが多くの投資家にとって最良の選択なのではないか、と冗談半分で語った。S&P五〇〇の指数構成銘柄を選ぶ指数委員会が、長期的にはほとんどのファンド・マネジャーよりも良い成績をあげそうに思えたからだ。当然のように、この発言への反応は薄かった。「まったく受けなかったね」とグランサムは楽しそうに振り返る。

ところがレバロンはこうした発想に興味をそそられており、別の機会にコロンビア・ビジネススクールの客員教授とこの件について語り合っていた。レバロンは関連する金融理論に造詣が深く、また業界の鼻を明かす新手の商品を開発するという構想が気に入っていた。何よりも、見込み客の多くが求めているのが基本的に指数に連動する商品、つまり有名な優良アメリカ企業が発行する株式で構成される、大規模で多様性に富み、入れ替わりの少ないシンプルなポートフォリオだと認識していた。レバロンは効率的市場の熱狂的な信者ではなかった。株式市場の中でも、ポートフォリオにあまり組み入れられない、効率性の低い領域(たとえば小型株や途上国株など)においては、熟練したファンド・マネジャーがなおも好成績をあげる余地があると考えていた。だが、金融市場の主流の領域では前述のような商品が理にかなっているとみていた。

一九七三年になると、バッテリーマーチは最良のポートフォリオ構築方法を見いだしたと考えるにいたった。そうして創設された「バッテリーマーチ・マーケット・ポートフォリオ」は、従来のファンドのようにさまざまな投資家から資金を募るのではなく、「個別管理口座」を介する形で年金基金向けに売り出された。同社のプログラム選択ポートフォリオ部門が、S&P五〇〇構成銘柄のうち規模の大きい二五〇銘柄を買うという戦略を遂行し、投資家には一律年一〇万ドルの手数料を課した。その二五〇銘柄で、S&P五〇〇全体に連動するポートフォリオを非常にコスト効率よく構築できる、とレバロンは考えたのだ。

とはいえ、この商品は当初、まったく投資家を引きつけることができず、手数料を年二万五〇〇〇ドルに引き下げたあとも状況に変わりはなかった。「プログラム選択ポートフォリオに関する問い合わせは多いが、投資資金を積んだ装甲自動車が当社の前に止まったことはまだない」。一九七三年一一月の取材時にレバロンはこう話している。[19] こうしたなか、業界誌ペンションズ&インベストメンツのあるコラムニストは、一年間で顧客を一件も獲得できていないのに、しつこく自前のインデックス・ファンドを売り込む粘り強さを理由に、バッテリーマーチに「いかがわしい功績賞」を授与した。[20] スポーツの栄誉ある表彰の場合と同じように、レバロンは同誌の編集部に出かけて表彰状を受け取り、それを額に入れて自分のオフィスの壁に飾った。[21]

このころ、サンフランシスコに本拠を置くアメリカン・エキスプレスの資産運用子会社も、近隣のスタンフォード大学のウィリアム・シャープの助言を受けて、インデックス・ファンドの創設に取り組んでいたが、その歩みは遅く、実現するかどうかは不確かだった。金融業界で新領域を開拓する気概をもった一握りの企業がインデックス・ファンドを導入しようとしていたわけだが、〔映画『フィールド・オブ・ドリームス』で主人公を突き動かした不思議な声のように〕「それを作れば彼ら（顧客）が来る」という状況は、まだしばらく訪れそうになかった。「われわれは背教者だった」とシンクフィールドは振り返る。だがその背教者たちが最終的に成功を収め、長らく嘲笑する側だった業界の名士の多くは、そのイノベーションによって面目を失うことになるのだった。

第5章

非正統派の砦《とりで》

BASTIONS OF UNORTHODOXY

サンフランシスコのウェルズ・ファーゴでは内戦が勃発していた。ジョン・マクウォーンのマネジメント・サイエンシズとジェイムズ・バーティンの金融分析部門は、多方面を巻き込み、数年にわたって壮大な戦いを繰り広げた。マクウォーンが強情だったのだろうが、バーティンもそれに押されるタイプではなかった。

第二次世界大戦中、海軍で大尉を務めたバーティンは、アウトドア・ライフを愛し、ワシのように優れた視力を生かしてカモ狩りに興じる人物だった。真っ赤な車を乗り回し、地味な服装が一般的な金融業界の常識に反して赤いスポーツ・ジャケットに身を包むこともままあった。そして金融史家のピーター・L・バーンスタインの言葉を借りると、「無敵の戦士のように大地を闊歩《かっぽ》していた」。ある雑誌記者によるインタビューでは、自分の「灰色のふさふさ眉毛」と若々しいエネルギーがちぐはぐに思われてしまうと語っている。[1] 知的な面でも優れていて、明晰な頭脳と探究心をもち、（マクォーンと同様に）自分が属する業界をどこか懐疑的な目で見ていた。

バーティンは多くのプロの投資マネジャーを、患者の治療のために派手に動き回る呪術医になぞらえた。時間の経過とともに病気は自然に治っていくのだが、呪術医は当然のように自分がその奇跡的な回復をもたらしたと主張する、と。[2] バーティンのオフィスには「どんな個人の知恵も、全員の知恵の結集にはかなわない」と書かれたポスターが貼られていた。[3]

とはいえ、バーティンはマクォーンと、信託部門を服従させようとするその試みに屈しようとはしなかった。バーティンは二〇一八年にこの世を去ったが、事あるごとにマクォーンのことを「ムカつくヤツ」と思っていたと死の直前に述べている。[4] ウェルズ・ファーゴの部下の多くに言わせれば、マクォーンは「上から目線の威圧的な人」だった。[5] だが、銀行の会長と直接つながっていることを考えると、どうしようもなかった。「言い争いが絶えず、まさに嵐のようだった」と信託部門の元従業員の一人は振り返る。ウィリアム・シャープなどの理論面での同志ですら、「手がつけられないほど荒れる」ことがあるとマクォーンを評していた。

それでも最終的にバーティンは折れた。マネジメント・サイエンシズの頭脳派集団が自分たちの正当性を示すために生成した膨大なデータに説得力があったからだ。部下たちの改革運動を支援するため（そして気前の良い経営陣による資金援助の恩恵もあり）、マクォーンはオールスター・キャストとも言うべき学術界の面々をウェルズ・ファーゴのコンサルタントとして招いてきた。時期はさまざまに異なるが、そこにはウィリアム・シャープ、ジェイムズ・ローリー、ローレンス・フィッシャー、マイケル・ジェンセン、ハリー・マーコウィッツ、マートン・ミラー、ジャック・トレイナー、さらには頭角を現しつつあった二人の花形経済学者フィッシャー・ブラックとマイロン・ショールズが名を連ねた。シカゴで年二回開催されていた証券価格調査センター（CRSP）のセミナーに律儀に参加していたマクォーンは、こうした面々の多くとそこで出会った。そして会長のリチャード・クーリーは、マクォーンらが望めば、どのような研究であってもウェルズ・ファーゴの資金を惜しまず投じた。

ユージーン・ファーマは表立ってウェルズ・ファーゴの仕事をしたことはなかったが、間違いなく研究への協力者の一人であり、同グループにとって知的戦略面でのゴッドファーザー的な存在であった。教え子の中でも特に優秀なデイビッド・ブースをマクォーンの下で働かせるために送り、またショールズとブラックをマネジメント・サイエンシズに紹介したのはファーマだった。高まりつつあったファーマの名声は、生まれたてで弱小ながら熱狂的なインデックス・ファンド布教集団が必要としていた知的な箔をつけるうえで役立った。総じてマネジメント・サイエンシズは、金融経済学版のマンハッタン計画のような存在になっていたと言ってよいだろう。花形学者の集団と仕事をすることは、気弱と評されることなどないマクォーンであっても、卑屈な気分にさせられる体験だった。「すさまじい専門教育だったよ、まったくもって」。のちにこう振り返っている。

ショールズとブラックは中心的な役割を果たすことになった。ショールズはすでにウェルズ・ファーゴのコンサルタントを務めており、一九六八年夏の段階で、株式市場全体の縮図のような銘柄群を買って継続保有するパッシブ運用型の投資商品の組成を勧めていた。マクォーンは興味を引かれたが、何らかのトレードオフや落とし穴が出てくる可能性についてもっと徹底的に調べたいと考えた。当時まだ二七歳ながら、すでにMITの助教として働いていたショールズは、週に数日しかプロジェクトのために時間を割けなかった。そこで同じシカゴ大学出身のマイケル・ジェンセンから紹介されたばかりのブラックに協力を要請した。[6]

こうして始まった共同研究は、とてつもない収穫をもたらすことになる。一九七三年、ショールズとブラックはデリバティブの価格を算出するための革新的な数学モデルを発表した。このいわゆるブラック・ショールズ・モデルは金融業界を一変させ、今なおウォール街の礎でありつづけている。ショールズと、同じくMITで教鞭をとりながら同モデルをさらに発展させたロバート・マートンの二人は、一九九七年にノーベル経済学賞を受賞した。一九九五年に早くも世を去ったブラックは、その恩恵にあずかれなかった。

当時はあまり知られていなかったが、ショールズとブラックはウェルズ・ファーゴの「パッシブ」ファンド創設の取り組みにおいても分析面で土台を築いた。この場合のパッシブ・ファンドとは、「選択した銘柄あるいは市場全体の将来のパフォーマンスについて主観的な予想を立てずに」運用する株式ポートフォリオを意味していた。[7] 地味で手間のかかる作業はマネジメント・サイエンシズのマクォーンの部下（主にラリー・クーネオとウェイン・ワグナー）が担当したが、二人の学者も定期的に遠路はるばるサンフランシスコのオフィスに来ては、激甘のアイスティーを大量に飲みながらデータを精査した。[8]

　こうした頭脳集団の面々の存在と、いまや毎日に思えるほど頻繁に発表される革新的な学術論文の数に圧倒され、バーティンの抵抗はついに崩れた。それどころか、長い抵抗ののちに改宗した者だけがたぎらすことのできる情熱をもって、バーティンは新しい考え方を受け入れたのだった。

　とはいえウェルズ・ファーゴには、バーティンが語るところの「新時代の理論家と旧来の実務担当者の懸け橋」となる人物がまだ必要だった。やがて現れたのが、この業界に似つかわしくない元ジャズ・サックス奏者でありながら、マクォーンやバーティンと同じような考えをもったウェストバージニア州出身の美食家だった。

*

　角ばった大きな眼鏡とちょびヒゲが印象的で、常に笑顔を忘れないぽっちゃり体型のウィリアム・ファウスは、その容姿からは想像しがたいが、頭脳明晰で型にはまらない人物だった。インデックス・ファンドの歴史の中で、同時代の一部の人たちほど広く名を知られることはなかったかもしれないが、共に働いたことのある者はみな、インデックス・ファンドの発明とその後の発展の両面に大きく貢献したと評している。

ファウスは、一九二八年九月二〇日にウェストバージニア州パーカーズバーグで銀行員の父と教師の母のあいだに生まれた。[9] 高校時代にマーチングバンドでクラリネットを吹いていた[10] ファウスの音楽の才能は、のちにケンタッキー大学で商学士とMBAの学位を取得するのに役立った。さまざまなジャズバンドで楽器を演奏し、自ら学費を稼いだのである。二〇一九年に他界するまで、ファウスはジャズとおいしい食べ物に情熱を注ぎつづけた。「人生で大切なのは量よりも質、という考えの持ち主だった」。長年の友人で仕事仲間だった人物はこう語っている。[11]

一九五二年、ファウスはペンシルベニア州ピッツバーグにあるメロン・バンクの信託部門にジュニア・アナリストとして就職した。当初は鉄道株の調査を仕事としていたが、やがて投資調査担当のアシスタント・ディレクターに昇進した。メロン・バンクは「純然たる正統派の砦」[12] だったが、ファウスは正統派の思考とは無縁であった。

ファウスはコンピューターに夢中になり、金融学界の新世代が発表する新たな研究成果を貪欲に吸収した。CRSPのセミナーに毎回通い、そこで気の合う人々と親交を深めた。メロン・バンクの上司たちは、マーコウィッツ、シャープ、ファーマらが広めたベータ、効率的フロンティア、現代ポートフォリオ理論などの最新の話題にあまり関心を示さなかった。ファウスが自社のファンド・マネジャーのパフォーマンスについて記録をつけはじめると（その結果、「ゼロ、ゼロ、ゼロ、いやゼロよりひどい」状態[13] であることが発覚した）、その取り組みは不評を買った。

一九六九年、シャープの研究に触発されたファウスは、一つで良いから主要株価指数（アメリカの大企業を対象とするS&P五〇〇など）に連動するパッシブ・ファンドを創設してみてはどうか、と社内で提案したが、経営陣に却下された。一九七〇年の春には、ジョン・バー・ウィリアムズ（二〇年近く前にマーコウィッツの研究に影響を及ぼした人物）が考案した配当をベースとする株価モデルを用いてシステマティックに投資するファンドを提唱したが、これもたちまち一蹴された。「こんちくしょう、ファウス。わたしの仕事を科学にしちまおうっていうのか」と上司は怒った。[14] 普段は和を重んじるファウスも、このときは剣で腹を貫かれたような気分になったという。[15]

ここで堪忍袋の緒が切れたファウスは、革新的な仕事を評価してくれる人と働く決意を固め、電話の受話器を手にした。かけた相手は、非正統的な投資思想の持ち主を対象とするＣＲＳＰの会合で面識のあったマクォーンである。ファウスはさらに、ウェルズ・ファーゴが自分を採用すべき理由を長々と書き連ねたメモをマクォーンに送った。自分は「分析力に秀でており、革新的で独自の考えをもっていて、科学的な手法にこだわりがあり、ずけずけ物を言うタイプで、無知には不寛容なところがある」と。マクォーンは採用を即決した。ファウスはウェルズ・ファーゴ金融分析部門の株式市場調査担当責任者の座をいきなりあてがわれ、バーティンのもとで働くことになった。こうしてバーティンは、新旧世代の懸け橋となる人材をついに得たのだった。

この段階でバーティンの姿勢はだいぶ変化していたが、社内での政治的ないざこざは依然として絶えなかった。ファウスは、布教のために異教徒の地へ派遣された司教のように、マクォーンの手でバーティン率いる信託部門に送り込まれたのだと感じた。「バーティンは入信したが、われわれが改宗を強制していなかったら、そうなっていたかどうかはわからない」と、ファウスはのちに振り返っている。

一方で、マクォーン自身もファウスを解雇しようとしたことがあった。ファウスがメロン・バンクで導入しようとして当時の上司に一蹴された、配当をベースとする株価モデルをめぐり、激しく衝突したときの話だ。「わたしはあちこちの壁にぶつかって跳ね返るピンポン玉みたいだった」。後年、ファウスはこう語った。「おもしろい時代だったが、個人的には一生懸命がんばって切り抜けてきた感じだ」。一九七〇年、サンフランシスコのワシントン・スクエアからすぐの場所に、トスカーナ料理の「ノースビーチ・レストラン」が開店した。ここで時折、マティーニを飲みながら一緒にとる昼食は、社内の平和をかろうじて保つのに役立った。

＊

ファウスが入社したころには、ウェルズ・ファーゴでもパッシブ投資ファンド的なものに関する取り組みがすでに始まっていた。とはいえ、当初に扱おうとしていたのは「純粋な」インデックス・ファンドではなかった。ショールズとブラックの研究は、ＣＡＰＭやファーマの仮説に反して、ボラティリティの低い銘柄（シャープの研究から生まれた用語を使うと低「ベータ」株）が実際にはより大きなリターンを生み出す、といった投資戦略に役立つ可能性のある市場の非効率性が存在することを示唆していた。

したがって、一九六九年一二月にショールズとブラックがウェルズ・ファーゴに提出した報告書には、以下の三つの選択肢が示されていた。①株式市場の全銘柄を買い、資金の借り入れ（金融用語で言うと「レバレッジ」）も活用しつつ、市場リターンを獲得するパッシブ・ファンド。②低ベータ株のみを買う一方で、やはりレバレッジを活用して全体のボラティリティを市場平均と同等にするパッシブ・ファンド。③低ベータ株を買い、高ベータ株を空売りする（業界用語で言うと「ショートする」）ファンド。[16]

三番目の選択肢はどちらかというとヘッジファンドに近いものだった。ウェルズ・ファーゴは二番目の選択肢を熱く支持し、さっそく「駅馬車ファンド」と名づけたプロジェクトを始動させた。ゴールドラッシュ時代の輸送会社を起源とする同社の、当時有名だった駅馬車のロゴマークに敬意を表しての命名である。めざしたのは、最新の研究を生かし、リテール部門の顧客や年金基金の関心を引くような、常に株式市場をアウトパフォームするファンドを創設することだった。

だが、そうした期待は新たに加わったファウスに打ち砕かれた。ファウスは、一握りの安定した業界にしか存在しないような低ベータ株だけを買う方針は分散投資の趣旨から大きく外れる、と説いた。そして一番目の選択肢、つまりレバレッジを活用しつつ幅広い銘柄を買うポートフォリオを推した。ウェルズ・ファーゴでは白熱した議論が繰り広げられ、最終的にファウスが勝利を収めた。普段は冷静沈着なブラックがこの結果にうろたえ、怒りのあまり重大な会議の場から飛び出すという事態も生じた。[17]

結局のところ、駅馬車ファンドはどのみち頓挫する運命にあった。一九七一年の連邦最高裁判所での裁判で、ウェルズ・ファーゴのような商業銀行が一般投資家にミューチュアル・ファンドを販売することは、大恐慌期に制定されたグラス・スティーガル法に違反する、との判決が下されたからだ。ウェルズ・ファーゴの信託部門は、すでにグレイハウンドとイリノイ・ベルの年金基金から契約の内定を得ていた。だが、一般投資家も取り込むという望みがついえたうえ、ほかの機関投資家の関心も高まらなかったため、駅馬車ファンドのプロジェクトはあえなく終了した。「張りついた無数のフジツボのせいで船が沈んでしまった」。ファーマの元弟子で同プロジェクトに携わっていたデイビッド・ブースは、比喩を用いて当時の状況を語る。

ただし、あとから振り返れば駅馬車ファンドが頓挫したのは幸いだった。レバレッジ型ファンドはその後、一九七四年の株価暴落で大打撃を受けたはずだからだ。この暴落でパッシブ・ファンドの開発は数年にわたって後退したと考えられる。一方で、マクォーン率いるマネジメント・サイエンシズは地道な努力を続け、やがてインデックス・ファンドを初めて実現させた。ここでも起爆剤となったのはシカゴ大学出身者だった。

一九七〇年、キース・シュウェイダーはシカゴ大学経営大学院を修了すると、実家が経営する鞄製造会社サムソナイトで働くために故郷のコロラド州デンバーへ戻った。母校で金融についてみっちりと学んだシュウェイダーは、会社の年金基金がパフォーマンスの低い多様なミューチュアル・ファンドで運用されていることを知り、愕然とする。効率的市場の理論が身にしみついた者にとって、それは受け入れがたい事実だった。

シュウェイダーは恩師たちに連絡をとり、より現代的な理にかなった方法で資金を運用している者はいないかと問い合わせた[18]。やがて紹介されたのがマクォーンだった。マクォーンはサムソナイトが何を求めているのか把握するため、ただちにデンバーへ向かった。「予算の制約はなかったから、飛行機でどこかに行きたいと思ったら、とにかく乗ってしまえばよかった」と、のちに振り返っている。

ファンドの基本設計と開発はマクォーンの右腕的な存在だったワグナーとクーネオが担当したが[19]、マネジメント・サイエンシズ自体が資金を運用することは認められていなかった。そこで、この新奇な商品を扱うために、ウェルズ・ファーゴ・インベストメント・アドバイザーズ（WFIA）という部門が新設された。実際には、バーティンの金融分析部門が日常業務を担当し、ファンドそのものの運用はファウスが行うことになった。当時、ほとんど注目されずにいたWFIAだが、数十年後には世界最大の資産運用グループの中核的な存在になるのだった。

新たなファンドでは、NYSE上場の約一五〇〇銘柄に、それぞれ等金額を投資する計画が立てられた。アメリカ株式市場全体に非常に近い構成になると考えられたからだ。こうして一九七一年七月、サムソナイトの年金基金から投じられた六〇〇万ドルの資金によって、史上初の指数連動型パッシブ運用ファンドが誕生した。

不幸なことに、NYSE上場銘柄の「等金額型」指数に連動させるという試みは、始めてみると悪夢のようだった。株価は常に変動するので、各銘柄への等金額投資を維持するために、サムソナイト・ファンドは配分調整をしつづけなければならなかったのだ。その結果、取引コストがかさみ、取引記録の管理も困難になった。

データに裏づけられた理論では、等金額投資型ファンドは従来型の株式投資手段を長期的にみてアウトパフォームするはずだった。だが実際には、まったく思いどおりにいかなかった。「マックはサムソナイト・ファンドで市場に勝とうと躍起になっていて、そのために等金額方式を採用したが、まったくもって手に負える代物ではなかった」。ファウスはのちにこう振り返っている。

それでもWFIAはサムソナイト・ファンドの教訓を生かし、一九七三年一一月にウェルズ・ファーゴの顧客の機関投資家すべてに門戸を開いた、より単純なファンドを創設した。最初の資金として、ウェルズ・ファーゴの年金基金から五〇〇万ドル、イリノイ・ベルの年金基金からもほぼ同額が投じられた。このファンドは純粋にS&P五〇〇のパフォーマンスに連動することをめざしたものだった。*[20] 当時、S&P五〇〇はアメリカ株式市場全体の約三分の二に相当する銘柄で構成されており、全体の時価総額に対する個別の時価総額の比率に応じて各銘柄のウェイトが決まる「時価総額加重平均」方式で算出されていた。新ファンドでは、純粋に五〇〇銘柄の株式をそれぞれ同じ株数だけ買う手法がとられた。一九七六年には、サムソナイトが最初のファンドに投じていた資金をWFIAのS&P五〇〇インデックス・ファンドへと移し替えた。

新ファンドの運用を最初に手がけたのは、投資銀行のイーストマン・ディロンから一九七三年初頭にウェルズ・ファーゴの信託部門に転職した若いトーマス・ローブだった。配分調整を繰り返さなければならなかったサムソナイト・ファンドに比べて、このファンドははるかに運用しやすかった。常に調整を行う必要がなくなったことで、トラッキングエラー（ベンチマークとする指数とのリターンの差異）は一〜二パーセント程度に抑えられた。** ついにウェルズ・ファーゴは、何年もの時間と巨額の資金を費やした困難な研究の成果を示すのに十分な商品を手にしたのだった。

＊

史上初の試みの成功には、その生みの親と言うべき者がたくさん存在するのが常である。そして、最初にインデックス・ファンドを売り出したのは自分だともっともらしく主張できる者は、その定義しだいでたくさんいる。ウェルズ・ファーゴはサムソナイト向けの冒険的なプロジェクトで史上初のインデックス・ファンドを提供したと言えるが、正式なファンドというよりは、小規模で汎用性の低い取引案件だった。しかも、煩雑な調整が必要なNYSEの等金額型指数に連動させる方式を採用したため、約束の地に最初にたどり着いたのは自分たちだ、と一部の競合他社が主張する事態を招いた。

一般投資家向けとしては、アメリカン・ナショナル・バンクが一九七三年九月四日にS&P五〇〇インデックス・ファンドを初めて導入したと言うことができるが、これは既存の二つの投資

＊　ピーター・L・バーンスタインによると、最初に投じられた約一〇〇〇万ドルでは、S&P五〇〇構成銘柄を一〇〇〇株ずつ購入するのに十分ではなかったため、資金総額が二五〇〇万ドルに達するまでは指数に似せたポートフォリオの構築に努めなければならなかった。

商品から切り替えたものだった。[21] レックス・シンクフィールドは、ポートフォリオのパフォーマンスをS&P五〇〇に連動させられるかどうか、数カ月にわたって過酷なテストを繰り返したのち、三〇〇〇万ドルの「成長型」投資信託の投資家に手っ取り早く手紙を送った。成長型の方針に変わりはないが、S&P五〇〇に連動させる戦略を採用すると伝えたところ、反対する顧客は一人もいなかった。とはいえ、最初の二年間は新規顧客を獲得するのに苦労した。シンクフィールドは、このインデックス・ファンド黎明期に投資家を改宗させようとする自分たちと比べたら、洗礼者ヨハネの仕事は楽だっただろう、と事あるごとに同僚にこぼしていたという。バッテリーマーチは一九七二年から一九七三年にかけてS&P五〇〇連動型商品を売り出していたが、一九七四年末にニューヨーク市教職員退職年金基金が一〇〇〇万ドルを投じるまで、一件も顧客がつかなかった。[22]

これら三つの草分け的な商品は、S&P五〇〇の全構成銘柄を組み入れていないという点で完璧なインデックス・ファンドとは言えなかった。ウォール街の企業がまだ固定手数料を課していた時代、そしてS&P五〇〇の中でも中小型株の流動性が低かった時代にそれを実現しようとすれば、非常に高いコストがともなっただろう。そもそも、投資額の規模が小さすぎて全銘柄を買うことは不可能だった。どのファンドも程度の差はあれど、全体から少しずつ銘柄を選び指数の特徴を反映したポートフォリオを組む「サンプリング法」によって、ベンチマークと同じようなパフォーマンスを追求していた。

それでもウェルズ・ファーゴ、アメリカン・ナショナル・バンク、バッテリーマーチ三社すべ

＊＊ 一九七五年にローブが考案した画期的な手法も取引コストの低下を後押しした。そしてこれは、インデックス・ファンドという発明がもたらす金融業界のその後の生態系変化の前触れだった。

ローブは、インデックス・ファンドのために株式の売買をするとき、S&Pによる四半期ごとの指数構成銘柄の入れ替えにともないファンドの構成を変えるとき、そして配当を再投資する必要があるときにウェルズ・ファーゴがウォール街のブローカーに支払う手数料が高すぎると考えていた。ディーラーは通常、ある証券の売買を行う者はそうするのにふさわしい動機を有している、つまり情報面で優位に立っているとみなす。したがって、〔情報劣位による損失から〕自分を守るために、たとえば買い手が進んで支払おうとする金額を上回る価格で証券を売る。売買手数料に加えて、この差額、いわゆる「ビッド・アスク・スプレッド」が証券売買の際の取引コストとなる。

だが、ウェルズ・ファーゴのインデックス・ファンドは情報優位を生かした売買を行っていたわけではなく、コストをかけずに市場に連動させることだけに力を入れていた。それならば、スプレッド分のコストをなくせるのではないか。また、インデックス・ファンドは市場全銘柄の保有をめざしているため、各銘柄を個別に売買するのではなく、「バスケット」にまとめて一度に取引を行い、全体のコストを引き下げられるような手法をブローカーに提供してもらうことも可能なのではないか。

ローブはウォール街でも屈指の反体制的大手投資銀行ソロモン・ブラザーズの伝説的なヘッドトレーダー、スタンレー・ショップコーンに電話をかけた。するとショップコーンは話を聞くためにサンフランシスコへ飛んできた。フェアモント・ホテル内の「キャンリス」というレストランで夕食を共にしながら、ローブが自分の構想を語ったところ、ショップコーンは「いやいやトム、それはプログラミングの世界の話だ！」と叫んだ。二人は詳細を詰めると、ソロモン・ブラザーズのショップコーンの上司（のちにニューヨーク市長になるマイケル・ブルームバーグ）から承諾を得た。こうして誕生したのが「プログラム・トレーディング」という概念である。「資金を集め、株式市場に満遍なく投じる、というのは究極の構想だった」とローブは語る。当初のプログラム・トレーディングには、まだ面倒な人的作業が必要だった。非常に細かく設定された呼び値での注文を紙に手書きしてディーラーにファクスし、ディーラーがそれをNYSEの立会場にいるブローカーに伝える、という具合にだ。こうした作業が電子化され、瞬時に処理される今日では、プログラム・トレーディングは株式市場でのあらゆる取引においてきわめて大きな割合を占めている。

との取り組みが、現代においてきわめて重大で強い影響力をともなうイノベーションであったことに議論の余地はない。その影響力の大きさが広く金融業界に知れわたるまでには長い時間がかかったのだが。

「いま、わたしたちが目にしているのは、大海の奥深くで起きている、ほとんど知覚できないほどゆっくりとしたうねりであり、これがやがて巨大な波となって投資業界の海岸へと打ち寄せるでしょう」。バッテリーマーチのディーン・レバロンは一九七五年一月に開催された証券アナリストの会合でこう語った。「サーファーは、大波が来るかどうか判断しようと海の彼方のうねりを観察する一方で、すでに通りすぎたものを確認するために海岸を見ることはありません。同じように、いま発展途上の機械的な戦略が波になりつつある状況に敏感になるべきです」[23]。

だが、迫りくる波を察知し、それに乗じようとした者がみな成功を収めたわけではない。アメリカン・エキスプレス・アセット・マネジメントは、一九七四年二月に「インデックス・ファンド・オブ・アメリカ」と名づけた商品の登録届出書を提出した。当初は機関投資家向けとしながらも、一般投資家にも門戸を開き、幅広い層が投資できる最初のインデックス・ファンドとなる可能性を秘めていたのだが、のちに同社は登録を取り下げた[24]。それでも、こうして同時並行的に進められたインデックス・ファンド開発・普及の取り組みは、非常に重要な意味をもっていた。「われわれはいつも互いに競い合い、敵意をいだいてきたが、結果として成長できたし、われわれ［すべて］の存在がお互いにとって有利に働いた。インデックス・ファンドという商品を売り出すことへの信憑性が高まったからだ」。シンクフィールドはこう振り返っている。

一九七五年末には、ウェルズ・ファーゴ、バッテリーマーチ、アメリカン・ナショナル・バンクのいずれも、数多くの先進的な年金基金や各種基金向けに低コストの指数連動型商品を提供する段階に達していた。当時の推計によると、この分野での運用額はバッテリーマーチで約一億ドル、アメリカン・ナショナル・バンクで約一億二〇〇〇万ドル、WFIAで一億五〇〇〇万ドルだった。[25] 従来型の資産運用会社のほとんどが巨額の手数料を課していたのに対し、これらのファンドの手数料は運用額の〇・三〜〇・六パーセントと著しく低い水準だった。[26] インデックス・ファンドはまだ一般投資家が利用できるものではなかったが、アメリカの年金生活者にわずかながらも大事な恩恵をようやくもたらしはじめていた。

ただし、一九七二年夏の時点でインスティテューショナル・インベスター誌が「ベータの神殿」と題する特集で取り上げたのはウェルズ・ファーゴだった。[27] 同社が創設したインデックス・ファンドについて初めて広告を出したのは一九七四年初頭のことだ。「S&P五〇〇と同等の長期パフォーマンスに関心がある企業年金基金の運用担当者へ、ウェルズ・ファーゴから重大なお知らせがあります」という堅苦しい見出しの下に、以下の説明が記されていた。

何年にもわたり、多くの運用ファンドはS&P五〇〇の長期上昇率に見合ったパフォーマンスをあげられずにいます。「従業員給付信託用ウェルズ・ファーゴ・インデックス・ファンド」は、S&P五〇〇そのものを複製すること、つまりリスクとリターンを同指数と同等にすることをめざします。ウェルズ・ファーゴは、きわめて低い取引コストでこの複製が実現できるように開発した独自のコンピューター処理方法で、自社のインデックス・ファンドと市場を継続的に比較分析します。もちろん、これは非常に簡略化した説明ですが、この商品をご理解いただくのに役立つ耳よりな詳細情報もご用意しています。きっと、みなさんが知りたくなる情報です。[28]

あとの章でわかるように、草分け的な三社の中で最も長い期間にわたって成功を収めたのもWFIA（あるいは少なくともその後身会社）だった。ほどなくシンクフィールドは、新たに二つのインデックス・ファンドを導入してWFIAを追った。今回は、S&P五〇〇に組み入れられていない中小型銘柄と国外銘柄を対象とした。やがてシンクフィールドはアメリカン・ナショナル・バンク信託部門全体のトップに昇格したが、一九八一年に退職した。アメリカン・ナショナル・バンクはその後、地元で競合していたファースト・シカゴの傘下に入り、それからさらにノーザン・トラストに買収された。

一方、レバロン率いるバッテリーマーチは一九八〇年代半ばに指数連動戦略から手を引いた。競合会社の中には同戦略がうまくいかなかったからとみる者もいたが、根っからの逆張り派で「第一人者よりも先駆者になること」を重視するレバロンは、そんなありきたりの理由からではなかったと主張する。当時、七五ものインデックス・ファンド提供業者があることを知ったレバロンは、インデックス・ファンドがありふれた商品になってしまっていて、バッテリーマーチが提供を続ける意味はないと判断した。かわりに、自分が関心を寄せつつあった特異性のある発展途上国の株式市場に重点を置くことにした。

駅馬車ファンドの頓挫で失意を味わい、環境の変化を強く求めたマクォーンは、一九七四年三月一七日にウェルズ・ファーゴを去った。サンフランシスコに居を移し、同社に入ったときからちょうど一〇年がたっていた。このころにはファウスが社内での地位を確立し、バーティンの改宗も完了していた。「最終的にバーティンとマクォーンは相思相愛になり、夕陽の中へ一緒に去っていった」。ブースはこう茶化す。

マクォーンも、ウェルズ・ファーゴ時代の終盤には幸いにも敵対心が消え、犬猿の仲だった二人が渋々ながら敬意と友情の念を示すようになったと認めている。「ジム（バーティン）は手強い敵から忠実な支持者に変わった。最終的な評価を言えば、いいヤツだった。そうなる前は喧嘩腰のクソ野郎だったが」。

もっとも、双方を知る者の多くはマクォーンも同じだったと言うだろう。芸術家の両親のもと、あらゆる偉人の伝記を読んで育ったというローブ（自身もアマチュアの画家である）は、一九世紀から二〇世紀への変わり目のころのハイ・アート界と、一九七〇年代のウェルズ・ファーゴが不思議なほど似ていたと説く。「強烈な個性と強固な信念の持ち主ばかりで激しい議論が絶えなかった。タイプはまったく違ったが、熱くなりやすい性格という点ではみな同じだった」。そうしたなかで、新しい投資思想がいかにしっかりと合意を勝ち取ったかを示すエピソードがある。二〇年前のハリー・マーコウィッツによる草分け的な研究にちなみ、ウェルズ・ファーゴのソフトボール・チームが「エフィシエント・フロンティアーズメン（効率的フロンティア軍団）」に改名された、というものだ。[29]

＊

こうしたインデックス・ファンドをめぐる動きに対する投資業界の反応は、無関心、冷笑、当てこすり、あからさまな反感が混じり合ったものだった。一九七四年の（当時としては大恐慌以来最大の）弱気相場で面目を失ったプロの投資マネジャーが多くいたにもかかわらず、どんな投資家も実際には平均的なパフォーマンスで満足する、という考え方は嘲笑された。

投資マネジャーから金融史家に転じたピーター・L・バーンスタインは、そのころの同僚の一人が、たとえ自分の義母のためだとしてもS&P五〇〇は買わない、と吐き捨てたと著書で述べている。[30] ミネソタ州ミネアポリスを本拠とする投資調査・資産運用会社のルースホールド・グループは、アンクル・サムが「インデックス・ファンドの撲滅にご協力を。インデックス・ファンドはアメリカの精神に反しています！」と訴えているポスターを配布したことでよく知られている。インデックス・ファンドの運用会社の中には、草創期に向けられた敵意を記憶にとどめておくため、今でもオフィスにこのポスターのコピーを掲示しているところがある。

もちろん、かつて作家のアプトン・シンクレアが述べたように、何かを理解していないおかげで給料を得ている者に、その何かを理解させるのは難しい。「もし人々がこのランダム・ウォークとかいう下らないものを信じはじめ、インデックス・ファンドへの乗り換えを進めたら、年収八万ドルのポートフォリオ・マネジャーやアナリストの多くが年収一万六〇〇〇ドルのコンピューター操作員に職を奪われてしまう。そんなことがあってはならない」。一九七三年のウォール・ストリート・ジャーナル紙のある記事の中で、匿名のミューチュアル・ファンド・マネジャーがこう本音を漏らしていた。[31]

投資業界の中には、学術界が、信頼できるデータではなく嫉妬心を原動力にしているとみる向きもあった。「ランダム・ウォーク理論は、自分たちより稼ぎの良い投資マネジャーを純粋にうらやましく思っている多くのビジネススクール教授が作り出したものにすぎない」と訴える投資マネジャーもいた。[32]プルデンシャル・インシュアランス・カンパニーのエドワード・ジンバーグは、もっとあけすけにこう語っていた。「誰でもそうだと思うが、われわれはどんどん賢く、うまく銘柄選択できるようになっていると考えたがる。『希望の泉は涸《か》れない』って話だ」。

当初の批判の一つに（そして、それはその後数十年間に何度も繰り返し言われてきたことなのだが）、もしあまりにも多くの人がインデックス・ファンドに乗り換えたら、市場は効率的ではなくなり、活力を失うだろう、という主張があった。「証券市場の資本配分機能全体に歪みが生じ、指数に組み入れられている企業しか株式での資金調達ができなくなってしまう」。チェース・インベスターズ・マネジメント・コーポレーションのアーウィン・ゾイシュナーとメアリー・オニー・ホランドは、一九七五年にウォール・ストリート・ジャーナル紙の編集部に宛てた手紙でこう警告した。[33]

インデックス・ファンドというイノベーションがウォール街の由緒ある大手金融機関ではなく、

格の劣る中小業者で生まれたのは偶然ではない。ただし、早くからインデックス・ファンドを後押しした者の中には、ウォーレン・バフェットや、その偉大な師で著名投資家のベンジャミン・グレアムといった意外な面々もいた。

とはいえ、直接的な追い風をもたらす存在として最も重要な役割を果たしたのは、いわゆる「ベビー・ベル」だった。当時、アレクサンダー・グラハム・ベルが設立した会社を起源とする巨大企業「マー・ベル」(マザー・ベルの略)ことアメリカン・テレフォン・アンド・テレグラフ(AT&T)が、いくつもの地域電話会社を傘下に擁していた。これらを合わせた通称「ベル・システム」は一九八〇年代に分割されるまで、アメリカ通信市場でほぼ独占状態にあった。ただし、分割前から各地域のベビー・ベルはそれぞれの年金基金を有していた。

これらの年金基金は、一九七〇年代初頭に膨れあがっていた投資プランの実態を調べたのち、早い段階でインデックス投資を採り入れ、存在感を示すようになった。「運用を任せているアクティブ・マネジャーがバナナ同士の交換と変わらないことをやっていると判明したからだ。あっちでIBM株を売り、こっちでIBM株を買う、といったことが同じ基金の中で同時に起きていた」とロープは説明する。「そこで、インデックス投資にすればコストを削減できる、という単純明快な結論に達したわけだ」。

さらに、雇っているファンド・マネジャーの多くが実際には「クローゼット・インデクサー」(隠れインデックス運用者)と大差ないことに気づく年金基金幹部が徐々に出てきた。つまり、基本的に株式全体のパフォーマンスを模倣する手法をとりながら、高いコストをかけて優良銘柄を選別しているふりをして手数料を請求していたのである。実態を知ったベビー・ベル年金基金の多くは投資配分の変更を進めた。「インデックス運用なのであれば、払うのはそれ相応の手数料にすべきだと判断した」。一九七九年、イリノイ・ベル年金基金のトップだったジョージ・ウィリアムズは、ウォール・ストリート・ジャーナル紙にこう語った。[34] 同基金は初期のインデックス・ファンドにとりわけ大きな額を投じた。

一九七七年末には約二九億ドルもの年金基金の資金が、それまでに導入された少数のインデックス・ファンドに投資されていた。[35] 一九七四年の弱気相場が一つの大きな誘因となったが、長期的な株価見通しも冴えないことが徐々に明らかになってきていた影響もあった。投資コンサルティングの大手だったAGベッカーの調査によると、一九七四年末までの一〇年間にアメリカの年金運用担当者の七七パーセントがS&P五〇〇をアンダーパフォームしていた。[36] その後、生まれてまもないインデックス・ファンド業界にステート・ストリートやバンカース・トラストなどが新たに参入したこともあり、一九八五年までにインデックス・ファンドや組織内部でのインデックス運用に投じられた年金基金の資金は約九一〇億ドルに拡大した。[37]

とはいえ、こうした初期のインデックス・ファンドは多くの年金基金や保険会社など、大手機関投資家にしか門戸を開いていなかった。一般投資家の場合、年金制度を通じて間接的な恩恵を受ける者も多くなってはいたが、自らインデックス・ファンドに投資することは依然として不可能だったし、そもそも肯定的な声は小さかった。一九七七年には、インスティテューショナル・インベスター誌が「インデックス運用という概念は廃れていくのではないか」との見解を示した。[38]

いずれにせよ、一般投資家によるインデックス・ファンドの受け入れについては懐疑的な見方が広がっていた。結局のところ、自分たちが投資するミューチュアル・ファンドの低い平均運用実績に関する学術研究など、一般人は知る由もなかった。それに何より、平凡な運用成績で満足する投資家がいるだろうか。「一般投資家がこうした平均的な運用成績をめざした商品を買うとは考えにくい。月並みになる場合が多い市場に連動したパフォーマンスよりも、劇的なリターンを望むのが普通だからだ」と同誌は論じた。[39] のちにＷＦＩＡのファウスは、一般大衆の理解が遅い理由を説明するのに、ナチス・ドイツでプロパガンダを推進したヨーゼフ・ゲッベルスの言葉を冗談めかして引用している。「守る必要があるのは小さな秘密だけだ。大きな秘密は大衆の不信感が隠してくれる」[40]。

この秘密が突然、明るみに出ることを望んでいたのが、アメリカ経済学界の重鎮ポール・サミュエルソンである。一九七六年、サミュエルソンはニューズウィーク誌のコラムで、年金基金がついに「堅実で市場全体を網羅するインデックス投資」を選択できるようになったと歓迎する一方で、一般投資家には同様の選択肢がないことを嘆いた。[41]「今のところ、市場全体と似た動きをし、販売手数料（ロード）は取らず、売買委託手数料や銘柄の入れ替え頻度、管理手数料を可能なかぎり抑えた、使い勝手の良いファンドは存在しない。だが将来的には、そうした利便性の高い新たな投資商品が出てくるのではないか」とサミュエルソンは述べた。そして、この著名な経済学者が期待していたよりも早く、その日は訪れようとしていた。大衆の不信感を払拭し、年金基金の多くには知られていた「大きな秘密」を白日の下にさらすための準備が、ペンシルベニア州バレーフォージのある人物によって、すでに進められていたのである。

第6章 ハリネズミ

THE HEDGEHOG

一九六〇年、ジョン・B・アームストロングと称する正体不明の金融業界関係者が、辛辣な内容の論文を発表した。ファンド・マネジャーは思わしい運用成績をあげておらず、市場に勝とうとするよりも市場の動きの模倣をめざすべきだ、と論じる学術研究を揶揄するものであった。「一流の普通株ファンドはダウ・ジョーンズ工業株価平均を上回る長期パフォーマンスを実現している」。権威あるフィナンシャル・アナリスト・ジャーナル誌掲載の論文にアームストロングはこう書いた。カリフォルニア大学教授のエドワード・レンショーが数カ月前、同じ雑誌で発表した急進的な論文に、素早く反撃したのだ。レンショーは、株価指数に連動させるだけの〝能動的に」運用しないミューチュアル・ファンドの創設を提唱していた。アームストロングにとって、これは下らない構想だった。

「ミューチュアル・ファンドの運用について」と題した論文で、アームストロングはミューチュアル・ファンドのパフォーマンスが「あまり思わしくない」ことを示す調査結果もあると認める一方で、四つの主要な株式集中型ミューチュアル・ファンド（当時、全ミューチュアル・ファンド資産額の一五パーセントを構成していた）が一九三〇～一九五九年の期間に概してダウ・ジョーンズ工業株価平均を大幅にアウトパフォームしていたことを強調した。この論文は投資業界の関係者に強い印象を残し、投資に関する著作・研究を対象とした名誉あるグレアム・アンド・ドッド・アワードの特別賞を受賞した。

論文の注によれば、アームストロングは「証券業界で長年、ミューチュアル・ファンドの研究や分析に携わってきた人物」のペンネームであった。ただし、その正体のヒントとなる重要な情報も二つ記されていた。著者はプリンストン大学の卒業生で、投資会社の経済的役割をテーマとする論文を執筆していた、と。のちに明らかになったように、この匿名の著者はジョン・クリフトン・ボーグルにほかならなかった。皮肉にも、やがてバンガードを創業し、一九六〇年当時に自身が阻止しようとしていた低コストの指数連動型パッシブ運用を先頭に立って普及させた人物である。

個人の人物像を、たった一つの特徴に凝縮して表すのは容易ではない。九〇年近くも生き、金融業界に、そしてある意味、資本主義そのものにさえ変革をもたらした人物であれば、なおさらだ。近しい者の多くは、そのインデックス・ファンド普及のための壮大な改革運動と、バンガードに植えつけたカルト的な環境から、ボーグルを「救世主的」と形容していた。めったに議論で屈することがないため、「鉄の意志の持ち主」という言い方を好む者もいた。本人は、好奇心から家族や友人に自分の特徴は何かとたずねた際に言われた「決断力がある」という表現が気に入っていた。「間違ってはいないだろう。ただ、決断力は目標を達成するのに必要だが、あまり好ましいとは言えない頑固さにつながりかねないと自分では思っている」とボーグルは著書で述べている。[1]

ボーグルのペンネームは、保険会社幹部で一九世紀の同業界における反消費者的慣行を非難した、尊敬する曽祖父フィランダー・B・アームストロングにちなんでいた。[2]その名で書いた論文からわかるように、のちにインデックス・ファンドの熱烈な支持者となるボーグルも、最初からその立場にあったわけではなかった。

ボーグルはまず、大人の仲間入りをしたころに活況を呈していたプロの投資業界に魅了された。フィナンシャル・アナリスト・ジャーナル誌に投稿したときには、アメリカでも特に歴史の古い大手ミューチュアル・ファンド運用会社ウェリントン・マネジメント・カンパニーの有能な若手幹部だった。だが、一九七〇年代半ばに激しい内部紛争と幸運な巡り合わせを経験したことで、かつて崇拝していた業界を一変させる道を歩みはじめた。「改宗者ほど信仰心の強い者はいない」。バンガード創設時からの特に親しい同僚であるジェイムズ・リープは、ボーグルの驚くべき変節について、こう説明する。

昔、古代ギリシャの詩人アルキロコスは「キツネはたくさんのことを知っているが、ハリネズミは大事なことを一つだけ知っている」と詠んだ。この言葉は、のちに哲学者アイザイア・バーリンの著書によって有名になった。ボーグルは典型的なハリネズミ・タイプの人間だった。常に一つの大きなことを炎のような情熱をもって真剣に考えていた。一方で、変節を恐れない高潔さと知的柔軟性を持ち合わせていた。後年、アクティブ運用の利点について、自らの見方の変化に向き合うことになった際には、経済学者ジョン・メイナード・ケインズの「事実に変化があれば、わたしは考え方を変える。あなたはどうしますか」という言葉を引用した。[3]

＊

ジャック・ボーグルの幼少期は、一九二九年の株価大暴落とそれに続く大恐慌による荒廃から色濃く影響を受けた。父親のウィリアム・イエーツ・ボーグル・ジュニアは、威勢の良い裕福なビジネスマンだった。第一次世界大戦中の一九一六年に国境を越えてカナダに入り、志願してイギリスの王立陸軍航空隊の戦闘機パイロットになった。母親のジョセフィン・ロレイン・ヒプキンスは由緒あるスコットランド系アメリカ人一族の、華やかさとカリスマ性を持ち合わせた堂々たる女相続人だった。〔父方の〕曽祖父はレンガ会社のアメリカン・ブリック・コーポレーションの創業者で、缶製造会社サニタリー・キャン・カンパニー（一九〇八年にアメリカン・キャン・カンパニーに買収された）の共同創業者でもあった。ボーグル・ジュニアは復員後、両方の会社で働いた。

ジョセフィンが最初に身ごもった双子は出産時に命を落とした。その後、一九二七年にウィリアム・イエーツ・ボーグル三世が、一九二九年五月にジョン・クリフトンとデイビッド・コールドウェルの双子が誕生した。「ボーグル・ボーイズ」こと三人の息子はそれぞれバド、ジャック、デイブの愛称で呼ばれ、ニュージャージー州モントクレアで幼い日々を過ごした。

不幸なことに、ボーグル家の上流階級的な暮らしは一九二九年一〇月に打ち砕かれた。株価暴落で一家の財産が消失してしまったからだ。打ちのめされたボーグルの父はアルコール依存症になり、子どもたちはニュージャージー州の片田舎の祖父母の家に移らなければならなくなった。やがて落ち着いたのはペンシルベニア州フィラデルフィア郊外のアードモアに建つ小さな共同住宅で、それも三階にある二間だけのアパートだった。三人の少年はみな小さいころから家計を支えるために働かなければならなかったが、何よりも大きなトラウマとなったのは徐々に落ちぶれていく父親の姿だった。かつてバド・ボーグルは、ジャックの伝記作家ルイス・ブレーアムに当時の様子を以下のように語った。[4]

兄弟のリーダーとなり、父の素行の悪さから弟たちと自分自身を守る役割を果たすのはいつもわたしだった。父はワインと女性に溺れ、歌を歌って騒いだ。弟たちに分別がつくずっと前から、わたしはそうした悲惨な状況に気づいていた。そして、いまいましい酒瓶を見つけて父の前で割り、泣いてみせるのもわたしだった。最悪だった。母にとってもよくなかったし、誰にとってもいいことなどなかった。父はものすごく感傷的な男で、わたしが泣くとつられて泣いた。それがアルコール依存症という病気だという認識はわたしにはなかった。

だが、こうした環境はボーグル・ボーイズに強い勤労意欲を植えつけた。そして母親は、息子たちがニュージャージー州の名門寄宿学校ブレア・アカデミーで良い教育を受けられるようにするために膨大なエネルギーを注いだ。若いジャックにとって、同校での生活は一大転機となった。のちにボーグルは、当初は悲惨だった代数の成績が最終試験で満点になったこと、英語の教師がとても厳格に書く技術を教えてくれたことを誇らしげに語っている。[5]

「ストレスだらけの家から離れられるのが、わたしたち兄弟にとって何よりのことだった」。後年、ボーグルはこう打ち明けている。「このニュージャージーの素晴らしい全寮制学校での生活は、わたしの長い人生の重要な土台の一部となり、今もわたしを支えてくれている」[6]。学費を賄うためにボーグル・ボーイズは奨学金を獲得し、ジャックは食堂でウェイターのアルバイトもした。一九四七年に「優等」で卒業し、同級生の投票で「最も成功しそうな学生」に選出されたが、僅差でクラス総代の座は逃した。納得がいかなかったジャックは、一部の教師に自分の成績を見直すよう掛け合ったが、思いどおりにはならなかった。このころから絶対に負けを受け入れられない傾向があったことを示すエピソードである。[7]

ボーグル家の経済状況では、息子三人のうち大学に行けるのは一人だけで、残りの二人は家計を支える側に回らなければならなかった。成績の良いジャックが進学することになったが、兄弟への後ろめたさもあって、成功してみせるという覚悟はさらに強固になった。進学先は、条件の良い奨学金と学費を自ら稼ぐための仕事がふんだんにある近隣のプリンストン大学に決めた。

経済学を専攻したジャックは、専門課程の一年目となる二年次に著名経済学者ポール・サミュエルソンの『経済学：初歩的分析』(*Economics: An Introductory Analysis*) を教科書とする授業に取り組んだ。当時、出版されたばかりの同書は、やがて何世代にもわたる経済学者や金融業界関係者に影響を与える入門書となった。ボーグルは経済学を好きになったものの、最初のうちは苦労した。二年次の中間成績はDプラスにとどまり、そのままでは奨学金の給付資格を失いかねなかったが、必死に勉強して最終成績では何とかCマイナスの評価を得た。[8]

家の状況も悪化していた。母ジョセフィン・ボーグルは体調を崩し、やがて子宮頸がんと診断された。父のアルコール依存症はひどく、海兵隊から除隊したばかりのバド・ボーグルは質素な自宅から父を追い出した。ボーグル・ボーイズが敬愛する母の症状は、しだいに悪くなった。ついには寝たきりになり、痛みを和らげるためにデメロールを注射するようになった。一九五二年二月、ジョセフィンは他界し、同じ年のうちにウィリアム・イエーツ・ボーグル・ジュニアも脳卒中を起こして「ニューヨークの」ベルビュー病院で息を引き取った。「父はとても強い人間ではなかったが、最善を尽くす人ではあったと思う」と後年、ボーグルは冷静に振り返っている。[9] のちに、父の栄光の時代の記念として、第一次世界大戦時のソッピース・キャメル複葉戦闘機の模型をオフィスに飾っていた。[10]

幸運なことに、プリンストン大学には意欲的な若者にうってつけの環境が整っており、ボーグルの成績は上向いた。四年次になり、独創的な経済分野の論文を書こうと考えたボーグルは当初、テーマを選ぶのに苦労した。だがある日、大学図書館所蔵の雑誌に目を通しているときに、フォーチュン誌の一九四九年一二月号の「ボストンのビッグ・マネー」という記事に出くわした。そこで取り上げられていたのは、アメリカ初の「オープンエンド型」ミューチュアル・ファンドであるマサチューセッツ・インベスターズ・トラストだった。一九二四年に五万ドルの資金で創設されたこの投資信託は、成長著しいアメリカ株式市場に投資する機会を一般投資家に提供していた。それまで投資手段のほとんどは、売り出し時に一定規模の応募を受け付けるだけで、途中で新規資金を取り込むことのできない「クローズドエンド型」だった。このため、ボストンで生み出された革新的なファンドは大成功を収めた。一九四九年には、マサチューセッツ・インベスターズ・トラストの運用資産額は一億一〇〇〇万ドルに達していた。

当時、ミューチュアル・ファンド業界には全体でも九〇のファンドしか存在せず、運用資産総額も一八億ドル程度だった。そして、その圧倒的多数がボストンを本拠としていた。それでもフォーチュン誌の記事は、「急拡大中で、賛否両論あるだろうが、アメリカのビジネス界で重要な存在となる可能性を大いに秘めた分野」だと伝えていた。[11] この文章に興味をそそられたボーグルは、ミューチュアル・ファンドをテーマに論文を書くことを決意した。

晩年のボーグルは、「ファンドが市場平均を上回ると主張することはできない」と説いたこの論文が、のちの自身のインデックス・ファンドに対する信仰心の伏線となったことをしきりに強調した。ただし、「投資会社の経済的役割」* と題した同論文には、実のところ、ミューチュアル・

ファンドの利点が著しく肯定的に書かれていた。「ほとんどのファンドでは、健全な判断に基づいたポートフォリオの分散化が行われており、ファンドは『市場平均を買っている』だけだという批判は不当とみられる」とボーグルは記していた。[12]

とはいえ、業界の成長性に関するボーグルの分析は的を射ていた。「できるかぎり効率的で誠実で経済的な方法」でファンドを運営すべきという勧告や、販売手数料（ロード）と運用コストの引き下げで一層の成長を促すという提言は、のちのバンガードの成長を予見させるものだった。一二三ページに及ぶ論文はAプラスの評価を獲得し、ボーグルが一九五一年に「きわめて優等」な成績で卒業するのを後押しした。プリンストン大学出身でウェリントン・マネジメント・カンパニーの創業者であるウォルター・モーガンの関心を引き寄せたのも、この論文だった。

＊

会計士の仕事のかたわら、顧客に投資アドバイスを行っていたモーガンは、一九二八年に一〇万ドルの資金を調達して独自のミューチュアル・ファンドを創設した。のちにつけた社名は、ワーテルローの戦いでナポレオンを打ち破った「鉄の公爵」ことウェリントン公アーサー・ウェルズリーにちなんでいた。[13] 家族が投機的な株式投資で損をした経験から、モーガンは保守的な性分になっていた。このためウェリントンを、当時まだ先駆け的な商品だった、株式と債券の両方に投資する「バランス型」ミューチュアル・ファンドとし、借り入れた資金による投資も控える方針をとった。

　こうした慎重さで一九二九年の大暴落も乗り切ったモーガンは、第二次世界大戦中に抜け目ない投資を繰り返し、ウェリントンを業界の上位へと押し上げた。一九五一年に同社の運用資産額は約一億九〇〇〇万ドルに達し、アメリカ第四位のミューチュアル・ファンドの地位を獲得した。[14]

　大学を卒業したばかりのボーグルは、知り合いにモーガンを紹介されたとき、フィラデルフィア・ナショナル・バンクと地元の証券会社ボーニング&カンパニーからオファーを受け、どちらにするか検討中だった。プリンストン大学の学生は甘ったれだと思っていたモーガンは当初、乗り気ではなかった。だがボーグルの論文に興味を引かれると、注釈をつけてウェリントンの社員たちに回覧し、読むよう促した。面接時のボーグルの態度にも好感をもったモーガンは、古くさい銀行よりも急成長中の新しい業界に入るべきだと説得した。こうして一九五一年七月八日、ボーグルはウェリントンに入った。

　入社後すぐ、ボーグルは与えられたすべての仕事に打ち込み、並外れた労働意欲や、旧式の計算尺を使った演算スキル、投資会社の業務のあらゆる側面をすばやく把握する能力を発揮した。一九五五年にはモーガンの専属アシスタントとなり、ウェリントンのさまざまな業務を開拓する幅広い権限を手にした。私生活も充実していた。一九五六年、ボーグルは親友でプリンストン大

＊　「ミューチュアル・ファンド」という用語はまだ一般的ではなく、一九四九年のフォーチュン誌でも一度も使われていない。

学同窓生のジェイ・シェレッドの妹、イブ・シェレッドと結婚した。翌年には六人きょうだいの一人目となる子どもが誕生した。[15]

仕事面で当時、ボーグルが残した最大の功績は、一九五八年にウェリントンの第二号ファンド、それも株式投資に特化したファンドを創設するよう、モーガンを説得したことだ。当初、このファンドはウェリントン・エクイティ・ファンドという平凡な名前だったが、一九六三年にウィンザー・ファンドに改められ、以後は史上最高クラスのミューチュアル・ファンド・マネジャーとして知られるジョン・ネフによって運用された。同ファンドの成功もあって、ボーグルはモーガンの後継者候補、そして業界の神童となった。一九六〇年にウェリントンの取締役に任命されたあと、一九六二年に管理担当副社長、一九六五年に執行担当副社長に昇進した。[16]

ただし、一九六〇年代には苦難にも見舞われた。ボーグルは雄牛のように強靭だと常に思われていたが、一九六〇年のレイバー・デーの週末、義兄ジェイ・シェレッドとテニスのゲームをしていたときに心臓発作を起こした。第一セットの半ばで、ボーグルは痛みと目の前に現れた火花のような光を感じた。一息ついてから、シェレッドに「信じないだろうけど、心臓発作でも起きたみたいだった」と告げた。[17]二人は笑った。ボーグルはまだ三一歳で、健康そのものにみえたからだ。そこでゲームを再開したが（しかも第一セットはボーグルが取った）、またもや痛みに襲われた。妻のイブが医者に連れて行ったところ、心臓発作と診断され、六週間も入院することになった。これを初めとして、ボーグルはその後何年にもわたり計六回の心臓発作を起こした。不整脈での通院回数はさらに多かった。やがて不整脈源性右室異形成と呼ばれる遺伝病と診断され、一九九六年には心臓移植に踏み切らざるをえなくなった。[18]

ボーグルは病院のベッドにいるときでさえ、エンジン全開で働くのをやめなかった。テニスとスカッシュに対する情熱も衰えなかった。かつての同僚ジェレミー・ダッフィールドは、スカッシュの激しい試合のあとに救急車を呼ばなければならなくなったときのことを覚えている。救急隊員が除細動処置（電気ショック）を行う前に麻酔を打とうとしたところ、ボーグルは「どんな感じになるのか知りたい」と言って拒絶した。その後、必要になった場合に備えてという理由で、ボーグルはスカッシュ・コートの前に除細動器を置くようになった。だが、いつもの対戦相手たちには、それが医療のための措置ではなく、ボーグルが自分にとって厳しい試合展開にならないように牽制し、優位に立つためにとった行為のように感じられた。

また、ボーグル自身は飛ぶ鳥を落とす勢いで仕事をしていたが、一九六〇年代はウェリントンにとって苦難の時期であった。同社の保守主義は「ゴーゴー」時代の強気相場の熱狂と相容れず、そうしたなかで新世代の花形投資マネジャーが頭角を現していた。ウェリントンの運用資産額は一九六五年には二〇億ドルに達していたが、アメリカのミューチュアル・ファンド業界での市場シェアは低下の一途にあった。モーガンは事業立て直しの任務をボーグルに課した。

残念ながら、そのためにボーグルがとった戦略は、自身にとっても、投資会社として由緒あるウェリントンにとっても悲惨な結果をもたらした。より挑戦的な新しい「成長」ファンドを一から創設しようとするのではなく、ウェリントンを時代の先端を行く投資グループと統合させる道を模索したのだ。ボーグルはロサンゼルスのキャピタル・グループや、フランクリン・カストディアン・ファンズなど、パートナーとなりうる複数の業者に打診したが、うまくいかなかった。[19] そこで一九六五年後半に、育ちの良いボストン出身者が集まって始めた若い運用会社ソーンダイク・ドラン・ペイン＆ルイス（ＴＤＰ＆Ｌ）に接近しはじめた。同社は当時、業界屈指の高パフォーマンスを演じていた株式ファンド、Ｉベスト・ファンドを運用していた。[20]

両者の組み合わせは性格的に合っているとは言えなかった。声が大きく押しの強い自信家のボーグルに対し、相手側のロバート・ドランは物静かで内向的な人物だったし、ニコラス・ソーンダイクは大局的に物事を考えるタイプで、ボーグルが生きがいとする業務の核心的な部分に目を向けようとはしなかった。このボストン出身の二人が合意に基づく、より現代的なリーダーシップを信条とする一方、ボーグルは「アンク・モルポーク」式民主主義とも言うべきものを支持していた。アンク・モルポークとは、今は亡きファンタジー作家テリー・プラチェットの作品に出てくる架空の都市国家で、そこでは「一人の人間につき一票」〔訳注：言い換えると、支配者だけが人間とみなされ、参政権を有する〕という政治システムがとられている。

だが思いがけないことに、両者は最初から意気投合し、モーガン自身が合併を承認した。ウェリントンの創業者であるモーガンは、とりあえず合併後数年は経営権を維持したいが、すべてが計画どおりに進んだ場合には、次のような体制に移行しようと考えていた。五年後に新会社の株式のうち、四〇パーセントを「ボストン・グループ」（という通称で知られるようになっていたＴＤＰ＆Ｌ）の四人が、二八パーセントをボーグルが、残りを一般の株主（ウェリントンは一九六〇年に一部の株式を公開していた）が保有する、というものだ。一九六六年六月六日、合併が成立し[21]、ボーグルは新たなパートナーたちの一人ひとりに、「ピース・ダラー」として知られる一ドル銀貨〔訳注：第一次世界大戦後の一時期に鋳造されていたＰＥＡＣＥの刻印がある硬貨〕を埋め込んだ小さな銀のトレイをプレゼントした。[22]一九六七年一一月、ボーグルは新生ウェリントンの社長兼ＣＥＯに就任し、一九七〇年には傘下の二つのファンドの取締役会議長に任命された。

理論上は、部内者、部外者双方からみて、この合併は理にかなったものだった。「ウェリントンは運用と分析に長けた若い人材が中心の勢いある調査グループを手中にし、Ｉベストはウェリントンのブランド力と強固な流通組織、そしてジョン・ボーグルの経営・マーケティング手腕の恩恵を受ける」。インスティテューショナル・インベスター誌は、合併について論じたカバー・ストーリーでこう記した。記事のタイトルは「風雲児たちがウェリントンで主導権を握る」で、アメリカン・フットボールのクォーターバックに扮したボーグルが、何本もの腕で四人のボストンのパートナーたちにボール（証券）を渡す姿を描いたイラストが表紙に使われていた。[23]

当初、この合併は大成功と思われた。高水準のリターンとウェリントンの強力な流通ネットワークの融合が追い風となり、一九六六年末に五〇〇〇万ドル弱だったＩベストの運用資産額は、一九六八年末までに三億四〇〇〇万ドルに拡大した。新たな若い敏腕パートナーたちに触発されて、ウェリントンは時代の潮流に乗ることを目的とした新ファンドを次々と創設し、フィラデルフィアの本社ではなくＴＤＰ＆Ｌのボストンのオフィスに運用を任せることにした。ボストン側は苦境にあった主軸のウェリントン・ファンドの運用も引き継いだ。ドランによれば、五人は「非常に良好な人間関係」を築いていた。ボーグルも、合併は「誰が予想していたよりもうまくいった」と豪語していた[24]。

だが、友好的だった人間関係もほどなく悪化した。「ゴーゴー」時代は合併後まもなく終わりを迎え、一九六八年一一月から一九七〇年五月にかけて、S&P五〇〇は一九六一年の「ピッグズ湾の大失敗」〔訳注：亡命キューバ人部隊によるカストロ政権転覆作戦の失敗〕時以来、初めての弱気相場に突入した。Iベスト・ファンドの高パフォーマンスの原動力となってきた「ニフティ・フィフティ」銘柄にとりわけ大きな打撃が及び、ウェリントンの幹部のあいだで緊張感が高まった。ボーグルは債券ファンドの創設を望んだが、ボストン側が当初これを阻止したことで対立が生じた。ボーグルはウェリントン・ファンドの低い運用成績に腹を立て、対するTDP&LはIベスト・ファンドの管理業務の杜撰《ずさん》さに不満を募らせていた[25]。

ただし、問題の核心は、性格の不一致に起因するボーグルとボストン勢四人のあいだでの敵意の増大にあった。それまで仕事で大きな挫折を味わった経験のない者ばかりだったことも対立悪化の原因となり、ついにはモーガンが調停役として介入せざるをえなくなった。「わたしはジャックに、わたし自身がそうだったように我慢強くあれと説いた。わたしの場合はまだ、ほぼ全部の株式を保有していたから、どんなバカげたことでもやりたいようにやれた」。ウェリントンの創始者は、当時ボーグルをこう諫めたという。「だが、自分と同じような分量の株式を持っている者が四人も五人もいたら、そういうわけにはいかない[26]」。

一九七二年、対立が世間一般にも知られるようになると、五人のパートナーたちは各自の責任をより明確にし、休戦する必要に迫られた。「対立が危機的な段階に達し、全員が自分自身を見つめ直さざるをえなくなったが、そうして内省する機会が得られたのはよかった」。当時、取材を受けたボーグルはこう語った[27]。「わたしは前ほど自己中心的でなくなったし、より我慢強くもなったのではないかと思う」。

だが長続きはしなかった。一九七三年一月、アメリカ株式市場は新たな弱気相場に突入し、大恐慌以来最大の落ち込みを記録した。その打撃は深刻だった。合併前は保守的な方針のもと、二〇億ドルに達していたウェリントン・ファンドの運用資産額は一〇億ドルを下回った。Iベスト・ファンドのパフォーマンスは地に落ち、合併後、時流に乗って新設したファンドの多くは消滅した。そして、一九六八年に五〇ドルの高値を記録したウェリントン・マネジメント・カンパニー自体の株価は、一九七五年に四・二五ドルまで下落した[28]。

この厳しい試練の中で、まったく性格の異なるウェリントンの幹部五人のぶつかり合いは一段と激しさを増していった。当時、ボーグルのアシスタントを務めていたジャン・トワルドウスキーは振り返る。「恐ろしかった。巨象たちが戦うなか、われわれネズミは踏みつぶされないように逃げ回っていた。物騒きわまりなかった」。審判の日は明らかに近づいていた。

*

ニューヨークのパーク・アベニューと三七番ストリートが交わる角にあるユニオン・リーグ・クラブのビリヤード場で、ジェイムズ・リープはやきもきしつつ歩き回っていた。ここは、かつてジョン・ピアポント・モルガンやセオドア・ローズベルトといった名士が行きつけとしていた由緒ある社交クラブである。酒を飲む時間帯ではなかったので、リープは気持ちを落ち着かせるために一人で何ゲームかプレイしながら、隣の部屋で行われているウェリントンの取締役会の決定を待っていた。

部屋の中では上司のボーグルが自分の職業人生のために戦っていた。そのころには、ウェリントンの取締役会におけるボストン側の役員の人数が旧来のフィラデルフィア側の人数を超えていた。そして、ボーグルとボストン勢四人との関係は完全に破綻していた。

一九七三年一一月、ドランはボーグルのもとを訪れ、今の機能不全状態を終わらせなければならないと単刀直入に語った。「ほかの三人と話し、あなたに会社を去ってもらうのが一番だろうということになった」。普段は内向的なドランが珍しく感情を表に出してボーグルにこう告げ[29]、金銭的な解決案を提示した。おとなしく去るのであれば、向こう一五年間に年二万ドルの年金を支払うという条件をボーグルはいつもと変わらぬ態度で拒絶し、ドランにこう言い放った。「こんなにバカげた話は聞いたことがない[30]」。それからウェリントンの取締役会を招集したところ、自分を解雇するのに必要なだけの票をドランが握っているという恐ろしい事実に気づいた。それでも静かに去ることは拒み、その四日後に辞める意志はないとあらためて表明した。一触即発の局面にあるのは明らかだった。*

ウェリントンの次の取締役会は、ボストンでもフィラデルフィアでもなく「中立地」のニューヨークで一九七四年一月二三日に開催された。会場には、ついに最終宣告が下されそうな空気が漂っていた。だが側近たちが驚いたことに、相変わらずボーグルは、どれだけボストンとフィラデルフィアのあいだで緊張が高まっていても、そのような事態はまず起こりえないとみているようだった。自分はライバルたちよりも明らかに投資業界のことをよく知っている（そして間違いなく彼らよりも賢い）のだから、そうした茶番が実際に繰り広げられるとはとても考えられない、という思いが、どうやらその自信の根底にあった。「そういった疑うことを知らない自信から、自分こそがこの仕事に一番ふさわしい人間だと、ほかの誰もがいずれわかってくれると確信していた」と後年、リープは振り返っている。

ボーグルは取締役会で、二〇ページに及ぶ過激な内容のメモを配布した。これなら自分の立場を守れるのではないか、という希望をいだいて作成したものだ。そこには、傘下のファンドによる買収という形でウェリントン・マネジメント・カンパニーを相互会社化する、という案が書かれていた。ウェリントンはファンドの事実上の子会社となり、以後は「実費」ベースで業務を行う。TDP&Lとの合併は解消し、ボストン側は独立した会社に戻り、ボーグルはウェリントン

＊　ボーグルの伝記作家ブレーアムによると、騒動が大きくなるにつれ、ウェリントン傘下の各ファンドの独立取締役のあいだで不安の声が上がりはじめた。そのうちの一人、バーバラ・ハープヒューラーは、一九七四年一月三日に別の取締役チャールズ・ルートに次のように書いた手紙を送った。「ウェリントン内の紛争が表沙汰になることで、株主に悪影響が生じる可能性を懸念しています。たとえば、そのような報道が引き金になってパニック的な解約が起きたりすれば、秩序ある清算はできなくなり、株主にとても悪い影響が及んでしまう。そんな事態が避けられるでしょうか」。

のトップの座にとどまる。[31] このような案であった。

利己的とみなされるであろう内容だが、これはボーグルが以前から温めていた構想だった。[32] ボーグルは長いこと、投資会社が株主と顧客という利害の対立する二種類の相手に奉仕する、という構図に疑問をいだいてきた。顧客は最低限の手数料で最大限のパフォーマンスを実現することを理想とする。投資会社も（それが新たな顧客獲得にもつながるため）最高のパフォーマンスを求める一方で、社員には高い給料を払い、株主には多大な利益を還元したい、という厄介な矛盾をかかえる。このように絡み合った利害の問題を解決するには、ファンドが所有するという手法を用いて投資会社を相互会社化するしかない、とボーグルは考えたのだ。

だが、この計画は失敗に終わった。取締役会はボーグルの辞任要求に関する決議を行い、賛成一〇票、反対一票という結果が出た（ボーグル自身に投票権はなく、反対票を投じたのはジョン・ネフだった）。ボーグルがまたもや辞任を拒絶すると、新たな決議が行われ、一〇人の取締役たちが即刻解雇に賛成する票を投じた（ボーグルとネフは棄権した）。そしてドランがウェリントン・マネジメント・カンパニーの新社長に正式に選出された。[33]

取締役会が行われていたユニオン・リーグ・クラブの部屋から青ざめた顔で出てきたボーグルは、つかつかとリープに歩み寄った。二人はボーグルが会社から排除されてしまったことについて、プレス・リリースでどう説明すべきか相談した。その日の午後、ウェリントンの本社があるバレーフォージまで戻る電車の中、二人のあいだに会話はなく、重苦しく張りつめた空気が流れていた。「ひどく落ち込んでいた」とリープは当時のボーグルの様子を振り返る。

だが、いつもと変わらず強固な意志をもったボーグルは、すぐに大胆な反クーデター策を講じる決断をした。アメリカのミューチュアル・ファンドは法律で、独自の取締役会を設置し、その過半数を実際に運用を行っている投資マネジャーから独立した外部の取締役としなければならないと定められている。そして理論上は、独立取締役だけでファンドの新しい投資マネジャーを選ぶことも可能だ。現実には投資会社が、名目上は独立した立場で、実のところファンドの取締役という地位にさして関心のない同じ人物を各ファンドの取締役に任命するケースが多い。コストの削減と支配力の維持がその目的だ。ただし、本当に独立性のある取締役会の場合でも、ファンドの運用担当者を外す決断が正当化される可能性は非常に低い。したがってファンドの取締役会の主な役割は、効果的に運営されているかどうかを確認し、費用と手数料について点検し、利害対立の芽が生じていないか監視することにある。

ボストン勢はボーグルほどファンドの取締役会について詳しくはなかったうえ、ウェリントンのファンドの取締役たちと知り合いになるほどの時間をもててはいなかった。合併後、ウェリントン傘下のファンドの取締役会にボストン側からIベスト・ファンドの取締役が数名加わったが(最終的に傘下ファンドの取締役会は一一に増えていた)、明白に過半数の議席を得るにはいたっていなかった。そこにボーグルがつけ入る隙があった。「ルーレットのテーブルで負けた分をクラップス(サイコロ・ゲーム)のテーブルで取り返してやる、と意気込んでいた」と後年、ボーグルは振り返っている[34]。

翌日、ボーグルは朝六時の電車に乗って再びニューヨークへ赴いた。ファンドの取締役会に直接、自分の主張を訴えるためだ。「わたしをクビにする必要はない」[35]。ボーグルはこう切り出し、次のように続けた。「これはあなた方の会社だ。あなた方は株主の代理としてこれらのミューチュアル・ファンドを監視する。ウェリントン・マネジメント・カンパニーはミューチュアル・ファンドの所有者ではない。これは、われわれにとって絶好の機会だ。ファンドは自ら発言権をもつべきだ」。そう伝えると、過激な相互会社化案を再び提示した。

これも、ウェリントン傘下の一一ファンドの独立取締役たちの目には実現困難な構想と映った。ただし、独立取締役グループの代表で、ボストン勢のことを良く思っていないチャールズ・ルートは、取締役会が社内クーデターをすんなり承認するだろうという彼らの思い込みに不快感をいだいた。このため、取締役会はボーグルに「将来の組織構造に関する分析」を行うよう指示した。ファンドとウェリントン・マネジメント・カンパニーとの関係性について、現状維持からボーグルの奇抜な相互会社化案まで、さまざまな選択肢を探る作業である。にわかにボーグルは劇的な返り咲きを果たすチャンスを手にした。

激しい交渉、メモの作成、ボストン側からの反論、ユニオン・リーグ・クラブでの長時間に及ぶ喧嘩腰の取締役会（会議中はボーグルの部下たちとボストン勢の部下たちがビリヤードで対決していた）に追われる約二カ月を経て、ボーグルは三月二〇日の取締役会で、ついに「ウェリントン投資会社グループの将来の組織構造」というタイトルの分厚い報告書を提出した。ボーグルとその右腕のリープ、アシスタントのトワルドウスキーの三人で作成した二五〇ページに及ぶ報告書には、七つの選択肢が提示された[36]。そして、それだけのページ数を費やしながらも、選択肢はそこからさらに以下の四つへと絞られていた。

(1)現状維持。ウェリントン・マネジメント・カンパニーがファンド関連の業務のすべてを引き続き行う。

(2)ウェリントン・マネジメント・カンパニーが管理以外のファンド関連業務を引き続き行う。管理業務には、株主情報の記録管理、株主への連絡伝達、法務およびコンプライアンス業務、ファンドの会計、株式購入や償還の手続きなど、ごく日常的な業務が含まれる。

(3)ウェリントン・マネジメント・カンパニーが管理と引受以外のファンド関連業務を引き続き行う。つまり、ファンドがウェリントン・マネジメント・カンパニーの販売組織、広告・マーケティング業務を取り仕切る。

(4)ウェリントンのファンドがウェリントン・マネジメント・カンパニーから投資顧問サービスを含むすべてのファンド関連業務を引き継ぐ。事実上の完全相互会社化。

当然のように、ボーグルは〔運用、販売、管理という〕資産運用会社の三本柱の業務すべてを自分の支配下に置くことになる四番目の選択肢を望んでいた。しかし、ファンドの取締役たちが顧問として雇った証券取引委員会（SEC）前委員のリチャード・スミスは、長期に及ぶ法廷闘争を避けるために決定はすべて全会一致で行わなければならない、と忠告していた。その場合、最も急進的な選択肢が現実となる可能性はなくなる、とボーグルは不安をいだいていた。

その不安は的中した。一九七四年六月二〇日、取締役会は変更案の中で最も穏便な二番目の選択肢を採択した。ウェリントンのファンドが共同所有する新しい子会社を設立し、その新会社がすべての管理業務を行う、というものだ。独立に向けて非常に小さな一歩しか踏み出せなかったが、ボーグルとリープは、やがて母屋を取るためにまず軒を借りたのだと考えた。

後年、ボーグルは事あるごとに、入社したときと同じ気持ちでウェリントン・マネジメント・カンパニーを去ったと話した。「情熱に心を燃やしつつ、クビになった！」と。近しい仕事仲間によると実際のボーグルは、「大分岐」と呼ばれるようになったこの組織変革に長いこと屈辱感と怒りと苦しみを味わわされ、さいなまれてきた。挫折とは無縁の輝かしいキャリアを築き、ついこのあいだまでアメリカ最大級の由緒ある資産運用会社のトップにいた自分が、体のいい一事務員（ただし給料は良い）になり下がってしまった、と。

だが、胸に深く刻み込まれた不公平感は、すでに荒れ狂っていたボーグルの覚悟の炎にロケット燃料を注ぐ役割を果たした。人生最大の屈辱の記念碑のようになっていた出来事を本当に特別なものへと変えたい、という意欲をかき立てたのだ。

「烈火のごとく怒っていた」と振り返るのは、ボーグルの知人で、そのころ昼食を共にしたバッテリーマーチのディーン・レバロンだ。「わたしが思うに、連中［ソーンダイク、ドラン、ペイン、ルイス］はバンガードの実質的な創業者だ。ヤツらの構想が本末転倒だったと思い知らせてやる、と意気込むほどにボーグルを激怒させたのだから」。

第7章 ボーグルのバカげた事業

BOGLE'S FOLLY

一九七四年晩夏のある日、一人のアンティーク版画商がバレーフォージのジャック・ボーグルを訪ねてきた。これが、思いがけない幸運をもたらす出会いとなった。ファンドの取締役たちはボーグルが従来のオフィスを引き続き使えるよう、ウェリントン・マネジメント・カンパニーに強く働きかけていたが、オフィスの壁を飾っていた版画はウェリントンの所有物だったため、「大分岐」に際して運び出されてしまっていた。そこでボーグルは、質素になってしまったオフィスの壁を彩るため、ナポレオン戦争を題材とした版画を一〇枚以上購入した。その中には、ウェリントンの社名の由来となったウェリントン公による陸戦や、ホレーショ・ネルソン卿が指揮した海戦を描いたものもあった。

気を良くした版画商は、海戦の版画がもともと掲載されていた『大英帝国海軍の海戦一七七五〜一八一五年』という本をボーグルにプレゼントした。その本に目を通したボーグルは、一七九八年の「ナイルの海戦」直後にネルソン提督が記した言葉を見つけた。「わたしの指揮下にある戦隊に抵抗できるものはなかった。艦長たちの判断力と、あらゆる職域の将兵たちの勇敢さと高い規律は圧倒的な力を発揮した」[1]。これに心を鷲掴みにされたボーグルは、ネルソンの署名の下に書かれた「HMSバンガード、ナイル川河口にて」というフレーズに目を留めたのだった。

新しく設立されたファンド管理会社は、数週間後に正式に法人化される予定であった。だが、ボストンの敵たちとのあいだで新たな激しい闘争が繰り広げられ、それに敗れたボーグルはウェリントンの名前を使うことを禁じられてしまっていた。当初は怒りのあまり、辞めると脅しの言葉を口にしたボーグルだったが[2]、やがて腰をすえて側近のジェイムズ・リープ、ジャン・トワルドウスキーと新会社の名前について話し合った。壮大すぎる「ビクトリー」から、あまりにも平凡な「ミューチュアル・ファンド・マネジメント・カンパニー」まで、さまざまな候補が挙がっていた。そうしたなかで、ネルソンの旗艦の名前を目にした（そして、オフィスにふさわしいと考えていたその版画を実際に飾った）ボーグルは、「バンガード」という響きに魅せられてしまった。*

取締役たちは、バンガードという候補名にボーグルほどの興奮を示さなかった。ボーグルが事務仕事だけの会社で終わらせようとしておらず、より壮大なビジョンをいだいていることを、その名から敏感に察知していた。このため、あまり気の進まない様子だったが、最終的には承認した。[3]この社名に決まった結果、新会社のカルチャーは海に関連するもので彩られるようになっていった。社員はクルー、カフェテリアはギャレーと呼ばれ、廊下には海の絵が飾られた。

それは、バンガード・グループ・オブ・インベストメント・カンパニーズと名づけられた新会社にとって、奇妙で混沌とした時期であった。大分岐にともなう厄介な実務手続きはなおも残っており、ウェリントン・マネジメント・カンパニーのスタッフの中にはボストン送りになった者もいれば、バレーフォージに残ってバンガードで従来の仲間や新しい同僚と顔を突き合わせて働くことになった者もいた。中核業務も苦境にあった。ウェリントンのファンドでは、それまで四〇カ月連続で投資家の流出が起きていた（この深刻な状況は一九七八年一月まで続いたのだった）[4]。

何よりも、ボーグルは自分がウェリントンから排除されたことをなおも激しく恨んでいた。のちにリープに打ち明けたところによると、ボーグルはその精神状態から抜け出すためのセラピーを受けていた。セラピストは、人間の本質に逆らうことになるため、負の感情を完全になくす必要はないと説いた。そして、以下のように助言した。その感情を心の中の箱にどうにかして封印

＊　リープは広告担当の幹部とも相談しており、「強さ」を感じさせるアルファベットをいくつか教えてもらっていた。頭文字であるVがその中に入っていたことも、「バンガード」の採用を後押しした。

し、仕事に向き合って別のことに集中する。時折、箱を開けて辛さを思い出したのち、また封じ込め、もっと大事なことにあらためて注意を向ける。このようなイメージを用いたセラピーは説得力をもち、助言もボーグルの支えになったようだった。「だが、その箱がいつまでも消えず、折に触れて妙な形で表に現れることが、わたしにはわかっていた」とリープは振り返る。

こうした混乱の中、一九七四年九月二四日にバンガードがついに法人として誕生した。当初の人員は五九人（うち一九人が幹部〔と管理部門スタッフ〕、四〇人がファンド会計部門スタッフ）で、もともとの旗艦商品ウェリントン・ファンドやIベスト、ウィンザーといった管理しているファンド（運用資産総額は約一四億ドル）によって所有される形となった。[5] ボーグルは初代社長に就任し、その報酬はウェリントン時代と同じ年一〇万ドルとされた。バンガードは経理、納税申告、政府への報告諸手続き、ファンドの株主情報の管理を担当する。業務は実費ベースで行われ、発生した利益はすべて親会社である各ファンドに還元される。その結果、ウェリントン・マネジメント・カンパニーに支払う年間手数料は、まもなく一〇〇万ドル減の六四〇万ドルまで縮小した。[6]

マスコミの論調は好意的ではなかった。一九七五年五月、フォーブス誌は「どっちの家もくたばりやがれ?」というタイトルで、大分岐をめぐるお家騒動を痛烈に批判した記事を掲載し、[7] ボーグルの猛烈な怒りを買った。ただし、革新的なバンガードの設立に対する世間一般の反応は概して無関心に近いもので、それがさらにボーグルの心を傷つけたようだった。

言うまでもなくバンガードに関してより壮大な構想をいだいていたボーグルは、販売と運用も自分でコントロールできるようにするための方策を練りはじめた。「三本柱の一つがあるのは何もないよりましではあったが、残りの二つを手に入れるため、早急に動き出すべきだと考えた」と、のちに著書に記している。[8] 本当の意味でバンガードの独立を宣言するには、ウェリントン・マネジメント・カンパニーによる支配からファンドを解き放つ方法を見つけなければならなかった。

そして、その最初のチャンスは青天の霹靂《へきれき》のように訪れた。

*

一九七四年秋、その数年前にアメリカ人として初めてノーベル経済学賞を受賞したポール・サミュエルソンが、やがて大きな影響力を発揮することになるコラムをジャーナル・オブ・ポートフォリオ・マネジメント誌の創刊号に寄稿した。「判断への挑戦」と題したこの小論の内容は、バチカン市国の新聞『オッセルヴァトーレ・ロマーノ』で無神論の必要性を呼びかけるような衝撃的なものだった。

サミュエルソンは、プロの投資マネジャーの大半が市場リターンとの相対比較でみて低いパフォーマンスしかあげられていない、という学術的エビデンスの数々を提示した。効率的市場仮説には、一部の非凡な腕利きファンド・マネジャーが市場に勝ちつづけることを妨げる必然的な要素はないと強調しながらも、そうした人材は明らかに希少であり、その一握りの者たちが一般大衆のために才能を安売りするとは考えにくい、とサミュエルソンは説いた。同時に、取引コストを鑑みれば、市場に勝とうとする大多数の凡庸なファンド・マネジャーによる過度に活発な売買の大半は無駄である、と指摘した。

「そんなふうに考えたくはないのだが、エビデンスを尊重すると、ポートフォリオに関する意思決定を行う者の大半は廃業すべきだという仮説に傾かざるをえなくなる。配管工とかギリシャ語教師とかに転身するか、企業の幹部になって国民総生産（GNP）の創出に貢献すべきなのだと」とサミュエルソンは手厳しく論じた。[9]

　そして、ウェルズ・ファーゴとバッテリーマーチが導入したインデックス・ファンドについて簡潔に触れる一方で、もっと大手の業者がS&P五〇〇に連動する大型のパッシブ・ファンドを創設すべきだと訴えた。「たとえその目的が、社内のガンマン〔訳注：ハイ・リターン狙いのアクティブ・マネジャー〕の能力を計測できる単純モデルを構築することであってもよいから」と。

　プリンストン大学時代に格闘した教科書の著者であるサミュエルソンのコラムに、ボーグルは衝撃を受けた。後年のボーグルのモットー「戦略（strategy）の前に仕組み（structure）ありき」は、これに感化されて生まれたものだ。そしてインデックス・ファンドを創設するという戦略は、骨抜き状態だったバンガードの仕組みに適していたと言える。一握りの既存インデックス・ファンドは、ほぼ例外なく年金基金を顧客としていた。そして、ミューチュアル・ファンド業界におけるバンガードの競合業者（大半は一般投資家を対象としていた）も勢いを強めはじめてはいたが、よりコストの高い自社の伝統的なアクティブ・ファンドに勝つ可能性がある低コスト商品を導入しようとする者はいなかった。一方、実費ベースで業務を行うバンガードの仕組みはインデックス・ファンドに最適だった。そして、ボーグルが知り合いのガンマン数人を比較の対象として視野に入れているのは明らかだった。恥をかかせても、こちらが胸を痛めることのないボストンの連中である。

「サミュエルソン博士の挑発は稲妻のようにわたしの心を貫き、ある確信に火をつけた。新興のバンガードにとって特大の、それもまたとないようなチャンスが訪れている。これに乗じて低コストのパッシブ運用インデックス・ファンドを運営すれば、少なくとも数年にわたって市場を独占できる、という確信だ」。ボーグルは自叙伝にこう記している。[10]

のちに語ったところによると、ボーグルはハリー・マーコウィッツの現代ポートフォリオ理論やユージーン・ファーマの効率的市場仮説などの学説に疎かったし、当時はウェルズ・ファーゴ、アメリカン・ナショナル・バンク、バッテリーマーチによる草分け的な取り組みにも、なじみがなかった。業界関連の出版物から得られる情報量や、ボーグルの幅広い知識と旺盛なニュース摂取欲、そしてシカゴを訪れていたことを考えると、この話を額面どおりに受け取ることはできない。ボーグルは、その後しばしば自身の一九五一年の論文と、そこに記した「ファンドが市場平均を上回ると主張することはできない」という考えを、バンガードの最初のインデックス・ファンドを創設するにあたっての知的な動機として言及するようになった。ただし、この論文が全体としてはアクティブ運用のポートフォリオを支持する内容であったこと、そしてジョン・B・アームストロング名義の匿名論文でファンドは市場に勝てないという見解を批判していたことを都合よく無視した言い分であった。

そして、後年そうみられることはあったものの、ボーグルは市場に勝てない熟練マネジャーの無能さに強いこだわりをもっていたわけでもなかった。なにしろ、ウェリントンのウィンザー・ファンドで長年にわたり驚異的な運用実績をあげつづけてきたジョン・ネフと緊密な関係を築いていたのだ。二人はわずか二歳差で、髪型も効率最優先のGIカットで揃えていた。[11] そしてボーグルは、ボストン勢によるクーデターの際に自分の味方でいてくれたネフへの感謝の気持ちを常に忘れずにいた。

ほとんどの投資マネジャーが手数料を多く取りすぎており、それが顧客にとって逆風になっている点をボーグルがいつも重大視し、「コストが問題仮説」として取り上げていたのは確かだ。したがってインデックス・ファンドは魅力的だった。複数の友人や同僚によれば、ボーグル自身がひどくけちな性分だったのであり、大衆向けの低コストでわかりやすい商品が己が意を得るものであったことは疑いない。

ただ、のちにボーグルがパッシブ投資推進派の主導者として頭角を現すことになったとはいえ、一般投資家向けのインデックス・ファンド第一号（最終的に投資業界全体を一変させたイノベーション）は、純粋にバンガードの骨抜き状態と、かつてのパートナーたちによる支配から逃れたいというボーグルの強い願望から誕生したものだった。いかに後年、ボーグルが強く主張しようとも、壮大な使命感によるものではなく、継続中のボストン勢との戦争における戦略上の一手にすぎなかった。「独立するための足がかりだった」と、当時ボーグルのアシスタントを務めていたジャン・トワルドウスキーは語り、こう続けた。「のちにボーグルは、成り行きをすべて読んでいたし、そうなるように計画したと話すようになったが、そんなはずはない。誰がインデックス投資革命を予測できただろうか。ただ、結果的にはとてもうまくいった」。

バンガードの設立、組織の再編に関するSECの正式な承認の獲得、ウェリントンのファンドの株主による承認投票の手配といった事務手続きにクルーの時間の大半は費やされた。そうしたなか、一九七五年初頭のある時点で、ボーグルはトワルドウスキーに歩み寄り、インデックス・ファンドを運営できるかとたずねた。ペンシルベニア大学ウォートン・スクールでMBAの学位を取得する前にプリンストン大学でコンピューター・プログラミングを学んでいたトワルドウスキーは、こう返答した。「うーん、何日か時間をください」。

トワルドウスキーはインデックス・ファンドの研究に着手し、試しにいくつかのプログラムを(今では時代遅れとなってしまった)APLというプログラミング言語で書いてみた。用いたのはタイムシェアリング方式のメインフレーム・コンピューターと株価の公開データベース、単純な時価総額加重方式のアルゴリズムである。数日間の作業で、かなり簡単にできると言えるだけの自信を得ると、トワルドウスキーはボーグルにゴーサインを出した。

そのころ、ボーグルの願望をさらに刺激する出来事があった。フィナンシャル・アナリスト・ジャーナル誌の一九七五年七月号に、チャールズ・エリスの扇動的な記事が掲載されたのだ。エリスは投資銀行のドナルドソン・ラフキン&ジェンレットに勤務したあと、投資コンサルティング会社グリニッジ・アソシエイツを創業した人物で、当時同社の代表を務めていた。エリスは記事の中で、資産運用が「敗者のゲーム」になってしまっている、という挑発的な持論を唱え、次のように指摘していた。平均的なファンドのポートフォリオにおける株式の年間売買高、それにともなう取引コスト、投資家に課す手数料を考慮すると、コストを差し引いたネット・ベースで顧客が利益をあげるには、ファンド・マネジャーが大々的に市場をアウトパフォームしていなければならない。「市場に勝つことができないのであれば、当然ながら市場側に加わることを考えるべきだ[12]」。エリスは続けてこう書いていた。「インデックス・ファンドは一つの選択肢だ。投資パフォーマンスを計測している会社のデータから、一つのインデックス・ファンドに投資していたなら、大半の投資マネジャーをアウトパフォームしていたであろうことがわかっている」。

勢いづいたボーグル、リープ、トワルドウスキーは、バンガードの取締役会で正式なプレゼンテーションを行うための準備を始めた。第一の参考資料として挙げるのは、確固たる名声と地位を築いているサミュエルソンのコラムだ。次に、ボーグルがジョン・B・アームストロング名義で書いた論文と基本的に同じことを訴える。ただし、今回提示する結論は著しく異なっていた。

ボーグルは、一九七五年までの三〇年間にS&P五〇〇が〔年率〕一一・三パーセントのリターンをあげていたのに対して、平均的なアメリカの株式ミューチュアル・ファンドのリターンが同九・七パーセントにとどまっていたことを知った。累積の収益率の差はさらに大きいのであり、純粋な金額ベースでのリターンには劇的な違いが生じる。この三〇年の期間の初めに平均的な株式ファンドに一〇〇万ドルを投資した人は、一九七五年に一六三九万ドルと、なかなかの大金を手にしていることになる。だが、S&P五〇〇にただ連動させる投資手法をとっていたとすると、三〇年後の資産額は二五〇〇万ドル超に達していた計算になるのだ[13]。

パッシブ運用の指数連動型ミューチュアル・ファンドを創設するという提案は、一九七五年九月一八日のバンガード取締役会で発表された。懐疑的な取締役たちは、資産運用やマーケティング業務はバンガードに認められた権限の範囲外にあり、携わることはできないと指摘した。腹に一物あるボーグルは、提案したファンドは運用するものではないため、バンガードの乏しい権限には違反しない、そしてファンドの一般への売り出しは外部の証券会社や投資銀行によるシンジケート団を通じて行うことができる、と訴えた。驚いたことに、取締役会はこの屁理屈のような主張を受け入れ、提案を承認した。こうしてゲームが開始されたのだった。

＊

インデックス・ファンドを運営するうえで必要なことをよりよく理解するために、トワルドウスキーはウェルズ・ファーゴのジョン・マクォーン、アメリカン・ナショナル・バンクのレックス・シンクフィールド、バッテリーマーチのディーン・レバロンに接触した。とりわけトワルドウスキーにとって有益だったのが、シンクフィールドの話だった。ただし、日常的に資金が出入りするオープンエンド型の指数連動ミューチュアル・ファンドには、年金基金などの大手機関投資家が利用するパッシブ・ファンドとはまったく異なる困難がともなった。

前述の三社が手がけた初期のインデックス・ファンドは、どれも投資信託や年金基金の個人口座をプールしたものだった。いずれも資金のやりとりは巨額の投資手形で行われる傾向にあり、お金が頻繁に動くことはない。一〇〇人あるいは一〇〇〇人、いや何十万人に及ぶかもしれない個人株主の、常に資金の出入りが起きうる口座との取引はより複雑であり、コンピューターの処理能力が未発達の当時においては、なおさらだった。規制当局も、事情に通じた大手の機関投資家を対象とする場合と違い、一般大衆に門戸を開いたファンドには、より厳格な条件と報告基準を課す。

一九七五年一二月には、バンガードはデラウェア州で「ファースト・インデックス・インベストメント・トラスト」（FIIT）を法定信託として登録する手続きを済ませていた。ボーグル、リープ、トワルドウスキーの三人は、翌年四月までにFIITの目論見書の草稿を準備した。目論見書には、インデックス・ファンドの年間運営コストが営業費用の〇・三パーセント、取引コストの〇・二パーセントにとどまるとの見通しが示された。これはアクティブ運用ファンドの総運営コストの約一〇分の一に相当する水準だった。[14] 一九七六年五月、バンガード取締役会からの補足質問に対応したあとで、目論見書を含むFIITの登録届出書がSECに正式に提出された。

バンガードはスタンダード&プアーズとのあいだで、同社の指数をライセンス使用できるようにするための契約を格安の額で結んだ。自社の指数が収入源になる可能性をS&Pがまだ認識していなかったことを示すエピソードである。* 次に行うべきは、資金調達のために、ファンド株式の顧客への販売を手がける証券会社のチームを編成することだった。ファンドの立ち上げにある程度の資金が必要だったうえ、バンガード自体は販売網を有していなかったからだ。ボーグルは自信満々で取締役会に伝えた。新規株式公開（IPO）で一億五〇〇〇万ドルもの資金が調達できる見通しであり、それだけあればS&P五〇〇を複製するために必要な株式全部を買うのに十分すぎるほどだ、と。[15]

IPOの引受に関しては、主幹事を務める大手ウォール街企業をバンガードが自力で手配できるのであれば、という条件のもと、ベーチェ・ハルシー・スチュアート、ペイン・ウェバー・ジャクソン&カーティス、レイノルズ・セキュリティーズの三社が名乗りを上げた。ボーグルにとって喜ばしいことに、ディーン・ウィッター（一九九七年にモルガン・スタンレーに吸収されるまではアメリカ最大級の証券会社だった）のロジャー・ウッドが、その役割を受け入れた。こうした名門企業からなる引受シンジケート団の結成には運も味方した。一九七五年五月一日にアメリカの規制当局が株式取引における固定手数料制を廃止したことで、証券会社は既存顧客の流出防止に躍起になっていた。

ボーグルの楽観論をあおる二つの記事もタイミングよく公開された。四半世紀前にミューチュアル・ファンドに関する論文を書くきっかけをボーグルにもたらしたフォーチュン誌の一九七六年六月号には、「インデックス・ファンドの時代がやってくる」と題した六ページの記事が掲載された。そう考えるべき根拠を追求し、大半のファンド・マネジャーの冴えない運用成績について

＊　あとの章で詳述するように、今日ではS&Pダウ・ジョーンズ・インデックス、FTSEラッセル、MSCIの三大指数提供会社が、ベンチマーク指数にともなうライセンス収入のおかげで巨額の利益を得ている。

詳述し、草分け的な取り組みを紹介したこの記事は、「いまやインデックス・ファンドはプロの資産運用業界全体を一変させかねない存在になっている」と先見の明を示していた。同年八月にはサミュエルソンがニューズウィーク誌のコラムに、二年前の自分の挑発に応じる者が出てきたことへの喜びをにじませながら、こう書いた。「わたしの密かな祈りが、期待していたよりも早く聞き入れられた。ある出来立ての目論見書によると、ファースト・インデックス・インベストメント・トラストというものが市場に参入するそうだ[16]」。

だが当初の楽観論は、ボーグルとリープが引受会社の顧客に向けた説明会（ロードショー）を行うために全国各地を回るなかで消えていった。インデックス・ファンドはシカゴの金融の専門家のあいだでこそ注目の的だったかもしれないが、ニューヨーク州バッファローやミネソタ州ミネアポリスの投資アドバイザーや一般投資家の関心は目に見えて薄かった。ロードショーが終わるころには、三〇〇〇万ドルしか資金が集まらず、S&P五〇〇の全構成銘柄を買える水準に到底及ばないのではないか、という懸念を引受各社が沈鬱な様子で示していた。リープはトワルドウスキーに、予定より少ない額でも指数の複製は可能かとたずねた。トワルドウスキーはプログラムのテストを行ったのち、大丈夫だと返答した。

ボーグルは賭け事に熱くなるタイプで、実情や数値についてクルーと議論する際に、財布をテーブルにたたきつけて賭けの開始を告げるパフォーマンスを好んで行った。このときも、どれだけの資金が調達できるか賭けを始めた。万年楽観論者のボーグルは一億五〇〇〇万ドルと強気に出た（ただし、のちに別口で四五〇〇万ドルに賭けるというリスクヘッジを行った）。ディーン・ウィッターのウッドは一億二五〇〇万ドルと宣言した。リープとトワルドウスキーはもっと悲観的で、それぞれ約三〇〇〇万ドルとした。結局、FIITが締切日の一九七六年八月三一日までに調達できた額は、わずか一一三二万ドルだった。

IPOは大失敗に終わった。集まった額では指数の全構成銘柄を買うことは到底不可能だった。すべてを白紙に戻したいかと引受シ団に問われたものの、ボーグルは次のように返答し、続行を主張した。「まさか。これは世界初のインデックス・ファンドだ。ここから何かすごいことが始まるんだ」[17]。とはいえ、たった一一三二万ドルでトワルドウスキーが買えたのはS&P五〇〇のうち、二八〇銘柄だけだった。時価総額の上位二〇〇銘柄（全体の時価総額の八〇パーセント弱を構成していた）に、残り三〇〇銘柄の構成をできるかぎり反映するよう厳選した八〇銘柄を加えたものである。

調達額予想の賭けに勝ったのは、バンガード幹部の中で比較的新顔のボブ・リップマンだった。リップマンは複数口で賭けに参加しており、そのうち最も低い予想値（そして、それは参加者全員の予想値の中でも群を抜いて低かった）が一一一一万一一一一ドルであった。トワルドウスキーはすかさず、良いニュースと悪いニュースがあると書いたメモをリップマンに送った。

まず良いニュースから。おめでとうございます。あなたの一一一一万一一一一ドルという予想値は最終的な引受額にゾッとするほど近いものでした。今朝、われわれは一一三二万ドルの手形を受け取りました。参加者全員の予想値のリストを添付しておきます。二七ドルの賞金を手にして、きっと温かい気持ちで夜を過ごせるでしょう。

さて、悪いニュースです。あなたの予想値が断トツで低かったという事実がボーグル氏の目にとまってしまいました。あなたがわれわれの組織を信頼していないと受け止めたボーグル氏から、こう伝えるように頼まれました。比較的短い期間でしたが、バンガードのために尽力してくれたことに感謝します、と。チャック・ウィリアムズのところに引越会社の古い段ボールがいくつかあるので、机をきれいにする際に必要ならお使いください。〈注記：抵抗されると見込んだボーグル氏は、あなたが別口でも賭けていたという事実も（残り二つの予想値はいずれもかなり高めでしたが）状況を変える材料にはならないと言いました。どちらの数値も「参加者全体の予想値の平均からの標準偏差という尺度でみて、平均を下回っていることに変わりはない」からだそうです。これではっきりとご理解いただけますよね。〉

トワルドウスキーはこのメモがジョークであり、結束の固いバンガードのクルーたちがよくやる類のお遊びだったと断言している。ただ、こうした気安い雰囲気とは裏腹にIPOがうまくいかなかったのは明らかで、メディアはすかさずFIITを「ボーグルのバカげた事業」と報じた。

あまりにも手痛い失敗だったため、ほかの業者がバンガードの後を追う機会は失われた。年金基金のあいだでは人気が高まっていたであろうインデックス投資も、一般大衆の関心はほとんど得られず、多くのミューチュアル・ファンド運営会社に忌み嫌われるものとなった。「結論はまだ出ていないが、従来型のミューチュアル・ファンド運営会社がインデックス投資で少しでも利益をあげようとするなら、コストを非常に低く抑える必要がある」。ミューチュアル・ファンド業界の著名アナリストであるマイケル・リッパーは当時こう語っていた。「しかも、大半のファンド・マネジャーは、市場に勝てないという見方をなかなか認められずにいる。そのようなパラドックスは、簡単に受け入れられるものではないのだ[18]」。

競合会社は中傷行為も厭わなかった。フィデリティ・インベストメンツ社長のエドワード（ネッド）・ジョンソン〔三世〕はボストン・グローブ紙の取材に対し、自分たちはインデックス・ファンドには絶対に手を出さないと居丈高に語った。「大多数の投資家が平均的なリターンを獲得するだけで満足するとは思えない。最高をめざしてこその世界なのだから[19]」。のちにボーグルは、別の競合会社が配布したチラシの大げさな質問調の文言について、著書で楽しそうに振り返っている。「平均的な外科医に手術をお願いしたい人や、平均的な弁護士に相談したい人、平均的な証券外務員になりたい人、あるいは何をしても平均より良くも悪くもない結果になることを望む人がいるでしょうか[20]」。このような声に対し、ゴルフのスコアなら「パーで」満足するのではないか、と切り返すのがリープのお決まりだった。

＊

世界初のインデックス投資信託は、初めてウェリントンから独立して運営したという点で、バンガードにとって象徴的な意味においても、戦略的な意味においても重要な記念碑的存在となったが、経済的な意味では失敗に終わった。パフォーマンスの面ではS&P五〇〇に連動するという役割を全うしていたFIITだが、一般投資家には売れないままだった。一九七六年末になっても運用資産額はわずか一四〇〇万ドルにとどまり、遅々として増えなかった。圧倒的なパフォーマンスを約束するガンマン・タイプのファンド・マネジャーに個人投資家はなおも夢中であり、そのような相手にパッシブ・ファンドを売るのは、どう考えても至難の業だった。

FIITの著名な支持者の一人にバートン・マルキールがいた。著書『ウォール街のランダム・ウォーカー』で学術的な投資理論の一部を初めて世に広めたプリンストン大学の経済学者である。ジェラルド・フォード政権下で大統領経済諮問委員を務めていたが、一九七七年のジミー・カーター政権への交代にともない辞任すると、すぐにバンガードの取締役会に仲間入りした。マルキールとボーグルは、FIITの投資家は自分たち二人しかいない、という冗談をよく口にしていた。運用資産額が一億ドルを突破したのは一九八一年末になってからで、それも別のファンド(五八〇〇万ドル)を統合したあとの数字だった。[21] ボーグルはFIITについて、「商業的にどうだったかはさておき、作品としては成功した」と芸術作品にたとえて語ることが多くなった。[22]

FIIT創設後の数年間、バンガードが強く頼みとしていたのは一九七五年に導入したマネーマーケット・ファンド(MMF)の成功だった。MMFはアメリカ短期国債や、IBM、ゼネラル・エレクトリックなどの大手企業が発行するコマーシャルペーパー(通常は償還期間九カ月未満のもの)といった信用力の高い短期債務に投資する。数十年にわたりアメリカ経済を蝕んできたインフレを根絶するため、一九七〇年代に連邦準備制度（Ｆｅｄ）が金利を引き上げつづけるなか、ＭＭＦの人気は高まった。そのおかげで、運用難にあえぐ株式ミューチュアル・ファンドからの資金流出の影響を和らげることができた。一九八一年末には、バンガードのＭＭＦ（実際の運用はウェリントンが行っていた）の運用資産額は一四億ドルと、会社全体の資産の約四〇パーセントを占めるようになっていた。株価暴落による混乱期のあと、ＭＭＦはバンガードを救う役割を果たした。[23]

ただし、ボーグルが資産運用会社の「三本柱の一つ」をウェリントンから取り戻すうえで役立ったのはＦＩＩＴだった。販売業務（主としてミューチュアル・ファンドのマーケティングと顧客への販売）は資産運用業務の最前線に比べれば地味だが、投資会社の健全性を保つのに不可欠な要素である。ウェリントン・マネジメント・カンパニーが販売業務を支配しているかぎり、ウェリントンに頭が上がらない状態は続き、実際の収益源である運用業務をバンガードが取り戻すことはできない。

バンガードの新しいインデックス・ファンドが直面した問題の一つは、パッシブ運用ファンドを買う際に毎年の管理手数料だけでなく販売手数料を支払うことに対する多くの投資家の抵抗だった。当時、ロードと呼ばれるこの手数料が購入時に課されるのは一般的な慣習で、多くの場合、投資額の八パーセントに設定されていた。少なくとも、ファンド・マネジャーが技能を発揮してその分を回収してくれると期待できるのであれば、手数料の支払いも受け入れやすい。販売手数料の大半は販売を取り次ぐブローカーの懐に入り、残りが運用会社の手元に渡って販売コストを賄うために使われていた。FIITの場合、年間管理手数料が運用資産額のわずか〇・三パーセントに抑えられていたとしても、購入時に約六パーセントのロードを課される点に変わりはなかった。

株式市場が活況を呈し、高いリターンをあげられた一九六〇年代には、ほとんどの投資家は何の不満も感じずにロードを支払っていた。だが一九七〇年代になって市場環境が厳しくなると、潮目が変わりはじめた。一部のミューチュアル・ファンド運営会社は、販売手数料を取らないノーロード型ファンドへの転換に踏み出していた。これが長期的な潮流になるとみたボーグルは、バンガードもそこに乗じなければならないと考えた。こうした流れはバンガードの低コスト構造にもってこいだった。一方、ウェリントン側は不採算の販売業務を必死に守ろうとするだろう。ボーグルは自社のインデックス・ファンドに一部の機関投資家を呼び込みたいとも思っていた。そして大抵の機関投資家はロードを支払うことをひどく嫌がった。

したがって、バンガードのインデックス・ファンドを導入するとすぐ、ボーグルは取締役たちに手紙を出した。ウェリントンの既存ファンドに関するウェリントン・マネジメント・カンパニーとのあいだでの販売契約を解除すること、そしてファンドをノーロード化することを提案したのである。これは、一九二九年からウェリントンを支えてきた販売システムを実質的に廃止し、投資家への直接販売を始めることを意味していた。ボーグルは、またもや腹に一物秘めた様子で、従来の方法をやめると伝えているだけで、販売に関する具体的な方針には触れていないため、これはバンガードの権限に違反するものではない、と訴えた。[24]

ボーグルの旧敵であるロバート・ドランとニコラス・ソーンダイクは相変わらずウェリントン・マネジメント・カンパニーの取締役に名を連ねており、この提案に猛烈な抵抗を示した。だが、四年連続で投資家が流出していて状況改善の兆しもみえないため、二人の主張は行き場を失った。一九七七年二月七日の夜、ウェリントンの取締役会がニューヨークで開催され、またしても緊迫した喧嘩腰の議論が繰り広げられた。そして日付が変わってから行われた採決の結果は賛成七票、反対四票となり、ファンドのノーロード化が承認された。[25] ボーグルは胸を震わせたが、ウェリントンが半世紀近くにわたって関係を築き、ファンドの販売を委託してきたブローカー各社は激怒した。そうしたなかでバンガードを救ったのは、ネフが運用を手がけるウィンザー・ファンドだった。運用成績があまりにも好調だったため、多くのブローカーが顧客に解約を勧めることをためらったのだ。ウィンザーの運用資産額はその後も拡大し、一九七九年にはかつて創業者ウォルター・モーガンが運用していた旗艦ファンド、ウェリントンを上回る規模に達した。*

一九七七年九月、バンガードはアメリカの地方債に投資するファンドを新設し、独立に向けて新たに重要な一歩を踏み出した。この年、ミューチュアル・ファンドが地方債投資による利益を非課税の状態で投資家に分配することが可能になった。新しいウォリック・ミュニシパル・ボンド・ファンドはノーロード型であるうえ、シティバンクによって運用されることになった。バンガードとウェリントンのファンド複合体の歴史の中で、第三者がファンドの運用を担当するのはこれが初めてだった。「大きな意味をもつ決断だった。バンガードが自ら変革を起こし、自己決定権を手にする可能性の扉を開いたのだから」。当時、バンガードの法律顧問の一人だったフィリップ・フィナはこう語っている。[26] そして実際に、ボーグルが次にめざしたのは資産運用会社の三本柱の残り一つをつかみとることだった。

一九八〇年、バンガードの取締役会は成績不振を理由にシティバンクをウォリックの運用担当から外す方向で議論していた。ボーグルはこの機に乗じ、地方債ファンドとウェリントン・マネジメント・カンパニーが運用してきたMMFの両方の運用を手がける独自の債券投資グループをバンガード社内で立ち上げることを提案した。結局のところ、これらのようにリターンが低位安定しているファンドの運用には、バンガードの実費ベースの事業モデルが最適だ、というのがボーグルの言い分だった。[27] すでにドランとソーンダイクは取締役の座にいなかった。一九八〇年九月、取締役会はほぼ全会一致でこの提案を承認した。[**]

ついにバンガードは、もはや事務仕事だけの会社でも、権力の座を追われたCEOを取締役会があわれみ、なだめるための組織でもなく、自社だけですべてのサービスを展開する投資会社になった。ボーグルが戦いの舞台を世界に移し、一九七四年に自分を苦しめた悪霊の退治に乗り出す準備が整ったのだ。

バンガードは、ボーグル個人のみじめな挫折という辛い記憶を、本人が幾度となく繰り返し楽しそうに語るようになる愉快な創造の物語へと転化させただけではない。何百万人もの人々が退職後の生活をより快適に過ごす手助けをし、投資業界の歴史の中でも屈指の破壊力をもたらす存在になっていったのだ。

＊ ただし、ノーロード化は、ボーグルが思い描いていたよりも長い時間と煩雑なプロセスを経てようやく実現した。バンガードは、ウェリントン・マネジメント・カンパニーに支払われる管理手数料を通じた間接的な方法に頼らず、直接的にファンドの資産を用いて販売のコストを賄おうとしたが、そのためにはSECの承認が必要だった。バンガードの申請は当初、SECの行政法審判官に却下され、ボーグルの烈火のごとき怒りを招いたものの、最終的には承認された。意図したわけではなかったが、この出来事は業界に多大な影響を及ぼした。やがてSECはすべてのミューチュアル・ファンドに対して、ファンドの資産の一部を投資家への販売にともなう手数料として販売業者に支払うことを認めた。主にそうしたファンドの資産で賄われる手数料が普及した結果、かつては業界の常識だった購入時のロードはいまや大幅に引き下げられたり、廃止されたりしている。

＊＊ 計画実行のため、ボーグルとリープはフィラデルフィアのジラード・バンクから有望な債券ファンド・マネジャーのイアン・マッキノンを引き抜いた。マッキノンが入社後ただちに築いた債券投資グループは、やがてバンガードの中でも羨望の的となるほどの成功を収めた。

第8章

バンガードの隆盛

VANGUARD RISING

一九七九年、ビジネスウィーク誌の八月〔一三日〕号に「株式の死」と題したカバー・ストーリーが掲載された。のちにジャーナリズム界の殿堂に入ったと言えるほど有名になったこの記事は、「インフレが株式市場を破壊している」と論じていた。しかし、ポール・ボルカー率いる連邦準備制度（Fed）は、最終的にこの問題を克服した。一九八〇年初頭に短期間ながらも深刻な景気後退に見舞われたあと、債券市場と株式市場はともに金融史上でも最大級となる強気相場に突入した。

このころ、俗に四〇一kプランと呼ばれる確定拠出年金制度が導入されたことも相まって、ほぼすべての投資会社が活気づいた。一九七八年の内国歳入法改定をきっかけに、偶然の産物とも言えるような形で生まれた四〇一kプランは、アメリカ国民に自分の年金を株式ファンドへの投資で運用し、積み立てることを奨励する働きをした。ただバンガードほど、この機運に乗じた投資会社はなかった。一九八〇年九月、バンガードの運用資産額が三〇億ドルに達すると、ボーグルはシャンパン・パーティーを開いて祝った。三〇〇人の全従業員を一室に集め、自分はテーブルによじ登って記念のスピーチをした。[1] この儀式はその後も運用資産額が一〇億ドル増えるたびに行われ、一〇〇億ドル達成を祝う日もあっという間に訪れた。バンガードは一九八三年に四〇一k事業に参入し、一九八〇年代末には四七〇億ドルを超える資産を運用するようになっていた。

高コスト業界における低コスト業者という立ち位置をとるバンガードの方針は、四〇一kプラン拡大の追い風を受けて見事に功を奏した。しかも、拡大のペースが速ければ速いほど、コスト削減の余地は広がった。そして同社独自の仕組みは、安い手数料という形で株主に利益を還元できることを意味していた。一九八二年には、当時二一あったバンガードのファンドの平均経費率（各ファンドの運用資産額に対する総経費の比率を規模に応じて加重平均した数値）がわずか〇・六パーセントだった。一〇〇に近い数のファンドを運用していた二〇〇〇年には、この数値が一段と低下し、〇・二七パーセントとなった。[2] この間、ミューチュアル・ファンド業界全体の平均コストが上昇していたにもかかわらずだ。

ボーグルは人目を引くような広告宣伝活動を嫌っていたが、マスコミを徹底的かつ巧みに利用する手腕でそれを補って余りある成果をあげていた。アルバイトでフィラデルフィア・ブレティン紙の夜間担当記者を務めた経験のあるボーグルは、ジャーナリストが求めているもの（議論含み、あるいは当意即妙で、わかりやすい発言）を知っており、魔術師のようにそうした言葉を繰り出すことができた。メディア側は、業界関係者の辛口コメントが欲しい場合に誰のところに行けばよいか知っていた。PR情報といえば、当たり障りのない声明か、ジャーナリストとの慎重なやりとりぐらいに限られていた業界の中で、ボーグルはとっつきやすい存在であり、ほかの誰にもまねできない巧妙な話術の持ち主だった。

長年にわたり、数えきれないほどのジャーナリストたちが、ロング・インタビューや電話を通じてボーグルのよく響くバリトンボイス（同僚までもが冗談まじりに「神の声」と呼ぶことすらあった）に親しんでいった。ボーグルは資産運用業界の良心を自任する偉大な存在とみなされ、しだいに「聖ジャック」と呼ばれるようになった。もともとは、その道徳人ぶった語り口に苛立った者たちが批判的な立場からつけたあだ名だったが、拡大する支持者層がバンガード創業者に最適な呼び名だとして使いはじめたのである。

おかげでバンガードは自ら働きかけなくても、そのコストの低さと透明性についてマスコミで好意的に報じられるようになった。「さまざまなトピックについて真っ先に電話をかけて聞いてくる、そんなマスコミとボーグルの関係性は計り知れない財産だ」。ボーグルの弟子で、やがてCEOの座を引き継ぐことになるジョン（通称ジャック）・ブレナンは、のちにこう語った。[3]「当社にとって、年数百ドルのマーケティング費用に匹敵する価値がある」。

ただし、ボーグルは時折、頭に血をのぼらせることがあった。一九九一年に『ザ・バンガード・アドバイザー』というニューズレターを創設した元ジャーナリストのダニエル・ウィーナーは、ボーグルの年収が約二六〇万ドルだと推計した。数字自体は当時としても業界平均を大幅に下回る水準であったが、この暴露にボーグルは烈火のごとく怒った。その後バンガードは、同社の名をニューズレターに勝手に使っているとしてウィーナーの会社を訴えた。[4] それまでボーグルは、より規模が大きく強欲な資産運用会社と競争するなかで、巨人ゴリアテと戦う少年ダビデというイメージを慎重に築いてきた。しかし、バンガードが（実のところ、自社の顧客増加に貢献してきた）小さな独立事業者を相手取って訴訟を起こしたことで、ダビデ自身がいじめっ子であるかのような印象を生み出してしまった。

　最終的にウィーナーがニューズレターの名前を『ジ・インディペンデント・アドバイザー・フォー・バンガード・インベスターズ』に変えることで訴訟は決着した。それでもフィラデルフィア誌は、通常なら称賛の言葉を連ねる人物紹介記事で、「白馬の騎士の鎧《よろい》にちょっとした汚れ」がついたと評した。「清廉潔白な模範的人物というイメージを打ち出すのは構わないが、何か良くないことにかかわっているような話が出てくると、そのイメージは途端に崩れてしまう」と担当の記者は説いた。[5] のちにボーグルは、ウィーナーの推計した額が正しかったと打ち明けている。それどころか、引退後は態度を完全に翻し、幹部の報酬についてもっと正直に伝えるよう、バンガードに促した。

　とはいえ、鎧の汚れはすぐに消え、バンガードはめざましい成長を遂げていった。一九八〇年末の段階では、ボーグルの船がアメリカのミューチュアル・ファンド市場で獲得していたシェアは五パーセントに満たなかった。だが二〇〇〇年には運用資産額が五六二〇億ドルを超え、急拡大する同市場でのシェアが一〇パーセント台に乗った。[6] 大半のファンドで運用資産額は飛躍的に拡大したが、一九八二〜二〇〇〇年の強気相場においてバンガードの成長を加速させる真の起爆剤となったのは、発売当初に酷評された商品である。

長らく低迷していたファースト・インデックス・インベストメント・トラスト（一九八〇年にバンガード・インデックス・トラスト、〔一九九八年に〕バンガード五〇〇インデックス・ファンドへと改称された）は、しだいに人気を集めるようになり、驚異的な集金マシンへと成長した。一九八二年末時点での運用資産額はわずか一億ドルで、アメリカの株式ミューチュアル・ファンド全体（二六三ファンド）の中で一〇四位の規模にとどまっていた。だが一九八八年には一〇億ドルの大台を突破し、全一〇四八ファンドのうち四一位へと躍進していた。[7]

そのころには、ごく一部の競合会社が同様の一般投資家向けインデックス・ファンドを導入していたが、撤退に追い込まれたり、顧客の取り込みに苦戦していたりした。[8] 年金基金などの機関投資家向けのインデックス投資戦略で急成長していたウェルズ・ファーゴ・インベストメント・アドバイザーズやステート・ストリート、バンカース・トラストといった投資グループは、より積極果敢にバンガードと競争することもできたはずだが、リテール市場への参入を阻まれていた。大恐慌期に制定されたグラス・スティーガル法で、銀行系列の資産運用会社による一般投資家への商品販売が禁じられていたからだ。こうした規制上の巡り合わせに加えて、リテール重視型の投資グループが既存の自社ファンドから顧客を奪うのを躊躇したこともあって、バンガードは一般投資家へのインデックス・ファンド販売の分野で、長きにわたり独走態勢を満喫したのだった。

その結果、バンガード五〇〇インデックス・ファンド（以下、バンガード五〇〇）は二〇〇〇年四月にフィデリティの著名なマゼラン・ファンドを追い抜き、一〇七二億ドルの運用資産額を誇る世界最大のミューチュアル・ファンドとなった。[9] 時代の変化を象徴するバトンの受け渡しが行われたと言える。マゼランは数年前から新規投資の受け入れを停止していたが、強大なファンドである点は疑いようもなかった。当時、「バンガードのポートフォリオによる支配的な地位の確立は、何百万人ものアメリカ人の投資戦略が劇的に変わったことを表している」と報じたのはウォール・ストリート・ジャーナル紙だ。[10]「大多数のアクティブ運用ファンドをしのいだバンガード五〇〇は、ほぼ全銘柄を網羅する多くのインデックス・ファンドの誕生（この動きは一段と活発化している）を後押しした」。

ついに一般国民が年金基金にならってインデックス・ファンドに投資し、その低いコスト（と高めの平均パフォーマンス）の恩恵を直接、享受する時代が到来したのである。それまで金回りのいいウォール街の業界人のポケットへと流れ込んでいた数十億ドルが、ある程度、国民の手元に残り、子どもの大学進学や退職後の生活のための貯蓄に回されるようになっていた。のちにポール・サミュエルソンはバンガード五〇〇の誕生について、車輪やアルファベット、グーテンベルク印刷機、ワイン、チーズと並ぶ画期的な発明だったと評した。[11] ただし、それほど巨大な存在となったバンガード五〇〇も、やがてバンガードの別の船によってトップの座から引きずり降ろされるのであった。

＊

一九九二年初頭、バンガードの株式ファンド・チームを率いるジョージ・ソーターの部屋にボーグルが入ってきて、こう告げた。「ガス、お遊びはやめて全株式対象のファンドをやろうじゃないか」。一部の事情通気取りに言わせると、真のインデックス投資の歴史はここから始まった。

ハリー・マーコウィッツ、ウィリアム・シャープ、ユージーン・ファーマの金融理論にどっぷり浸かったソーターは、シカゴ大学経営大学院でMBAの学位を取得していた。さまざまなベンチャー事業に手を出したのち（小さな金鉱への投資に携わったこともあった）、一九八七年にバンガードに入社した。待っていたのは、今となっては有名な「火の洗礼」だった。入社のわずか二週間後にアメリカの株価が急落し、一日の下落率で過去最大を記録したのだ。たちまちブラックマンデーとして知られるようになった大暴落である。だが、このタイミングでのソーターの入社は、神の啓示でも受けたかのような絶妙な巡り合わせであった。

当時、バンガードが扱っていたインデックス・ファンドは二つだけだった。バンガード五〇〇と前年に導入した債券ファンドで、運用資産額は両方を合わせてもなお一二億ドルにとどまっていた。[12] 実費ベースの業務構造のおかげで、バンガードのファンドは競合他社商品よりもはるかに低コストで提供されていたが、評判はなかなか広まらない。インターネットはまだ黎明期にあり、バンガードもマーケティングにあまり力を入れようとはしていなかった。そして、販売手数料がかからないバンガードのファンドを顧客に強く勧めるブローカーもほとんど存在しなかった。

ボーグルでさえも、アクティブ運用ファンドの筏《いかだ》を増強することに相変わらず主眼を置いていた。アクティブ運用における最大の成果は、ブレナンの手腕でプライムキャップ〔・マネジメント・カンパニー〕との提携にこぎつけたことだ。プライムキャップは一九八三年に〔大手の〕キャピタル・グループを辞めた三人のファンド・マネジャーが設立した資産運用会社である。

そうしたなかで、ソーターは空き時間を利用して新たなトレーディング・プログラムの開発に着手した。この新プログラムが導入されると売買コストが減少し、ベンチマーク指数とインデックス・ファンドの連動性も向上した。一九九〇年代初頭にインデックス・ファンドがようやく急拡大しはじめると（一九九一年にはバンガードのインデックス・ファンドの運用資産額が同社全体の一〇パーセント超を占めた[13]）、ボーグルはバンガード設立当初の戦略に再び注力するようになった。

ソーターが入社するまでバンガード五〇〇を監督する立場にあったジェレミー・ダッフィールドは、最初のころのボーグルについて「インデックス・ファンドのファンだったが、熱狂的ではなかった」と語っている。インデックス投資推進運動にのめり込みはじめたのは一九八〇年代末～一九九〇年代初頭あたりになってからだった。「そこでようやくボーグルはインデックス・ファンドを自分事としてとらえるようになり、その強化に精力を傾けた」とダッフィールドは振り返る。バンガードは一九八七年末に、S&P五〇〇の組み入れ対象外の中小型銘柄に投資するエクステンデッド・マーケット・インデックス・ファンドを導入した。だが一九九二年になると、ボーグルはアメリカ株式市場の全銘柄を投資対象とする巨大なファンドを構築すべきだという判断を下した。

S&P五〇〇は時価総額の規模でみるとアメリカ株式市場全体の大部分を占めるが、所詮はスタンダード&プアーズの指数委員会によって選ばれた大手アメリカ企業約五〇〇社の株式の寄せ集めである。金融理論に従うなら、インデックス・ファンドは実際に市場の全銘柄を網羅することをめざしたものであるべきだ。S&P五〇〇は、そもそも先駆者たちが利便性と実用性重視で作った市場のミニチュア版のような存在であり、実質的に株式市場全体を表すものとみなされるようになったにすぎない。

一九九二年、バンガードは中小型株の取引環境改善の流れに乗じ、バンガード・トータル・ストック・マーケット・インデックス・ファンド(以下、VTSM)の導入に踏み切った。「わたしが思うに、これこそ史上初のインデックス・ミューチュアル・ファンドだった」とソーターは語る。「純粋なインデックス投資主義者にとって、ミューチュアル・ファンドの真の指数連動元年は一九九二年だ」。

またしても出足ははかばかしくなかったが、VTSMはやがて大ヒット商品となった。二〇一三年一〇月には「債券王」ビル・グロスが運用するピムコ・トータル・リターン・ファンドを抜き、世界最大のファンドになった。現在、VTSMの運用資産額は一兆ドルを超えており、仮に扱っているのがこのファンドだけだとしても、世界屈指の資産運用会社としてのバンガードの地位は揺るがない。なにしろ、サウジアラビアやスイス一国の年間国内総生産(GDP)を上回る規模なのだ。このほかにも数多くのファンドが導入され、また一九九〇年代にパッシブ投資の人気が上昇したこともあって、二〇〇〇年にはバンガード全体の資産の半分近くをインデックス・ファンドが占めるようになっていた。[14] 今日では、この割合が約四分の三に拡大している。

一九八〇年代と一九九〇年代も試練と無縁ではなかった。バンガードの絶え間ない拡大は組織のあらゆる部分に負荷をかけていた。投資業界を知り抜いていると自負するボーグルだったが、その強みは細部への目配りや組織やプロセスにあったわけではない。またコスト抑制に固執したせいで、バンガードでは長いこと技術への投資がおろそかになっており、そのために大きな問題がたびたび発生した。「成長には激しい痛みがともなった」とダッフィールドは語る。「一九八〇年代半ばには、規模の面で壁にぶつかったような時期が何度かあった」。

一九八七年末にファンドの会計担当としてバンガードに入社し、のちにボーグルのアシスタントになったジム・ノリスは、特にブラックマンデーで同社の弱点が明るみに出たと振り返る。「われわれは鳴り響く電話に応じつづけたが到底、処理しきれなかった。このとき、業務上の数多くの不備がまさに露呈した」。それでも主にボーグルの右腕かつ事実上の最高執行責任者（COO）だったブレナンの尽力によって、バンガードはより強固な組織構造と、より新しい技術基盤を徐々に築いた。そうした変化の中で、その後の成長への準備も整っていった。

ボーグルが自分でも認識し、折に触れてジョークにするほど強烈だったそのエゴは、バンガードの成功と歩調を合わせるように肥大化した。一九九〇年代初頭、情報技術面での大幅な見直しに着手した際には、なじみの地元業者にコンサルティングを依頼する案に六人の上級役員全員が賛成票を投じたが、ボーグルはこの投票結果を却下し、「大手」マッキンゼー・アンド・カンパニーとの契約に踏み切った。[15] バレーフォージのオフィスパークではクルーの増加に対応しきれなくなったため、バンガードは一九九三年に〔近くの〕マルバーンへとオフィスを移した。移転後も拡大しつづける新オフィスはボーグルの自信の高まりを象徴していた。

マルバーン新本社がオープンするとすぐに、ボーグルはお気に入りの芸術家マリッツァ・モーガンに、「ナイルの海戦」を描いたウォールアートの制作を依頼した。木彫りの下地に鮮やかな彩色を施した五つのパネルからなる、幅約七・六メートル、高さ約一・五メートルの大作である。ボーグルは真ん中のパネルの描写に関して厚かましい注文をした。HMSバンガードの砲撃を受けるフランスの戦艦「ラ・スパルシア」の名前を「ラ・フィデリテ」に変更するよう頼んだのだ。バンガードの最初のインデックス・ファンドを中傷した人物が率いるボストンの投資グループをあからさまに揶揄したのである。

バンガードとその専制君主のようなキャプテンを航路から外れさせることは、誰にもできそうになかった。毎年五月になると、ボーグルは上級「クルー」を企業幹部向けのリゾート施設に連れていった。一九九三年に訪れたのは、ペンシルベニア州内の風光明媚なポコノ山脈にあるスカイトップ・ロッジだ。奇しくもウェリントン・マネジメント・カンパニーの創設と同じ一九二八年にオープンした、敷地面積二二平方キロメートル超の牧歌的なゴルフリゾートである。ちょうどバンガードの運用資産額が一〇〇〇億ドル超えを果たしたところであり、自信満々のボーグルはこの保養地で予言した。「複利のパワー」を考慮すれば、おそらく二〇〇〇年代の半ばに一兆ドルの大台に乗るだろう、と。予言は正しかったが、それが成就したのは別のキャプテンの指揮下においてだった。

*

師匠のウォルター・モーガンにならい、ボーグルは常に若いアシスタントをつけ、自分の思いどおりの人材を育てようとした。だいたいは二〇代半ばの男性で、社会人経験はほとんどないが確かな学歴の持ち主という場合もあった。アシスタントに求めたのは忠誠心と並々ならぬ勤労意欲、そして自主性と高潔さであり、へつらいは無用だった。

アシスタント経験者たちは、ボーグルに仕えていた期間については（人間の数倍のペースで成長する）犬の年齢のように割り増し換算が必要だと冗談を言う。そして、ボーグルの理不尽な要求や、朝七時をだいぶ過ぎてから出社したアシスタントをパートタイム労働者呼ばわりする、といった毒舌に関するエピソードを惜しみなく披露する。だが、七年と特に長い期間、ボーグルの下で厳しく鍛えられたノリスでさえ、求められればまた七年間同じように働くだろうと語る。「無茶な要求ばかりだったが、たくさんのことが身についた」。二〇二〇年に引退するまでバンガードの国際業務部門を率いたノリスはこう振り返る。「常にスパーリングをしているような感じだった。でも実を言うとそれが楽しかった」。ボーグルは根っからのおしゃべり好きで、バンガードの警備員やカフェテリアのスタッフから取締役会のメンバーや年金基金の幹部まで、誰にでも話しかけた。そして、その気さくさが揺るぎない忠誠心を生み出した。

毎年クリスマスの時期になると、ボーグルはアシスタント経験者たちとの昼食会（後年には夕食会）を開いた。直属の部下だった者たち（その多くはバンガードや投資業界内の他社で幹部クラスに出世していた）にとって恒例のにぎやかなイベントで、酒代が食事代を超えるまで飲むことが毎回の目標とされた。あるときから、ボーグルは乾杯の音頭を取る際に必ず「諸君の存在こそが、わたしの優れた判断力の証《あかし》だ」というフレーズを挟むようになった。元アシスタントたちは「いいぞ、いいぞ！」とおどけながら合いの手を入れ、どんどん酒を飲む。そうして、普段はけちん坊として悪名高い自称スコットランド人のボーグルに巨額の飲み代を支払わせるのだった（バンガード取締役のバートン・マルキール教授は、ボーグルのお気に入りの酒はボトル一本八ドルのカベルネ・ソーヴィニヨンだったと笑う）。

夕食会では丁々発止の口論も多々繰り広げられた。とりわけボーグルとよくやり合ったのは、一九八二年にバンガードを辞めてライバル会社ティー・ロウ・プライスの「ファンドの」トップの座に就いたジェイムズ・リープや、ボストンに本拠を置く旧敵ウェリントン・マネジメント・カンパニーでCEOに昇りつめたダンカン・マクファーランドだった。また、誰もが師匠の肥大化するエゴにちょっとした傷をつけてやることに喜びを感じていた。ある夕食会ではリープとジャン・トワルドウスキーが、独善的な福音主義者のように説教をするつもりなら、それにふさわしい服装をするべきだ、と言ってボーグルに聖職者用カラーをプレゼントした。リープによれば、ボーグルは「複雑そうな表情で受け取った」が、元アシスタントたちは大満足だった。

別の夕食会では、誰かと廊下ですれ違うときに頭を軽く下げ手を振って挨拶するといったボー

ジャックの言葉	その真意
「きみのせいではない」	「きみのせいだ」
「きみが決めろ」	「わたしがやるようにやれ」
「たしかにわたしが悪かった」	「いや、絶対にわたしは悪くない」
「三時までに必要だ」	「一時までに必要だ」
「何かがおかしいようだ」	「きみが全部めちゃくちゃにした」
「あまり時間をかけすぎないように」	「必要なだけ残業して完璧にしろ」
「七時ぐらいに迎えに来るように」	「七時に迎えに来い、一秒たりとも遅れるな」

グルの仕草や、「本気で言ってるのか？」という口癖で構成される、有名な「ボーグルイズム」のリストをノリスが発表した。さらには、上表のようなボーグルイズムの翻訳例集も配布した。

こうしたやりとりの大半はワインとボーグルに対する敬愛の念、そして参加者全員がもつ競争心にあおられた悪気のないおふざけだった。ただ、ボーグルの後継者に指名されたブレナンは、傍目にもわかるほどのストレスをかかえるようになっていった。やがて、ある決裂を境にブレナンはパーティーの場に現れなくなる。それはバンガードにとって、ウェリントン・マネジメント・カンパニーに追い払われたときと同じくらい衝撃的で尾を引く出来事であった。

ジャック・ブレナンはボーグルの弟子の中でもとりわけ頭脳明晰で、師匠とほぼ同等のバンガード成功の立役者と言ってもよい人物である。控えめな性格で育ちの良いボストン出身のブレナンは、ダートマス大学で経済学修士の学位を取得すると、ニューヨーク・バンク・

フォー・セービングで短期間働いた。その後、ハーバード大学でＭＢＡの学位を取得し、ＳＣジョンソン＆サンでの勤務を経て、一九八二年にボーグルのアシスタントとしてバンガードに入社した。裕福な家庭で育ったが（父親のフランクはボストンのユニオン・ウォーレン・セービングス・バンクの社長で、地元の金融業界およびアイルランド系カトリック教徒の上位層の中心人物だった）、ボーグルに負けず劣らず勤勉さに重きを置いた。父フランクの両親はアイルランド、ケリー州からの貧しい移民で、用務員として懸命に働いて息子を大学に行かせた。[16] 第二次世界大戦で戦車部隊を指揮した功績により青銅星章を授与されたフランクは、子どもたちにも勤勉さを求め、父親が勤める銀行のサマージョブにコネで参加することを一切認めなかった。このため、ジャック・ブレナンは高速道路マサチューセッツ・ターンパイクの中央分離帯の草を刈る仕事をして夏を過ごすこととなった。[17]

超人的な勤労意欲は、まさしくボーグルが弟子に求めていた資質だったため、ボーグルとブレナンは切っても切れない間柄となった。定期的にスカッシュの試合をしたり、[18] バンガードのカフェテリアで毎日昼食を共にしたりすることで、[19] 親密な関係はさらに深まっていった。バンガード内で昇進するにつれて、ブレナンの組織に関する見識と経営手腕は、より壮大で先を見据えた師匠の会社経営アプローチを補完するようになった。「企業幹部としてのジャック・ブレナンの能力は正しく評価されてこなかったと思う」と語るのはダッフィールドだ。時としてカオスに近い状態に支配されるバンガードでブレナンは秩序を築いたのであり、その力量なくして一九八〇年代以降のバンガードの加速度的な成長は起こりえなかった。一九八九年、ブレナンはバンガードの社長に任命された。つまり、ボーグルの後継者の最有力候補となったのである。

二人は正反対のタイプの人間だった。ボーグルは社交的な性格で注目を浴びるのが大好きだったが、寡黙なブレナンは人前に出ることを苦手としていた。ボーグルは自分の粗末な身なりを誇りに思っていたふしさえあり、すり切れたシャツとサイズの合わないスーツで出社することも少なくなかった。一方、ブレナンは常にきちんと整った服装をしており、土曜出勤のときでさえ、プレスの利いたカーキズボンとワイシャツを身に着けていた。また、ボーグルがあくまでも趣味でスカッシュやテニスに興じていたのに対し、ブレナンは本格的なアスリートで、ラグビーやアイスホッケーの選手として活躍したほか、マラソン・ランナーでもあった。

とはいえ、二人は気骨を重んじる点で共通しており、うまく補い合う関係だった。革新的なビジョンの持ち主で、人のやる気を引き出すことに長けていたボーグルには、タウンホール・ミーティングや社員ピクニックの場でのスピーチを通じて会社を一つにまとめる力があった。一方、ブレナンはボーグルの構想を必ず実践につなげる実行の人だった。そして、ボーグルが兄のバドに打ち明けた次のエピソードのように、共に負けず嫌いな性格が互いを刺激した。「わたしはもともと朝七時半から働いていたが、そのうちブレナンが七時に出勤するようになった。そこで七時出社に切り替えたら、今度はブレナンが六時半出社を始めた。だからわたしも六時半にはオフィスにいることにした」[20]。

ブレナンの早い出世とボーグルとの関係性は、モーガンの下で働いていたウェリントン時代のボーグルの場合と多くの点で似ていた。二〇一九年一月の逝去の直前に出版された最後の著書で、ボーグルはブレナンのことをこう評している。「タフな経営者という評判をあっという間に築いた。これまで多くの人と仕事をしてきたが、ブレナンほど自分のやりたいことを成し遂げる能力に秀でた者はいなかった」[21]。

ただし、(自分自身に関する記述でもそうすべきだったと言えるのだが) ボーグルは慎重に言葉を選んでおり、何年にもわたってバンガードに悪影響を及ぼし、最期の日までボーグルを苦しめた師弟の不和という特大の副産物については触れていない。アシスタント経験者の一人で、どちらの人物にも強く敬服していたダッフィールドは、この不和をギリシャ悲劇のようだと感じていた。

*

不和の発端は、長らく患っていたボーグルの心臓病が危険な様相を呈しはじめた一九九五年にさかのぼる。ボーグルの体調は坂道を転がり落ちるように急速に悪化し、社内には動揺が走った。ついには部屋の中を移動するだけでボーグルは息切れするようになった。その年の五月に後継者に指名されていたブレナンはより多くの仕事を引き受けなければならなくなり、一九九六年一月に正式にCEOに昇進する前から実質的にバンガード全体の指揮を執っていた。一九九五年一〇月、とうとうボーグルはフィラデルフィアのハーネマン病院への入院を余儀なくされ、心臓移植の待機リストに名を連ねた。そこで一二八日間、点滴につながれたまま徐々に衰弱していったが、一九九六年二月二一日に三〇歳のドナーからの臓器提供によって心臓移植手術を受けることができた。[22]

ブレナンは師に対して献身的に振る舞った。毎日のように病院に見舞いに行き、仕事も持ち込んでボーグルを鼓舞しつづけた。移植手術は奇跡的と言えるほどうまくいった。ボーグルはようやく現実を受け入れ、退院後にバンガードの会長職へと退いた。創業者が手綱を手放せない、あるいはふさわしくない人物を後継者に選んでしまう企業の例は数知れない。ボーグルの場合、しばらくはバンガード創業時と同じぐらい落ち着いて経営権の継承を済ませたようにみえた。〔後継者指名の際の〕プレス・リリースでは、ブレナンのことを「見つけうるなかで最もふさわしい人物であり……並外れた人間性、知性、勤勉さ、判断力を持ち合わせている」と称賛していた。[23]

だが、ここでもボーグルのあきらめの悪い性分が頭をもたげた。療養期間が明けると、待ちきれなかったかのようにバンガードの本社に戻り、会長なのにクルーに大声で指図するなど、まだCEOであるかのように振る舞った。ブレナンが実質的に会社の指揮を執りはじめてから、すでに数年たっていたにもかかわらずだ。「ジャックは新たな命を得て、『ただいま、またここで采配を振るぞ』と言わんばかりにバンガードに戻ってきた。だが言うまでもなく、ジャック・ブレナンと取締役会にとって歓迎できることではなかった」とマルキールは振り返る。

取締役会の懸念は、ボーグルの年齢と健康状態に関する不安もそうだが、主としてバンガードがいまや大企業に成長しており、違ったタイプのCEOによる舵取りが必要だという事実にあった。「ブレナンはバンガードの創業者にもインデックス・ファンドのイノベーターにもなりえなかった」とマルキールは評す。「だがジャックも大企業を統率できる器ではなかった」。

一方、ボーグルは、ブレナンがCEO退任を拒絶したこと、取締役会がこのかつての弟子を支持していることを侮辱ととらえたようだった。その結果、二人のあいだで敵意がしだいに高まり、衝突が繰り返されるようになった。それは数十年前に頑固者のボーグルが、より合意を重視するニコラス・ソーンダイクとロバート・ドランのリーダーシップ・スタイルに激しく反発したときの状況と、不気味なほど似ていた。今回は最初のころに親密だった分、二人の仲が余計にこじれてしまい、両者はとりわけ大きな苦痛を味わうこととなった。マルキールによれば、大きな亀裂が生じたのはボーグルがあるジャーナリストに、ブレナンをCEOにしたことを後悔していると明かしたときだ。公の場でも社内でもボーグルをとにかく立てようと腐心してきたブレナンにとって、衝撃的な出来事だった。「ブレナンはすっかり打ちのめされていた」とマルキールは振り返る。

これを機に、ブレナンが強く望んでいた技術投資の拡大からインターネット広告の試行にいたるまで、あらゆることをめぐって二人は取締役会で衝突を繰り返すようになり、ついには口をきこうとすらしなくなった。会長とCEOの溝がそこまで深まった状態を続けるわけにはいかなかったため、取締役会は一九九八年にブレナンを会長に、ボーグルを「上級会長」に指名したが、ボーグルはこれを侮辱の上塗りととらえた。このころ、かつての弟子との関係について問われると、ボーグルはただ「ひとことでは答えられない」と返し、それ以上語ることを拒んだ。[24]自ら口をつぐんだのは、このときを置いて後にも先にもなかったかもしれない。

決裂の日は近づいていた。一九九九年に入り、ボーグルは取締役の定年である七〇歳の誕生日を迎えようとしていた。ただ、創業者である自分は定年を過ぎても留任できると考えていたため、(ブレナンとの対立激化を気にしていた）取締役会が規定を遵守するという決断を下すと激怒した。ボーグルの友人であるマルキールでさえ、例外を認めない姿勢を支持し、「二君に仕えることはできない、という取締役会の判断は妥当だった」と述べている。

ここから権力闘争は泥沼化し、マスコミにも漏れていった。ブレナンが社外でほとんど存在を知られていなかったのに対し、ボーグルは業界の良心たる「聖ジャック」として有名だった。その人物が、投資家に「公平な機会」を与えるために自ら創業した会社から今、排除されようとしていると報じられ、ボーグルヘッズ（バンガード創業者のファンのためのオンライン・フォーラム）のメンバーたちは怒り心頭に発した。こうして明るみに出た諍《いさか》いののち、ボーグルは取締役を降り、新設の社内シンクタンク「ボーグル・フィナンシャル・マーケッツ・リサーチセンター」の所長に就任することで、バンガードと合意に達した。

おかげでボーグルは業界の主導役を引き続き演じ、投資業界の良心としての名声に磨きをかけることができたが、苦し紛れの妥協策によって不和が長引く余地は大きく残った。一九九六年にCEOの座を明け渡す決断をしたことについて兄のバドに問われると、ボーグルは「わたしの人生で最大の過ちだった」と答えた。[25]

憎しみの感情は根深かった。長らく政敵だった二人の元アメリカ大統領、ジョン・アダムズとトーマス・ジェファーソンがのちに和解して親友になったというエピソードに触発されたボーグルは、ボストンの旧敵ドラン、ソーンダイクの二人と最終的に和睦した。[26] だがブレナンに対してはまったくその姿勢を見せず、自分の伝記作家に「絶対に」ありえないと断言していた。どちらとも仲の良かったリープは何度か和解を取り持とうとした。ボーグルの人生が終盤に差しかかると、とりわけ心を砕いたが徒労に終わった。「痛恨の極みだった」とリープは嘆く。

その後、ボーグルはジャック・ボーグルの伝説に磨きをかけることに多くの時間を費やすようになった。まったく無関係な人々について書いているのではないかと感じる友人もいるほど、その脚色は度を越していた。あるときジム・ノリスは、いちいち飾り立てようとせず、肩の力を抜き、ありのままの自分の功績に満足していればよい、とボーグルに伝えた。「この時代の人間で百年後も話題にのぼるような者は一握りしかいないでしょう。その中にウォーレン・バフェットがいて、あなたもいる」となだめてから、ノリスはこう続けた。「あなたの名が歴史書から消えることはないし、誰も歴史を書き換えたりはしない」。一方で、真実と違うことを歴史として書く者もいない」。マルキールにも旧友ボーグルと同じような話をした経験がある。プリンストン大学近くのホテル、ナッソー・インで、いつものように朝食を共にしていたある日、ボーグルが消え入りそうな声で衝撃的な告白をした。「自分が忘れられてしまうのではないかと心配で仕方がない」。

だが、その心配は無用だった。ボーグルの名は金融業界で一番と言えるほど広く知れ渡っていった。亡くなる少し前には、バンガード五〇〇創設四〇周年の記念として、「ゴシップ・サイト」「ゴーカー」のライター、ハミルトン・ノーランからアクの強い賛辞が寄せられた。「ベレー帽が似合うといえばチェ・ゲバラだし、「アフリカ系アメリカ人活動家の」エルドリッジ・クリーバーにもキラリと光るものがあった。だが今日ばかりは『われらが真のクソいまいましい英雄』をみんなで称えよう。ウォール街の強欲野郎どものポケットから何千億ドルものカネを吸い上げつづけてきたジョン・クソッタレ・ボーグルのことだ」。

汚い言葉づかいに驚きながらも、ボーグルはこの賛辞に心を揺さぶられた。二〇一九年一月に他界する直前に受けたインタビューの一つで、ボーグルは自分の人生を振り返り、（バンガードで大金持ちになることができなかった点を含めても）後悔はないと語った。「何のためにプライベート・ジェットが必要だというのか。車を運転してくれる妻さえいればよい。ほかの誰かより裕福だとわかったところで、何の意味もない。自分が世界のために成し遂げたことで十分に満足している[27]」。

偉大な人物の欠点は看過すべきであり、そうした人物の弱みを偉業と対比して強調するのは底意地の悪い行為だと考える向きもある。だが欠点によって偉大さが損なわれることはない。むしろ、聖人君子ではない現実味のある人間という印象が生じることで、その偉大さは輝きを増す。すべてを燃やし尽くすような熱量をともなう激しい衝動性や、肥大化しつづけるエゴ、反対意見に一切耳を貸さない頑固さを推進力として、ボーグルは金融業界の巨人となった。そして、そうした特性のせいで、バンガードのキャプテンからの引き際でひどい醜態をさらすはめにもなった。友人の多くに言わせると、ブレナンとその配下の者たちに権限を譲ったことで愛する船が繁栄しつづける道筋が確立された、という点に気づいていなかったところにボーグルの悲劇はあった。そのおかげでバンガード離脱後に業界の良心という非常に影響力の大きい役割を演じる自由を得たのだ。時として、自分が創業した会社に怒りの矛先を向けることもあったわけだが。
二〇一九年一月二一日、ブリンマー長老派教会で営まれたボーグルの告別式で、ジェレミー・ダッフィールドは以下の詩を読んだ。いつか来るこの日のため、ジョン・マクレー作の「フランダースの野に」を土台に創作していたものだ。インデックス投資普及のために誰よりも尽くした熱狂的な改宗者にふさわしい弔辞であり、その遺産を受け継いでいく残りのクルーたちからの約束の言葉であった。

バンガードの海を今日も波が走る
泡立つ波頭をいくつも連ねて
かの人はそこで安らぎ
空を舞うカモメは雄々しく歌いつづける
砲撃の音に遮られながらも
われらが敵に再び立ち向かえ
倒れゆくわたしが投げた松明《たいまつ》を
つかんで高く掲げよ
死せる者たちとの誓いを破るならば
わたしは眠ることなどできない
今日またバンガードの海を風が渡ろうとも

第9章

ニュー・ディメンション

NEW DIMENSIONS

デイブ・バトラーはみじめな気分を味わっていた。一九九一年に超大手メリルリンチに就職し、ウォール街で働くという夢をかなえていた。だが、他の多くの意気軒昂で気取り屋の若者たちが金融業界に入り、激務と高収入の組み合わせの虜になっていくのと異なり、バトラーはどんどん不幸せで落ち着かない気持ちになっていった。故郷のカリフォルニアに戻りたくなり、金融業界からきっぱり離れて高校のバスケットボール・チームのコーチになろうかとさえ考えるようになった。

身長二メートル超でひょろりとした体型のバトラーは、金融業界に入る前はプロのバスケットボール選手だった。一九八〇年代前半にカリフォルニア大学のチーム「ゴールデン・ベアーズ」で凄腕フォワードとして名を上げたあと、一九八七年にプロバスケットボールNBAのドラフトでボストン・セルティックスから五巡目に指名された。しかし、セルティックスの看板選手ラリー・バードと一緒にプレイする日は永遠に訪れなかった。

同年の夏、NBAで選手によるストライキが起きたため、バトラーはトルコのチームで練習する道を選んだ。すると、そのチームがNBAのルーキー契約よりもはるかに条件の良い契約をすかさず提示してきた。アメリカでのシーズン開幕の見通しは立っておらず、バトラーはトルコ・リーグで一年プレイすることで自分を鍛えられるだろう(そして、まずまずの報酬を得られるだろう)と考えた。だが同リーグのシーズン半ばで腓腹筋断裂の憂き目に遭い、NBAに戻ってプレイする機会を失った。その後、日本のリーグで一年間プレイしたあと、バトラーはカリフォルニア大学バークレー校に戻り、MBAの学位を取得した。そして一九九一年、ニューヨークのメリルリンチに営業担当として入社した。NBA選手候補からウォール街の金融マンへの転身は無謀にみえたかもしれないが、もともと数字に強く、以前から金融の世界に強い興味をいだいていたバトラーにとっては、ごく自然な飛躍だった。

ところが現実のウォール街は薄汚れた世俗的な世界であり、大きな失望をもたらした。バトラーの主な仕事は、銀行に電話をかけ、売却したい不良債権があるかどうかを確かめることだった。しだいに明らかになってきたのは、自分(そして同僚の多く)が実際に何をしているのかわかっていないし、わかろうともしていないということだった。すべては、顧客の利益になるかどうかにかかわらず、手数料を生み出す事業を拡大するために行われていた。

同時にバトラーは、業界内部の人間でさえ、相場で痛い目に遭いがちであることを知った。インベスターズ・ビジネス・デイリー紙が華々しく打ち出した手法を使い、バトラーは自分でも株式投資を始めた。有望銘柄を選別するための条件の頭文字をとって、「キャンスリム」(CANSLIM)と名づけられた手法である。バトラーは最初に選んだ八銘柄で利益をあげたが、九銘柄目で大失敗をした。ブローカーのアドバイスに従って八銘柄の収益をボストン・チキンにつぎ込んだところ、たちまち最初に得た利益分を丸々失ったのだ。同僚たちも似たり寄ったりの経験をしているようだった。

意気消沈し、仕事でもストレスを募らせていったバトラーは、金融業界にとどまるかどうかはさておき、故郷のカリフォルニアに戻ることにした。ウォール街に自分の居場所はないと思ったのだ。するとある日、職場の机でウォール・ストリート・ジャーナル紙の求人欄を見ていたバトラーの目に、サンタモニカ勤務の「資産運用担当者」とだけ書かれた求人広告が飛び込んできた。好奇心にかられて電話をかけてみたが、わかったのはディメンショナル・ファンド・アドバイザーズ(以下、DFA)という会社名と、運用資産額が一〇〇億ドル未満であることぐらいだった。まずまずの規模だが、大手資産運用会社と比べたら取るに足らないレベルである。バトラーは履歴書を送ってみたものの、まだ半信半疑だった。一九九四年のクリスマス休暇に、バトラーはサンタモニカの海岸沿いを走るオーシャン・アベニューの一二九九番地にあるDFAの本社に立ち寄った。上級幹部の一人であるダン・ウィーラーに会うことが目的だったが、実際には、実家から一時間で行ける場所にあり、いずれにせよクリーニング屋に行くために出かける必要があったから、というのが主な理由であった。

エレベーターを降りてビル一一階のロビーに出たバトラーは、見た目はぶっきらぼうだが気さくなDFAの創業者デイビッド・ブースに出くわした。ユージーン・ファーマの元弟子で、ウェルズ・ファーゴ・マネジメント・サイエンシズで雑用係をしていた人物である。そして、その隣に立っていたのはシカゴ大学の経済学者でノーベル賞受賞者のマートン・ミラーにほかならなかった。当時たまたまDFAの取締役を務めていたミラーは、別の約束のために外さなければならなかったブースにかわってバトラーとの昼食に同席するよう、ウィーラーに頼まれた。ミラーは喜んで受け入れ、三人は近くのレストラン、オーシャン・アベニュー・シーフードへと向かった。

昼食の席で、ミラーは効率的市場理論や分散投資のメリット、低コストの重要性についてバトラーに語って聞かせた。著名学者直々の話にバトラーは圧倒された。ウォール街の現実に幻滅していた若き営業マンは、そこで俗に「アハ・モーメント」と呼ばれる瞬間を体験した。ミラーが繰り出す専門的な話によって、ウォール街で自分が見聞きしてきたさまざまなことがつながって意味をなし、突然すべてが腑に落ちる感覚を得たのだ。その夜、実家に戻ったバトラーはバークレー時代の古い経済学の教科書を取り出し、一晩中読みつづけた。そしてDFAからオファーがあれば、どんな仕事でも引き受けようと決意した。バトラーがDFAに入社したのは一九九五年一月、昼食会の翌週だった。その胸には、ここが型にはまらない特異な会社だという確信があった。

DFAはやがてインデックス投資革命の立役者の中でも異彩を放つ存在になるのだが、このころはまだその途上にあった。同社の出資者には、カリフォルニアが誇る俳優で元州知事のアーノルド・シュワルツェネッガーもいた。バンガードほど有名でも大規模でもなかったが、DFAはインデックス投資の伝道者として重要な役割を演じるようになっていた。具体的には、「DFAブートキャンプ」とも呼ぶべき研修プログラムの場に狂信者のような金融アドバイザーを集め、効率的市場の教義を伝授する、というカルト的手法を用い、次なる進化の土台を築いた。

とはいえ、かつてのウェルズ・ファーゴやバンガードと同様にDFAも当初は山あり谷ありで、事業面での多大な苦難と、会社を分裂の危機にさらすほどの内紛に翻弄された。

＊

デイビッド・ギルバート・ブースは一九四六年一二月二日に生まれ、カンザスシティ郊外のガーネットという人口わずか三〇〇〇人の小さな町で育った。父ギルバートと母ベティは子どもたちが良い学校に通えるようにと考え、のちに近くのローレンスへと引っ越した。ローレンスも当時は人口三万人強の田舎町だったが、ガーネットから出てきたブース家にとっては大都市も同然だった。カンザス大学のキャンパスが広がり、ブース少年がそれまで見た中で最も高い建物である五階建てのホテルがそびえていた。そしてピザ屋もあった。

ブースは学業、とりわけ数学に秀でていた。小柄ながらバスケットボールをプレイし、小遣い稼ぎのために地元のメモリアル・スタジアムで案内係をしながらポップコーンを売る仕事もしていた。やがて経済学を学ぶためにカンザス大学に入学した。ベトナム戦争が激化していた時期だったため、大学生活においては、修士課程への進学といった徴兵回避の手段を探すことが大きな比重を占めた。

ブースは当初、博士号を取得してそのまま大学の教員になるつもりでいたが、指導教授の一人からユージーン・ファーマの理論を教わり、その教授の母校であるシカゴ大学への進学を勧められた。いずれにせよ結局は徴兵されることが想定されたため、復員兵を徴兵前と同じ身分に戻す義務が軍にはあるとの根拠から、ブースはシカゴ大学に出願したほうがよいと考えた。

やがて来た徴兵手続きの日、ブースは重度のアレルギーを理由に自分は不適格者だと訴えたが一笑に付され、正式に陸軍配属となった。だがその日のうちに、身体検査を担当した医務部長に遭遇した。不適格とされた場合、どうするつもりだったのかと医務部長が好奇心からたずねると、ブースはシカゴ大学で博士号を取得する予定だったと答えた。すると医務部長は「もう一度、きみのファイルを見てみよう」と言い、そこに書いてあった自分の所見を塗りつぶして、服務不可という判断を下した。ブースはすぐに愛車バリアント・コンバーチブルに荷物をつめてシカゴへと向かった。「徴兵の話がなければ、わたしはあのままカンザスで就職していただろう」と、のちに振り返っている。「シカゴでの一年目、ファーマや〔マートン・〕ミラーに論文を提出しながら、わたしは幸せを感じていた。ベトナムで泥沼にはまっていたかもしれなかったのだから」。

ブースはシカゴでの生活、とりわけファーマの講義を満喫した。ファーマはリスクとリターンの関係性や何千人もの投資家の集合知を反映する市場価格について非常に熱く語り、講義が終わるころには汗だくになっていることもしばしばだった。そして寒さの厳しい中西部の冬のさなかでも、涼むために教室の窓を開け放つのだった。[2] 引き締まった体型のファーマは時折、学生たちに混ざってバスケットボールのゲームに興じては、若い学生の誰よりも負けず嫌いの性格をあらわにしていた。ブースはシカゴで、自分と同じように早熟な一学年下の学生レックス・シンクフィールドとも知り合った。二人の若者はファーマと緊密な関係を築き、ファンド・マネジャーに関するその辛辣な見方を受け継いだ。「ストックピッカー（選別した銘柄で運用する投資家）は占星術師みたいなものだと思う。占星術師のことを悪く言うつもりはないが」。かつてファーマが皮肉っぽく語った言葉だ。[3]

ただし、自分は学術界に向いていない、という居心地の悪さをブースはずっとかかえていた。著名金融学者ファーマのクラスで最も優秀な学生であり、その指導助手という貴重な肩書きも得ていたが、博士号を取得して教員になることに魅力を感じなくなりはじめていた。そして、カンザス州で畑仕事を続けていた祖父母の家でクリスマス休暇を過ごしたときに、学術界でキャリアを積むことへの不安をはっきりと自覚したのだった。[4]

その不安はシカゴでの二年目に爆発した。シカゴ大学経済学部の重鎮ミルトン・フリードマンが、ブースのある論文を批判したことがきっかけだった。むしゃくしゃしたブースはファーマの研究室に駆け込み、退学を宣言した。「もうやめます。これ以上は耐えられない」。二年間でMBAの学位を取れるだけの単位を得ていたが、博士課程の修了には不十分だった。

ファーマは失望する一方で理解もしていた。ブースは自分が指導する中で最も優秀な学生だったが、誰もがシカゴ大学で博士課程を修了できるわけではない。ブースの関心が純粋な学術研究の分野に向いていないことも明らかだった。そこでファーマは、数年前から親しくつき合うようになっていたウェルズ・ファーゴのジョン・〝マック〟・マクォーンに電話をかけた。常日頃から誰か学生を紹介してくれとせがまれていたため、そのマクォーンが率いるマネジメント・サイエンシズでブースを働かせることにしたのだ。

ウェルズ・ファーゴ信託部門との根強い対立という問題はあったものの、ブースはそこで刺激に満ちた幸せな二年間を過ごした。主に手がけたのは、結局は頓挫するはめになる「駅馬車ファンド」のプロジェクトだった。学術界ではなく現実的なビジネスの世界で生きていく覚悟ができたうえに、厄介な規制と投資家の関心の低さのせいで没になった駅馬車ファンドの経験から、ブースは販売、そして顧客の声にきちんと耳を傾けることの重要性を学んだ。この教訓を、ブースはほどなく実践へと生かすことになる。

*

一九七五年、ブースはウェルズ・ファーゴを辞め、ニューヨークの〔投資銀行〕AGベッカーに転職した。市場全体に対する各ファンド・マネジャーの相対パフォーマンスの比較表（通称「グリーンブック」テーブル）を作成したことで知られる、年金業界向けコンサルティング事業のパイオニアだ。ファーマの信奉者で、インデックス投資という話題の新分野での経験を有するブースには、うってつけの職場だった。もっとも当人は、従来型のストックピッカーの能力について、しだいに冷めた見方をするようになっていたのだが。

ある日、AGベッカーの顧客であるファースト・ナショナル・バンク・オブ・シカゴから、インデックス・ファンドを運用するためのソフトウェアが欲しいという電話がかかってきた。会社は当然のように、インデックス・ファンドの分野で実務の経験があるブースにこの案件を託した。与えられた期間は六カ月で、二人の情報技術（IT）担当者が助手としてつけられた。二人は化学処理業界の出身で金融の知識は皆無だったが、きちんと成し遂げた。すっかり気を良くした会社は、その最先端の商品をほかの投資家にも売る仕事をブースに課した。最初に契約を結んだのは、一部のベビー・ベルの年金基金を統合する過程にあり、独自のインデックス・ファンドの運用を望んでいたAT&Tだった。そこには、自社でできそうなことに関して手数料を支払うのを避けたいという思惑があった。

顧客の状況を把握するため、ブースは定期的にAT&Tのニューヨーク・オフィスに出向いた。やがて、内部に混在するファンド・マネジャーや証券に関して、明らかに欠けている点を指摘するようになった。年金基金には、なおもS&P五〇〇の中から優良銘柄を選別しようとするファンド・マネジャーが数多く存在していた。また、独自のインデックス・ファンド運用も行われていたが、中小型株への投資は手つかずであった。

当時の大手機関投資家はどこも同様だった。S&P五〇〇の大型優良銘柄に比べて、中小企業の株式は変動がはるかに激しく、取引環境も著しく劣っていた。当時は、中小企業だけに特化した株価指数がまだ一つも存在していなかった。フランク・ラッセル（ジャック・ボーグルの右腕だったジャン・トワルドウスキーがバンガードを離れたあとに勤めたコンサルティング会社）が旗艦となる「低時価総額株」指数のラッセル二〇〇〇を創設したのも、一九八四年になってからだ。「小型株」という用語が金融業界の辞書に仲間入りする前の時代であった。

それでもブースは、ＡＴ＆Ｔの年金基金がほんの一部でも中小型株に資金を振り向けることが理にかなっていると考えた。シカゴ時代に受けた講義や、ハリー・マーコウィッツ、ウィリアム・シャープ、ファーマの理論を思い起こしながら、今よりも高いリスクをとることでＡＴ＆Ｔが中長期的により大きなリターンをあげる可能性があると指摘した。少なくとも、ＩＢＭ、ゼネラル・エレクトリック、シェブロン、フォード、ボーイングといった既存の大型株ポートフォリオに加えて中小型株を保有することで、分散化というメリットが生じる、とブースは訴えた。

ＡＴ＆Ｔが理解を示したため、ブースはこの件についてＡＧベッカーの幹部向けにプレゼンテーションを行った。そこで食いついたのが、成績トップクラスの営業担当者ラリー・クロッツだった。クロッツは顧客の一人である小規模上場タイヤ会社のＣＥＯから、自社の株式に投資家が関心を寄せてくれない、そして競合会社や似た規模の他社も同じ悩みをかかえている、という嘆きを聞いたところで、中小型株だけに投資する株式ファンドは作れないものかと考えていた。「それができれば、中小企業も公平な立場で競い合えるようになる」と。「中小企業はアメリカ経済の最大の活力源なのに、資本不足の状態にある」。

プレゼンテーションを見たクロッツは、もっと細かい点について話をするためにブースに近づいていった。二人とも商機はありそうだと考えたが、ウェルズ・ファーゴ時代の駅馬車ファンドの教訓が頭にあったブースは、クロッツの顧客の年金基金を訪ね、関心を示す者がもっと出てくるかどうか確かめることにした。二人は夏のあいだ、中小型株に対する顧客の投資意欲を見定めるため、州間高速道路75号線を使ってミシガン州デトロイトとオハイオ州シンシナティの間を何度も行き来した。[5] 説得力のある具体的なデータはほとんどなかったため、ブースとクロッツは中小型株への投資で分散化（マーコウィッツいわく、投資における唯一の「フリーランチ」獲得方法）を促進できる、という説明を前面に押し出すことにした。また「小型株インデックス・ファンド」という呼称に年金基金幹部が興ざめする様子がみられたので、ブースは「小型株ディメンショナル・ファンド」と言い換えるようになった。はるかに格好よく聞こえると思ったからだが、実際に相手の心に響きやすくなったようだった。

ただし、資産運用ゲームへの参入に無関心なAGベッカー上層部の反応は薄かった。そこでクロッツとブースは独立を決意したが、そのためには資金と助言が必要だった。幸い、その両方について少しばかり心当たりがあったブースは、ある人物に電話をかけた。かつての上司マクォーンである。マクォーンは一九七四年にウェルズ・ファーゴを辞めたあと、金融業界のさまざまな企業を相手にコンサルティング業を行っていた。一九八〇年の感謝祭の休暇に、ブースはカリフォルニア州ミルバレーにあるマクォーンの家を訪ねた。このタマルパイス山麓の風光明媚な町で、小型株インデックス・ファンドを年金基金に売るという新ビジネスの詳細について、二人は徹底的に議論した。[6]

*

思いがけない巡り合わせも重なった。同じころ、シカゴ大学の同窓生であるレックス・シンクフィールドがブースに電話をかけてきた。シンクフィールドはアメリカン・ナショナル・バンクの信託部門全体のトップに昇進しており、インデックス・ファンド草創期の取り組みや、ロジャー・イボットソン教授との共著『株式、長期国債、短期国債、インフレーション』によって業界内でも有名になっていた。セントルイス出身で眼鏡がトレードマークのシンクフィールドは、アメリカン・ナショナル・バンクのニューヨーク・オフィスを運営する人材を探すなかでブースが最適だと思いつき、連絡をしてきた。だが、ブースがこれからAGベッカーを辞めて小型株専門の新しいインデックス・ファンド会社を設立するつもりだと伝えると、自分も打ち明け話を始めた。

実はシンクフィールドも今の仕事に飽き飽きし、苛立ちとフラストレーションを募らせていた。ブースと同じように、小型株に特化したミューチュアル・ファンドの導入をアメリカン・ナショナル・バンクに訴えたが聞き入れられず、退職して自分で事業を立ち上げようと考えていたところだった。そこでブースとシンクフィールドは、それぞれの構想を一体化すべきだと思いいたった。こうして一九八一年六月、シンクフィールドは、〔その二カ月前に〕ディメンショナル・ファンド・アドバイザーズを創業していたクロッツ、ブースの二人とパートナーシップを組み、同社の一員となった。

著名人であるシンクフィールドを取締役に迎えたのは快挙だった。新会社ではシンクフィールドが最高投資責任者（CIO）、ブースが社長、クロッツが顧客担当および販売の責任者にそれぞれ就任し、この創業者三人にAGベッカーの営業担当者だった数人が社員として加わった。給料は下がるものの、それを補うのに十分な手数料収入に魅力を感じた者たちが、アメリカ株式市場を複数の分野に切り分ける仕事を始めたのだった。[7]

新しい投資会社を始めるのに良い頃合いでもあった。アメリカではようやく金利が低下しはじめ、株式市場が驚異的な強気相場に突入しようとしていた。そして公的部門でも民間部門でも、年金基金の規模は一段と速いペースで拡大していた。同国の年金基金の運用資産額は、一九八〇年末の時点で約九九〇〇億ドルだったが、一〇年後にはその三倍超の三兆六〇〇〇億ドルを記録した。個人退職勘定、四〇一kプランなどの確定拠出制度、個人年金保険、連邦および地方公務員向け確定給付制度を合わせた運用資産額は、二〇〇〇年を迎えるころに約一二兆ドルに達し、その後も拡大して現在では三〇兆ドルを超えている。[8]その恩恵を主に享受したのは、運用を手がけた投資会社である。ボストン、ニューヨーク、ロサンゼルスに本拠を置くこれらの企業の隆盛は、金融業界志望者の増加を後押しした。

DFAは顧客を開拓する段階にあったが、幸運にも初期の時点でクロッツがいくつか契約を取りつけることに成功していた。一九八一年二月、創業二カ月前で社名も決まっていないころだったが、クロッツは中西部の保険会社ステート・ファーム、そしてガラス瓶製造大手オーウェンズ・イリノイの年金基金との大型契約を確保した。[9]そのおかげで、DFAはイギリスの大手資産運用会社シュローダーから資金を調達することが可能になった。シュローダーは、一五年後に全体の一五パーセントに相当する株式に転換可能という条件で、三五万ドルの社債を購入した。〔起業に際して相談相手となった〕マクォーンも出資したほか、DFAの一部債務の保証を個人で引き受けた。シンクフィールドは、かつての上司が意味もわからずにサインしたのではないかと疑っていたが、マクォーンは自分が返済義務を負う可能性を認識していたと主張している。

ここでも、コンピューターの発達がきわめて重要な役割を果たした。一九八一年八月、IBMは自社史上初のパーソナル・コンピューターを発売した。当初の価格はわずか一五六五ドルだった。[10] 搭載メモリの容量は一六キロバイトと、現在の技術水準（iPhoneはその約二五〇倍）からみれば取るに足らなかったが、「IBM PC」はたちまち世界を席巻した。このパソコンのおかげでDFAのような企業も、それまで株式市場のデータを処理するために必要だった高価なメインフレーム・コンピューターを買ったり、時間ぎめで借りたりしなくても済むようになった。[11] かつて異質な存在だったコンピューターは、その後一〇年にわたってウォール街のトレーディング・デスクの上で雨後の筍《たけのこ》のように増えつづけ、金融業界におけるデジタル時代の幕開けを後押しすることになるのだった。

DFAが独自のファンドを創設できるようになるには、やらなければならないことがなおも山積みだった。そこでブースは、投資業界で屈指の経験を有する企業幹部、バンガードのジャック・ボーグルに助言を求めに行った。ブースが初めてボーグルに会ったのは、証券価格調査センター（CRSP）におけるジェイムズ・ローリーのセミナーでのことだったが、よく知るようになったのはAGベッカー勤務時にバンガードが自分の担当顧客となってからだった。このころすでにバンガードは自社でインデックス・ファンド事業を手がけていたが、ボーグルは寛容にも、DFAのために煩雑な管理業務すべてをわずかな手数料で行うことに賛同してくれた。小さなスタートアップ企業にとって願ってもない助け舟だった。

ミューチュアル・ファンドの運用には、配当の回収、毎日の終値の確認、株式分割の処理、そして必要不可欠な書類仕事全般といった日常的な管理業務がともなう。多大な労力と費用がかかりうるが、当然ながらバンガードはこの分野で豊富な経験を有していた。そして、DFAが自力で処理できるようになるまでの三年間、支援を続けたのだった。

それだけではない。バレーフォージでの話し合いの最後に、ボーグルは椅子の背にもたれながら、会社に良い弁護士をつける必要があるとブースに助言した。そして、バンガードが契約している弁護士の名刺を探し出して手渡し、ブースから連絡があるだろうとその弁護士に自ら電話で伝えておくと言った。「あとから思えば、これは非常に重要な意味をもつ計らいだった。何の実績もなく、自宅をオフィスにしているようなスタートアップ企業の仕事を引き受けたがる大手の有力法律会社などないからだ」とブースは話す。

＊

次にすべきことは取締役会の編成だった。〔出資者で債務の保証人にもなった〕マクォーンが名を連ねたのは当然と言えるが、特記すべきはわずかな持ち株と引き換えに、産声を上げたばかりの会社に調査担当取締役としてブースとシンクフィールドの師であるファーマを招き入れたことである。ミューチュアル・ファンドには運用会社とは別の取締役会が必要であり、そちらのメンバーの大半はシカゴ大学経営大学院の廊下を歩き回りながら寄せ集めた。最終的にはマートン・ミラー、マイロン・ショールズ、リチャード・ロール（ファーマの弟子の一人）、ロジャー・イボットソン、ジャック・グールドといった経済学界のスーパースターたちが綺羅星のごとく顔を揃えた。ブースとシンクフィールドは、立ち上げに際して見返りを提供することはできないが、新会社が軌道に乗ったあかつきには取締役報酬を支払うと約束した。[12]非常に優秀な二人のシカゴ大学出身者が研究主導型の投資会社を設立し、自分たちの理論を実践に移す方針を掲げている。その可能性に興味をそそられて、全員が取締役就任を受け入れた。こうした大物取締役の存在も、無名のスタートアップ企業に箔をつける役割を果たした。

その後まもなく、また別の歯車の歯がかみ合った。シンクフィールドの妻ジーンは社会学者だったが早々に学術界に嫌気がさし、夫の母校でMBAの学位を取ることにした。並々ならぬ能力の持ち主で、経営大学院のコンピューター・センターに入り浸り、統計学の専門知識とプログラミング技術を駆使した研究を行った結果、シカゴ商品取引所（CBOT）での職を得た。世界でも特に歴史の古い商品取引所であるCBOTは、一九三〇年代以降、シカゴ金融街の中心にある荘厳な超高層ビルを本拠とし、金融デリバティブ業界の動力源として徐々に存在感を強めていた。同業界は、一九七三年にマイロン・ショールズとフィッシャー・ブラックがオプション（デリバティブの代表格）の理論価格を計算するための革新的なモデルを発表したあと、急速に発展してきた。そのCBOTで、ジーン・シンクフィールドは複雑で高度な能力を必要とするデリバティブの設計に携わっていた。

DFAにトレーディング・システムの強化を担当する者が必要だということに、クロッツとブースは早くから気づいていた。コカ・コーラやゼネラルモーターズなどの大型株と異なり、中小型株はかなり売買が成立しにくいため、その重要性はなおさら高かった。システムがうまく機能しなければ、ファンドを対象市場の値動きに連動させることは間違いなく困難になる。最悪の場合、日々の取引コストがかさみ、少しずつ赤字を垂れ流していくはめになる。レックス・シンクフィールドは同僚たちに「そのようなことはありえない」と言いつつも、妻にその役を任せるという構想に前向きだった。DFAに大きく貢献できる能力の持ち主だとわかっていたからだ。ジーン・シンクフィールドは、最初のうちは無償でトレーディング・システムの見直しに幾夜も費やした。だが、いつまでたっても不具合がなくならないため、やがてトレーディング担当責任者としてDFAに入社した。

ジーンが非常に重要な役割を演じたからこそDFAは成功した、とクロッツは語る。「ジーンは業務部門の影の指揮官だった」。連動させるべき小型株の指数が存在せず、売買の手法やタイミングに関して、ある程度、自社に都合のいいルールを設けることが可能であったため、ジーンはその余地を最大限に利用した。のちにジーンは、トレーダーやポートフォリオ・マネジャーの候補者にDFAの組織全般や効率的市場、ミューチュアル・ファンド関連規制について口頭試問を行うようになった。数日にわたって行われるこの試問は「ジーン・テスト」と呼ばれ、合格した者はトレーディング部門の全員に必ずミルクセーキをおごる、という慣習もできた。[13]「ジーンは現場監督だった」。現在、DFAで共同CEOを務めるデイブ・バトラーは語る。「一緒に働いていた者はみな、彼女が全社員に完璧を求めていると知っていた」。ただし、レックス・シンクフィールド自身は「ジーン・テスト」を受けずに済むようにうまく立ち回っていた。

DFAが最初に立ち上げたファンドは当初「九－一〇ファンド」と呼ばれていた。これは、NYSE上場銘柄を時価総額の大きい順に数が等しくなるように十分割し、九番目と一〇番目のグループ〔訳注：時価総額の下位二〇パーセントに相当〕に分類される銘柄に投資していたためである。当時、これらの銘柄の数は約三〇〇で、加重平均の時価総額は約一億ドル、今日であれば「超小型株」と呼ばれる規模であった。代表格としてはジャム製造のスマッカーズやクレヨン製造のビニー&スミスが挙げられる。ファンドは完全なパッシブ運用型で、超小型株全体のパフォーマンスに連動させることをめざしていた。

一九八一年一二月、DFAはついに最初のファンドを世界に公開した。先行各社のインデックス・ファンドと同様に、その船出は順風満帆とはいかず、「ゴミの山ファンド」と酷評した新聞もあった。[14] しかもDFAの創業者トリオの一人は、会社が軌道に乗るよりも前に、衝撃的なクーデターによって追放されるはめになるのだった。

第10章 バイオニックベータ

BIONIC BETAS

一九八一年春の昼ごろ、ニューヨーク市ブルックリンハイツの閑静な並木道を散歩していた者は、レムセン・ストリート四八番に立つブラウンストーン建築の集合住宅から発せられる、この世のものとは思えぬ怪音を耳にしたかもしれない。

不気味な雑音の正体は、世界中のブローカーや投資マネジャーにリアルタイムの株価を提供するクォートロンの冷蔵庫ほどもある機器のファン回転音だった。ブースは一九七九年に最上階にある寝室二つのアパートを七万五〇〇〇ドルで購入していた。DFA創業後の数カ月は自分用ではないほうの寝室を本社としたため、同居していたきょうだいはその間、追い出される憂き目に遭った。ダイニング・ルームとキッチンは、それぞれDFAの最初の会議室と社員食堂になった。

マイケル・ブルームバーグが自身の名を冠して設立した金融情報会社がその数年後に台頭するまで、クォートロンはなくてはならない存在だった。だが、機器の動作音があまりにもうるさかったため、ブースはついに宅内に設置されていたサウナを取り壊してクォートロン用の防音室を作った。昼間、「オフィス」から出て息抜きするために、ブースはロウアー・マンハッタン（ニューヨーク市中心部）へとつながる近くのブルックリン橋をジョギングしていた。[1]

シンクフィールドもシカゴでさほど変わらない家に住んでいたが、少なくともグラント公園の真向かいのサウス・ミシガン・アベニュー八番に小さなオフィスを構えていた。ただし、最初の一年は出張続きでほぼ居つかず、格安航空便で移動しては安めのホテルに宿泊していた。ミネソタ州ミネアポリス郊外に本拠を置く製造業コングロマリット、ハネウェルを同僚と二人で訪問した冬のことだ。大きな雪の吹きだまりを乗り越えて到着したホテル、レッドルーフインのフロントで、二人は防弾ガラス窓のわずかな隙間からクレジットカードを差し出すという経験をした。

「稼げるようになったら、こんな宿にはもう二度と泊まらなくて済むんだぞ」。その晩、シンクフィールドは同僚に語った。*

幸運にもアメリカの株価は一九八二年に上昇に転じ、小型株はその年、とりわけ力強いパフォーマンスを演じた。同年のS&P五〇〇の上昇率が一四・七パーセントだったのに対し、DFA初のファンドは二九パーセント弱のリターンを記録した。この成績がDFAの営業の追い風となり、一九八三年初頭には運用資産額が一〇億ドルに迫る水準に達した。[2]「デイビッド・

ブースの手にかかると簡単そうに事は進む。……ビジネスは、とんとん拍子で拡大しているようだった」。同年九月、ニューヨーク・タイムズ紙はこう書き立てた。[3] クロッツは意気盛んだった当時のDFAについて、傍目にもわかるほど高揚感に満ちていたと話す。「成功の美酒に酔いしれていた」。

そのころには、営業部隊の強力な武器となりうる人物がDFAに入社していた。マイロン・ショールズの弟子であるスイス出身のロルフ・バンズだ。バンズはシカゴ大学で、証券価格調査センター（CRSP）が収集したデータを用いて中小型株の平均リターンを計算し、ある発見をした。名の通った優良銘柄と比べると値動きの激しさが目立つ中小型株だが、長期的なリターンは優良銘柄よりもはるかに高かった。バンズの研究によれば、一九二六〜一九七五年の期間の年平均リターンは、大型株で八・八パーセントだったのに対して、中小型株では一一・六パーセン

＊　このときの同僚ローレンス・スピースは、その後、会社を辞めかけたことがあった。販売が低迷している状況において、委託手数料だけで暮らしていくのは厳しかった。しかもスピースには養うべき家族がいた。一九八二年初頭には住宅ローンの支払いのため、車を一台手放した。月が進んでも状況改善の兆しはほとんどみられず、ある日、辞意を伝えようとシンクフィールドのオフィスに足を踏み入れた瞬間、部屋の電話が鳴った。ボールベアリング製造のティムケン・カンパニーの年金基金が、DFAのファンドに一〇〇〇万ドル投資したい、と連絡してきたのである。その委託手数料があれば、年末まで何とか暮らせるため、スピースは辞意を取り下げたのだった。(David Booth and Eduardo Repetto, "Dimensional Fund Advisors at Thirty," Dimensional Fund Advisors, 2011, 30.)

トであった。[4]

これは衝撃的なデータだった。中小型株への投資は、理論上の分散化（数十年前にハリー・マーコウィッツが投資における唯一の「フリーランチ」獲得方法と呼び、DFAも年金基金に対して主な宣伝文句として使っていた）を可能とするだけでなく、大型株を上回る長期リターンをもたらす、というのだ。フォーチュン誌は一九八〇年六月〔三〇日〕号の「小型株から巨大な利益」という大げさなタイトルの記事で、バンズの暫定の研究結果を取り上げた。バンズの博士論文はジャーナル・オブ・フィナンシャル・エコノミクス誌の一九八一年三月号で正式に掲載された。この論文によれば、ボラティリティの高さを考慮して調整したあとの数字でも、小型株は大型株を上回るリターンを生み出している。[5] シンクフィールドはすでにバンズの研究について知っていた。ブースはユージーン・ファーマからこの論文を紹介され、DFAの小型株ファンドがより多くのカゴに卵を分散させることを可能にするだけでなく、より大きな長期的なリターンをもたらす、という確証を得たのだった。[6]

これがきっかけとなって、新しい資産運用アプローチ開拓の扉が開いた。DFAは当初、自社への宣伝効果を意識してこの新アプローチを「ディメンションズ」と名づけたが、今日では他の推進者の大半が「スマートベータ」もしくは「ファクター投資」という呼び方を用いている。

＊

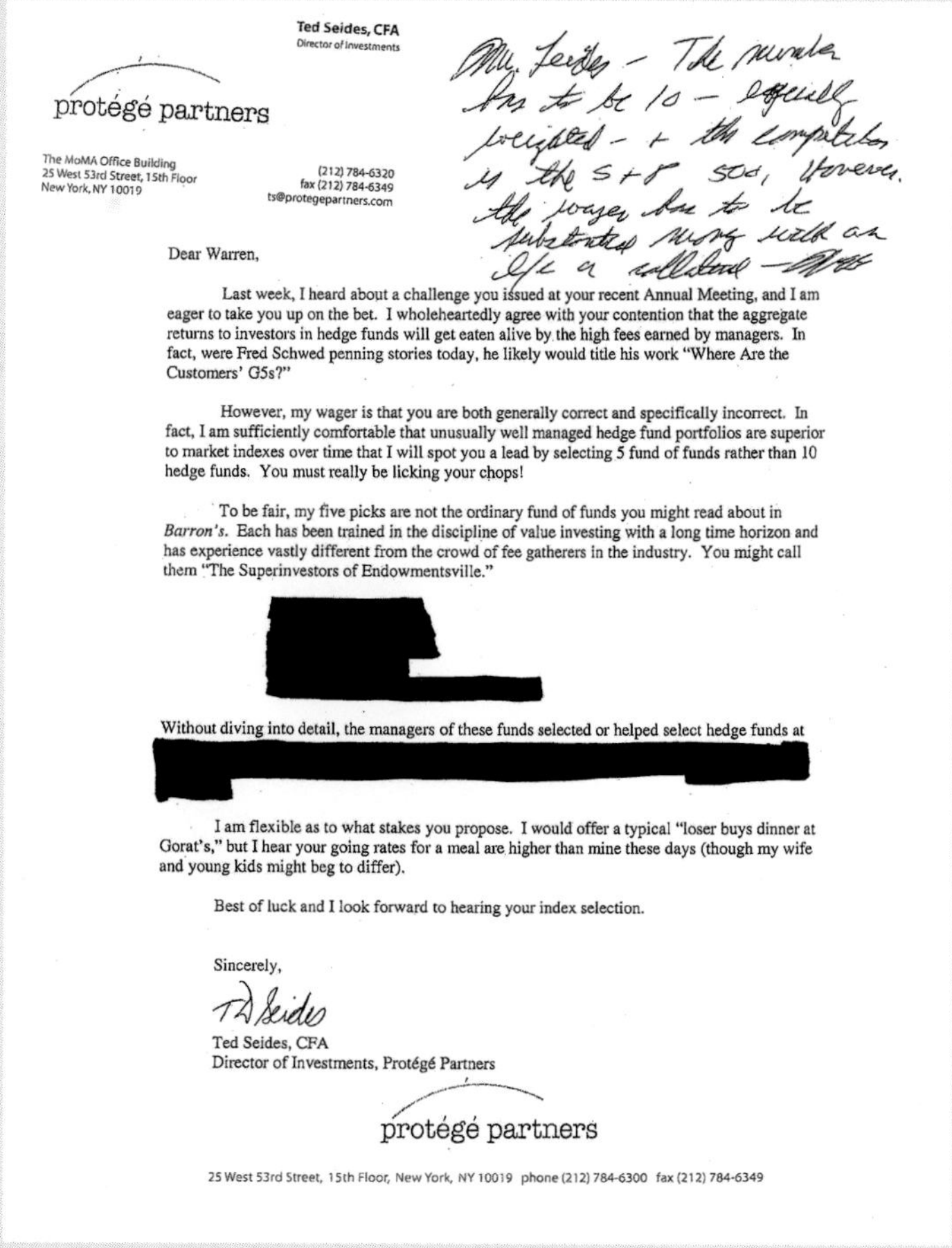

Ted Seides, CFA
Director of Investments

Mr. Seides – The number has to be 10 – equally weighted – & the competition is the S+P 500; however, the wager has to be substantial money with an l/c or collateral – WEB

protégé partners

The MoMA Office Building
25 West 53rd Street, 15th Floor
New York, NY 10019

(212) 784-6320
fax (212) 784-6349
ts@protegepartners.com

Dear Warren,

Last week, I heard about a challenge you issued at your recent Annual Meeting, and I am eager to take you up on the bet. I wholeheartedly agree with your contention that the aggregate returns to investors in hedge funds will get eaten alive by the high fees earned by managers. In fact, were Fred Schwed penning stories today, he likely would title his work "Where Are the Customers' G5s?"

However, my wager is that you are both generally correct and specifically incorrect. In fact, I am sufficiently comfortable that unusually well managed hedge fund portfolios are superior to market indexes over time that I will spot you a lead by selecting 5 fund of funds rather than 10 hedge funds. You must really be licking your chops!

To be fair, my five picks are not the ordinary fund of funds you might read about in *Barron's*. Each has been trained in the discipline of value investing with a long time horizon and has experience vastly different from the crowd of fee gatherers in the industry. You might call them "The Superinvestors of Endowmentsville."

[redacted]

Without diving into detail, the managers of these funds selected or helped select hedge funds at [redacted]

I am flexible as to what stakes you propose. I would offer a typical "loser buys dinner at Gorat's," but I hear your going rates for a meal are higher than mine these days (though my wife and young kids might beg to differ).

Best of luck and I look forward to hearing your index selection.

Sincerely,

Ted Seides

Ted Seides, CFA
Director of Investments, Protégé Partners

protégé partners

25 West 53rd Street, 15th Floor, New York, NY 10019 phone (212) 784-6300 fax (212) 784-6349

ウォーレン・バフェットの賭けの提案に対し、テッド・サイディスはヘッジファンドでインデックス・ファンドを上回る運用成績をあげてみせる、と宣言した手紙を送った。するとうれしいことに、バフェットがその手紙に乗り気なメッセージを殴り書きし、サイディスに送り返してきた。〔第1章〕

哲学にも造詣が深い知性派のハリー・マーコウィッツは、世界屈指の影響力をもつ稀有な経済学者である。多くの崇拝者を生み出したその「現代ポートフォリオ理論」は、現代ファイナンス理論の起源とみなされており、インデックス・ファンドの開発を支える学術的な土台となった。〔第3章〕

ハリー・マーコウィッツの教え子であるウィリアム・シャープは、株式市場全体こそ、リスクとリターンのトレードオフが最適化された状態だと説いた。その研究は自身とマーコウィッツにノーベル経済学賞をもたらし、指数連動型パッシブ運用ファンド第一号誕生への道を開く役割も果たした。〔第3章〕

元農業従事者で海軍技師としての経歴も有するジョン・“マック”・マクォーンは、並々ならぬ意欲とコンピューター愛を携えて金融業界に入った。その特性は、ウェルズ・ファーゴで史上初のインデックス・ファンドを導入するうえで強い原動力となった。〔第4章、第5章〕

若いころ、運動選手として活躍したユージーン・ファーマと、その革命的な効率的市場仮説はシカゴ大学の代名詞となった。ファーマの名声は、金融業界の異端者の一団が取り組むインデックス・ファンド第一号の開発プロジェクトに知的な箔をつける役割を果たした。〔第5章〕

バッテリーマーチの社交的な創業者ディーン・レバロンは効率的市場の熱狂的な信者ではなかったが、インデックス・ファンドを多くの投資家が求めている商品と認識しており、新規なものを開発するという構想にも魅力を感じていた。〔第4章〕

1968年にインスティテューショナル・インベスター誌がカバー・ストーリーで取り上げたように、新しい血を必要としていた名門投資会社ウェリントンと、ボストンの新進気鋭の資産運用会社TDP&Lの組み合わせは合併当初、完璧にみえた。だが蜜月は長続きしなかった。〔第6章〕

ボーグル軍団。バンガード創業者のジャック・ボーグルは常に若いアシスタントをつけ、自分の思いどおりの人材を育てようとした。毎年クリスマスの時期には、ボーグルとアシスタント経験者たちによる夕食会が開催され、大量の酒が酌み交わされた。写真は後列左からジェレミー・ダッフィールド、ジェイムズ・リープ、ダニエル・バトラー、ジャン・トワルドウスキー、ダンカン・マクファーランド。前列左からジャック・ブレナン、モーティマー・バックリー、ジャック・ボーグル、ジム・ノリス。〔第8章〕

デイビッド・ブース、レックス・シンクフィールド、ラリー・クロッツの3人は、ディメンショナル・ファンド・アドバイザーズを共同で創業するにあたり、師匠格であるジョン・マクォーンとユージーン・ファーマに取締役就任を依頼した。写真は左からマクォーン、クロッツ、ファーマ、ブース、シンクフィールド。〔第9章〕

学術界の知見と、新境地の開拓に意欲的な金融業界の異端者たちの取り組みが融合することで、インデックス投資手法の開発に拍車がかかった。ジョン・マクォーン、デイビッド・ブース、そしてウェルズ・ファーゴのコンサルタント経験者で、のちにノーベル経済学賞を受賞したマイロン・ショールズは、その代表的な立役者である。〔第4章、第5章、第9章〕

バークレイズ・グローバル・インベスターズ（BGI）のフレデリック・グラウアー（写真左）はパトリシア・ダン（同右）を後継者として育てた。だが、自分が親会社バークレイズとの報酬交渉でもめて退職した際、その後を追わずにBGIの指揮を単独で執りはじめたダンの行為を裏切りと感じ、激怒した。写真中央は、「快活で内に炎を秘めた」同社のカルチャーが性に合っていたというBGI上級幹部のエリック・クローシア。〔第12章〕

ラリー・フィンクは「世界で最も成功した」債券トレーダーとして君臨していたが、やがて1億ドルの損失を出し、ファースト・ボストンでの職を失った。だが、それから立ち上げた会社は世界最大の投資グループ、ブラックロックへと成長を遂げる。その強固な地位をもたらしたのは、パッシブ投資の大手BGIの買収という大胆な戦略だった。〔第13章、第14章〕

草創期において、インデックス投資に対する投資業界の態度は概して冷ややかだった。だが、ひとたび勢いが強まりはじめると（軽重の度合いはさまざまだったものの）攻撃的な反応が支配的となった。インデックス・ファンドのパイオニアの中には、アクティブ運用専門の資産運用会社ルースホールド・グループが作ったこの皮肉たっぷりのポスターを今なおオフィスに掲示している企業がある。〔第5章〕

勢いを増すパッシブ投資

運用資産額（兆ドル）

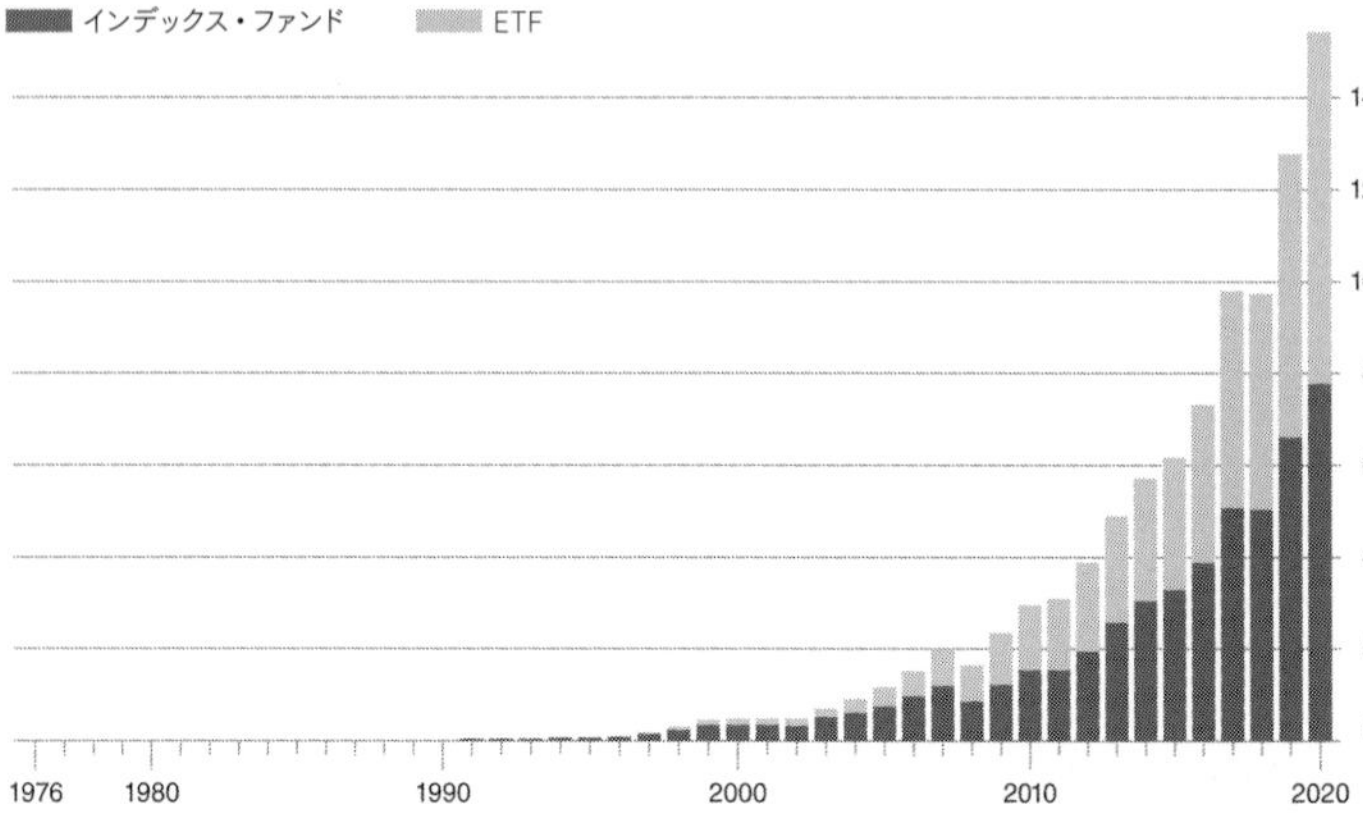

インデックス・ファンドは1970年代初頭に発明されたと言えるが、投資業界で実際に存在感を示しはじめたのは1990年代に入ってからだった。2010年代にはインデックス・ファンド（パッシブ型のミューチュアル・ファンドもしくは上場投資信託）の運用資産額がすさまじいスピードで増加し、投資業界内での市場シェアも拡大の一途をたどった。

指数連動型ファンドの内訳

運用資産額（兆ドル）

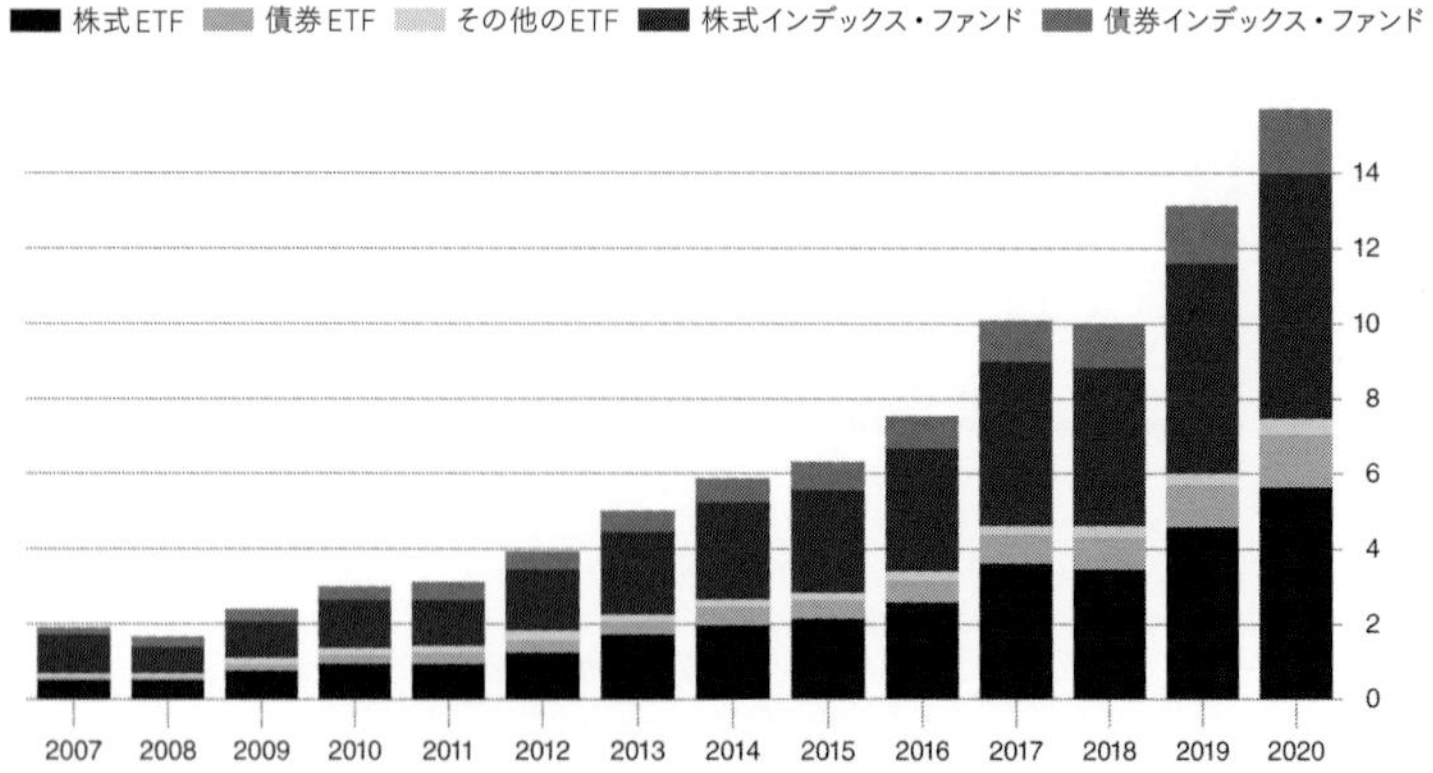

指数連動型ファンドには、原油価格に連動する上場投資証券（ETN）からパッシブ型のマネーマーケットETFまで、さまざまな種類が存在する。これまでのところ、株式インデックス・ファンドの運用資産額が最も大きいが、ここ数年に債券インデックス・ファンドが急拡大しており、今後10年でその勢いはさらに増すと予想される。

投資の歴史は暗号解読の歴史とも言える。株式市場誕生後の数百年にわたり、アマチュア投資家や理論家、実務家らが、みな金融市場に蓄えられた富を解き放つことを目的として、複雑さや技巧がさまざまに異なる銘柄選択手法を編み出してきた。

その多くは、万人向けとされながらも、騙されやすい人々を相手に営業するペテン的な業者以外、誰も豊かにすることのない役立たずの手法だった。だがやがて、少なくともささやかな成功をもたらすアプローチが生み出されるようになった。ウォール・ストリート・ジャーナル紙創業者のチャールズ・ダウが提唱したダウ理論（基本的にテクニカル指標を用いて相場がどのような局面にあるのかを見きわめ、そこから利益をあげることをめざす理論）から、インベスターズ・ビジネス・デイリー紙が推進したキャンスリム法、ベンジャミン・グレアムを始祖とするバリュー投資論まで、さまざまである。

一九六〇年代～一九七〇年代に行われた研究は、暗号が実際には解読不能な可能性があり、解読の試みはコストがかかるばかりで無益に終わる、という衝撃的な結論を提示した。マーコウィッツの現代ポートフォリオ理論やウィリアム・シャープのＣＡＰＭは、リスクとリターンのバランスが最適な状態にあるのが市場だと示しており、ファーマはその理由について一貫性と説得力のある説明をしている。何千人もの投資家がそれぞれ他者を出し抜こうと試みつづける結果、株式市場は効率的になり、それをアウトパフォームすることが現実的に難しくなる。したがって、大半の投資家は特別なことはせずに市場全体を買うべきだ、と。

しかし、一九八〇年代～一九九〇年代になると新たな画期的研究が行われ（その一部は、一九六〇年代～一九七〇年代に投資業界を揺るがしたのと同じ効率的市場の信奉者によるものだった）、過去数十年に構築された学術体系の中の齟齬が露呈しはじめた。もしかすると株式市場は完全に効率的ではなく、むしろ長期的には市場に勝つ方法があるのではないのか、との疑念が生じたのである。

学術体系内の不具合には以前から知られているものもあったが、大抵はうやむやにされてきた。フィッシャー・ブラックとマイロン・ショールズは一九七〇年代初頭の時点で、ボラティリティが低めの銘柄は高ボラティリティ銘柄よりも実際には長期的に高いリターンを生み出す、といった効率的市場理論にそぐわない事態を指摘していた。これは、リターンとリスク（ボラティリティで代用）には相関性がある（たとえて言えば、ループの多いジェットコースターほどスリルも大きくなる）という考え方と矛盾する。直観的に正しいと思える理論も、実のところ、厳格な精査に耐えられそうにはなかった。

だからこそ、ショールズとブラックは当初、ウェルズ・ファーゴに、ボラティリティの低い銘柄（つまり低ベータ株）に投資するファンドを創設し、レバレッジを活用して全体のボラティリティを市場平均と同等にすることを提案したのである。[7] そうすれば、あら不思議、ほかとループの数は同じなのに、もっとスリルのあるジェットコースターができるのだ、と。こうした矛盾にもかかわらず、効率的市場仮説はまたたく間にアメリカ中のビジネススクールで教義となったのだった。

変化の最初の兆候は一九七〇年代末に現れた。その発生源は、物理学者から経済学者に転身したペンシルベニア大学のスティーブン・ロスと、知性にあふれたヨガ好きのアナリストで、のちに金融業界の花形となったバー・ローゼンバーグである。

シャープが考案したもともとのCAPMは、単純化のため、〔期待リターンを算出するのに〕用いる「市場ファクター」をベータ（個別の証券が市場全体の値動きに対し、どのくらい反応して変動するのかを数値化したもの）だけにしたシングルファクター・モデルだった〔訳注：ファクターとは、資産のリターンやリスクに影響する共通要因を意味する〕。必要最小限に徹した簡潔さを利点とする一方、実際の市場の動きを反映しているとは言いがたい、一時点での評価しかできない、無理のある複数の前提条件を必要とする、といった難点があった。CAPMは、ベータという市場ファクター以外に、個別銘柄のリターンを説明する固有の要因（たとえば利益の低迷や新商品の発売、名CEOの退任といった企業特有の要因）があることを示唆していた。

ロスが打ち出した「裁定価格理論」とローゼンバーグが考案した「バイオニックベータ」は、いかなる金融証券のリターンも複数の系統的なファクターによって決まる、と仮定していた。当たり前のことを言っているようだが、市場をより活力のあるものとして理解しようとする動きをもたらす転換点となった。型破りなローゼンバーグは、インスティテューショナル・インベスター誌でも大きく取り上げられた。一九七八年五月号の表紙を飾ったのは、口ヒゲをたくわえ、左右だけに残った髪に花を挿して瞑想のポーズを取る導師《グル》風の巨大な男性と、それを囲み、崇めたてまつるスーツ姿のポートフォリオ・マネジャーたちの絵だった。特集記事には「バー・ローゼンバーグとは何者で、何を語っているのか？」というタイトルがつけられていた。[8]

ローゼンバーグは、産業や地理的要因だけでなく、財務上の特徴に基づいて株式を分類する動きが学術界で生じていることを伝えていた。そして、そうした特徴の一部は実際に株式市場全体よりも高い長期リターンを生み出している可能性があった。

一九七三年、カナダのオンタリオ州にあるマックマスター大学の金融学教授サンジョイ・バスが、自社の利益との相対比較でみて株価が低い銘柄が、効率的市場仮説が示唆するよりも高いリターンをもたらすことを示す論文を発表した。バスの研究は、一九三〇年代にベンジャミン・グレアムが提唱したバリュー投資の原則（本質的価値を下回る価格で取引されている割安な不人気銘柄の買いを軸とする手法）が不朽の投資ファクターであることを主に提示していた。すべての割安株を系統的に買えば、中長期的に市場全体を上回るパフォーマンスをあげることが理論上、可能になる、と。

その後、ロルフ・バンズが小型株も同様であることを示し、ファクター投資の進化に向けて、また大きな一歩を刻んだ。日本とイギリスで行われた中小型株に関する後続研究でも似たような結果が出たため、一九八六年にＤＦＡはこの二つの市場を対象とした小型株専用ファンドも創設した。一九九〇年代初頭には、金融学者のナラシムハン・ジェガディーシュとシェリダン・ティットマンが共同執筆した論文で、市場のモメンタムに乗じる（つまり、すでに上昇している銘柄を買い、下落している銘柄を売る）だけで、市場を上回るリターンを獲得できることを示した[9]。

こうした明らかなアノマリー（変則事象）が生じる理由に関して、学術界の意見は割れている。

効率的市場の信奉者たちは、過度のリスクをとる投資家が享受する見返りだと説明する。たとえば、割安株は往々にして、ドットコム・バブル期真っ只中の旧来型産業コングロマリットのような、不人気で見向きもされない負け組企業の中に存在する。こうした銘柄は長期間にわたってアンダーパフォームしつづける場合もあるが、いつかはその本質的な価値が輝きを放ち、信念を貫いた投資家に恩恵をもたらす。そして小型株が好パフォーマンスを演じる主な理由は、大企業よりも小規模企業のほうが倒産するリスクが高い点にある、という考え方である。

これに対して行動経済学者は、ファクターはわれわれ人間の不合理なバイアスの産物である場合が多いと説く。バイアスの一例を挙げると、高額当選の確率がきわめて低いのに高価な宝くじを買ってしまうのと同じように、投資家は魅力的な高成長株に過度に投資し、ぱっとしない低成長株を不当に避ける傾向がある。行動経済学者によれば、有名な銘柄に不合理ながら人気が集まることで、〔割安な状態で放置される〕小型株のリターンは相対的に高くなる。一方、モメンタム・ファクターは、新しい情報に対する投資家の反応が最初のうちは鈍いが長期的には過剰になる、あるいは投資家が往々にして値上がり銘柄を売り急ぎ、値下がり銘柄を長く持ちすぎる、といった不合理が原因となって機能する。

理由はさておき、根強い投資ファクターがいくつか存在することを、今日では（すべてではないとしても）ほとんどの金融経済学者や投資家が認めている。ファクターは、巧妙そうに響くという マーケティング的観点から「スマートベータ」と呼ばれることが多い。ベータという概念の生みの親であるシャープ自身は、この表現を嫌がるようになった。これに頼らない他のすべての戦略がバカげているかのような印象を与えるからだ。[10] 金融学者の多くは「リスク・プレミアム」という用語を好んで使う。主として何らかのリスクを負うことでファクターが投資プレミアムをもたらす、との見方をより的確に反映するためだが、具体的にどのようなリスクなのかという点については、必ずしも意見は一致していない。

重要な節目は一九九二年に訪れた。ファーマとその研究パートナーを務めることの多かったケネス・フレンチ（やはりシカゴ大学の金融学教授で後年、DFAにも携わった）が「株式期待収益率のクロスセクション構造」という曖昧なタイトルの論文[11]を発表し、大きな衝撃をもたらした。のちに「三ファクター・モデル」として知られるようになる手法と、一九六三〜一九九〇年のNYSE、アメリカン証券取引所、ナスダック上場企業のデータを用いて、二人はバリュー（割安株が割高株をアウトパフォームする傾向）と規模（小型株が大型株をアウトパフォームする傾向）の二つが、市場全体に共通するファクター、つまりベータとは明らかに異なるファクターであることを示した。

効率的市場仮説の提唱者であるファーマとフレンチが、これらのファクターの効果を指摘し、過度のリスクをとることへの見返りと説明したこの〔衝撃的な〕論文の発表は、金融経済学の歴史に残る出来事となった。[12] 以後、学術界では数多くのファクターが特定されてきたが、それらの永続性や強度や受け入れられ方はさまざまである。

もちろん、ファクターは常に機能するわけではない。うまく働かず、長期にわたって市場をアンダーパフォームする事態をもたらす場合もある。たとえば、投資家が流行りのハイテク株しか買いたがらなかったドットコム・バブル期には、割安株が悲惨なパフォーマンスを演じつづけた。そしてDFAにとって残念なことに、創業初年度に急騰した小型株はその後、長い低迷期に突入し、S&P五〇〇を大幅にアンダーパフォームする苦難の日々が七年間も続いたのだった。[13]

DFAがほとんど顧客を失わずに何とか成長しつづけた一因は、常日頃からこのような局面が生じうると顧客に念を押してきた点にあった。とはいえ、それは顧客とのあいだで幾度となく気まずい会話が交わされた苦渋の時期であった。

あるときには、怒りをあらわにした大手顧客の財務副部長がブースに詰め寄り、腕をつかんで怒鳴った。「教えてやろう。当社が保有するあらゆる資産クラスの中で、おたくの運用成績が最悪だ。それでもまだ小型株の期待リターンは高いというのか」。ブースはDFAの対応マニュアルに従い、こう答えた。「わたくしどもは、小型株は大型株よりもリスクが高く、リスクとリターンのあいだには相関関係があると考えております。これに関して何かご不満な点がありますか」[14]。

DFAはやがてこの苦難の時期を乗り越えたが、無傷では済まなかった。

＊

スーツケースを運ぶのを手伝おう、というブースとシンクフィールドの言葉に、クロッツは不審をいだかずにはいられなかった。三人はうまくやっていた。だが、セントルイス出身のリバタリアン（自由至上主義者）であるシンクフィールドは他人の荷物を運ぶタイプではない、とクロッツは思っていた。

シカゴのホテルの部屋に着くやいなや、ブースはクロッツに告げた。「われわれが会社を引き継ぐ。きみは辞めてくれ」。クロッツは衝撃を受け、激怒した。その一年前の一九八三年四月に、DFAはささやかながらもようやく黒字に転じたところだった。しかも、初期の顧客の多くはクロッツの働きによって獲得していた。クロッツはDFAの株式の約三分の一を保有しており、会社と交わした契約は盤石だと思っていた。また、DFAが販売担当者に支払う巨額の手数料について、ブースと議論していた点を除けば、良好な関係を築けているはずだった。むしろクロッツは、ブースがシンクフィールドを追い出したがっていることを懸念していた。わずか数カ月前にそっと打ち明けられた件についてブースと話さなければならない。そう思っていたところに、その自分以外の創業者二人が突如、結託し、こちらを排除の対象としたのだ。青天の霹靂だった、とクロッツは振り返る。

動揺したクロッツは自分の弁護士を呼んだ。だが、ブース、シンクフィールド、ファーマの持ち株が合計で過半数を超えており、手の施しようがなかった。シカゴ一派によってクロッツは追放された。ナイフを振りかざしたのはブースだったが、熱狂的なチェス・プレイヤーであるシンクフィールドこそ、この企みの黒幕だったのだと、あとになってクロッツは考えた。「ヤツらはゴミ収集車の真ん前にわたしを捨てた。あれからシカゴ大学出身者は誰一人として信用できなくなった」。

クロッツは静かにDFAを去った。自分の持ち株の価値を危険にさらしたくなかったからだが、結局、闘争は泥沼化した。本人の話によれば、クロッツはDFA設立時の持ち株取得のために貸したはずの二万五〇〇〇ドルの返済を求めてブースを訴えた（ブースは貸し借りはなかったと異議を唱えている）。また、ブースとシンクフィールドが自分の持ち株の売却を妨害しようとしていると感じた。現実的な価格で持ち株を買い取ってくれる相手が見つかったのは、一九八九年になってからのことだ。DFAの規約には、創業者による持ち株の売却に関しては、いかなる場合であれ会社に第一先買権がある、と定められていた。このため、最終的にはクロッツが八五〇万ドルまでつり上げた提示額にブースとシンクフィールドが渋々応じる格好となった。

二十数年後、クロッツはあの突然の決裂劇を穏やかに振り返ることができ、許してすらいると語っている。「わたしにも分別はあるから、こちらのことを顧みない相手を恨んだところで自分と周りの人間が傷つくだけだとわかっている」。とはいえ、突然の解任劇がもたらした苦痛と、その後の地位への影響（いまやブースとシンクフィールドは共に大富豪である）が簡単に忘れられるようなものではないことは明らかだ。シカゴ大学の経営大学院は、三億ドルという空前の巨額を寄付したブースにちなんでブース・スクール・オブ・ビジネスと名づけられた。シンクフィールドは地元セントルイスで政界の実力者となっている。一方、クロッツはオハイオ州で金融アドバイザーとして働く身だ。

シンクフィールドはクロッツの退社について詳しく語ろうとしない。ブースも慎重な姿勢を崩していないが、クロッツが去ったのは社内で自分の果たすべき役割を見つけられずにいたからだと説く。ブースによれば、話し合いの場でシンクフィールドとブースはクロッツにこう言った。

「ラリー、きみは当社一のセールスマンなのに、きみ自身は営業をやりたがっていないようだ。営業こそ、きみがすべき仕事だとわれわれは思っているのだが」。クロッツは言葉を返さず、ムッとした様子で出て行ったという。ブースはクロッツを「素晴らしいセールスマンでナイスガイ」と評し、初期のすべての顧客を獲得したその手腕がDFAの事業を稼働させるうえで不可欠だったと認めている。

ただし、長い時間が経過してもわだかまりが消えていないことを示すように、二〇一一年に顧客贈呈用に刊行されたDFA公式の社史では、創業者の一人が去った件に関してたった三文で説明するにとどまっている。「当社の事業立ち上げを成功に導いたクロッツの功績も忘れてはならない。クロッツは優秀なセールスマンで、初期の重要顧客獲得に寄与した。他の道に進むため、一九八四年にブースとシンクフィールドに経営権を託し、当社を離れた」。

残った二人は経営者の仕事を切り分け、それぞれの責任を明確化した。ブースが主として事業開発に力を注ぐ一方で、シンクフィールドは運用業務に専念することになった。ある晩、二人はシカゴ本社の階下にあるコーヒーショップでDFAの将来について気軽に語り合い、会社がどこまで大きくなるか議論しはじめた。「相当でかくなるさ！」と主張するブースに対し、シンクフィールドは懐疑的で、ずっと小さいままだろうと話した。結局、話は堂々巡りになり、それぞれが三〜四年後の従業員数を予想して紙に書くことになった。蓋を開けてみるとどちらの数字も四〇人で、大きな会社という言葉の解釈の違いに声を立てて笑ったのだった。

当時、DFAはまだ組織として統一されていなかった。ニューヨークを本拠とするブースはシカゴへの移住に二の足を踏んでおり、シカゴのシンクフィールドもニューヨークに移ることに消極的だった。事業の面でも、年金基金への小型株インデックス・ファンドの販売に事実上、特化した零細企業のままであった。だが、その後の一〇年間に状況は劇的に変わり、DFAは大きく成長することになる。

＊

一九八五年六月、DFAはカリフォルニア州サンタモニカの風光明媚な海岸通りに新本社を開設した。シカゴとニューヨークで激しい季節の移り変わりを経験してきた者たちに、温暖で安定した気候の地への移転は心地よい変化をもたらした。事業の先行きにも明るい光が見えはじめていた。

この年、DFAは新たなアメリカ株ファンドを創設した。これは当初「六－一〇戦略」ファンドと呼ばれていた。〔最初のファンドの場合と同様に〕時価総額順に十分割したNYSE上場銘柄の六～一〇番目のグループに入る銘柄に投資するからだ。そして、小型株投資を形式化するプロセスの中で、このクラスは標準的な小型株とみなされるようになった。このファンドはのちに「アメリカ小型株ポートフォリオ」へと名称変更された。また両者の違いを明確にするため、最初のファンドも「アメリカ超小型株ポートフォリオ」に改称された。

一九八六年には日本株とイギリス株にそれぞれ特化した小型株ファンドが導入され、一九八八年にはヨーロッパ版がこれに続いた。幸い、一九八〇年代末には中小型株のパフォーマンスが好転したが、不遇の時代もＤＦＡは一芸へのこだわりを捨てずにいた（例外として、インフレ・ヘッジを目的とした短期債投資の小規模ファンドも作られたが、これはファーマが長らく温めてきたプロジェクトの一つだった）。

こうしたＤＦＡの事業方針が急変しはじめるきっかけとなったのが、ファクター投資という概念の出現である。会社の取締役であるファーマとそのパートナーのフレンチが、バリュー・ファクターと規模ファクターを永続的なリスク・プレミアムとみなす研究を一九八〇年代末から行ってきたことを、ブースとシンクフィールドはもちろん把握していた。一九九二年、二人の論文がついにジャーナル・オブ・ファイナンス誌に掲載されると、その数カ月後にＤＦＡは小型株、大型株それぞれに特化したバリュー・ファンド二つを創設した。[15]

シンクフィールドいわく、三ファクター・モデルの発表はＤＦＡの「大大躍進」の始まりだった。会社と創業者たちは相変わらず効率的市場仮説の教義にとても忠実だったが、いまや原点から離れ、国内外を問わず多種多様な戦略を実践する本格的な投資会社に変わることも可能になっていた。そうしたすべての戦略の裏づけとなるのが、ファーマやフレンチ、そしてその系譜を継ぐ者たちによる研究である。

厳密に言うと、ＤＦＡは自社の商品をインデックス・ファンドと呼んではいなかった。多くの場合、それらのファンドを連動させるべき正式な株価指数が存在していなかったからだ。したがって同社には、模倣の対象とする市場から少しでも追加的なリターンを搾り出そうと試みる余地がわずかながらあった。ただし、その試みは、銘柄選択において手腕を発揮するのではなく、よりご都合主義的な売買戦略をとることで行われた。具体的に言うと、DFAは自社ファンドに〇・三三パーセント程度の管理手数料を設定していた。これはインデックス・ファンドと従来型のアクティブ運用ミューチュアル・ファンドのほぼ中間に当たる水準だった。これを高いとみていたバンガードのボーグルがブースに嫌味を言うこともあったが、運用成績が良かったため、多くの顧客はその支払いを惜しまなかった。

DFAという会社自体に積極的に投資した顧客もいた。シュローダーが保有するDFAの社債が一九九六年に全体の一五パーセントに相当する株式に転換される予定で、DFAはその買い取りを望んでいた。何人かの個人投資家にその株式を保有してもらうほうが税制上、都合が良かったため、ブースは友人のポール・ウォッチャー（ロックバンドU2のボノや歌手のビリー・アイリッシュ、プロバスケットボール選手のレブロン・ジェームズなどの有名人顧客をもつ金融アドバイザー）に協力を求めた。そしてウォッチャーがブースに紹介した映画俳優のアーノルド・シュワルツェネッガーがDFA株を購入した（具体的な数字は非公開）。「［ブース氏とDFAが］自分たちの経済上の基本理念に忠実でありつづけ、その信念や投資理論から逸脱することなく会社を非常に大きく成長させてきたことに好感をいだいている」[16]。かつてウォール・ストリート・ジャーナル紙の取材にシュワルツェネッガーはこう答えている。華やかさの面ではDFAの顧客の中で一番と言えるだろうが、会社にとっての重要性という点では、はるかに上をいく者がいた。

ダン・ウィーラーは長いこと、放浪者のような人生を歩んでいた。運命に翻弄され、ピンボールよろしく、あちらにたどり着いたかと思えばこちらに戻ってくる日々を過ごしていたが、やがて効率的市場の熱狂的な信者として頭角を現した。機関投資家専門で無名に近い資産運用会社だったDFAの地位を押し上げ、その投資理念を全米、さらには世界の大勢の人々に広める手助けをしたのがウィーラーだった。

*

イリノイ州イーストセントルイスの労働者階級の町で育ったウィーラーは、小さなリベラル・アーツ・カレッジで歴史を学んだあと、海兵隊に入隊し、志願してベトナム戦争に従軍した。だがすぐに軍隊の厳しさに耐えられなくなって帰国すると、より実入りのよい職を求めて民間を渡り歩いた。アーサー・アンダーセンで会計士として働いたり、〔サウジアラビア出身の〕悪名高い武器商人で大富豪のアドナン・カショギの会社で経理を担当したり、カリフォルニア大学バークレー校で博士号を取得しようとしてすぐにあきらめたりしたのち、家族と共にアイダホ州ボイシに住み、近くの大学で教えはじめた。その後、メリルリンチで株式ブローカーとして働く隣人に勧誘されて同社に入ったが、ここでも魅力的だと思った仕事にすぐ失望するはめになった。

メリルリンチのブローカーは自分たちが顧客に何を売っているか知らず、取引手数料を稼ぐために顧客の資金を動かすことだけを考えていた。そして大勢のアナリストがいるにもかかわらず、同社の株式情報の質は低そうだった。「顧客が来る日も来る日もぼったくられているように思えた」とウィーラーは振り返る。やがてフラストレーションのはけ口として学びはじめたファーマやその同門の研究が、啓示をもたらした。ただちにウィーラーは、市場は効率的なのに人間がうまく御せずにいる、と確信した。

そこで自身の四〇歳の誕生日のお祝いとして、ウィーラーはメリルリンチを辞めて独立した金融アドバイザーに転身し、カリフォルニア州サクラメントにオフィスを構えた。そして業界を蝕む主因となっている問題を避けるため、急拡大中の「顧問料制（フィー・オンリー）」金融アドバイザーとして活動することにした。顧問料制とは、コミッション〔訳注：販売手数料や紹介料など〕は一切徴収せず、顧客から顧問料（時間当たりの定額料金もしくは資産額を基本とする定率料金）を直接受け取る業態を意味する。つまり、コミッションを得るために高額の金融商品を強く推奨したり、常に銘柄選択を売り物としたりする必要はない。そこでウィーラーは、顧客の資金を主としてバンガード五〇〇に投じていた。当時、一般投資家に門戸を開いていた唯一のパッシブ・ファンドだったからだ。

一九八八年、そんなウィーラーの目にUSAトゥデイ紙のある記事が飛び込んできた。ディメンショナル・ファンド・アドバイザーズと同社の斬新な小型株パッシブ・ファンドに関するもので、ウィーラーが主に顧客に勧めているような第一世代のインデックス・ファンドの創設で重要な役割を果たしたファーマの弟子二人が経営する会社だと書かれていた。興奮したウィーラーは、自分の顧客の資金をそのファンドに投じられないかと考え、サンタモニカのDFAを訪ねた。

ところがDFAのファンドは大手機関投資家専用で、ウィーラーのような金融アドバイザーには門戸を開いていなかった。シンクフィールドとブースはどちらも「リテール資産」を受け入れることに懐疑的だった。年金基金の場合、投資の判断を下すまでに時間がかかるものの、ひとたび決まればその資金は頼りになる。一方、一般貯蓄者の資金はとらえどころがなく、その運用には大変な苦労がともなう。*何にせよ、ブースとシンクフィールドはパッシブ・ファンドが一般投資家の関心を呼ぶと思えなかった。だがウィーラーは「試してもいないのに、なぜわかる?」と粘り強く反論し、最終的にはDFAの創業者二人が折れた。その三人の誰一人として、のちにこの決断を悔やむことはなかった。

この試みが非常にうまくいったため、ウィーラーは一年もしないうちに、顧問料制金融アドバイザーへのファンド販売に特化したDFAの新部門を立ち上げることをブースとシンクフィールドに提案した。このときも二人の腰は引けぎみだったが、ウィーラーが取引する金融アドバイザーすべてを自ら精査し、DFAの効率的市場の教義に忠誠を尽くすこと、また運用成績悪化の兆しがみえるやいなやファンドを解約したりしないことを念押しする、という条件をつけると受け入れた。

計画を実行するため、ウィーラーは会合を開催する準備に取りかかった。DFAのファンドの取り扱いを望む金融アドバイザーに参加を義務づけ、シンクフィールドやファーマ、フレンチ、ショールズ、マートン・ミラーらによる効率的市場理論とファクター投資に関する講義を受けてもらうのだ。

会合の主眼はDFAのファンドを売ることではなく、教育に置かれた。食事は出るが、サンタモニカまでの交通費は参加者が自己負担しなければならない。最初の会合に参加したのはわずか七人だったが、口コミで情報が広がり、一九九〇年代には大人気を博した。DFA自体もこの会合を「投資セミナー兼伝道集会」と表現していたほどで、[17]社外ではプロパガンダ集会と呼ばれることもしばしばだった。「アルコール依存者更生会どころのレベルじゃない。〔ナチスのプロパガンダ映画を作った〕レニ・リーフェンシュタール級だ。ただ言っていることは正論だった」。効率的市場教に改宗したある金融アドバイザーは、作家のマイケル・ルイスにこう語っている。[18]

会合では、ウィーラーがパートナー候補者たちに、「あとで謝る必要が生じるようなことはしないアプローチ」がDFAのモットーだと説く。DFAは、ほとんどのファンド・マネジャーが顧客に行うひどい仕打ちの例をこれでもかと挙げ、シカゴ大学の学術理論をわかりやすくまとめたものを示す。会合の終わりには、契約書にサインする順番を待つ参加者の列ができる。もちろん中にはサインしない者もいるが、ウィーラーはそれもやむなしと考えていた。そして開会の挨拶では、「われわれから学ぶもよし、市場から学ぶもよし。ただ、市場の授業料は高いよ」と軽口をたたくのだった。

＊　大手証券会社のチャールズ・シュワブが始めた「ミューチュアル・ファンド・マーケットプレイス」もウィーラーの取り組みを後押しした。独立系のアドバイザーが多くの顧客とファンドを一つの「オムニバス」口座にまとめて管理できるようにする仕組みで、これを利用することにより、ウィーラーとDFAの双方で小規模リテール口座の管理にともなう煩雑な手続きが大幅に簡素化された。

賛同する者は多かったようだ。ウィーラーがDFAにもたらした額は初年度が七〇〇〇万ドルで、二年目には一億五〇〇〇万ドル、三年目には三億二五〇〇万ドルへと増えた。このフィナンシャル・アドバイザー・サービシズというDFAの新部門をさらに強化するために雇われたのが、（メリルリンチのデイブ・バトラーのように）現状に幻滅し、もっと挑戦しがいのある仕事に飢えていた金融アドバイザーや株式ブローカーだった。同部門の成功が寄与し、一九九〇年代末にはDFAの運用資産額が三四〇億ドルまで拡大していた。

現在では、六〇〇〇億ドルを超えるDFA全体の運用資産額のうち、約三分の二が金融アドバイザー経由で獲得したものとなっている。顧客にその教義が強固に根づいていることを示すように、資産運用業界にとって災厄の年となった二〇〇八年にも、DFAは投資家数の純増を記録した。この金融危機の中で同社のファンドの多くが冴えないパフォーマンスを演じたにもかかわらず、である。

＊

DFAの「プロパガンダ集会」の重大性は、それが同社の運用資産額の拡大をもたらしただけではなかった点にある。一九八〇年代には、年金基金や各種基金、銀行の信託部門の投資責任者の大半が、アクティブ運用マネジャーのアンダーパフォーマンスに関する学術理論やデータがあり、それらがインデックス投資の根拠となっていることを少なくとも認識していた。その影響を好ましく思うかどうか、あるいは全面的に受け入れるかどうかはまた別の話だったが。ＤＦＡが長年開催してきたセミナーやワークショップは、そうした学術理論をアメリカ中の金融アドバイザーたちに広めるうえで非常に重要な役割を果たした。

それが一九九〇年代から二〇〇〇年代にかけてのインデックス投資の急拡大にどれだけ寄与したのか、断定するのは難しい。ただ、国内にあまたいる金融アドバイザーは、多くの場合、個人投資家とウォール街をつなぐ窓口の役割を主に担う存在だ。その広い業界の中でインデックス投資の概念が広がるのをＤＦＡが後押ししたことは間違いない。

かつてウェルズ・ファーゴのウィリアム・ファウスは、ヨーゼフ・ゲッベルスの「大きな秘密は大衆の不信感が隠してくれる」という言葉を冗談めかして引用し、インデックス投資が一般大衆になかなか浸透しない理由を説明した。ＤＦＡの熱狂的な効率的市場研修プログラムは、その不信感を拭うのに大きく貢献したと言えるだろう。やがて同社が開拓したファクター投資の手法も広く認知されるようになり、議論の余地は残っているものの、現在では投資業界関係者のほとんどがファクターを考慮して市場を分析している。

とはいえ、インデックス投資の誕生物語はまだ完結していない。ウェルズ・ファーゴのマネジメント・サイエンシズはインデックス・ファンド開発におけるマンハッタン計画のような存在だった。ただ後続企業による取り組みは重要ではあったものの、インデックス投資の普及や新しい領域への拡張に概してとどまり、さほど大きな進歩はもたらさなかったと言える。具体的には、バンガードが一般大衆にインデックス・ファンドを浸透させ、ＤＦＡが小型株ファンドというひねりを利かせた商品を導入した。それでも、こうした流れはウェルズ・ファーゴ、アメリカン・ナショナル・バンク、バッテリーマーチが最初に築いた土台の上で、自然な成り行きとして展開された進化の過程にすぎなかった。

ウェルズ・ファーゴが生み出したのが原子爆弾に相当するものだったとすれば、次に訪れた水素爆弾レベルの発明は、金融市場と投資の歴史の流れを一変させ、今日でも対処しきれていないほどの影響をもたらした。最初のインデックス・ファンドの開発を支えたのは、ウェルズ・ファーゴのコンサルタントを務めた花形経済学者たちだったが、皮肉なことに次の大きな変革をもたらしたのは、金融業界では無名の人々の一団だった。

第11章 スパイダーの誕生

THE SPIDER'S BIRTH

バレーフォージにあるバンガードの質素な本社オフィスにいつもどおり朝七時きっかりに到着したジャック・ボーグルは、また始まる長い一日のための準備に取りかかった。その日のスケジュールを確認していると、興味深い人物の名前に目が留まった。アメリカン証券取引所（AMEX）の商品開発担当責任者ネイサン・モストが来社する予定が組まれていた。

眼鏡をかけ温厚な雰囲気を漂わせるモストとボーグルは不思議と馬が合った。二人はほぼ同世代で、どちらもウォール街の人間がよく好む洒落たスーツや気取った言葉づかいには無頓着だった。威圧的なバンガード創業者と違い、元潜水艦乗組員のモストは物腰が柔らかで語り口も落ち着いていた。タイプは違ったが、ボーグルはモストの率直な態度や人柄、そしてにじみ出る知性に好感をもった。前週に届いた手紙で概要を知らされていた相談内容にも興味があった。ただし、ボーグルはそのモストの提案を却下した。

「ネイト・モストは品格のある紳士だったが、その構想はわたしの信条と相容れないものだった」とボーグルはのちに振り返っている。[1] モストの提案を却下するというこの決断は、バンガード、そして資産運用業界全般にとって運命の分かれ道となる出来事であった。後年、ボーグルを退職させたバンガードは、大慌てでこの決定を取り下げることになる。

モストは由緒ある、だが苦境に陥っている自分の職場ＡＭＥＸの運勢を上向かせるため、大胆な構想を練っていた。それは、バンガードのインデックス・ファンドそのものを、一般の株式のように取引所で終日売買できるようにする、という案だった。取引所でのファンド売買が可能になれば、投資家はもっと柔軟に資産を運用できるようになり、バンガードの潜在的な顧客の層もはるかに広がるだろう、とモストは説いた。

ボーグルは熱心に聞いていた。そして修正すべき実務上の不具合をいくつか指摘し、だがそれらが解消されたとしても、パートナーシップを組むことに興味はない、と無遠慮に伝えた。[2] そのような商品の出現で、バンガードのインデックス・ファンドが投資家にとっての長期的な貯蓄手段から、ヘッジファンドや短期売買重視の市場参加者の単なる投機対象に変容してしまうことを恐れたからだ。「投資家がＳ＆Ｐ五〇〇を市場で売買できるようにしたいのだろうが、わたしが望むのは、投資家がＳ＆Ｐ五〇〇を買って絶対に売らないことだ」。ボーグルは、そうモストに告げた。[3]

モストの構想は、のちに上場投資信託（ETF）という形で具現化された。投資の歴史の中でもとりわけ強い影響力を発揮した発明で、インデックス投資革命を新たな段階へと導いた。

いまや第一世代のインデックス・ファンドをはるかに超える形で、ETFは金融業界に劇的な変化をもたらしている。レゴのような商品特性のETFによって、事情通のヘッジファンドから一般の貯蓄者まで、あらゆる人がより戦術的な運用をしたり、複雑な投資ポートフォリオを構築したりすることが可能になった。ETFの急速な拡大は、立会場の情報設備や取引所の通信インフラの刷新を促し、投資業界を揺るがしている。そして、ゆっくりとではあるが確実に企業統治にも影響を及ぼしはじめていることが、少しずつわかってきている。

当時、ボーグルもモストもこの話し合いがどれほど重要なものだったのか、理解していなかったようだ。二人は円満に別れ、ボーグルは次のバンガード取締役会でこの日の会話の内容と提案を即却下した理由を事細かに伝えた。「なんだって朝一〇時半にファンドを買って、それを午後一時に売ろうとするんだ」。当時、バンガードの取締役に名を連ねていたバートン・マルキールによると、ボーグルはこう言った。「正気の沙汰じゃない。そんな商品は人を惑わすだけで、投資家の息の根を止めてしまう」と、さらに取締役たちに不満を漏らしたという。

偶然にも、マルキールはAMEXの新商品委員会の委員長も務めており、モストの構想の可能性に強くひかれていた。ボーグルが却下することはあらかじめ予想できていたが、実際に下されたその決断を長いこと悔やみ、ボーグル統治時代の最大の過ちだったと考えていた。「ジャックは強固な意志の持ち主で、一度決めたことはほとんど覆さなかった」とマルキールは振り返る。「断固たる［ETF］反対派で死ぬまで変わらなかった」。

実のところ、ボーグルは後年、渋々ながらETFに対する批判的な態度をいくぶん和らげた。より多くの人をインデックス・ファンド革命に巻き込むのに効率的な手段だと考えるようになったからだ。ただ、ETFによる取引の簡易化で起きると懸念していた活発すぎる短期売買については、どうあっても反対の姿勢を崩さなかった。また、死の直前に出版された自伝的著書で記しているように、急速かつ大々的なETFの成功に対する苦い思いは拭えずにいた。

「［モストとの話し合いにおいて提示された］ETFの構想が、インデックス投資の性質だけでなく、投資業界全体をも変容させるほどの起爆剤になるとは思ってもいなかった」[4]。こう打ち明けたうえで、ボーグルは次のように結んでいる。「ネイサン・モストの先見の明から生まれたETFは、金融業界におけるマーケティングの構想として、今のところ二一世紀最大の成功例だと断言できる。だが、今世紀で最も成功した投資の構想かどうかは、まだわからない」。

*

インデックス・ファンドの歴史における多くの先達と同じく、モストは革新者には似つかわしくないタイプの人間だった。頭脳派の元物理学者で、痛々しいほど謙虚なモストは、さまざまな職を遍歴したのち、高齢になってからひょんな形で金融業界に足を踏み入れた。

モストは一九一四年三月二二日に生まれた。[5] 両親は東欧での迫害から逃れてアメリカに移住したユダヤ人だった。[6] カリフォルニアで育ち、勉強が得意だったモストはUCLAに進み、そこでも優秀な成績を収めた。しかし、物理学博士課程の途中で大恐慌に見舞われて勉学を断念せざるをえなくなり、ラザラス一族が経営する貿易会社ゲッツ・ブラザーズで働きだした。東アジアで開設されはじめた映画館向けに音響機器を売るのが主な仕事だった。

ところが同地域で戦争が始まり、再びキャリアの中断を余儀なくされる。モストは日本軍に制圧される直前まで上海に残っていた民間人の一人だった。その後、真珠湾攻撃でアメリカが戦争に巻き込まれると、〔会社を辞めて〕太平洋を航行する潜水艦に乗り込み、音波探知機の開発と実験に携わった。

戦後、モストはゲッツに復職してオーナー一族のメイ・ローズ・ラザラスと結婚し、同社で出世街道を歩んでいった。[7] やがて香港とフィリピンの事業全般を統括する地位に就き、現地の工場や倉庫を訪問するために再び太平洋地域を渡り歩くようになった。そうしたなかで、原材料の採取・精製から始まるサプライチェーン全般の流れを把握し、また現地の投資銀行とのやりとりを通じて事業の財務的な側面についても理解を深めていった。

残念ながら、一九五〇年代末にモストはラザラス一族と不仲になり、ゲッツから追い出されたうえ、メイ・ローズとも離婚するはめになった。[8] 以後、職を転々とする生活が始まり、多くの挫折を味わった。一九六五年にはパシフィック・ベジタブル・オイルの執行副社長に就任したが、一九七〇年に同社は清算されてしまった。次にアメリカン・インポート・カンパニーで執行副社長を務めたあと、一九七四年にパシフィック商品取引所で社長の座に就いたが、ここも一九七六年に閉鎖されてしまった。[9] 同取引所の中心商品はココナッツオイル先物だった。一九七〇年代半ばには世界的な干魃《かんばつ》の影響で価格が急騰し、多くのトレーダーの懐が潤ったが、やがて問題が解消して価格が急落すると、その富は吹き飛んだのだった。[10]

次にモストは、アメリカの先物市場の監督機関である商品先物取引委員会（CFTC）で、テクニカル・アシスタントというあまり地位の高くない仕事に就いた。そこで一年働いたあと、一九七七年に商品オプション開発を担当する取締役として、AMEXに迎え入れられた。そしてAMEXが新設する商品取引所のための商品開発を任されたが、この新取引所もわずか数年で閉鎖に追い込まれた。ただし、モストはAMEXのデリバティブ開発部門の責任者として残ることができた。[11]

AMEXはNYSEと同じぐらい長い歴史をもつ。一九〇八年にロウアー・マンハッタンのブロード・ストリートで場外取引を行っていたブローカーたちが作った組織が起源である。一九二〇年にはマンシーズ誌が当時の喧騒を、「金切り声、狂喜の叫び、怒りをはらんだつぶやき、見世物小屋の動物の檻から給餌時間が近づくと聞こえるような低いうめき声が混じった、狂騒の場の阿鼻叫喚」さながらだと生々しく報じた。[12]

一九二一年になると舞台は屋内へ移されたが、「場外取引所《カーブ》」という呼称は残り、一九五三年にAMEXへと正式に名称が変更されたあとも、長らく親しまれた。AMEXは、「ビッグ・ボード」と呼ばれるNYSEへの上場には規模が足りない、もしくはNYSEへの上場は望まない企業の上場先として自然に発展し、一九七〇年代に入るころにはアメリカ第二位の証券取引所になっていた。だが度重なる不祥事や、競合するNYSEや新興の電子株式取引所ナスダックへの上場企業の鞍替えが響き、やがて苦難の時代を迎える。

一九八〇年代になるとAMEXはデリバティブに活路を見いだしたが、苦境からは抜け出せずにいた。下降する運勢を上向かせるための切り札が何としても必要だった。

奇しくもウォール街で起きた過去最悪の株価暴落が、モストとAMEXが求めていた転機をもたらすことになる。

＊

ブラックマンデーとして知られる一九八七年一〇月一九日の株価暴落により、アメリカでは大量の失業者と企業倒産が発生し、その影響は世界経済にも広がっていた。SECはこの前代未聞の大暴落の原因を究明するための調査を行い、翌年の二月に報告書を公開した。報告書で暴落の主因として名指しされたのは、コンピューターによるプログラム取引を利用した「ポートフォリオ・インシュアランス」と呼ばれる新手の売買戦略だった。

年金基金や保険会社などの機関投資家が用いたこの戦略では、株価が一定の範囲を超えて下がると、自動的に株価指数の先物を売る仕組みになっていた。この仕組みは、理論の上では株価下落時の損失を抑える保険として機能する。だが、ブラックマンデーでは先物の売りが加速し、市場がそれを吸収しきれなくなった。先物価格の下落は現物市場に波及し、自動的な先物の売りにさらに拍車がかかる、という悪循環が生じた。こうして起きた大暴落は金融業界に甚大な打撃を与えた。

興味深いことに、徹底的な調査の結果をまとめたSECの報告書には、開発欲をそそるヒントが潜んでいた。SECはその第三章で「従来とは異なるアプローチを模索すべき」と提言し、もし市場の全銘柄を一つのバスケットに入れたような商品があってトレーダーたちが買っていたなら、それが先物市場と現物市場のあいだでショック・アブソーバーのような役割を果たし、混乱はそこまで大きくならなかったのではないか、との見解を示していた。それを読んだモストの若き同僚スティーブン・ブルームは、モストのオフィスに勢いよく足を踏み入れてこう言った。「突破口が開けるかもしれない[13]」。

モストとブルームは不釣り合いなコンビだった。ハーバード大学で経済学博士号を取得して間もないブルームは、正統と言えるルートで金融業界に入った。SEC報告書の公開時、モストが七三歳に達していたのに対し、ブルームはまだ二〇代後半だった[14]。それでも体系的に物事を考えるブルームと、才気と創造性にあふれたモストは完璧に補完し合い、二人で驚くべき成果を生み出すことになる。「ブルームと話していると、脳内のシナプスが情報を伝達し、大脳皮質がものすごい勢いで活動する音が眼鏡の後ろから聞こえてくる気すらする」とは、ある雑誌の記者の言葉だ[15]。そしてモストは、純粋に何かを創造する行為に高揚感を覚えるタイプのようだった。「自分の生み出した商品が立会場で売買されているのを見ると、金融業界のほとんどの人が絶対に経験しえない仕事をしたのだと実感し、愛着が深まる」と語っていた。

幸運にも、二人の上司たちは似たような気質の持ち主だった。モストとブルームの直属の上司アイバース・ライリーは元海軍パイロットで、一九八七年にデリバティブ事業全体を統括する人材として、NYSEからAMEXに引き抜かれた。ライリーはAMEX再起のために「運命を変える商品」の開発をめざした。「市場全体の株式を反映していることが五感で感じられるような、そして今後、そこから多くの関連商品や類似商品が派生する可能性を秘めた、まったく新しい商品」の潜在性にすぐ気づき、[16]モストとブルームを全面的に支援した。

「AMEXが存続できるかどうかはイノベーションにかかっていた」とマルキールは振り返る。「一つ幸いだったのは、NYSEが革新的な組織ではなかった点だ」。

とはいえ、SECが報告書で遠まわしに要求していたものについて研究し、商品として開発する最初の試みは、すぐ暗礁に乗り上げた。しかも、取引可能なインデックス・ファンドの計り知れない可能性に気づき、商品化しようと躍起になっていた証券取引所はAMEXだけではなかった。

＊

フィラデルフィア証券取引所（PHLX）は一七九〇年に設立されたアメリカ最古の証券取引所で、一九世紀の鉄道建設ブームにおいて資金調達の場として機能した。だが、ニューヨークが同国の金融センターとして支配的な地位を築くとＰＨＬＸは存在感を弱め、また一九七〇年に最大の上場企業だった鉄道運営会社ペン・セントラルが倒産したことで大打撃を受けた。これは、当時においてアメリカ史上最大規模の企業倒産であった。ＰＨＬＸは急成長するデリバティブ市場へ積極的に参入することで負の連鎖に歯止めをかけたが[17]、ＡＭＥＸと同じく、大手競合取引所に吸収されるのを避けるために、一か八かのイノベーションを必要としていた。

ブラックマンデーに関するＳＥＣの調査報告書は、ＰＨＬＸが求めていた転機をもたらした。報告書公開のわずか数カ月後、ＰＨＬＸは「現物指数参加株式」（ＣＩＰ）と名づけた商品の目論見書をＳＥＣに提出した。これは、Ｓ＆Ｐ五〇〇のパフォーマンスに連動するように現物株とデリバティブを組み合わせて合成したハイブリッド型の商品だった。

その計画の詳細が公開されると、競合する他の取引所も慌てて後に続いた。モストとブルームのＡＭＥＸ、そしてシカゴ・オプション取引所（ＣＢＯＥ）もただちに同様の商品の目論見書を提出した。ＰＨＬＸのものとは略称が微妙に異なる「指数参加株式」（ＩＰＳ）と呼ばれるタイプの商品である。これらの商品の売買は一九八九年までに開始され、たちまち成功を収めた。だが、やがて競合取引所と規制当局によって出る杭は打たれた。

他の多くの国と違い、アメリカでは厄介なことに証券関連の規制・監督機能が、株式とその取引所の大半を管轄するＳＥＣと、先物、スワップ、オプションなどのデリバティブ市場を統括するために一九七四年に設立されたＣＦＴＣのあいだで分断されている。ＳＥＣの監督下にあるオプションも一部存在するが、ＣＦＴＣはいつも必死に縄張りを守ろうとし、たとえ株式に関連するものであっても先物商品はすべて自分たちが管轄すべきだと主張してきた。

CFTCは、IPSが事実上の先物契約であり（ハイブリッド的な構造を考えればそれも一理あるのだが）[18]、したがって、その取引が認められるのは自分たちが監督する先物取引所だけだと訴えた。最終的にシカゴの連邦裁判所判事がCFTCの訴えを認める判決を下し、第一世代のETFは葬り去られた。

AMEXのチームはそれでもひるまず、規制上の障害を克服しうる商品の開発に取り組んだ。CFTCにIPSを潰されたとき、モストはすでに七五歳だった。だが、そのエネルギー、毎朝六時に出勤する勤勉さ、根っからの前向きで気さくな性格は、同僚たちも目を見張るほどだった。ある同僚は月曜の朝、出勤し、三角巾で腕をつったモストの姿を目にしたときのことを覚えている。本人が楽しそうに打ち明けたところによると、（七〇代としては無謀なことに）週末に剪定をしようとして木に登り、落ちたのだという。

モストの多彩な経歴も、のちにETFと呼ばれる発明へとつながるひらめきをもたらした。太平洋地域を渡り歩いていたころ、モストはトレーダーたちがココナッツオイルや原油、金塊といった運ぶのが厄介な現物商品を動かさずに、倉荷証券の売買によって効率的な取引を行っていることに感心した。この仕組みがヒントとなり、創造力豊かな金融エンジニアたちが数多くの商品を開発する時代が幕を開けることになる。

「商品を倉庫に預け、［倉庫業者から］倉荷証券を受け取ると、それを元手にした資金調達をはじめとして、いろいろなことができる。商品そのものをいちいち動かしたくなければ、倉庫に預けたまま、倉荷証券のやりとりだけで取引を行えばよい」と、モストはのちに語っている。[19]

モストの構想の独創性は、この基本的な仕組みを自分なりに模倣した点にあった。AMEXはS&P五〇〇構成銘柄を保管できる合法的な倉庫のようなものを作り、倉庫内の銘柄を組み合わせて取引できるようにした証券〔受益証券〕を取引所に上場させる。この倉庫型とも言える新しいファンドは、ポートフォリオ取引の拡大と電子革命（二〇年前にウェルズ・ファーゴが最初に手がけた大規模な株式バスケットの一括売買）に乗じただけでなく、あまり知られていないミューチュアル・ファンドのイン・カインド（現物交換）という仕組みも利用するものとなった。投資家は、①ファンドを売る際に、現金ではなくファンドの持ち分に応じた構成銘柄の現物を受け取ること、②構成銘柄の現物を集め、それに応じたファンドの持ち分と交換することができる、という仕組みだ。

モストの構想では、証券取引所の「スペシャリスト」（取引所の立会場で買い手と売り手を仲介するトレーディング会社）に、これらのファンドを要求に応じて設定したり、交換（現物化）したりできる権限が与えられる。「倉庫」〔受益証券〕と構成銘柄の現物バスケットの価格に開きが生じた場合、スペシャリストはその裁定機会に乗じた売買を行うことができ、その行為は価格差の解消を促す。

この明快な設定／交換のプロセスは、資金の出入りが一日中続くことによる処理能力の問題（ボーグルが実務面で特に懸念していた点）をも克服した。わかりやすい言葉で説明すると、投資家は、①お互いに受益証券を売買すること、②倉庫に行って受益証券を該当する株式をまとめたバスケットに交換してもらうこと、③適切な株式をまとめたバスケットを倉庫に持って行って受益証券に交換してもらうことができる。しかも、受益証券の設定および交換に際しては金銭の授受が発生しないため、投資家が実際に売却しないかぎり、キャピタルゲイン税が課されることはない。この副次的効果は、アメリカでのETFの拡大を大きく後押しする要因となった。受益証券を実際に売却して初めて、投資家はキャピタルゲイン税の支払いを求められる。

取引所であるAMEXがそのような商品の管理を行う場合、大変な苦労がともなう可能性があった。そもそもAMEX側は新しい商品を導入することにしか関心がなかったため、提携相手を模索しはじめた。モストはボーグルを訪ねたものの、話し合いは苦い結果に終わった。また、機関投資家向けインデックス・ファンドの先駆者であるウェルズ・ファーゴはパートナーにふさわしい存在だったが、AMEXのささやかな出張予算で交渉に出かけるには拠点が遠すぎた。[20]

したがって、モストは近場の投資会社への訪問を始めた。まず、最も近いという単純な理由でバンク・オブ・ニューヨーク（BNY）に行った。当時、AMEXとBNY本社のビルはウォール・ストリートの突き当たりにあるトリニティー教会の墓地を挟む形で向かい合わせに立っていた。だが、BNYでは官僚的な縦割り主義のせいで担当する部署が決まらず、最終的に史上初のETFの運用はステート・ストリートが担うことになった。[21] ステート・ストリートはボストンを本拠としていたが、AMEXの本社から遠くないところに大規模なウォール街支店を構えていた。そして、資産運用部門ステート・ストリート・グローバル・アドバイザーズ（SSGA）を通じてではあるが、インデックス投資の分野で一大勢力となっていた。のちにBNYは、SSGAに

AMEXのパートナーの座を譲ったことを後悔するはめになる。

ステート・ストリートでファンド管理を担当するグレン・フランシス、アメリカ投資ファンド・サービス部門責任者のキャシー・クオコロ、そしてSSGAのインデックス・ファンド・マネジャー、ダグラス・ホームズの三人は、AMEXの構想にとりわけ熱烈な反応を示した。だが開発コストを考えると、ステート・ストリートの誰もが歓迎できる話ではなかった。プロジェクトにかかわる者たちは、それが失敗に終わって将来の仕事に差し障ることを恐れた。「うまくいってくれと願う者が多かった。自分のキャリアに傷がつくリスクがあったから」。当時のステート・ストリート下級管理職で、のちにこのプロジェクトに巻き込まれたジム・ロスはこう振り返る。

新商品の呼び名は簡単には決まらなかった。ステート・ストリートとAMEXのチームは、商品の特徴がわかりやすく、なおかつトレーダーが発音しやすい名前を望んだ。アメリカ預託証券(ADR、アメリカ市場で外国株式の代替として売買される上場証券)を最初に導入した取引所がAMEX〔の前身〕だったことに着想を得て、最終的には「スタンダード&プアーズ預託証券」(SPDR)と命名された。そしてこれは、あっという間に「スパイダー」という愛称で呼ばれるようになった。*

クリアしなければならない法律上、業務上の手続きも多々あった。この手の取り組みはSECが暗に求めたものだったとはいえ、主流の投資家向けの商品が厳しい審査を経ずに導入されることはない。さらにスパイダー・チームは、設定/交換のプロセスを円滑に遂行するためのシステムを開発し、SECの認可を受ける必要がある。「どんな規制の枠組みにも、はまりきらない商品だった」と振り返るのは、元生化学者で一九九〇年にAMEXの新商品開発グループに加わったクリフォード・ウェーバーだ。「SECから指摘された問題点に適切に対処するため、法律の専門家と多くの時間を費やした。とにかく時間のかかる作業だったが、避けて通ることはできなかった」。

こうした法律上の問題を解決する仕事を担ったのは、法律事務所オリック・ヘリントン・アンド・サトクリフの弁護士キャスリーン・モリアーティだ。AMEXは新商品をファンドではなく「ユニット・インベストメント・トラスト」(UIT)として導入すると決めていた。UITの場合、コスト増につながるうえ新商品には無意味だとモストが考えていたポートフォリオ・マネジャーや取締役会を置くことが、当時の規制では求められていなかったためである。[22] とはいえ、モリアーティは一九四〇年投資会社法の適用免除を何件も申請する、という非常に困難な仕事をこなさなければならず、「スパイダーウーマン」というあだ名を献上されたほどだった。そうこうしているうちに開発コストは積み上がっていった。

一九九〇年、SPDRの申請書がようやくSECに提出された。SEC内部からの支援の動きもあったが、その新規性のせいで、認可が得られるまでには長く険しい道がさらに続いた。

＊　当初は「スタンダード&プアーズ指数証券」(SPIR)が候補に挙がったが、「槍で刺す」(spear)という不吉な動詞を連想させる名が立会場で飛び交うことをチームは不安視した。

SECの中でとりわけ熱心な推進者だったのは、弁護士のハワード・クレイマーである。モストとブルームにひらめきを与えたブラックマンデー報告書の執筆者の一人で、AMEXの申請書を読み込むやいなや、上司のオフィスに駆け込んだ。そして、この商品が秘めた革新性について説き、一刻も早く認可するよう訴えた。「ネイトとスティーブがこの商品の父母だとしたら、わたしはその誕生を手助けした助産師の一人だね」。のちにクレイマーは、こうおどけて言った。[23]

SPDRはそれまでにない仕組みの商品だったため、認可にあたってはSECの複数の部署がかかわる必要が生じたが、その多くは革新的な商品を扱うために設置されたものではなかった。認可が難航した一因は、絶え間ない設定／交換のプロセスが、事実上の新規株式公開（IPO）とみなされかねない点にあった。IPOの場合、引受投資銀行団によるデュー・デリジェンス（事前詳細調査）を求められるのが通常である。結局、SECはこのプロセスに関して踏み込んだ追究をしなかった。クレイマーによれば、それは「分析麻痺」〔訳注：分析に労力をかけすぎて判断できなくなった状態〕に陥ったからだった。

残念ながら、売買可能なインデックス・ファンドの開発に取り組んでいたのは、AMEXとステート・ストリートのチームだけではなかった。そして認可に時間がかかったことで、同チームは他社に先を越されるはめになるのだった。

＊

ブラックマンデーの大惨事の主犯格とみなされたことで、ポートフォリオ・インシュアランスの評判は地に落ちたとも言えるが、その概念を発明したのは、並外れた創造性と意欲、そして非難にも屈しない強さを持ち合わせた三人の学者だった。投資顧問会社リーランド・オブライエン・ルービンシュタイン・アソシエイツ（LOR）の創業者であるヘイン・リーランド、ジョン・オブライエン、マーク・ルービンシュタインは、新たな大発明によって名誉を挽回しようと意気込んだ。

三人は「スーパーシェア」という〔構想にのっとった〕商品の開発に取りかかった。投資家が自分のリスク選好に応じてリターンのタイプを選べるようにした、独創的だが恐ろしく複雑な仕組みの商品である。簡略化して言うと、S&P五〇〇のインデックス・ファンド〔とマネーマーケット・ファンド〕を基に、その組み合わせ方によってリスク水準が異なる複数のバスケットを作り、取引所で売買可能な証券に組成する。そのうち中心的な存在の「インデックス・トラスト・スーパーユニット」は、のちにETFとして知られる商品に近い性質のものだった。[24]

長期に及ぶ認可手続きののち、一九九二年一一月にLORの新商品「スーパートラスト」は導入され、売り出し時に二〇億ドル近い資金を集めた。だが、あまりの複雑さゆえ、敬遠する投資家とブローカーも多かった。「あれの説明をするつもりだって？　まあがんばって」。スーパートラストの記事を書こうとしているニューヨーク・タイムズ紙の記者に、引受団への参加を取りやめた金融機関の幹部がこう声をかけたという。[25]　SPDRより早く世に出たにもかかわらず、またスーパートラストは新たな認可プロセスを切り拓き、後進に道筋を示す役割を果たしたものの、スーパートラストはあまり注目されることもなく、やがて一九九五年に清算された。

この過度に複雑な構造をした商品のパフォーマンスが低調だったという事実も、モストとブルームにとっての慰めにはならなかった。すでに勇猛果敢なカナダのチームが、自分たちに先んじて史上初のETFを導入したところを見せつけられていたからだ。その試みが実現にこぎつけた主因は、アメリカよりも小規模で競争圧力もさほど強くない（したがって企業の枠を超えた連携も珍しくない）カナダ金融業界の特性と、より協力的な規制当局にあった。

トロント証券取引所（TSE）の支援を受けて推進されたカナダ版ETFのプロジェクトは、AMEXが応用した倉荷証券の概念に大きく依拠していた。実のところ、直接的な競合相手ではなかったため、AMEXはTSEのチームに詳細にわたるアドバイスをすることを厭わなかった。[26] カナダのプロジェクトは同国の時価総額上位三五銘柄だけを対象としていた。S&P五〇〇の全銘柄を扱う場合と比べて苦労ははるかに少なかったが、より多くの銘柄を組み込んだ同国の旗艦株価指数、TSE〔三〇〇〕総合指数のパフォーマンスとの連動の度合いも高かった。

一九九〇年三月九日、TSEは世界で初めてのETF「トロント三五指数参加ファンド」（TIPS）の上場を実現した。より緩やかな規制環境のおかげでカナダ勢が一番乗りする結果となったが、この史上初のETFの構想が、AMEXとステート・ストリートのスパイダー・チームの苦難に満ちた先駆的な取り組みあってのものだったことは間違いない。[*] そしてTIPSは、ささやかな成功を収めるにとどまった。売り出し時こそ国内のさまざまな金融機関から一億五〇〇〇万ドルの資金が集まったが、一般投資家からの引き合いは期待外れに終わった。ETF革命の火蓋は切られたものの、それが本格化するには世界最大の金融市場を擁するアメリカでの成功例を待たなければならなかった。

＊

アメリカでの発明を模倣したカナダの商品がすぐに世に出たという事実に、SPDRの支持者は歯がみした。ただ幸運なことに、SEC内部にも支持者はいた。委員長のリチャード・ブリーデンである。非常に瑣末《さまつ》なことから、命運をかけた設定／交換プロセスの構想にいたるまで、SPDRのあらゆる点について堂々巡りの議論が二年にわたって繰り広げられたのち、ついに委員長が動いた。行きづまりを打破するための大会議を招集したのである。

AMEX、ステート・ストリート双方のスタッフと弁護士のモリアーティからなるSPDRチームがSEC本部に赴くと、よくある殺風景な会議室ではなく、通常は大規模な公開イベント

＊　当時、大卒新人の身でTSEの開発チームに所属していたピーター・ハイネス（現在はトロント・ドミニオン・バンクのインデックス関連商品部門責任者）は、ステート・ストリートとAMEXのチームの構想を拝借したのは確かだが、最初に実現にこぎつけたのは純粋にカナダの規制当局のほうが協力的だったからだ、と打ち明ける。「SECの認可には長い時間がかかっていた。それならこちらのほうが早くできるのでは、と考えてトロント証券委員会に接触したところ、話がどんどん進んだ」。

のために使われる大広間へと案内された。そこにはSECの各関連部署の代表者がつくテーブルだけでなく、関連するSECの法律専門家が参加するための観覧席も設置されていた。「部屋を出る前にライオンが放たれるに違いないと思った」。AMEXのライリーはのちに笑いながら振り返っている。[27] この大会議が功を奏し、一九九二年一二月、SECがようやくSPDRを正式に認可した。

次になすべきは、SPDRのAMEXへの上場と取引開始のための準備だった。* SPDRの立ち上げに際しては、証券会社のスピア・リーズ&ケロッグが重要な「助産師」役を演じた。同社は設立資本金の六五〇万ドルを出し、[28] SPDRが正当に売買されるように、またS&P五〇〇にきちんと連動するように調整するスペシャリストの第一号になった。そのフロアトレーダーだったゲイリー・アイゼンライクは、上場間際になってSPDRに規制絡みの重大な欠陥があることに気づいた。直近の約定価格を下回る水準での空売りを禁止するSECの「アップティック」ルールが、SPDRの正当な売買をつかさどるスペシャリストの能力を阻害する可能性があったのだ。土壇場でアイゼンライクとモリアーティがSECと交渉した結果、同ルールの適用免除を認められた。[29]

一九九三年一月二九日、ついにSPDRの取引が鳴り物入りで開始された。資金と労力と時間を費やした新商品をとにかく成功させたいとの思いから、AMEXはウォール・ストリート・ジャーナル紙にSPDRを大げさに宣伝した全面広告を出し、立会場の天井から巨大な黒クモのバルーンをぶら下げ、クモをモチーフにしたノベルティ品をトレーダーや投資家に大量に配った。

SPDRの年間管理手数料は、ボーグルのバンガード五〇〇と同じで運用資産額の〇・二パーセントだった。初日の売買高は一〇〇万口を超え、関係者は狂喜した。

だが取引が始まると、産みの苦しみどころではない苦難が待っていた。資金の流入は続いたものの低調で、AMEXにとって肝心だった売買高はお祭り騒ぎの初日から徐々に減少し、六月一〇日にはわずか一万七九〇〇口まで落ち込んだ。[30] 問題は、商品の性質上、金融業界で広く支持を得るのが難しい点にあった。バンガードの商品と同じく、SPDRには金融アドバイザーやブローカーに支払うべき販売手数料が設定されていなかった。つまり、これらの業者にとってSPDRへの投資を顧客に強く勧めるインセンティブはなかった。SPDRは株式に似て非なるものであり、引受業務による手数料で潤う金融機関も存在しなかった。状況は非常に厳しく、一時はAMEXも清算を考えたほどだった。[31] 損益分岐点に到達するには約三億ドルの資産と健全な水準の売買高が必要だったからだ。[32]

だが、そこで〔スピア・リーズ&ケロッグの〕アイゼンライクをはじめとする外部の支持者から救いの手が差し伸べられた。アイゼンライクは自身が「カクテル投資」と名づけた方法で

＊　準備の第一歩は、取引所の電光掲示板に掲示される上場証券の識別コード、ティッカーシンボルを決めることだった。アルファベット数文字で表すのが通例で、S&P五〇〇自体のティッカーがSPXだった。このため、SPDRプロジェクトの関係者はSXYを候補に挙げたが、（その後ずっと金融記事の見出し担当者が残念がることになるのだが）字面が下品すぎるとの理由で却下された。かわりに採用されたのが、スパイダーという愛称にも合うSPYだった。

ＳＰＤＲの布教活動を行った。社交の場に出るたびに、ＳＰＤＲの素晴らしさについて熱弁をふるい、なじみの株式ブローカーにＳＰＤＲに関する質問をすれば業界の最先端を知る格好いい人と思われるだろう、と人々をけしかけた。「セールスの才能はさっぱりなわたしだが、大義名分を語るのは大得意なんだ。それにＳＰＤＲはわたしの祖母にでも勧められる商品だったからね」。アイゼンライクはのちにこう語っている。[33]

ゆっくりと、だが確実に、こうした支持者の取り組みは実を結んでいった。ＳＰＤＲの運用資産額は、一九九三年の夏までに運営コストを回収するのに必要な三億ドルをついに超え、初年度の終わりには四億六一〇〇万ドルに達した。[34]一九九四年にいったん縮小したものの、一九九五年には軌道に乗りはじめ、そこからＳＰＤＲは快進撃を続けた。

＊

二〇一三年一月二九日、二〇年前にＳＰＤＲの立ち上げに携わったスパイダーウーマンとスパイダーマンの面々がＮＹＳＥに集結し、取引開始のベルを鳴らした。参加者はみな年齢を重ねて白髪もシワも増えており、また集まれなかった主要メンバーもいたが（モストは二〇〇四年に他界していた）、まばゆいほどの偉業をたたえる祝祭の場として盛り上がった。

ＳＰＤＲはこの時点で運用資産額一二五〇億ドルというマンモス商品に成長していただけでなく、間違いなく世界で最も売買高の大きい証券となっていた。こうした事実は、開発段階から草創期までの苦難の時代を辛抱強く突き進んだ人々に強い誇りをもたらした。ＳＰＤＲは、活気に満ち、なおも成長を続ける産業分野を新たに切り拓く役割を果たしたのだ。

開発に携わった者たちにとって、ＳＰＤＲは個人の生活にも深くかかわる存在となっていた。ＳＰＤＲを立ち上げる際にＵＩＴという形態をとったことで、思いがけない影響が生じたからだ。ＵＩＴには運用期限の設定が義務づけられており、ＳＰＤＲの場合、当初は二五年後が期限と定められていた。ただし、個人の寿命に結びつけて期限を設定することも可能なため、後年、一九九〇～一九九三年ごろに生まれた一一人の子どもの寿命に関連づける形で期限が修正された。対象となった子どもたちはＳＰＤＲ関係者の家族や親類で、その中にはＳＰＤＲの創設日に生まれたクリフォード・ウェーバーの娘エミリーもいた[35]。この結果、ＳＰＤＲは①二一一八年一月二二日、②前述の一一人の最後の一人が死亡した日の二〇年後、の二つのうち、早く訪れたほうの日に終わりを迎える。

激しい議論を繰り返したのち、ＡＭＥＸのチームは自分たちの発明について特許を取得しないと決めた。この決断は甚大な影響をもたらした。公開されているＳＰＤＲの文書を見れば、競合会社はその仕組みを簡単にまねできた。ＥＴＦの「倉庫」には事実上、どんなものでも保管することが可能だ。以後、ウォール街の金融エンジニアたちはこの仕組みを土台に、アメリカの債券から高リスクの銀行ローンやアフリカ諸国の株、ロボット工学業界、さらには金融市場のボラティリティそのものまで、あらゆるものを投資対象とした商品を開発してきた。今日、ＥＴＦ市場は九兆ドル規模に成長し、アメリカの証券取引所における売買高の約三分の一を生み出している。

だが、それだけではAMEXの存続には不十分だった。二〇〇八年、NYSEは弟分のAMEXを二億六〇〇〇万ドルで買収した。ステート・ストリートも、ETF開発のパイオニアという立場を生かして最大の勝ち組となることはなかった。当初、無関心だったうえ、自分たちが引き起こした激変がもたらす可能性を理解できなかったためだ。結局、ボストンを本拠とする同社のSPDR事業は、西海岸の古参の競合会社に大きく水をあけられることになる。

「振り返ってみると、もっと別のやり方があったのではないかって？　そうだね」と語るのは、その後、ステート・ストリートのETF部門の会長に就任したジム・ロスだ。「投資しなかったわけではない。ただスタート段階での投資が不十分だった。今さらどうにもならないことだが」。

第12章 WFIA2.0

一九八三年の夏ごろ、ウェルズ・ファーゴ・インベストメント・アドバイザーズ（WFIA）は混乱に陥りかけていた。議論が絶えないなかでも意見の相違を克服し、一九七一年に史上初のインデックス・ファンドを導入したパイオニアたちは、みなすでに同社を去っていた。そして、一〇年にわたる拡大期ののち、資金はいまや驚くべき速さで流出していた。創造性に富むWFIAだったが、低い手数料と巨額の研究開発費用のせいで、黒字に転じたことはそれまで一度もなかった。業績はこのまま悪化の一途をたどり、二度と回復しない恐れがあった。いやむしろ、その確率は高そうだった。

中心人物だったジョン・マクォーンはかなり前の一九七四年に同社を辞めていた。その後、鋭い批評眼の持ち主だったジェイムズ・バーティンも退職し、ウィリアム・ファウスがその継承者として会社に残った。だが、ウェルズ・ファーゴ本体との予算をめぐる際限のない戦いに疲れ、ファウスも一九八三年にＷＦＩＡを去った。ファウスは古巣のメロン・バンクに戻り、ウェルズ・ファーゴの最初のＳ＆Ｐ五〇〇ファンドを運用していたトーマス・ローブと共にメロン・キャピタル・マネジメントを創設した。別の上級幹部ウィリアム・ジャーンケも、金融ソフトウェア会社を立ち上げるために一〇人以上の同僚を引き連れて同年四月に退職した。[1]

さらに悪いことに、当時、アメリカの株式市場は混迷期にあった。〔一九七九年に〕連邦準備制度理事会（ＦＲＢ）議長に就任したポール・ボルカーは、インフレを抑制するために金融引き締めへと舵を切った。この結果、金利がかつてない水準に上昇して景気後退を招き、株式市場にもその影響が及んだ。Ｓ＆Ｐ五〇〇は著しく下落し、一九八二年八月には一九六〇年代末の水準に戻っていた。

株価は一九八三年に入るころには反転したが、急激な上昇は見込めなかった。むしろインフレ率の低下と、なおもかなり高水準にある金利を背景に、投資家は株式から債券へと投資先を変更していた。こうしたなか、恐ろしいほどの勢いでＷＦＩＡから資金が流出していった。「みなこの部門が潰れるのではないかと懸念していた」。スタンフォード大学でウィリアム・シャープの指導を受け、この激動の夏にインターンシップでＷＦＩＡに通っていたブレーク・グロスマンはこう振り返る。

ほかにも離反者が相次ぎ、WFIAは人材不足に陥った。大学ではジャーナリズムを学び、ウェルズ・ファーゴにもパートタイムの秘書として採用された若いパトリシア・ダンが、運用資産額二五〇億ドルのインデックス・ファンドの舵取りをしなければならなくなったほどだ。ただ、ダンは明晰な頭脳とカリスマ性の持ち主で、次代の花形経営者の片鱗をのぞかせていた。WFIAに巣くう学者連中の専門用語だらけで往々にして難解な言葉を平易な英語に換えて伝えることで、年金基金の顧客に慕われるようになった。

とはいえダンは当時まだ三〇歳と若く、離反者の一人ジャーンケと結婚していた。このため、危機が去ったあかつきには降格、もっとひどければ解雇は避けられないのではないかと不安になった。そこで、WFIAの騒動でウェルズ・ファーゴがパニック状態にあるのに乗じ、新たな責任者が採用されるまで、一万八〇〇〇ドルの年俸に加えて月二万五〇〇〇ドルの手当を支払うよう、交渉した。夫のジャーンケまでもが、ウェルズ・ファーゴの社史部屋にはブラック・バート（ウェルズ・ファーゴの駅馬車を狙って襲ったという一八〇〇年代後半の悪名高き強盗）と隣り合わせでパティーの肖像写真が飾られているらしい、とジョークにするほど、大胆で挑戦的な行動だった。[2]

WFIAとウェルズ・ファーゴの関係は修復不能なほど悪化していた。ウェルズ・ファーゴの銀行員は、赤字続きの資産運用部門で社員の多くが自分たちより高い給料を得ていることに、ずっと腹を立てていた。一方、WFIAの社員は銀行側の人間を、革新的な資産運用事業の価値がわからない愚か者と見下していた。こうした混乱の中で、ダンは上司たちに思いがけない提案をした。一九八〇年にたった八カ月働いただけであっさりクビになったＷＦＩＡの元幹部フレデリック・グラウアーを呼び戻してはどうか、と。

突拍子もない提案にもみえたが、上司たちは渋々、賛同した。純粋に、徹底的な調査を行う時間もなければ、混迷をきわめる会社に進んで飛び込もうとする者など、ろくにいないと思われたからだ。一九八三年、ＷＦＩＡは年金基金によるインデックス・ファンド運用の取り扱い額で、バンカース・トラストに一位の座を奪われた。インデックス投資の先駆者だった同社にとって、これは屈辱的な出来事であった。

「ＷＦＩＡは大混乱に陥っていた。社員離れと顧客離れが進み、すぐにも潰れかねないとみられていた」とグラウアーは振り返る。「残っていた社員や顧客は、物語に出てくる、指一本で堤防の穴をふさいだオランダの少年みたいな存在だった。彼らが離れれば、空っぽになるまで資金が流出しつづけてしまう。だが社員はわたしを信頼してくれた」。グラウアーがＷＦＩＡのカルチャーに適合する学歴の持ち主で、インデックス投資の大信奉者であったことも幸いした。グラウアーは一九七五年にチャールズ・エリスの著書『敗者のゲーム』を読み、この概念を支持するようになっていた。

結果的に、グラウアーは暫定的なトップとして求められていた以上の働きをした。傾いた船を立て直しただけではない。地方銀行内のお荷物的な投資グループだったＷＦＩＡは、このあと世界有数の資産運用会社へとめざましい転身を遂げるのだが、その変革の土台を築いたのである。

「フレッド・グラウアーは会社をまさに根底から変えた」と話すのは、ＷＦＩＡの元幹部ブルース・ゴダードだ。「その強い個性と勝利への意欲こそがWFIA2・0を生み出した」。

＊

グラウアーは、肩書き的には申し分ないが味気ないキャリアを学術界で重ねていく運命にあったかのようだった。カナダのブリティッシュコロンビア大学とシカゴ大学の大学院で経済学を学び、スタンフォード大学で博士の学位を取得すると、名門MITで助教の職に就き、さらにコロンビア大学のビジネススクールで准教授の地位を得た。

だが、グラウアーの妻はサンフランシスコで働いていた。それぞれ東海岸と西海岸で離れて生活することには限界があったため、自分が西海岸へ移る決意を固めた。カリフォルニア大学バークレー校から職の誘いはあったものの、グラウアーはもっと実務的な仕事に挑戦してみたくなり、スタンフォード大学時代の恩師ウィリアム・シャープに電話をかけてアドバイスを求めた。「こちらに来るというのなら、きみに合ってそうな職場が一つだけある」とシャープは答えた。権威あるシャープの推薦を得て、グラウアーは年金基金向けの投資顧問業務と、最新の学術研究を手がけるWFIAで働きはじめた。

だが仕事は長続きしなかった。WFIAとウェルズ・ファーゴ双方の幹部が出席する会議で、両者が一触即発の緊張状態にいることをわかっていなかったグラウアーは、WFIAのある投資戦略について批判しはじめた。壮大な構想の中の些細な意見の食い違いに関することだったが、ウェルズ・ファーゴの上層部の前で口に出したために、WFIAに対する新たな攻撃材料を相手に与える結果になってしまった。「踏み込んではいけない領域があるとは思っていなかったから、やってしまった」と、グラウアーは浮かない顔で振り返る。翌日、バーティンの部屋に呼び出されたグラウアーは、ファウスから重々しい口調で解雇を告げられた。妻が男の子を出産して間もないころのことで、解雇の衝撃はなおさら強烈だった。

幸運にも失業期間は短くて済んだ。シャープが知り合いを紹介してくれたおかげで、ウォール街の大手企業の一つメリルリンチで複合的な職を得ることができたからだ。グラウアーは西海岸の顧客を相手に株の営業を行う一方で、メリルリンチの調査部門へのアドバイスもすることになった。家計の心配はなくなるが、株式営業の仕事は、野心的な学者だったグラウアーがコロンビア大学を離れる際にいだいた理想像からかけ離れていた。

ただ、キャリア上の挫折が転じて福となる場合もある。営業職に就いたグラウアーは、学術用語をなるべく使わずに話す必要に迫られ、そのおかげで話術に磨きがかかった。また一九八〇年代に入るころには、旧来型の多くの投資会社もスタンフォード大学やシカゴ大学やMITでの学術研究について、仕方なくではあるが知ろうとするようになっていた。グラウアーはそうした研究に関する説明で手腕を発揮した。そして顧客は、辛抱強く自分たちに向き合うグラウアーに手厚い売買手数料で報いた。その結果、一九八三年にはメリルリンチの西海岸トップ・セールスマンとなり、年収は五〇万ドルを超えた。大口顧客の一つがウェルズ・ファーゴで、その縁からWFIAのかつての同僚と再び関係を築くこともできた。そして、在籍中に社内で一目置かれていたことも手伝って、一九八三年九月、普通なら考えがたいことながら、トップとして古巣のＷＦＩＡに戻ったのである。

状況を落ち着かせるには素早い行動が必要だった。グラウアーはＷＦＩＡを新たな体制へ移行させることをウェルズ・ファーゴに何とか認めさせた。こうして、銀行の信託部門の一部署にすぎなかったＷＦＩＡは別会社として分離され、ウェルズ・ファーゴの子会社でありながらも独自の取締役会を擁する、より自立した組織になった。グラウアーは、人材流出を食い止めるための方策についても合意を取りつけた。ＷＦＩＡの従業員は、利益が出たあかつきに必ずその一定割合を手にする。会社が身売りされる事態に陥った場合も、その売却益の一部を受け取れる、というように。顧客の不安もうまい具合に和らぎ（ほぼ機械的に運用されるインデックス・ファンドの商品特性にも助けられた）、ＷＦＩＡは徐々に平静を（少なくともうわべでは）取り戻していった。「チームの多大な努力があってこそだった。それに運も良かった」とグラウアーは打ち明ける。

当時は誰も気づいていなかったが、株価は一九八二年八月に底を打っていた。年金基金は一九八三年の時点ではまだ相場の回復を信じられずにいたが、一九八四～一九八五年ごろになると、多くの者が株式市場ポートフォリオの先行きに明るさを感じはじめた。大半の年金基金は、資金の大部分を相変わらず従来型のアクティブ・ファンドに投じていた。だがファンドの選定に際しては、業者との話し合いや商品の精査に何カ月もの時間がかかるのが常で、そうしているうちに株価はどんどん上がっていく。ＷＦＩＡは抜け目のない宣伝文句で年金基金を勧誘した。具体的な銘柄が決まるまでのあいだ、同社のインデックス・ファンドで運用すれば、株式市場への投資配分を低コストで手軽に確保しておくことができる、と。多くの年金基金がこの誘いに乗り、結局はインデックス・ファンドを保有しつづけた。

一九八五年にＷＦＩＡは初めて黒字を計上した。そして一九八〇年代後半に利益は急拡大し、社運が好転した。足をひきずっていた駄犬が、つややかで俊敏なグレイハウンドに生まれ変わったかのようだった。インデックス・ファンドの手数料は安いため、コストを回収するにはかなりの規模の顧客基盤が必要となる。だが、ひとたびそのハードルを越えれば、規模の拡大にともなう追加コストは抑えられ、収入の増加が利益の拡大に直結する。

一九八七年のブラックマンデーでさえ、ＷＦＩＡの成長を鈍化させる要因にはならなかった。ＬＯＲが開拓した「ポートフォリオ・インシュアランス」戦略を同社が積極的に推進していたにもかかわらずだ*。一九八八年、ＷＦＩＡは一三五〇万ドルの純利益を記録した[3]。赤字が永遠に続くと思われていた長い低迷期には、想像もつかなかった業績である。グラウアーは、ソクラテス式の議論を好む自分本位で気まぐれな学者の集団と、現実味を欠きがちな構想を、少なくともより商売に向いた形へと何とか転換させたのだ。

グラウアーに近しいＷＦＩＡの上級幹部で、一九八〇年に同社を離れたのち、一九九〇年に復帰したローレンス・ティントは、自分が不在の期間に会社のカルチャーが微妙に変化したと振り返る。学究の徒の空気感は完全に消えてはいなかったが、社内の勤労意欲が高まり、利益重視の姿勢がより強固になっていた。「大学というよりも、かなりゴールドマン・サックスに近い感じになっていた」とティントは語る。

とはいえ、WFIAのカルチャーは金融業界の標準に比べれば穏やかなままだった。グラウアーは採用面接で、求めているのは「感じが良く聡明で、体の奥に熱い炎を宿している」人材だと訴えた。また、クリント・イーストウッドやフランシス・フォード・コッポラらが行きつけとする有名な中華料理店トミー・トイズに部下たちを連れて行っては、目玉のロブスター料理を頼み、好物になったグラッパという酒でよく流し込んでいた。一九八七年にWFIAに加わった〔幹部の〕ドナルド・ラスキンは、こう説く。「会社がうまくいったのは、フレッドがいたからこそだ。わたしのように頑固な個人主義者でさえ、すぐに歩調を合わせてついて行きたくなってしまうような人だった」。[4]

＊

グラウアーは、アメリカ国内での事業展開にとどまらない壮大な構想をいだいていた。投資業界は歴史的に内向きで、自国外で成功を収めている企業はほとんど存在しなかった。国内市場の

＊　むしろ、ファウスが開発した「戦術的アセット・アロケーション」ファンドの成功でWFIAは評判を高めた。同ファンドは、あらかじめ定められたルールどおりに株式、債券、キャッシュへの投資配分を頻繁に変更する戦略に基づいて運用されており、ブラックマンデー当時の株式への投資比率がわずか一〇パーセントだったことが幸いした。

規模が非常に大きいアメリカでは、資産運用会社の国外事業への関心がとりわけ薄かった。ただ、先見の明があったと言うべきか、いずれは資産運用業界、特にインデックス・ファンドの国際化が進むはずだとグラウアーは確信していた。

ファンド・マネジャーは運用対象となる企業とその事業環境についてしっかりと把握する必要があるだろう。だがインデックス・ファンドの場合、市場全体の動きに関するある程度の理解と、それにファンドを連動させるための技術インフラがあれば事足りる。このためグラウアーは、ステート・ストリートやバンカース・トラストといったライバルが国外での事業機会に気づく前に動けるよう、年金基金の運用先として大きな可能性を秘めた他国の市場を探しはじめた。

有力候補の一つは日本だったが、この島国への外国企業の参入には困難がともなう場合が多く、現地事務所の開設すら、ままならなかった。このため、グラウアーはウェルズ・ファーゴを説得し、一九八九年にWFIAの株式の五〇パーセントを日本の日興証券に一億二五〇〇万ドルで売却し、共同出資会社を設立させることに成功した。ウェルズ・ファーゴ・日興・インベストメント・アドバイザーズ（WFNIA）という長たらしい社名に変わった会社の当時の運用資産額は七〇〇億ドルだった。「インデックス投資は規模のゲームだったから、競合他社に先んじて世界中でより多くの資産を掌握しておきたかった」とグラウアーは語る。

こうして日本でもインデックス投資が軌道に乗りはじめたが、いかんせんタイミングが悪く（一九九〇年には日本のバブルが崩壊）、また上昇志向の強いアメリカの金融機関と日本の証券会社が文化的に相性の悪い組み合わせであることも明らかになってきた。とはいえ、日本の資本が入ったおかげで同国の年金基金の資金を呼び込めたほか、ウェルズ・ファーゴ本体からより独立した立場を築くこともできた。ＷＦＮＩＡは設立から五年後の一九九四年に四五〇〇万ドルの税引き前利益を計上し、翌年には運用資産額が一七一〇億ドルに達した。[5]

　運用資産の大半はインデックス・ファンドだったが、ＷＦＮＩＡはアクティブ・ファンド事業でも成功を収めつつあった。ただし、それはファンド・マネジャーの感覚に頼るものではなく、コンピューター主導でデータとモデルを駆使した、業界で言うところの「クオンツ（定量的）投資」の手法で運用されていた。近隣サンタモニカのディメンショナル・ファンド・アドバイザーズ（ＤＦＡ）などが推進するファクター投資にも似ていたが、それよりも複雑な仕組みである場合が多かった。

　インデックス投資も新たな領域へと発展しはじめていた。債券や途上国の株式など、より複雑な市場に連動させることを目的としたパッシブ戦略は、一九八〇年代におおむね開拓されていたが、実際に勢いづいたのは一九九〇年代に入ってからだった。「八〇年代は、まだまだ草創期だった」と振り返るのはシャープの元弟子で、一九八五年にＷＦＩＡのフルタイム社員となったブレーク・グロスマンだ。「八〇年代が終わるころには、中核的な戦略としてのインデックス投資の認知度がはるかに高まっていた」。一九九二年に同社のクオンツ投資チームのリーダーとなったグロスマンは、こう語っている。

　だが、グラウアーはまだ歩みを止めようとしなかった。日興との共同生活はうまくいっていなかったかもしれないが、さらに国際化を進め、カリフォルニア州の内向きな中堅銀行の座にとどまっているウェルズ・ファーゴから完全に離れることをグラウアーはなおも望んでいた。「インデックス投資の経済特性に鑑み、規模を求めて熱追尾ミサイルのように目標を探知していた」と振り返る。

目標の候補は三つ現れた。一つめは、かつて在籍していたグラウアーにとってなじみ深いメリルリンチだった。二つめはステート・ストリートで、競合関係にあるため現実味は乏しかった。三つめはイギリスのバークレイズ・バンクである。最終的に選ばれたのは、資金力に秀でたバークレイズだった。長い交渉期間ののち、ＷＦＮＩＡは一九九五年に四億四〇〇〇万ドルでバークレイズに買収された。この身売りは大きなイギリス市場への参入のきっかけとなり、のちに大成功をもたらすが、当初待ち受けていたのは険しい道だった。「ひどく足を踏まれるようなことが何度もあった」とグラウアーは語る。

ＷＦＮＩＡの事業はバークレイズの証券部門バークレイズ・デ・ゼット・ウェド（ＢＺＷ）の資産運用部と統合され、合計の運用資産額は統合時点で二五六〇億ドルに達した。[6] 新会社の社名はやがてバークレイズ・グローバル・インベスターズ（ＢＧＩ）に変更されたが、実態は逆買収だった。まもなくグラウアーがトップに就任し、本社もサンフランシスコに据え置かれた。そしてＷＦＩＡ時代からのアカデミックな企業文化が組織全体に浸透していった。「ＢＺＷは典型的な『直観に頼り、大量に買いつけ、ランチを楽しむ』タイプの資産運用会社だった。一方、本社側にはクオンツ投資の専門家しかいなかった」と振り返るのは、当時ＢＧＩの幹部だったケン・クローナーだ。よりデータを重視する文化になじめないＢＺＷ出身の社員は、まもなく去っていった。

＊

ところが、やがてグラウアー自身にも会社を去る日が訪れた。バークレイズとの取引を成立させるため、グラウアーは大幅な報酬カットという自分に課された条件を受け入れていたが、最初に交わした三年契約が更新の時期を迎えようとしていた。ＢＧＩはいまや大規模な国際投資会社として成功を収めており、そのトップであるグラウアーは大幅昇給も盛り込んだ契約更改を望んでいた。一九九八年夏のある週末、グラウアーはバークレイズ幹部の保養旅行に加わって、イングランド南部のグラインドボーンに滞在した。グラインドボーンは築六〇〇年の優雅なカントリーハウスで、毎年夏に野外でオペラ音楽祭を開催することで有名だ。続いてグラウアーはバークレイズのＣＥＯマーティン・テイラーを訪ね、そのオフィスでお茶を飲みながら契約更改について話し合った。だが自分の要求が通らないことが明らかになると、即座に退職した。

グラウアーにとって腹立たしいことに、少し前に自分と同じ共同ＣＥＯ兼共同会長に昇進していた弟子のパトリシア・ダンが後追い退職をせず、自らＢＧＩの指揮を執りはじめた。グラウアーはこれをひどい裏切り行為とみなし、ダンがテイラーとの報酬交渉で自分は残ってバークレイズを盛り上げると宣言していたに違いないと考えた。このときグラウアーは、ＢＧＩに動揺が走ることを懸念し、表立っては何も言わなかった。ただダンとの関係は途絶え、二度と元には戻らなかった。「彼女は自分の欲に忠実だったのだろう」と、のちに語っている。一方、ダンはグラウアーとの決裂について「信じてもらえないかもしれないけれど、人生の中で胸が張り裂けるような思いをしたことは数えるほどしかなくて、これがその一つ」と後年、伝記作家に打ち明けている。[8]

グラウアーの突然の退職はサンフランシスコのBGI従業員、そして投資業界全体に衝撃を与えた。ある業界誌は「王は崩御した。新女王陛下万歳」と報じた。[9] グラウアーは革新的だが経営難の投資部門を世界有数の資産運用会社へと生まれ変わらせ、やがて唐突に去った。「みな愕然とした」とブルース・ゴダードは振り返る。「だが会社には二人の親がいて、その片方である素晴らしい女性がまだ残っていた」。グラウアーは賛同しなかったかもしれないが、ダンという指揮官がいたからこそ、BGIは壮大で実り多き冒険の旅へと乗り出したのだ。

*

パートタイムの秘書からCEOに昇りつめたダンの物語は、特に女性にとって出世が容易ではなかった時代に、それも男性優位で悪名高い業界で起きたことを考えれば、異例のサクセスストーリーと言える。のちのヒューレット・パッカード会長時代の不正疑惑により、アメリカ屈指の企業経営者という名声には傷がついてしまったが、BGIで共に働いた者たちは、ほぼ例外なく目を輝かせてダンの有能さを説く。「並々ならぬ天賦の才に恵まれたリーダーだった」とケン・

クローナーは振り返る。

パトリシア・ダンは、デューンズやトロピカーナといったホテルでタレント手配の仕事をする父とショーガールの母のもと、ラスベガスで育った。パトリシアが一一歳のとき、父が亡くなり、母ルースと幼い三人の子どもはサンフランシスコに引っ越した。[10] 成績優秀だったパトリシアは奨学金を得てオレゴン大学でジャーナリズムを学びはじめたが、母がアルコール依存症となり、住んでいた家から退去させられる事態に陥ると、介護のために学業を中断した。その後、カリフォルニア大学バークレー校でジャーナリズムの勉強を再開し、学位も取得したが、家計を助けるために畑違いのWFIAでパートタイムの秘書として働くことになった。[11] 当初の業務はS&P五〇〇ファンドの注文伝票の入力が中心だったが、まじめで飲み込みも早いことから、すぐにもっと責任のある仕事を任されるようになった。その結果、ファウス、ローブ、そして夫ジャーンケが次々に会社を去ったあとの一九八三年に、運用資産額二五〇億ドルのインデックス・ファンドの舵取りをすることになったのだった。[12]

これは終わりの始まりで、遠からず辞めさせられるのではないか、という本人の不安とは裏腹に、グラウアーはダンをどんどん昇進させた。やがてダンは各地のBGI拠点と顧客を訪ねて世界中を飛び回るようになったが、実は飛行機が苦手で、不安から隣席の同僚に乱暴にしがみつくことも多々あった。「乱気流に巻き込まれたときにつけられた傷が、まだ前腕に残っている」とドナルド・ラスキンは打ち明ける。

特に「神」レベルのコミュニケーション能力の持ち主として知られるダンは、従業員と顧客の双方から慕われた。アメリカン航空の旅客機で移動中のダンが、フロリダ州オーランドでの会議に飛び入り参加したいからと頼んで行先を変更させた、という社内伝説もあった。のちにダンは、その話は本当だが、自分が唯一の乗客だったという情報が抜けている、とクローナーに真相を伝えている。*秀でた説得力の持ち主であるダンは、グラウアーが辞める前に要求し、却下されていたBGI幹部向けの手厚いストックオプション制度の導入を、最終的にバークレイズに認めさせた。その結果、のちに多くの幹部の懐が潤った。「パティのおかげで二軒目、三軒目の家や高級車を買えた者がたくさんいた」とゴダードは語る。

ところが一九九〇年代末になると、BGIは業務面で大きな圧力にさらされるようになった。インデックス・ファンドはもはや目新しい商品ではなくなり、手数料競争が熾烈化していた。S&P五〇〇連動型のような平凡な商品の場合、手数料はほぼゼロとなり、年金生活者に多大な恩恵をもたらしたが、BGIのような資産運用会社は痛手を被った。値下がり狙いで空売りを行う別のファンド・マネジャーに保有株式を貸し出す「セキュリティーズ・レンディング」で貸借料を稼ぐこともできたが、その追加収入は顧客と分配する必要があった。また金利が低下していたため、貸借料にも低下圧力がかかっていた。

多くの競合会社は、WFIAが先駆けとなって開拓したのと同様のクオンツ戦略の開発に取り組んでいた。そして、このころには金融業界内のあらゆる企業が、かつてはWFIAなどの一部の企業にしかいなかった数学偏重の「クオンツ」スタッフの獲得に躍起になっており、給料の上昇を引き起こしていた。

こうした競争圧力の影響は業績に顕著に表れはじめていた。グラウアーが退職した一九九八年に運用資産額は二〇パーセント拡大して六〇〇〇億ドルを超えたが、営業利益はわずか二パーセント増の八六〇〇万ドルにとどまった。[13] ダンは再び成長を加速させるための新たな原動力を切実に求めた。そして、その答えがすでに社内の小さな事業、もともとは数年前、モルガン・スタンレーのために開発した商品にあるのではないかと勘づいた。

＊

一九九〇年代初頭、モルガン・スタンレー幹部のロバート・タルはLORのスーパーシェアやカナダのTIPS、AMEXとステート・ストリートのSPDRの目論見書を熟読し、上場インデックス・ファンドという概念に魅了された。タルはこれらの先行商品を参考にして、同社が「最適化ポートフォリオ上場証券」（OPALS）と名づけたものを開発した。OPALSは仕組みとしては上場投資信託（ETF）に似ているが、実務上は債券扱いの商品

＊　そつのない立ち回りにもダンは長けていた。BGIの若いファンド・マネジャー、デイビッド・バーカートは、二〇〇〇年に大型の業務委託獲得を祝うパーティーをビリヤード場で開いたときのことを今も覚えている。臨席していたダンに、ほんの気まぐれで自分のキューを渡したところ、ダンはそれを使って台上の球を一掃し、涼しい顔でバーカートに返したという。別のBGI幹部たちも、ダンが従業員のパートナーや子どもの名前を常に記憶にとどめていたようだ、と懐かしむ。

である。モルガン・スタンレーはドイツ、フランス、日本などのアメリカ以外の市場の株価に連動するようにこの商品を設計した。同社は国際株式投資のパイオニアであるキャピタル・グループ（本社ロサンゼルス）との合弁事業を通じて、これらの多くの国々の主要株価指数を管理していた。この合弁事業はモルガン・スタンレー・キャピタル・インターナショナル（MSCI）と名づけられ、のちに独立した法人として分離された。MSCIは現在、世界屈指の指数提供会社となっている。

法制上のさまざまな理由から、OPALSに投資できるのはモルガン・スタンレーのアメリカ国外の顧客だけだった。実質的には今日、「上場投資証券」（ETN）と呼ばれているものの先駆け的な商品で、株式ポートフォリオからなる実在のファンドではなく、ベンチマーク指数に連動するように合成された証券だった。

タルは、伝統的にお堅い投資銀行であるモルガン・スタンレーの幹部としては珍しい、型にはまらない人物だった。大学は出ておらず、金融業界に入ったのも商品トレーダーとしてだった。その前は銀のトラック輸送という腕力のいる仕事をしていた。ただ、銃やナイフで襲われたり、スト破りをしたりした経験は、ウォール街で働くための準備として申し分なかった、とタルは笑う。OPALSはすぐにモルガン・スタンレーの収益源となり、タルはアメリカの投資家にも同様の商品を提供する意を固めた。だがそのためには、AMEXがSPDRを導入する際のステート・ストリートのように、運用を担う投資グループが必要だった。

そこでタルはBGIからダン、グロスマン、ラスキンをモルガン・スタンレーの豪勢な食堂に招いて昼食を共にし、アメリカ国外の株式市場に連動する上場インデックス・ファンド群の導入を望んでいると説いた。当時、先行商品のSPDRは大成功とはとても言えない状況にあったが、ラスキンはその構想にとりわけ強い興味を示したようだった。

大学を中退して働きはじめ、オプション・トレーダーとなったドナルド・ラスキンは、BGIでは目障りな浮いた存在だった。同社では、きちんとした身なりと柔らかい語り口で、あらゆることについて議論や分析を延々と続けるグロスマンのような元学者が幅を利かせていたからだ。だが悪しざまに言う者でさえ、ラスキンが頭脳明晰で、BGIに多大な活力とトレーディングに関する専門知識をもたらしたことを認めていた。そして、その不愛想さは、ソクラテス式問答のように際限のない議論が好まれる職場で役立つ可能性がある、ともみられていた。

ラスキンは、BGIで国際インデックス・ファンドの運用を担当していたファンド・マネジャーのエイミー・シャイオルデーガーにETF組成の実務を託した。素っ気なく「とにかくやってみて」と声をかけ、具体的な指示はほとんど出さなかった。シャイオルデーガーはSPDRの規制当局への提出書類を読むことはできたが、解決すべき実務上の不明点が山ほどあった。当時、ステート・ストリートはBGIにとって最大のライバルだったため、問い合わせて助力を求めるわけにもいかなかった。そこでシャイオルデーガーとそのチームは、全プロセスを解析して商品の仕組みを明らかにするリバースエンジニアリングに取りかかった。

シャイオルデーガーは通常業務もこなさなければならなかったため、一日一五時間の勤務を数カ月続けてようやく任務を遂行できた。だが、達成感は長続きしそうになかった。自身はETF

という商品におもしろみを感じていたが、当時、会社の上司たちは、あくまでもモルガン・スタンレーのために開発したものとしてみているようだった。

商品はワールド・エクイティ・ベンチマーク・シェアーズ（WEBS）と名づけられた。略称には、SPDRのクモのイメージへのオマージュも込められていた（webはクモの巣を意味する）。目論見書では、現在ではおなじみの「上場ファンド」という用語が初めて用いられた。ただし、信託の形態をとっていたSPDRと異なり、WEBSは法律上、一七のMSCI指数に連動する上場ミューチュアル・ファンド群とされ、運用はBGIが手がけることとなった。そして、SPDRの導入後、AMEXを退職していたネイサン・モストがWEBSの取締役会議長として招かれた。

WEBSは一九九六年に上場された。当初ふるわなかったSPDRの前例があったため、期待はかなり低めだった。実際の出足も鈍かったうえ、上場後三年たっても、BGIが運用するETFの資産額は二〇億ドルに届かなかった。[14]

二〇〇〇年を迎えようとするころになっても、ETFは三六種しか存在していなかった。バンク・オブ・ニューヨークがドットコム・バブルの絶頂期に導入したQQQ（ナスダック〔一〇〇〕指数に連動するETF）のように、すぐ成功したものもあったが、一九九九年末のETF全体の運用資産額は三九〇億ドルにとどまった。[15] ETFの成長性については悲観的な見方が優勢で、それを裏づけるようにモルガン・スタンレーはまもなく同事業の自社の持ち分を（タルによれば）二束三文でBGIに売却した。株式事業が好調だったため、ETFで浪費した資源をある程度、取り戻せると考えてのことだった。

BGI幹部の多くもETF事業の先行きに懐疑的だった。同社はインデックス・ファンドを量産する金融工場のような存在になっていたが、その顧客は年金基金や各種基金、外国の中央銀行といった大手機関投資家に限られていた。一方、ETFは基本的に、年金積立金を自ら運用する個人などの小口投資家向けとみなされていた。このため、BGI社内には、ETF市場への本格参入は中核事業からの逸脱であり、同社のブランドに傷をつける危険性すらある、と考える者も少なくなかった。企業文化の観点から言えば、リテール分野への参入は、グッチが突然、ウォルマートでの自社衣料品の販売に乗り出そうとするような話だった。一般投資家をターゲットとするミューチュアル・ファンドの導入または買収に関する議論は、それまでにも折に触れて行われてきたが、そうした理由から否認されるのが常だった。

だが、ダンには信念があった。一九九八年にグラウアーが去り、自分がトップに昇格すると、ダンはBGI戦略チームの精力的なヘッド、リー・クレインファスに、思い切ったETF事業計画を策定する任務を課した。計画には多種多様な新型ETFの開発や、ETF専門のマーケティングおよび営業チームの設置が含まれており、実行に移すには多大な資源、そしてバークレイズ本体の承認が必要だった。

クレインファスとダンがロンドンに赴き、バークレイズの取締役会でETFの計画について発表すると、出席者の多くがうつろな表情を見せた。取締役会は、イギリス国内の一般投資家向け店舗の閉鎖に関する議論を終えたばかりだった。そして、ETFの難解さはラテン語並みだった

（金融工学の分野でギリシャ文字が多用されていることを考えれば、ギリシャ語並みと言うべきかもしれない）。だが、ダンの主張には説得力があったうえ、投資銀行部門バークレイズ・キャピタルのアメリカ代表で、押しの強いボブ・ダイアモンドがETFの可能性をいち早く理解し、ダンに加勢したことで、取締役会は支持を表明した。

バークレイズは、その後三年にわたり、年に約四〇〇〇万ドルをこのプロジェクトに投じた。BGI内の懐疑派の多くが愚行と考えるほどの巨額だった。当時、BGIのクオンツ戦略が絶好調だったのに対し、ETF事業はなかなか軌道に乗らなかった。このころ、金融業界全体でアクティブ投資かパッシブ投資かという論争が巻き起こっていたが、オタク気質の人材が多いBGIの中でも、独自の視点から同様の議論が繰り広げられた。

サンタモニカ埠頭のすぐ近くにあるロウズ・ホテルでBGI幹部の保養旅行が催されたとき、ダンは特に反対姿勢の強い幹部からもETF事業への支持を取りつけようと説得を試みた。同事業のコストが幹部の報酬に悪影響を及ぼす可能性に気づいていなかったのだ。そうした懸念を訴える反対派に不意を突かれた支持派もいた。「みんなのボーナス用の資金を食いつぶしている、という見方があることを、そこでようやく知った」。ETF事業におけるクレインファスの補佐役として、その場に居合わせたジェイムズ・パーソンズは語る。

ダンは前進を続けた。二〇〇〇年五月、WEBSはiシェアーズという新しいブランド名で再出発した。時の流れの中で名前の由来は曖昧になっており、その数年前にアップルが発売したiMacにあやかったという幹部もいれば、「インデックス・シェアーズ」のわかりやすい代用語として使われていた呼称だったと話す者もいる。リニューアルに際して、BGIはS&P五〇〇から小型株指数、バリュー（割安）株指数、グロース（成長）株指数まで、あらゆる種類の株価指数に連動する大量の新型ETFを同時に導入した。二〇〇二年には、当時の金融工学においては並外れた偉業とも言うべき、債券指数連動型のETFも打ち出した。営業を支えたのは巨額を投じた広告キャンペーンである。個人投資家のあいだでiシェアーズの認知度を高めるため、BGIはテレビCMからオンライン広告まで幅広い媒体で宣伝活動を展開した。やがて、シルク・ドゥ・ソレイユや自転車ロードレース・チーム、エクストリーム・セーリング（ヨットレース）の大会など、さまざまな分野でスポンサー契約を結んだiシェアーズのロゴが見られるようになった。

一本気で起業家精神に富むクレインファスは、BGI社内で反感を買うこともあった。奇妙なことを思いついては細かい段取りや実行は他人に丸投げし、手柄はすべて自分の物にする「クレイジー・プロフェッサー」の気《け》がある、とみる者もいた。純粋に、ETF事業強化のコストが会社の利益、ひいては年末のボーナスに直接影響することを、依然として腹立たしく思う向きもあった。

だが、独自のカルト的なカルチャーをもつBGI社内において、iシェアーズを独立したブランドとして育てるのに、その熱意は重要な役割を果たした。素早く新事業を立ち上げてリテール分野での成功をめざすうえで、BGIの議論重視でアカデミックな環境はまるで不向きだとみていたクレインファスは、そうした新しいカルチャーが不可欠だと考えていた。「BGIには頭の切れる人間があらゆる部署にいたが、会社というより大学のキャンパスみたいだった」とパーソンズは振り返る。「リーはエゴ抜きで素早く動けるカルチャーを作った」。BGIとは異なるチーム・スピリットを植えつけるため、クレインファスはサンフランシスコ、フレモント・ストリート四五番にある超高層ビルの本社から、一ブロック先のマーケット・ストリート三八八番の別ビルにiシェアーズのチームを移したほどだ。

クレインファスの巧妙な戦略の一例として、指数提供会社との契約が挙げられる。ETF導入をめざす他社による指数の利用を防ぐため、多くの場合、有期独占協定（期間は最長の一〇年までさまざま）を結んだ。たとえば、BGIはラッセル・インベストメントと手厚いライセンス料契約を締結することで、同社の有名なラッセル小型株指数をiシェアーズ・ラッセル二〇〇〇ETF（二〇〇〇年五月に導入）のベンチマークとして独占的に用いる権利を確保した。

投資家が有名な指数に連動する商品を好むこと、そして投資家からの資金流入と高い流動性がETFにとっての好循環を生み出すことを考慮すれば、BGIが他を寄せつけずにこの分野で重要な顧客層をつかみ、強固にできたのも必然だった。今日では、iシェアーズ・ラッセル・シリーズのETFだけでも運用資産額は約七〇〇億ドルに達しており、二位以下のライバル三社の合計額を上回っている。これは昨今、シリコンバレーで「ブリッツスケーリング」と呼ばれている戦略の効果によるものだ。巨額を投じて迅速かつ積極果敢に動き、できるだけ早く揺るぎないマーケット・シェアを獲得する、という戦略である。

BGIはステート・ストリート、そして特にバンガードが猛烈な反撃をしかけてくるはずだと身構えていた。一般投資家向けの低コスト・インデックス・ファンドの草分けとして支配的な地位を築いてきたバンガードは、草創期のETF市場でも大きなシェアを握るだろう、と多くの幹部が見込んでいた。ところが予想に反して競争らしい競争は起きなかった。「率直に言うと、ジャック・ボーグルがETFについて批判的だとわかり、胸をなで下ろした」と、グロスマンは語る。「ボーグルはいろいろな局面で先見の明を発揮していたが、その実績が裏目に出て、バンガードは何年も後れを取るはめになった」。

出遅れたバンガードは二〇〇一年になって最初のETFを導入し、ステート・ストリートは独自のETFのシリーズを徐々に強化していった。だがBGIは、投資家が金融分野の中でどのようなものに関心があろうとも、それに応じた商品が提供できるような幅のあるETFプラットフォームを積極果敢に構築することで圧倒的なリーダーになった。金融アドバイザーたちは、ほとんど瞬時にiシェアーズを気に入った。そしてBGIにとって喜ばしいことに、多くの機関投資家やヘッジファンドも、簡単に自分たちのポートフォリオを運用すること、あるいは投資戦術を素早く実行に移すことができる方法として、あっという間に同社のETFを受け入れた。そのおかげもあって、iシェアーズは幅広い投資家層にまたがるヒット商品となった。金融危機直前の二〇〇七年には、iシェアーズの運用資産額が四〇八〇億ドルへと急拡大したのを主因に、BGIは一四億ドルの税引き前利益を記録した。[16]

＊

風前の灯火だった事業を立て直して国際投資の大手へと変貌させたのはグラウアーであり、iシェアーズの成長の立役者となったのはクレインファスだった。だが、BGIのETF事業はダンの存在なしには成功しえなかった。ダンは、多くの上司が事業の先行きを強く危ぶむほどの状況下で同事業の可能性を信じ、巨額の費用がかかるETF部門の刷新を認めるよう、バークレイズを説き伏せた。「iシェアーズはダンなしには生まれなかった。〔ETF事業も〕完全に終わっていただろう」とパーソンズは語る。「彼女は揺るぎない信念の持ち主だった」。

だが、ダンは自身の仕事の成果を見届けられる日までBGIにとどまることができなかった。そして、BGIトップとしてのキャリアの終盤は波瀾に満ちていた。二〇〇一年九月、ダンは乳がんと診断され、集中治療を受ける必要に迫られた。バークレイズとの関係にも一段と不満を募らせるようになり、「プロジェクト・アメジスト」というコードネームのもと、マネジメント・バイアウトによるBGI独立計画を水面下で練りはじめた。[17]

二〇〇二年初頭、ダンはプライベート・エクイティ投資の大手ヘルマン&フリードマンと共に、BGIをバークレイズから一四億ドルで買収し、自社の幹部が一部所有する独立した資産運用会社とする計画を立てた。だが、いくつかの実務上の問題から買収が困難であることが判明し、最終的にはバークレイズからBGIを売却する気はない、とはねつけられた。[18] 買収をめぐるやりとりの中で、ダンとロンドンの関係は修復不能なまでに悪化し、バークレイズ側ではダンの計略を反逆行為同然とみなす声も上がった。

さらに悪いことに、二〇〇二年五月、悪性黒色腫（メラノーマ）という別のがんに罹患《りかん》していることが判明したダンは、より大がかりな化学療法を受ける必要に迫られた。ほかに選択肢はなく、同年六月にダンはBGIを退職した。すると、自由奔放な投資銀行部門バークレイズ・キャピタルのアメリカ代表を務めていた尊大なボブ・ダイアモンドが、監視役としてBGIの会長に指名された。こうして、それまで一部のBGI幹部が「善意の無視」とみなしていた親会社の管理体制は、細かく指示を出す形へと変わっていった。ただし、ダイアモンドの指揮下で、BGIは長らく期待されてきた巨額の利益をようやく生み出しはじめたのだった。

その後、ダンは回復し、二〇〇五年にハイテク大手ヒューレット・パッカード（HP）の会長に就任したが、その地位もスキャンダルによって手放すはめになった。HPはダンの在任中に、取締役によるメディアへの情報漏洩に関して外部の調査会社に違法な調査を依頼していた。この不正疑惑が発覚したことで、自身の関与を否定していたダンも二〇〇六年に辞職せざるをえなくなった。その後、ダンは進行した卵巣がんに侵されていることがわかり、二〇一一年に五八歳で早くも世を去った。

ダンがインデックス・ファンドの歴史における重要人物の一人であったことは疑いない。大手金融機関で非常にまれな女性トップだっただけでなく（その二〇年後もまだ希少であることを考慮すれば、この点だけでも特筆に値する）、ETFの可能性に気づき、BGIを草分けのステート・ストリートを超える存在へと押し上げた。そして、「ベータの神殿」としての同社の名声を新たに確立し、金融業界を一変させることになる分野を開拓した。

それはウォール街のあらゆる企業がうらやむほど衝撃的なサクセスストーリーだった。とりわけ強い嫉妬の念をいだいたのが、野心的で血気盛んなニューヨークの投資グループ、ブラックロックだった。

第13章 ラリーの攻めの一手

LARRY'S GAMBIT

二〇〇九年四月一六日、ロバート・カピートはニューヨーク・ヤンキース対クリーブランド・インディアンスの試合が行われる新しいヤンキー・スタジアムを訪れた。アメリカ経済は大混乱の中にあった。同国のサブプライム・ローン危機が引き金となって、世界の金融システムは崩壊寸前に追い込まれた。ウォール街で働く者の多くは、束の間の気晴らしを強く求めていた。だが、元債券トレーダーでツルツル頭が特徴のカピートは野球観戦に来たわけではなかった。

カピートは、自分の会社ブラックロックの運勢を上向かせるだけでなく、金融業界を一変させるような極秘の使命を帯びていた。この日、バークレイズ・キャピタルCEOのボブ・ダイアモンドがヤンキー・スタジアムの企業ボックスで観戦していた。カピートは早急にこの旧友に会って密談をする必要があったため、ダフ屋からチケットを買い、ブロンクスにある球場へと出かけたのだった。

二〇〇八年にリーマン・ブラザーズの経営が破綻した際、バークレイズはその北米部門を買収するという思い切った行動に出たが、この買収のせいで自らも急速に深みへはまっていった。同社はそれから二〇〇九年初頭にかけて、イギリス政府の救済策に頼らなければならない事態を避けるため、自力での資金調達に奔走した。それは虎の子の事業、たとえば評価の高い資産運用部門のバークレイズ・グローバル・インベスターズ（BGI）などが売りに出される可能性を意味していた。実際に、同社はそうした事業を細かく切り売りすることも辞さなかった。二〇〇九年四月初頭、バークレイズはロンドンを本拠とするプライベート・エクイティ投資会社CVCと、BGIの急成長中のiシェアーズETF事業を四二億ドルで売却することで合意に達した。

非常に重要なことに、この契約には「ゴーショップ」条項が付与されていた。これは契約締結後四五日のあいだに、バークレイズがCVCより良い条件を提示する可能性のある別の業者と交渉することを認めるものだった。したがってブラックロックにも買収のチャンスは残されていたが、それをつかむためには迅速に動く必要があった。

少なくとも二〇〇七年以降、ブラックロックは高成長のETF市場での足場を得るために、水面下で買収対象を探し求めていた。この年、同社CEOのラリー・フィンクは戦略担当責任者のスーザン・ワグナーに、ETF市場への参入方法について調査するよう命じていた。ワグナーが下したのは、買収が最善策という結論だった。そして今、業界の最大手が突如、オークションの対象となった。広い人脈をもつフィンクは、CVCとバークレイズのあいだで交渉が進んでいることを契約締結が公表されるかなり前に人づてに聞いており、以来、そこに割り込む計画を立てていた。* ついにその機会が訪れたため、フィンクはブラックロック社長のカピートに緊急の伝言を託し、ヤンキー・スタジアムへ向かわせたのだ。

この夜、ヤンキースはインディアンスに負けたが、カピートはまったくゲームに目を向けていなかった。今日にいたるまで、どこが相手の試合だったのかすら思い出せなかったほどだ。カピートはバークレイズの企業ボックスの前まで駆け上がると、ドアをノックしてダイアモンドにちょっと話があるから出てきてほしいと声をかけた。了承したダイアモンドはボックスを出るとカピートと歩き出した。「チェッカーとチェス、どちらのゲームをしたいか」とカピートは切り出し、ダイアモンドに以下のようなブラックロックの提案を説明しはじめた。

CVCにiシェアーズ事業だけを売るのではなく、ブラックロックにBGIを丸ごと売却し、その見返りとして巨額の売却代金と買収後の会社の株式を受け取るのはどうか。その場合、バークレイズは政府による救済（受け入れると政府の傘下に入り、煩雑な制約が生じる）を免れるの

＊　よくあることだが、この件に関する経緯の説明は報道によってさまざまに異なり、主だった関係者の話もみな少しずつ食い違っている。ここに記したのは、そうした諸説を一つのナラティブに集約してみたものである。

に必要な資本を手にするだけでなく、投資業界の大手に生まれ変わるブラックロックの大株主として、引き続き資産運用部門からの利益を享受することができる。

「非常に魅力的な話だ」とダイアモンドは返答した。実のところ、ダイアモンドはBGI全体の売却先を探ることについて、すでに取締役会の承認を得ており、ブラックロックがその相手にふさわしいと考えていた。二人はバークレイズの企業ボックスの外の通路を三〇分ほど歩き回りながら、この構想についてさらに話し合い、最終的にダイアモンドとその上司のジョン・バーリーが翌日、ラリー・フィンクを訪ねることで合意に達した。

それはスケールの大きい構想だった。もし成功してブラックロックとBGIが合体すれば、運用資産額二・七兆ドル超（当時）の紛うことなき巨大資産運用会社となり、業界の勢力図を一新することになる。フィンクにとっては、高名なウォール街のリーダーの一人からさらに格を上げ、ファーストネームだけで認知される超一流企業経営者に仲間入りするチャンスだった。そして、パッシブ投資は投資業界の端役から主役格へと一気に飛躍する可能性があった。

だがブラックロックの買収計画にはリスクがあった。金融業界では過去一〇〇年で最大の危機の余波がまだ続いており、数十億ドルを費やすBGIの買収は同社にとって決して簡単に踏み出せることではなかった。しかも、市場と世界経済が依然として二〇〇八年の激震からの回復途上にある状況で、積極果敢な姿勢で有名な従来型のウォール街投資グループと、インデックス投資戦略とのんびりとした学者気質を特徴とするBGIを一つにしようとすれば、文化的にも実務的にも悪夢のような大混乱が起きかねなかった。それは、ウォール街の最初の職場で一億ドルもの損失を出し、居場所を失った元債券トレーダーによる、とてつもなく野心的な攻めの一手だった。

＊

フィンクは「金融業界の巨人」になるような運勢の持ち主ではなかった。一九五二年一一月二日に生まれ、ロサンゼルス北西部サンフェルナンド・バレー地区内のバンナイズという平凡な町で育った。映画『ターミネーター』第一作の主なロケ地だったことで知られるところだ。だが、フィンクは映画のようなドラマ性とは無縁の幼少期を過ごした。父はバンナイズで靴屋を営み、母はカリフォルニア州立大学ノースリッジ校で英語学教授として教鞭をとっていた。中西部からカリフォルニアに移住した両親はルーティンを重んじながらも、子どもには自立心を求めた。このため、ラリー少年は一五歳になると休みの日に一人で出かけるようになった。ただし、兄ほど勉強が得意ではなかったため、一〇歳から父の店の手伝いをさせられた。優秀な兄はその仕事を免除されていた。

フィンクは高校で、のちに妻となる小柄で黒髪の女性ローリーと出会った。二人は共にＵＣＬＡに進学し、フィンクは政治理論を専攻した。冷戦下で資本主義と共産主義の対立への関心をかき立てられたからだったが、生涯を通じて追究したいことではなかった。ただ興味深いテーマだったというだけで、将来のキャリア・プランもろくに描けていなかった。

四年生になると、フィンクは気まぐれで大学院の不動産関連のクラスを受講した。初歩的な経済学を除き、ビジネスにかかわる授業を取ったのはその年が初めてだった。そこで親しくなった指導教授から、調査アシスタントになることを勧められた。不動産開発の仕事に就こうと考えはじめていたフィンクは、誘いを受けてそのままUCLAのビジネススクールに進んだ。だが、不動産業界に入る計画はしだいに遠のいていった。ローリーの父がその業界の人だったため、別の分野に行きたくなったのだ。もっと国際的な仕事がよいのではないかと思ったものの、具体的な案は浮かんでこなかった。したがって、金儲け以外に何がしたいのかわからない聡明な若者のご多分にもれず、フィンクは長髪のまま、ローリーにもらったトルコ石のブレスレットを着けた姿で意気揚々とウォール街へ足を踏み入れた。[1]

やがて複数の一流投資銀行からオファーを受けたものの、ゴールドマン・サックスの最終面接で痛恨の失敗を犯した。「ひどく落ち込んだが、実際には災い転じて福となった」とフィンクは振り返る。結局、別の名門投資銀行ファースト・ボストンに採用され、一九七六年に働きはじめた。配属されたのは債券トレーディング部で、不動産分野に詳しいことから主にモーゲージ債のトレーディングを任されると、類まれな才能を発揮した。一九七八年には部の責任者に昇格し、勤勉で強い結束力と並々ならぬ忠誠心をもつチームを作り上げた。

メンバーの多くがユダヤ系だったため、社内にはフィンクのチームを「リトル・イスラエル」と呼ぶ者もいた。一九七〇～一九八〇年代になっても、ファースト・ボストンのようなWASP（アングルサクソン系の白人プロテスタント信者）比率の高いウォール街の企業では、イタリア系とユダヤ系の社員はまだ疎外されがちだった。ほかのメンバー全員がユダヤ教の祝日で休んでいたある日、フィンクは上司から「イタ公」を雇うよう指示された。そうして採用したのが、バージニア州モンティチェロの労働者階級出身で、ペンシルベニア大学ウォートン・スクールを出たロバート・カピートだった。ところが、ユダヤ暦の新年祭ロシュ・ハシャナの時期が来ると、カピートも他のチームメンバーと同じくユダヤ系であることが明らかになった。当時はこうしたよそ者差別が横行していたが、血の気が多く実力重視のファースト・ボストンでのそうした風潮をフィンクは気に入っていた。実際には利益をあげさえすれば、どんな人間だろうと誰も気にしなかった。そしてフィンクは利益をあげ、その見返りも受けていた。

頭脳明晰、積極果敢で独創性もあるフィンクは、ソロモン・ブラザーズの手強いライバル、ルイス・ラニエリと共に、アメリカのモーゲージ債市場での幅広い商品の開発と組成において重要な役割を果たすようになった。モーゲージ債は、数多くの個別の住宅ローンをパッケージにまとめ、それを異なる特性をもつ複数のクラス（トランシェ）に分割して証券化したものだ。この仕組みにより、投資家はそれぞれのリスク選好に見合った商品を買うことができる。モーゲージ債は二〇〇八年の大惨事の原因となったが、保守的に組成すれば、住宅ローンの借入コストの低下につながるほか、年金基金や保険会社に有益な投資機会を提供することができる。

フィンクは他の多くの債券トレーダーと比べると知性派と言えたが、成功するにつれてそのエゴは肥大化していった。うぬぼれた態度に不快感を示す同僚もいた。「いけすかないヤツだった」。後年、あるメディアの取材でフィンクは当時の自分をこう評している。[2] とはいえ、ウォール街では謙虚さよりも成功が美徳とされる。フィンクはファースト・ボストン史上最も若い年齢でマネージング・ディレクターに就任し、その後も同社の純利益を一〇億ドル（推計）拡大させた功績により、三一歳で経営委員会の最年少メンバーとなった。その勢いは天井知らずのようだった。だがやがて、見えなかった天井が崩れ落ちる日が訪れた。「わたしとチームのメンバーはロックスター気取りでしたし、経営陣にも気に入られていました。わたしはこのままＣＥＯへの道を突き進むはずでした」。後年、フィンクはある講演でこう語っている。[3]「ところが……わたしはやらかしてしまったのです。それも相当にひどく」。

モーゲージ債市場の覇権をめぐるソロモン・ブラザーズとの熾烈な競争の中、一九八六年にフィンクのチームはポジションを急激に増やした。[4]だが悲惨なことに、かけていたヘッジが予想外の金利低下で裏目に出てしまい、チームは推計一億ドルの損失を出した。過去一〇年に巨額の利益をファースト・ボストンにもたらしてきたフィンクだったが、この失敗でＣＥＯへの道は閉ざされ、閑職に追いやられた。それでもフィンクはその後も二年近くファースト・ボストンで働きつづけたが、結局、一九八八年初頭に退職した。

以前はあふれんばかりだったフィンクの自信は、肩身の狭さを味わった退職までの日々の中で徐々にしぼんでいった。「会社ではすっかり除け者扱いだった」と振り返る。「廊下ですれ違う人のわたしを見る目が変わり、全社員がわたしに腹を立てているように感じた。……見捨てられた気分だった。もう同じチームの仲間とは思えなかった」。ただし、この屈辱的な経験から得た教訓はのちに実を結ぶ。そしてフィンクもこのままで終わるつもりはなかった。

数年前から、フィンクは投資銀行シェアソン・リーマン・ハットンでモーゲージ事業を担当するラルフ・シュロスタインと電話をかけ合う仲になっていた。二人とも早起きで、朝の喧騒が始まる前の六時半ごろに電話でよく金融市場の話をした。「そんな時間に話ができる相手はそうそういなかったから」とシュロスタインは説明する。一九八七年三月のある夜、ワシントンで遭遇し、ニューヨークへ戻るフライトも一緒だった二人は夕食を共にした。これがフィンクに大きな転機をもたらすことになる。

二人はどちらも民主党支持者だった。しかも、シュロスタインはウォール街で働く前、カーター政権下で財務省高官の地位に就いていた。ただし、語り合ったのはもっぱら仕事の話だ。二人とも今の仕事に対する不満と、何か新しいことを始めたいという熱い思いをいだいていた。当初は漠然としていた夢の話が、特にブラックマンデー後も市場が刻々と変化していくのを目の当たりにしてから、徐々に具体化していった。二人は新しい会社を作る計画を練りはじめた。あらゆる証券の値動きをモデル化し、それに基づいてポートフォリオを構築すること、そして、そこに付随するすべてのリスクをより正確に分析することのできる会社だ。「新しい金融商品が増えるなかで、よく理解しないまま買う投資家が多いことがわかってきていた」とシュロスタインは振り返る。「その気づきこそがブラックロックの原点だった」。

一九八八年二月のある肌寒い日、フィンクとシュロスタインはパーク・アベニューを散歩しながら、新事業立ち上げの詳細について話し合っていた。食事をする予定のレストランに到着するまでもなく、二人はある合意に達した。「そういえば、われわれ二人の持ち分をどうするのか、まだ一度も話していないが、何か考えはあったのか」とフィンクがたずねた。シュロスタインは、六〇対四〇でフィンクが六〇パーセント保有するのはどうか、と提案した。これに対してフィンクは「わたしは三分の二対三分の一で考えていたのだが」と言った。すると、シュロスタインは八分の五対八分の三という別の案を出し、フィンクもそれに同意した。わずか数分で話はまとまり、以後、この件について二人が話すことは二度となかった。

ファースト・ボストンを正式に退職した四日後、フィンクは新事業について話し合うために、厳選したメンバーを自宅に招いた。ファースト・ボストンからは、モーゲージ・トレーディング・チームでフィンクの右腕だったカピート、ポートフォリオ商品チーム責任者のバーバラ・ノビック、同社のリスク管理ツールの多くを開発した数学の天才ベン・ゴラブ、同社のトップ債券アナリストの一人であるキース・アンダーソンが呼ばれた。シュロスタインはシェアソン・リーマンから、まずスーザン・ワグナーを、その後さらにヒュー・フレイターを引き抜いた。二人とも同社の一流のモーゲージ債スペシャリストだった。とはいえ専門性は二の次で、大事なのは個人としての能力だった。「アスリートとしての有能さを重視して選抜した」とシュロスタインは語る。これらのメンバーが一致団結して、最新のテクノロジーとより健全なリスク管理を土台とする、新しい債券投資会社を設立することになった。

引き抜いた六人の創業メンバーたちは、最初の三年間は待遇を全員同じにすべきだと主張した。「才能豊かな一〇人を一つの部屋に集めても、みなが同じ方角をめざして船を漕がなければ、どこにもたどり着けないでしょう」。フィンクの家でワグナーは言った。「同じ方角に向けて船を漕がせるには、とにかく全パートナーに与える持ち分と報酬を同一にすべきです」。そう聞いた当初、フィンクとシュロスタインはキブツのようなやり方でビジネスが成り立つのか半信半疑だった。だが、すぐに折れて従い、そして一度たりともその件について後悔しなかった。「まさに彼らが言ったとおりだった。われわれの大手柄の一つだ」とシュロスタインは胸を張る。「最初の三年間はみな自分の取り分よりも、全体のパイの大きさを重視して働いてくれた」。

新事業立ち上げに必要な資金が不足していたため、フィンクは名刺ファイルを出し、スティーブ・シュワルツマンとピート・ピーターソンに連絡を取った。かつてリーマンのパートナーだった二人が独立して創設したブラックストーンは、プライベート・エクイティ投資業界の新星として頭角を現しつつあった。同社が一九八七年に初めて五億六〇〇〇万ドルの買収ファンドを立ち上げる際、フィンクはその資金集めに協力していた。連絡を受けたシュワルツマンは、ファースト・ボストンの合併・買収（M&A）部門の花形責任者でウォール街のレジェンドであるブルース・ワッサースタインに接触し、フィンクが「ファースト・ボストン史上随一の才能の持ち主だ」という情報を得た。[6]

安心したブラックストーン側は、新会社の株式の五〇パーセントを取得するという条件で、オフィスの間貸しと五〇〇万ドルの融資を行うことに同意した。* フィンクは個人でブラックストーンの株式の二・五パーセントを取得した。[7] フィンクとシュロスタインはブラックストーンの名前

＊　ブラックロックの社史ではブラックストーンの持ち分は最初から四〇パーセントだったことになっている。

が売れはじめていたのに便乗して、新会社を「ブラックストーン・フィナンシャル・マネジメント」（ＢＦＭ）と名づけた。

始動したＢＦＭは、まずゴラブのファースト・ボストン時代の同僚チャーリー・ハラックを採用した。そして新しい債券ファンドと、ゴラブとハラックが開発していた業務支援技術サービスの両方について、顧客の獲得に乗り出した。このサービスは、ファースト・ボストンでフィンクが失脚する原因になったような失敗を防ぐ最先端のソリューションとして開発されたもので「資産・負債・債務・デリバティブ投資ネットワーク」（Asset, Liability, Debt and Derivative Investment Network）、略して「アラディン」（Aladdin）と名づけられた。最初のバージョンのプログラミングは、オフィスの冷蔵庫とコーヒーメーカーのあいだに置かれた二万ドルのサン・マイクロシステムズ製ワークステーションで行われた。[8] ＢＦＭに転職する者が続出したため、ファースト・ボストンはフィンクの退職が実際には解雇だったという情報を流した。これは、元従業員に対してウォール街の企業がよく使う「焦土」戦術の一つだった。

幸運にもＢＦＭは好スタートを切った。アドバイザー業務の最初の顧客となったのはアメリカン・セービングス・アンド・ローンだった。ただし、アラディン事業が正式な部門になるまでには一〇年以上の時間がかかった。一九八八年末には、モーゲージ債に特化した複数のクローズドエンド・ファンドの運用資産額が八〇億ドルに達した。創業者に資産運用の経験がほとんどなかったにもかかわらず、である。物を言ったのは華々しい人脈だ。ニクソン政権下で商務長官を務めた経験をもつブラックストーンのピーターソンは、元ＦＲＢ理事のアンドリュー・ブリマーに声をかけ、BFMの新しいファンドの取締役になってもらった。また、シュロスタインはカーター政権時代につながりのあった元副大統領ウォルター・モンデールを、やはりファンドの取締役に迎え入れた。これらの人物の存在は、同社の商品に何物にも代えがたい箔をつけた。

「われわれは、たとえ経験がなくてもうまくやれると信じてくれる人たち、わたし流に言うと『おまかせ』マネーの提供者を相手にビジネスを始めた」と、シュロスタインは語る。クライスラーの財務部長にいたっては、五年分の実績が必要という従来の基準を無視してBFMの口座に三五〇〇万ドルを投じ、こう明言したという。「しくじるなよ。わたしの首がかかっているのだから」。

キース・アンダーソンはBFMの初代CIOに就任した。純粋に、短期間ではあるが資産運用業務を実際に経験したことのある唯一のメンバーだったからだ。長いこと曖昧だったその他の役割分担も徐々に固定化されていった。アンダーソンの補佐はポートフォリオ管理の責任者になったカピートが担当した。ワグナー、ノビック、フレイターの三人は顧客獲得と戦略に多くの時間を費やし、ゴラブとハラックはアラディン事業を担当した。

創業メンバー間でちょっとした言い争いが起きることも時折あったが、グループの結束は仕事でもプライベートでも相変わらず非常に強固だった。フィンク、カピート、シュロスタインは、金融、製造業、医療業界から一〇人強の実力者が集まるワイン試飲大会にも連れだって出かけた。参加者はそれぞれワインのボトルを一本持ち込んで利き酒を行い、そこで最低評価を得たワインの提供者が夕食代を払う。ただし自分が持ち込んだワインを一番低く評価した参加者がいた場合は、支払いはその人がする、というルールで大会は行われた。

ビジネスも順調に拡大した。ブラックストーンが設定した五〇〇〇万ドルの融資枠のうち、BFMが実際に利用したのは一五万ドルだけで、それもすぐに返済できた。[10] 最初の六年で運用資産額は約二三〇億ドルに達し、八人の創業パートナーに約一五〇人の社員が加わった。[11]「最初の数年間は本当に夢見心地だった」と、懐かしそうにフィンクは振り返る。

だが、やがてブラックストーンとのあいだで不和が生じ、BFMとして知られた会社は大々的な仕切り直しを余儀なくされるのだった。

*

ブラックストーンのシュワルツマンも、いまや二六〇億ドル超の資産を有する金融業界屈指の実力者にして富豪である。ただ、それだけの財を築けたのはお金への執着があったからこそで、そうした姿勢がやがてブラックストーンと急成長するBFMの苦い決裂をもたらすことになった。

BFMを大きくしたかったシュワルツマンは、同社の株式の一部を提供することで新しいパートナーを獲得していたため、ブラックストーンの持ち株比率は徐々に低下していった。一九九二年に三二パーセントまで下がると、シュワルツマンはそれ以上の低下は許容できないと二人に伝えた。ブラックストーンの中には、こうした頑《かたくな》な姿勢には、シュワルツマンが離婚協議中でお金の問題に神経質になっていたことが関係している、とみる向きもあった。[12] 当人はこうした憶測を否定し、今後はフィンクとシュロスタインの持ち株を減らす方法をとらなければならないと考えており、それを徹底したいだけのことだ、と主張した。[13]ただし、あとになってシュワルツマンは、シュロスタイン、フィンク両名との決裂を招いてしまったのは「大誤算」だったと認めている。[14]

フィンクとシュロスタインはブラックストーンの支配から逃れる方策として、当初は株式公開を計画していたが、一九九四年になって完全な身売りを主張するようになった。「スティーブ（シュワルツマン）の言い分は受け入れがたかった」と、シュロスタインは語る。自分たちの会社には独自の名前と明確なアイデンティティーが必要だ、という強い思いもあった。

ＢＦＭのファンドにはすべてアルファベットのＢで始まるティッカーシンボルがついていた。だが、ブラックストーンとの契約により、新会社の名前に「ブラック」や「ストーン」の入る語は使えず、社名の選択肢は限られてしまっていた。「『ベッドロック』という名に決めようとしていた」と、のちにフィンクは振り返っている。[15]「だが、アニメ『原始家族フリントストーン』〔の舞台であるベッドロック・シティ〕を連想する人があまりにも多かった」。一方で、創業者の二人は「ブラックロック」という名前が気に入った。特にフィンクは、「ロック」の最初のアルファベットを大文字のＲにするという案にほれ込んだ。そこでフィンクとシュロスタインは、大恐慌後にＪＰモルガンからモルガン・スタンレーが分離独立した際、「モルガン」の名を残したことが両社にとってプラスに働いた例を挙げ、シュワルツマンとピーターソンに訴えた。話を聞いた二人は、[16]ブラックストーンへのオマージュを込めて新会社を「ブラックロック」と名づける、という説明に心を揺さぶられ、この名をつけることを承認した。

一九九四年六月、フィンクとシュロスタインは身売りによる独立という念願をついに果たした。ブラックロック・フィナンシャル・マネジメントの株式はペンシルベニア州ピッツバーグのPNCバンクに二億四〇〇〇万ドルで売却された。一九九八年には、もともとPNC傘下にあった資産運用事業すべてがブラックロックに統合され、ブラックロックは初めてミューチュアル・ファンドを扱うことになった。次にフィンクとシュロスタインは、PNCが保有するブラックロック株の二〇パーセントを経営陣に売り戻し、残りの株式の大部分を公開するのが両者にとって最良の道だ、とPNC側に説いた。「そうしていなければ、ブラックロックは今の地位に到底たどり着けていなかっただろう」と、シュロスタインは語る。「ブラックロックは地方銀行の子会社のままで、われわれは誰もそこに居つづけてはいなかったはずだ」。

一九九九年一〇月一日、長年の検討事項だったブラックロックのIPOがようやく実現した。このころには運用資産額が一六五〇億ドルまで拡大していた。だがIPOは大失敗に終わった。まず、設定された公開価格がわずか一四ドルだった。これは主幹事会社のメリルリンチが投資家を勧誘する際に用いていた一四～一七ドルというレンジの下限であり、メリルリンチが当初望んでいた一六～二〇ドルというレンジを下回っていた。

この公開価格から導き出されるブラックロックの評価額はわずか九億ドル弱で、フィンクは強い失望感を味わった。ただ、当時はドットコム・バブルの最盛期で、投資家は話題のハイテク株だけに注目していた。年金基金向けに債券ポートフォリオを運用する無名投資会社などに関心を寄せるはずがなかったのだ。フィンクはＩＰＯを取りやめたいという思いにかられた。だが、メリルリンチＣＥＯのデイビッド・コマンスキーが電話をかけてきて、遠慮もせずに怒鳴った。「バカなことを言うな。とにかくＩＰＯは実施しろ。今後四〜五年で結果を出せば、これも遠い昔の思い出になる。とにかく今はＩＰＯをするんだ。早まるなよ」。

さらに、公開価格が低かったにもかかわらず、すべての新規公開会社が望む初日の大幅上昇も起きなかった。同じ日に上場したほかの二社の株価は急騰していた。そしてフィンクにとって何よりも屈辱的だったのは、その日のＮＹＳＥ上場セレモニーで取引開始のベルを鳴らす役すら与えられなかったことだ。かわりに回ってきたのが、同じ週の金曜の午後四時、誰一人見ている者のいないときに取引終了のベルを鳴らす係だった。「まさに泣き面に蜂だった」とフィンクは嘆く。

それでも、ひとたびドットコム・バブルがはじけると、ブラックロックの事業の安定性は脚光を浴びはじめ、同社株は他の投資関連会社よりも割高な水準で取引されるようになった。これにより、ブラックロックは自社株を通貨として競合他社を買収できるようになった。つまり、訪問営業で顧客を開拓したり、ゼロから新しいチームを立ち上げたりしなくても、買収を通じて事業を大きくすることが可能になったのだ。投資業界の歴史は、失敗した買収の積み重ねでもある。だがブラックロックは上場を機に、債券専門の投資会社から世界最大の資産運用会社へと華麗な転身を遂げた。

ブラックロックが買収候補を探りはじめたのは二〇〇二年のことだ。ターゲットの一つは、メリルリンチの肥大化した資産運用子会社メリルリンチ・インベストメント・マネジャーズ

（ＭＬＩＭ）だったが、メリルリンチの新ＣＥＯスタン・オニールとの交渉は暗礁に乗り上げた。別の候補として名が挙がっていたのがＢＧＩだった。同社のマネジメント・バイアウト計画が頓挫し、その首謀者だったパトリシア・ダンが二度目のがんの告知を受けたあとのことだ。二〇〇四年、バークレイズは水面下でブラックロックにＢＧＩを約二〇億ドルで売却する案をもちかけたが、（おそらく幸運なことに）話は進展しなかった。

当時、ブラックロックの創業者たちは、ＢＧＩが新商品・ｉシェアーズのために投じている数百万ドルの広告費を、すぐにでも削減できるコストとみなしていた。「われわれは舌なめずりをしていた」とシュロスタインは振り返る。「ホームラン級の成果を生む買収になると考えていた」。ところが、ブラックロックは暫定的に提示された額の支払いを渋り、そうしているうちにバークレイズがＢＧＩ売却の意志を取り下げてしまった。支払いを躊躇しなければ、ブラックロックは初期のｉシェアーズが秘めていた成長力を現実のものとすることができたかもしれない。だが結局、ブラックロックはほかの候補へと目を移し、ｉシェアーズはそのまま急成長を続けたのである。

最初の買収が実現したのは二〇〇四年夏だった。ブラックロックは保険会社メットライフから傘下の資産運用会社ステート・ストリート・リサーチ（ＳＳＲ）を買い取った。ＳＳＲ（より規模の大きいボストンのステート・ストリートとは無関係）の資産の大半は株式ファンドと不動産ファンドで、債券専門のブラックロックはこの買収で初めてこれらの市場への足がかりを得た。三億七五〇〇万ドルの買収費用はブラックロックの株式とキャッシュで賄われ、買収後の会社の運用資産額は約三六六〇億ドルとなった。

事業の統合を指揮する役を担ったのは、如才がなく、人当たりの良いシュロスタインだった。投資業界における無数の失敗例にならわないように、シュロスタインは断固とした態度で、だができるかぎり公平に振る舞う決意をした。「いくつもの難しい決断を迫られたが、金融業界の中でラルフ・シュロスタインに振り回されたとか、不当な扱いを受けたとか言いそうな者は、わたしの知るかぎり一人もいない」とシュロスタインは胸を張る。「公平な態度で接しないと、感情のこじれが生じがちになる。だから悪い知らせの場合でも、わたしは明確かつ丁寧に伝えるように努めてきた」。

ブラックロックはSSRの買収から、買収時には勢いよく迅速に動くこと、単一の企業文化への統合を推し進めること、そして事業統合の技術的な柱としてアラディンに強く依存することの重要性を学んだ。こうした教訓は、いずれもっとはるかに大規模で複雑な買収を行う際に生かされるはずだったが、その機会はすぐには訪れなかった。

二〇〇五年六月、ウォール街でも最大級の投資銀行で由緒正しいモルガン・スタンレーにおいて、CEOのフィリップ・パーセルが数カ月に及んだ権力闘争に敗れ、更迭された。同社の取締役会は密かにフィンクに後任を打診してきた。フィンクはその名誉ある地位にひかれたが、自分が就任する場合はモルガン・スタンレーにブラックロックも買い取ってほしいと要求し、取締役会に却下された。かわりに白羽の矢が立ったのが、好戦的だがカリスマ性のある同社の元幹部で、数年前にパーセルに追放されたジョン・マックだった。

その冷酷さから「マック・ザ・ナイフ」というあだ名で呼ばれていたマックは、フィンクの親友だった。マックはCEOに就任するとフィンクに電話をかけ、かつてのブラックロック買収案を実行に移したいと伝えた。買収が成立すれば、フィンクはモルガン・スタンレーの社長の座に就き、いずれはマックの後継者になる見通しだった。だが、肝心の細部をつめる段階になると、双方の思惑が著しく食い違っていることが明らかになってきた。簡単にまとめると、マックがブラックロックの指揮権を握ろうとしているのに対して、フィンクはブラックロックが成長しつづけるために、ある程度の独立性が不可欠だと考えていた。話し合いは数カ月続いたが、着地点が見つからずに終わった。

その後、フィンクは思いがけず、メリルリンチCEOのスタン・オニールが資産運用部門MLIMの売却を検討しているとの情報を得た。ただし、フィンクがモルガン・スタンレーとの交渉を進めていることを知り、連絡できずにいるという。そこでフィンクは裏ルートからオニールに接触し、ニューヨークのアッパー・イースト・サイドにある「スリー・ガイズ」というレストランで一緒に朝食をとる約束をした。その朝、二人は一五分もたたないうちに買収計画の概略を決めると、暫定的な合意を記念して店のメニューにサインした。残りの詳細もわずか二週間でまとめると、二〇〇六年のバレンタインデーにこの買収計画を公表した。ただ、SSRが消化しがいのあるボリュームたっぷりの前菜だったとすれば、規模も複雑さも桁違いのMLIMは、まるで五品のコース料理だった。

書類の上では、この買収は完璧にみえた。MLIMはミューチュアル・ファンドの分野で一般の個人投資家によく名前を知られていたほか、ブラックロックがほとんど存在感を示せていないヨーロッパとアジアでも機関投資家を相手に幅広く事業を展開していた。一方、債券ファンドの分野では、ごく一部の地方債ファンドを手がけているだけで、取るに足らない存在だった。買収が成立すれば、運用資産額一兆ドル弱の業界を代表する巨大企業が誕生することになる。さらに、買収は株式による支払いで行われ、統合後の会社の株式の四九・八パーセントをメリルリンチが受け取る一方で、PNCの持ち株比率は三四パーセントに低下する見通しだった。メリルリンチの投資銀行部門に半ば見放され、不遇の身であったMLIMが相手であれば、買収後の会社をうまく運営することが可能だと、ブラックロックの上層部は自信をいだいていた。

このときもシュロスタインが統合の指揮を担った。統合作業が長引いて社内の空気が不穏になる恐れがあったため、シュロスタインは素早く行動した。二〇〇六年九月末に買収が完了したころには、その後の頭痛のタネとなりそうな問題が多々残されていたとはいえ、統合作業はほぼ終わっていた。ブラックロックの幹部によると、ここでもアラディンが買収成功の陰の立役者となった。「金融業界の大型合併では、システム統合に四〜五年かかるのがざらで、下手をすると永遠に終わらない。アラディンの拡張性はものすごい強みだ」と、シュロスタインは説く。

この買収に対するMLIM幹部の評価は分かれた。長年、自分たちをないがしろにしてきたメリルリンチから離れ、より勢いのある独立系資産運用会社の一員となったことで安堵の念をいだく者もいれば、ブラックロックの傲慢さを感じ取り、苛立ちを募らせる者もいた。とりわけ、ガラガラ声が特徴のカピートには人の神経を逆なでする傾向が大いにあり、のちのBGI買収の際にも同じような軋轢を生み出した。MLIMとBGIの元幹部のあいだでは、カピートをテレビドラマ『ビリオンズ』に登場するマイク・〝ワグズ〟・ワグナー（ヘッジファンドの帝王である主人公ボビー・アクセルロッドの攻撃的だが忠実な右腕）になぞらえる声もある。鋼鉄のようなイメージのカピートとは対照的に、シュロスタインとスーザン・ワグナーの振る舞いは、概して絹のように穏やかだった。「スーは聡明なまとめ役だった」。MLIM買収を機にブラックロックに加わった元幹部の一人はこう評す。「ラリーがアイデアを出し、スーがそれを実行に移す。ラリーにとって彼女は絶対になくてはならない存在だった」。

MLIM買収後の実務的な統合作業はシュロスタインが担当したが、多くの幹部によれば、買収を成功に導いたのは会社の細部も全体的な戦略も知り尽くした仕事中毒のフィンクだった。「ラリーはそんなことまで知っているのかと驚くほど物知りだった。個人的には好きではないがビジネスマンとしてはものすごく有能で、ブラックロックのために生まれてきたような人だ」と、ある元上級幹部は語る。「ラリーがブラックロックからいなくなれば、マンチェスター・ユナイテッドから名将アレックス・ファーガソンが去ったときと同じぐらいの衝撃が走るだろう。……ブラックロックの歴史は一人の男の歴史と言っても決して過言ではない」。

買収にともなう騒乱の中で、一枚岩のように強固だったブラックロック創業メンバーの結束も揺らぎはじめた。最初に去ったのはヒュー・フレイターで、二〇〇四年初頭にPNCに引き抜かれて不動産部門のトップに就任した。次にシュロスタインが、二〇〇七年末をめどに投資会社を設立する計画を発表して辞めていった。それからまもなく、キース・アンダーソンがヘッジファンドの仕事を始めるために退職した。

ブラックロックを去った創業メンバーはみな、その後も輝かしいキャリアを築いた。フレイターは連邦住宅抵当公社（ファニーメイ）のCEOに就任し、シュロスタインは独立系の投資銀行エバーコアで指導的地位を歴任した。アンダーソンは一時期、伝説的なジョージ・ソロスのヘッジファンド会社でCIOを務めた。テクノロジーの分野で困難な課題に立ち向かい、ブラックロックの成功を支えたチャーリー・ハラックは、結腸がんによる長い闘病生活ののち、二〇一五年に他界した。目立たないがブラックロックにとって非常に重要な存在で、仲間からも崇拝されていたハラックの死は、多くの人たちに惜しまれた。「ハラックは〔やがて真珠となる〕牡蠣《かき》の中の砂粒のような人だった」と、ブラックロック元幹部の一人は評す。「組織にとって不可欠な存在だった。……彼の問いかけに対し、いい加減に答えることなど絶対に許されなかった」。会社に残る伝説によれば、ハラックは死の直前まで働き、携帯情報端末のブラックベリーを握ったまま息絶えたという。今日にいたっても、ハラックの名前が出ると、仲間だった幹部たち、とりわけフィンクの顔には哀悼の表情が浮かぶのだった。

とはいえ、おそらくフィンクにとって一番の痛手となったのはシュロスタインの退職である。最初のうちは辞めるというこの友人の決断に憤慨していたが、最終的には穏やかに受け入れた。退職前の夕食会で、シュロスタインはフィンクとの関係を祝して乾杯し、こう語った。「わたしと同じ立場の人がまず言いそうにないことを言おう。わたしは二〇年間、同じ人間の下でナンバーツーの地位にいたが、『あいつじゃなくて自分がトップになるべきだ』と思ったことは一瞬たりともなかった」。

＊

残った創業メンバーたちは、ＭＬＩＭの買収完了後まもなく金融業界を襲った災厄の中で、かつてないほどに胆力を試された。サブプライム・ローンの問題は二〇〇七年初頭に顕在化しはじめていたが、フィンクはその影響が広がる危険性を軽視していたため、[17]世界的な金融危機への発展で大きな衝撃を受けた。ブラックロックが巨額を投資していたニューヨークの「〔スタイベサント・タウン・アンド・〕ピーター・クーパー・ビレッジ」という大型集合住宅プロジェクトは、金融危機によって頓挫した。[18]それでもブラックロックは、その後の混乱を他の多くの投資グループよりもうまく乗り切った。

二〇〇八年初頭、ウォール街の主役級に返り咲いたことを裏づけるように、フィンクはメリルリンチ新ＣＥＯの最有力候補に挙げられた。ところが、取締役会に同社のサブプライム・ローンの実態を徹底調査するよう要求したところ、ＣＥＯ就任の道は閉ざされた。[19]その要求を受け入れていたなら、メリルリンチはのちにバンク・オブ・アメリカに救済合併されるような事態に陥らずに済んだかもしれない。「罠《わな》にかかったヘビのようになりたくなかった」と、のちにフィンクは振り返っている。[20]「自分のチームを引き連れて財務状況を確かめに行くべきではないかとさえ思ったが、絶対に認めてもらえなかった。そのプロセスすべてが気に食わなかった」。

こうした個人としての挫折はあったものの、ブラックロックは金融危機を克服した勝ち組の一角に浮上した。その一因は、外部顧客へのアラディンの提供＊にとどまらず、さまざまな形での事業拡大を実現してきた「ソリューションズ」部門の成長にあった。強みの一つである複雑な仕組み債の分析ノウハウは、一九九四年にゼネラル・エレクトリックから、業績不振の老舗証券子会社キダー・ピーボディの保有資産の評価を依頼されたのを機に築いたものだ。金融危機が勃発したころには、ソリューションズ部門は市場の仕組みを知り尽くした、本格的な金融アドバイザリー・グループへと成長を遂げていた。

金融システムが崩壊の危機に瀕するなか、ウォール街のライバル企業から外国の中央銀行、アメリカ政府にいたるあらゆる組織が、「有毒証券」の分析を行ううえでブラックロックの手助けを強く求めた。「キダー・ピーボディのころの分析能力はX線検査機レベルだった」。同社の上級幹部ロブ・ゴールドスタインは、こうたとえる。[21]「直近の危機で当社が手がけた分析の精度は、MRIレベルまで向上していた」。

アメリカ財務省と連邦準備制度（Fed）の金融危機の事後処理を手伝う、という名誉ある仕事をブラックロックが獲得すると、そのおかげでフィンクの影響力が強まった、と妬む声も上がりはじめた。だが、フィンクがウォール街の影の帝王として君臨するきっかけとなったのは、BGIの買収と、さまざまな困難をともなったが最終的には大成功を収めたブラックロックへの統合だった。

＊　シュロスタインによると、偶然にもアラディン提供の契約を最初に締結した投資グループは、債券事業のためにそれを必要としていたBGIだった。

第14章 世紀の買収

DEAL OF THE CENTURY

二〇〇九年初頭、マーク・ウィードマンはラリー・フィンクとの昼食会に招待された。マンハッタン中心部にある洒落たレストランで、はみださんばかりに寿司の皿が置かれたテーブルを囲みながら、ウィードマンはブラックロックで溜まりに溜まった鬱憤《うっぷん》をフィンクにぶちまけた。長身とウェーブのかかった髪が特徴のウィードマンは社交的な性格の幹部で、同社のアドバイザリー・グループで働いていた。元財務省高官という経歴を買われ、同省での金融危機の事後処理の仕事に深く携わっていたが、直属の上司とそりが合わず、異動を切望していた。

「この会社は好きなんです。ただ月曜の朝に気持ちよく出勤したいだけで」と、ウィードマンは訴えた。「どんな仕事でもやります。用務員だって構わない」。眼鏡の奥のフィンクの目には同情の色が表れていた。刺身や天ぷらをつまみながら、フィンクは新しい仕事の可能性を打ち明けた。「きみに向いている任務がある」と切り出し、次のように続けた。「BGIという会社を買収するつもりなんだが……その統合の指揮を執ってみないか」。

資産運用業界での実務経験がなかったウィードマンにとって、BGIは名前を聞いたことがある、という程度のほぼ未知の企業だった。それでも、中身はどうであれ新しい仕事に飢えていたため、「やりたいです！」と答えた。ステート・ストリート・リサーチ（SSR）とメリルリンチ・インベストメント・マネジャーズ（MLIM）の統合を如才なく成功に導いたラルフ・シュロスタインは、もはやブラックロックにいなかった。ハーバード大学とイェール大学「ロースクール」で学んだウィードマンは、金融理論には詳しくないかもしれないが、BGIの学者連中と張り合えるだけの知性をもっていた。また、厄介な仕事をこなすのに必要な世渡りのうまさも身につけており、社内では、いつか偉業を成し遂げるであろう「改革派の青年」のようにみられていた。この仕事はそうした腕の見せどころとなる。

だが、それ以降、フィンクからの音沙汰はなかった。交渉の舞台裏では、買収の成立を妨げるさまざまな壁が立ちはだかっていた。実のところ、投資業界におけるこの世紀の買収は土壇場で頓挫しかけていたのだった。

フィンクとバークレイズ・バンクとの最初の話し合いは順調に進み、ブラックロックの代表者がサンフランシスコにいるBGI上級幹部を訪問し、水面下で次の段階の交渉を行う運びとなった。だが残念ながら、長いあいだ秘密にしておくことはできなかった。目ざといＢＧＩ社員が、本社ビルの外で待機している黒い車のフロントガラスに「ラリー・フィンク」の名があるのに気づいた。ＢＧＩとの契約を済ませたＣＶＣの幹部がその日、同じビルの中でｉシェアーズの帳簿を調べていたにもかかわらずだ。

幸い、その目撃談がマスコミに漏れて交渉が無に帰すことはなかったが、やがてバンク・オブ・ニューヨーク・メロンが新たにＢＧＩの買収に名乗りを上げた。バンガードとフィデリティもｉシェアーズについて探りを入れていた。そのうえ、ブラックロックが買収計画を公表する準備をしているあいだに、資金調達の見通しが突然、怪しくなった。

買収資金の一部はブラックロックの株式で賄う予定だった。ただし、政府による救済を免れるために、バークレイズは巨額のキャッシュを必要としていた。そこで、フィンクはブラックロックの顧客の多くに声をかけ、数十億ドル規模の資金調達パッケージを設定した。ところが、三〇億ドルを提供してくれるはずだったカタールの政府系投資ファンドが、土壇場になって（すでにフィンクがブラックロック取締役会の承認を得たあとだった）、その話をなかったことにしようとした。個人での資金提供を切望する地元の有力者もいたようだが、フィンクはどれだけ裕福で王室との関係が深くても個人をあてにはしておらず、強力な機関投資家のグループからの支援を望んでいた。カタール人に振り回されたと感じたフィンクは、妥協するよりも同国からの資金調達をあきらめる道を選んだ。六月一〇日の水曜日、フィンクは買収実現のため、二四時間以内に三〇億ドルを調達しなければならない、という状況に突如、追い込まれた。まだ金融危機の影響が色濃く残る業界で集めるには、無謀とも言える額だった。

　この日、フィンクはブラックロックの本社に閉じこもり、方々《ほうぼう》に電話して一生のお願いを伝えた。一時間もしないうちに、中国の政府系ファンド、中国投資公司から一〇億ドルを提供してもらえることが決まった。[2] だが、残りの額がなかなか確保できず、数多くの見込みのありそうな投資家に早朝四時まで夜通しで電話をかけつづけた。いったん帰宅したのち、七時半にオフィスに戻ると、買収を正式発表する予定の時間まで、また電話にかじりつきとなった。

　苦労は報われた。二〇〇九年六月一一日、ニューヨーク時間の午前八時二〇分に、ブラックロックはバークレイズとのあいだでBGIの買収について合意に達したと発表した。買収価格は当時の評価額で一三五億ドル、支払いはキャッシュとブラックロックの株式の二〇パーセントを組み合わせて行われる運びとなった。iシェアーズ買収の契約が不履行となったCVCは、バークレイズから一億七五〇〇万ドルの違約金を受け取った。

　ウィードマンは、ブラックロックの創業メンバーでCOOのスーザン・ワグナーから連絡を受けるまで、こうした経緯を一切知らずにいた。小柄で短く切りそろえた前髪が特徴のワグナーは、講習会に出ていたウィードマンを急に呼び出すと、買収を知らせるプレス・リリースの作成を手伝わせた。それからまもなく、ワグナーはブラックロックの最高幹部陣を集め、この買収を行う根拠や、その土台にある前提について説明した。誰もがこの買収に胸を躍らせたわけではなく、BGIの柱であるiシェアーズの成長に関する前提に疑問を呈する声もあった。だが、その時点ではすでに買収が成立していた。あとはもう雨が降ろうと槍が降ろうと、この買収を成功させなければならない。実際には、それからしばらく土砂降りに襲われるような日々が続いた。

「ＢＧＩの買収は、ブラックロックを真のグローバル企業へ押し上げると同時に、投資業界に後戻りのできない変化をもたらした。われわれは突然、従来のアクティブ運用事業に加えて、パッシブ運用のインデックス投資事業も手に入れた」。ウィードマンはこう説き、大げさな比喩を用いて続けた。「その結果、一六世紀の宗教戦争さながらの激しい一大宗旨論争が勃発した」。

＊

サンフランシスコのＢＧＩに話を移すと、ブラックロックへの身売りに関する当初の反応には安心感と動揺が入り混じっていた。多くの者が、ＣＶＣへのｉシェアーズ売却計画が流れたことに少なくとも安堵した。結局のところ、プライベート・エクイティ投資会社への売却には何の旨味もなかった。ｉシェアーズだけを切り売りすれば、最善の場合でも残された会社の事業計画は行きづまるだろうし、下手をすればｉシェアーズ自体も破滅の道を歩みかねない。ｉシェアーズは一つのブランドであると同時にＢＧＩの営業の顔でもあった。カルチャーこそＢＧＩ本体とはかけ離れつつあったが、決して独立した事業ではなく、実際の商品や技術の開発は本体によって行われていた。

このため、上級幹部たちは水面下で、ＢＧＩ全体を買ってくれる企業を求めてバンク・オブ・ニューヨーク・メロンやバンガード、フィデリティ、ゴールドマン・サックスなどに探りを入れていた。このころにはＢＧＩのＣＥＯになっていたブレーク・グロスマンも、別のプライベート・エクイティ投資会社に会社全体の買収を受け入れてもらえないかと密かに検討していた。将来的にＢＧＩが独立した資産運用会社になる可能性を視野に入れてのことだ。だが世界経済の混乱は続いており、会社全体を買収できるだけの体力がある買い手候補は多くなかった。少なくともブラックロックとはアラディンの契約を介して友好的な関係にあり、グロスマン自身もフィンクに深い尊敬の念をいだいていた。

「話がまとまり、とにかくほっとした」とグロスマンは振り返る。「評価が高く、安定した企業が新しく親会社になった。なにしろ当時の金融業界では、ほかにも合併や買収の話がいくつも進行中だった。そして、ブラックロックには買収と事業統合に関するノウハウの蓄積があった」。

同じ組織の仲間として引き入れるために、フィンクはＢＧＩの上級幹部の一群を夕食会に招待した。場所はサンフランシスコのホテル・パロマーの五階にあるミシュランの星つきレストランの個室である。ロバート・カピート、ベン・ゴラブをはじめとするブラックロック幹部の選抜メンバーとＢＧＩ側の参加者が、順番にそれぞれの哲学や価値観について語り、統合後のカルチャーについての感触を共有した。ＢＧＩ幹部の多くは安心感を胸に、帰路についた。

トラブルの予感を覚えた者もいた。ＢＧＩの一般社員は概してブラックロックのことを、粗野で頭の悪いウォール街の元債券トレーダーの寄せ集めとみていた。会社も買収によって大きくなっただけで、（ＢＧＩを特徴づけているような）革新性や才気煥発さとは無縁である、と。ブラックロックの商業的な実績については渋々認めつつも、ＢＧＩ社員の多くはウォール街式のブラックロックのカルチャーが、自社の知的でアカデミックな環境の対極にある、と考えていた。

したがって、二つの組織が根本的に合わないと考える者は多かった。「ブラックロックのために働いたりするものか、と話す年配社員もいた」。当時、BGIでクオンツ戦略の責任者を務めていたケン・クローナーは、こう振り返る。「それも決して少人数ではなかった」。

優越感むき出しのBGI幹部の傲慢な態度が、ブラックロック社員の神経を逆なですることもあった。BGI幹部は、世界的な資産運用会社というよりも大学のキャンパスに近い雰囲気だった自分たちの組織に、ブラックロックが杓子定規な商業主義を持ち込んだと文句を言った。「向こうの人間は、こちらの知的レベルも同等だとは露ほども思わず、ただコスト重視で動いているとみていた」と、事業統合に携わった元ブラックロック幹部は語る。「BGI側は、純粋に部屋の中で一番賢い自分たちが指揮を執るべきだと考えていたが、それでうまくいくわけがない」。

しかも、当時のBGIはそうした高慢な態度がとれるほど業界で支配的な立場にいたわけではなく、むしろインデックス・ファンド内の株式を貸し出す「セキュリティーズ・レンディング」による収入への依存度をどんどん高めていた。金融危機でBGIが投資していた資産の価値が吹き飛ぶと、バークレイズは顧客救済のために介入する必要に迫られた。BGIのクオンツ・アクティブ運用部門も大打撃を受け、その後の投資家離れにも苦しめられた。

*

こうしたカルチャーや事業内容の相違にともなう混乱の渦中に、ウィードマンは足を踏み入れたのだった。ブラックロックの規模が二倍になる一方で、その複雑性は四倍になった。資産運用業界における過去最大の買収を思い上がりによる失敗の象徴にしてしまうわけにはいかなかったが、そのためには並々ならぬ労力が必要だった。

ウィードマンはグロスマンの右腕であるマニッシュ・メータとコンビを組むことになった。メータは会議のため、BGIの人事担当責任者とニューヨークのブラックロックのオフィスにやってきた。ペンシルベニア大学ウォートン・スクールでMBAの学位を取得し、コンサルタントとしての経歴をもつメータは、とにかく細部にこだわるタイプの人物だった。ブラックロックの人事担当責任者も同席する薄暗い会議室に入ると、大急ぎでまとめてきた綿密なプロジェクト案を提示し、明らかに負荷の大きいそのプロジェクトの詳細について説明しはじめた。ウィードマンはただちにストップをかけ、かわりにメータやチームメンバーのプライベート（出身地や趣味など）に関する質問をいくつも浴びせた。

「彼らにとってはちょっとしたカルチャー・ショックだった。だが、そこから職場での親密な人間関係を築けるようになった」と、ウィードマンは説く。「根本的に統合作業で重要なのはプロジェクト案ではなく、個人個人とその職場でのお互いの関係だ」。とりわけウィードマンは、メータがジョン・ヒューズ監督の映画『ブレックファスト・クラブ』の舞台となった高校の出身だとわかり、うれしかったのだという。

二人の親密な関係は、その後の事業統合において重要な役割を果たした。多くのBGI出身者が他のブラックロック幹部と事あるごとに衝突していた状況では特にそうだった。このときも、もっぱら批判の矛先となったのはカピートだった。ある元BGI幹部は、両社の上級幹部チームの顔合わせのために開かれたパーティーのことをよく覚えている。カピートがBGI側のワイン愛好家たちを相手に、自分のワイン収集熱について語りはじめたときのことだ。そのうちの一人に自宅のワインセラーの大きさを聞かれたカピートは、顔を真っ赤にし、腹立たしげにこう怒鳴った。「なんだって？　ついでにオレのムスコの大きさも教えてやろうか」。BGI側の幹部たちはショックのあまり黙り込んでしまった。

ブラックロックのベテラン社員のあいだでも、攻撃的なカピートは悪名高く、軋轢を生むこともしばしばだった。「不愛想なだけならまだしも、無礼な態度は誰だって嫌なものだ」と元幹部の一人は語る。「傲慢なうえに意地悪だ」と評す者もいる。それでもフィンクはぶれることなくカピートを重用しつづけた。フィンクいわく、カピートは「ややこしいヤツ」かもしれないが、親しくなれば普通に血の通った人間だとわかる。そして「その血はブラックロック色をしている」のだ、と。

カピートの擁護者だけでなく、個人的に衝突したことがある者でさえも、フィンクがそのようにカピートを立てるのも道理だと思っている。カピートに敵意が向けられる一因は、フィンクが矢面に立たずに済むように、不評を買う決断を下す仕事が常にカピートに託されていたことにあった。つまるところ、ブラックロックの核心は、切っても切れない二人の陰と陽の関係にあった。

「仲たがいさせて、そのすきにブラックロックの支配権を握ろうなどと考えるのは、とんでもない間違いだ。二人は表裏一体なのだから」と、ブラックロックの元幹部は説く。「ロブはラリーと出会っていなければ出世とは無縁だった。そして見落とされがちだが、ラリーもロブがいなければ、おそらくは落ちぶれたままだった。二人は塩とコショウの瓶のようなもので、中身は違うが相性は抜群なのだ」。

二人の切っても切れない関係を思い知らされたのが、BGIのゴッドファーザー、フレデリック・グラウアーだ。BGIの経営陣に取り入るため、フィンクは事業移行の手助けをする「特別アドバイザー」としてグラウアーを呼び戻した。だが、カピートの影響力に警戒心を募らせたグラウアーは、その排除を画策する愚を犯し、フィンクにすり寄ろうとした。そしてカピートがその動きを嗅ぎつけるやいなや、グラウアーは職を追われた。フィンクは覚えていないと言うが、このエピソードは一部の元BGI社員に強烈な印象を残した。

「ラリーはリーダーだが、実際にそれを操っているのはカピートという非常に危険な男だ。とにかくカピートには逆らうなってことだ」。グラウアーとの一件に通じたある人物は語る。「ブラックロックでは、何よりも個人としての忠誠心が試される。ほかのほとんどの価値尺度よりも優先される」。別のブラックロック社員も、忠義が会社の重要な要素の一つだと主張する。「ブラックロックのカルチャーと言われて思い浮かぶ単語が一つある。忠誠心だ」。

一方で、BGIとブラックロックの元社員たちはマーク・ウィードマンの功績を称える。はちゃめちゃなお調子者という一面もあるウィードマンだが、多くの者は、その才気と鮮やかな弁舌、そして共感力が（メータとハラックの巧みなサポートもあってのことだが）事業統合を成功に導いたとみている。「マークは最高だ。それはもう素晴らしい働きぶりだった」とケン・クローナーはほめる。「ブラックロックの上級幹部のうち、サンフランシスコまで来て、われわれのカルチャーを理解しようとしたのはマークとチャーリー・ハラックの二人だけだ。それぞれの流儀があり、場合によっては向こうのやり方をこちらに押しつけないほうがいいということをわかってくれた。マークとチャーリーがいなかったら、今でも二つの組織を統合するのに苦労していただろう」。

＊

そのウィードマンにも後悔していることがある。一つは、最初の段階で「これは買収であって合併ではない」と、はっきり表明しなかったことだ。「買収」はより攻撃的に響くが、その言葉を使って状況をより明確に伝えていれば、事業統合をもっと無駄なく円滑に進めることができていただろう。カピートは誰よりも早くそれに気づいていたのではないか、とウィードマンは感じている。

しかも、ＭＬＩＭの買収時に同じような経験をしていたブラックロックには、カルチャーの衝突に対する心構えがあった。ＭＬＩＭ内部にもともと存在していた敵対関係は、ブラックロックによる買収のあと、薄れていった。「そっくりなカルチャーをもつが、それまで交わったことのない二つのグループを一つの部屋に閉じ込めたらどうなるか。両方のグループがお互いを敵視するようになるだろう」とウィードマンは説く。「カルチャーが同じかどうかの問題ではない。新たな敵の出現は、ほかの何よりも人々の結束を強めるのだから」。

ブラックロックにとっても予想外だった点が二つある。一つは実務面への影響だ。それぞれ巨額の資産を扱っていたブラックロックとBGIには、想定を超える顧客の重複があった。大変だったのは、新しい営業チームの人員を選別し、塹壕《ざんごう》戦のように殺伐とした状況で担当顧客の振り分けを行う、という作業だけではなかった。多くの顧客が一つの資産運用会社に託す資金の額に上限を設けていたため、買収後にかなりの資金がブラックロックから流出していった。もう一つは純粋に距離の問題だった。ニューヨークとサンフランシスコには、カルチャー的にも物理的にも大きな隔たりがあった。アメリカ国外では、ロンドン、香港、東京などの都市で現地の本社を一本化しつつ、支店で独自の地域色や指揮系統を保ったまま事業を展開することができた。だが、アメリカ国内でサンフランシスコとニューヨークの本社を一本化するのは現実的な話ではなかった。ホールセール部門だけをニューヨークに移すにしても、BGIの西海岸の本社は大きくなりすぎていた。

事業地域の違いにともなう問題は一見、大したことではなさそうなところにも表れた。ブラックロックが法人契約を結ぶアメリカン航空はニューヨークには就航しているが、サンフランシスコ行きの便は運航していなかった。一方、BGIが契約するユナイテッド航空は世界各国への直行便を運航していた。ブラックロックは買収後、サンフランシスコの元BGI社員にアメリカンとの契約への乗り換えを強いることで年間二〇〇万ドルのコスト削減を行おうとしたが、猛反発にあった。結局、元BGI経営陣が別の方法で同規模のコスト削減を実現すると約束し、ユナイテッドとの契約を維持できることになった。

最終的に、ブラックロックはサンフランシスコ・オフィスから指揮権を事実上、剝奪し、ほとんどの指揮系統をニューヨークにつながる形へと変更した。おかげで組織図に二本のツリーが並ぶ奇妙な状態は解消されたが、一時期、サンフランシスコのスタッフが「覇気をなくしてしまった」とウィードマンは語る。BGI側のクローナーは、最終的に買収が成功したのは、遅まきながら一つの認識ができたからだと話す。それは、統合後の会社では同じビジョンと価値観を共有する必要があるが、それらをどう体現するのかはオフィスごとに違っても構わない、ということだ。同じ方向に進んでいるかぎりは、サンフランシスコはのんびりとした知性派、ニューヨークは押しの強い商売重視派といった具合にカラーが異なっていてもよい。「サンフランシスコのカルチャーはそのままでいいとブラックロックが認めてから、物事は比較的スムーズに動きはじめた」と、クローナーは振り返る。

とはいえ、事業統合が完了するまでの道のりは険しく、結局、三年を要したとウィードマンは話す。とりわけ時間がかかったのがETF部門のiシェアーズで、ブラックロックに完全に統合されたのは、それまでの努力を認められたウィードマンが同社の全インデックス投資事業とETF事業を統括する地位に就いた二〇一一年だった。非常に精力的で話好きな元弁護士のウィードマンは、現在、国際事業と企業戦略の責任者を務めており、いつかはCEOを退くであろうフィンクの後継者の有力候補とみなされている。

*

買収手続きが正式に完了した二〇〇九年一二月一日、サンフランシスコ、フレモント・ストリート四五番の本社ビルから、青くて大きなBGIの立体文字看板が外され、かわりに銀色の大きなブラックロックのものが取りつけられた。この日、オフィスのドア、書類のレターヘッドやペンにいたるまで、あらゆるものにブラックロックの名が刻まれた。

事業統合は迅速かつ強硬に進めなければならない、そして「ワン・ブラックロック」の精神を即座に徹底させることが不可欠である、というブラックロックのモットーを体現する重要な出来事だったが、元BGI幹部の中には、力関係を象徴する侮辱的な行為と受け止める者もいた。一方、フィンクは、蓋を開けてみたら厄介事の宝庫だったものに費用をかけすぎた、と一部の元BGI幹部に不平をもらしていた。買収資金の一部はブラックロックの株式で賄われたが、買収の発表から完了までのあいだに株価が上昇したため、最終的に買収額は一五二億ドルまで膨れあがってしまった。[3]

そのあとに続いたのが、度重なるレイオフと途絶えることのない離反の動きだった。買収後、管理職クラスの五〇～七五パーセントが離職したとみられる。「マキャベリ式の強権采配が振るわれた」と、ある元BGI幹部は評す。「君主［フィンク］はすべての家臣に全面的な忠誠を求め、応じない者は皆殺しにした」。

フィンクに後悔の色はない。ブラックロックが買収で比類なき成功を収めたのは、一つの組織としてまとまるには単一の企業理念とそれを実践する意志が必要だ、という信念があったからだと考えている。それは、厄介な副産物を生み出しがちなため、ほかの資産運用会社が敬遠してきたことだ。「実行にはかなりの困難をともなう。多くの人員が辞めていく。自分だけの領分や自分中心の仕事のやり方を求めるからだ」とフィンクは言う。「そうした自己中心主義を当社は絶対に認めない」。

公平を期すために言うと、BGI幹部の多くは買収によって裕福になった。グラウアーやパトリシア・ダンが長年にわたってバークレイズと交渉し、紆余曲折の末、勝ち取ったストックオプション制度のおかげで自社株を保有していたからだ。したがって、多くの者が買収時に得たBGI株売却の対価を手に退職したのも当然の流れであった。そして元BGI社員の大量離職にもかかわらず、買収は結果的に大成功を収めた。世界経済が大混乱に陥っているさなかにBGIを買収する、というフィンクの大胆な決断が間違っていなかったことが証明されたのだ。

ブラックロック幹部の中には、当のフィンクでさえBGI（と特にiシェアーズ）が同社にもたらす価値を過小評価していた、とみる者もいる。「開けるたびに一番外側のものより美しい人形が出てくるマトリョーシカのようだった」と、ある幹部はBGIを評す。とはいえ、すぐにその成長性に気づいたブラックロックは、それを収益と一層の事業拡大へつなげることに元のBGI本体よりも長けていた。

ブラックロック社員の多くはカピートのことを悪く言いながらも、いまや全社に浸透しているその巧みな事業ノウハウが会社の成功の一因だったと認めている。資産運用事業の中でも特に機知が必要とされる分野は、インデックス投資だろう。S&P五〇〇インデックス・ファンドは、そのままならほかの会社のものと変わらないが、どこよりも安く効率的に、そして質の高いサービスと共に提供できるように社内のプロセスを築けば、勝ち組になれる。

簡単に言うと、ブラックロックはヘンリー・フォードが自動車業界で成し遂げたことを投資の世界で実現した。つまり、金融商品をどこよりも効率的に生産できるような組立ラインを構築したのである。「ブラックロックが成功を収めた主因は、社内で確立された極上の事業ノウハウにある。そのおかげで、どんな同業他社も到達したことのない規模まで事業を拡大することができた」と、元上級幹部の一人は説く。「だから、そのインフラの構築に力を入れてきたカピートは、ラリーに劣らぬブラックロック繁栄の功労者だ。カピートは現場の大勢の管理職を使い、とにかく効率性を高めることにのめり込んでいる」。

ただし、そうした戦略ビジョンを描いたのはフィンクだ。フィンクは、おそらくBGI側の人間よりも深く悟った。人材は重要だが、指数連動型商品は基本的に工学的産物であると。そもそも数式から人為的要素を排除したことがインデックス投資の主な成功要因の一つだった。BGIの顧客は一九九八年のグラウアーの突然の退職にも無関心だったし、同社がブラックロックに買収されても特に気にしなかった。「誰がトヨタを経営しているのか、知りたい人がいるだろうか。わたしは車がちゃんと動くことがわかればそれでいい」とウィードマンは話す。「インデックス投資は人材に左右される事業ではない。一種のフランチャイズ・ビジネスだ」。

統合プロセスの中で、ブラックロックのカルチャーも変化していった。BGI初のETF組成に携わったエイミー・シャイオルデーガーは買収後もブラックロックに残る道を選んだところ、同社のインデックス投資事業の責任者に登用され、二〇一七年初頭に退職するまで務めつづけた。当初こそカルチャーの違いによる衝突に直面したが、シャイオルデーガーはフィンクやカピートをはじめとするブラックロック側の人間が提示する案を受け入れ、新しい環境でうまくやっていくことを覚えたという。「一〇年後、オフィスの雰囲気がニューヨークは少し柔らかめに、サンフランシスコは少々堅めに変わっていた気がする」と、シャイオルデーガーは振り返る。「両者の真ん中に近いところに会社のカルチャーが落ち着いてきた」。

ある程度の衝突は起きたものの、大胆不敵な買収は驚異的な成功を収めた。今日では、ブラックロックは九兆ドルを超える資産を運用する有力企業となった。これは、日本とドイツの年間GDPを合わせた額よりも大きく、アメリカの投資業界で長らく最大手として君臨してきたフィデリティの運用資産額の二倍超に相当する規模である。

その支配的な地位を確立できた主因は、もともと業界のトッププランナーだったBGIのインデックス・ファンド事業をさらに拡大させたブラックロックの商才にあった。二〇一四年夏にはETF部門・iシェアーズの運用資産額が一兆ドルの大台に乗った。これを祝してロンドンで開催されたパーティーに、ウィードマンはドル札柄の布で仕立てた「一兆ドルスーツ」を着て参加した。このスーツは、ブラックロックのニューヨーク本社ビルの七階にある小さな社内ミュージアムにしばらくの間、展示された。ただ、この記念すべき出来事も、今となっては遠い過去の思い出の一つにすぎない。二〇二〇年末にはiシェアーズの運用資産額が二・七兆ドルに達し、ブラックロックの機関投資家向けインデックス投資事業の運用資産額も三兆ドル近くまで拡大していた。両方を合わせた額は、会社全体の運用資産額の半分を大幅に超えている。

ブラックロックの成功は同社の株価にも反映されている。いまや株式時価総額は一三〇〇億ドルを優に超え、ゴールドマン・サックスをも上回っている。さらにはティー・ロウ・プライス、フランクリン・テンプルトン、インベスコ、ジャナス・ヘンダーソン、シュローダー、ステート・ストリートといった大手競合会社の時価総額を合わせた額よりも大きい。

気づきにくいが重要なのが、ウォール街の新たな帝王として「ラリー」という名が認知されたことである。約三〇年前に立ち上げた小さな債券投資会社を、歴史上類を見ない巨大な金融帝国に育てあげた男のファーストネームだ。いまやフィンクは世界の金融業界で最も力のある人物と言ってもよい存在で、さまざまな国の首脳の相談役を務めるほか、世界の大手企業の取締役会にも強い影響力を発揮している。少し変わったところでは、ある〔独立系〕レコード会社に融資し、この会社が最初に契約した「マルーン5」〔訳注：ポップ・ロック・バンド〕のデビューを手助けしたという経歴ももつ。[4]

*

ブラックロックの成功は、フィンクがファースト・ボストンでの大失敗から得た忘れがたい教訓の記念碑的成果だ。二〇一六年、フィンクは母校ＵＣＬＡの学位授与式でスピーチを行い、その挫折で負った深い心の傷について吐露した。「わたしは市場のことをわかったつもりになっていましたが、それは間違いでした。ちょっと目を離しているうちに世界はすっかり変わっていたのです[5]」。

それからフィンクはＵＣＬＡの伝説的なバスケットボール・コーチ、ジョン・ウッデンについて語りはじめた。同校のバスケットボール・チームを一二年間で一〇度も全米制覇へ導いた名将は、変化していく競技に対応しつづけることをモットーとしていた。ウッデンが残した「学ぶことをやめたら人生は終わったも同然」という名言は、フィンクにとって生きるうえでの基本テーマのようなものになった。絶妙のタイミングで実施されたＢＧＩ買収は、フィンクが投資業界の風向きの変化を誰よりも敏感に察知し、誰よりも早くそれに対応したことを物語っている。

インデックス・ファンド革命はついに成就した。インデックス・ファンドは当初こそ従来の常識を打ち破るささやかな挑戦だったが、いまやウォール街の真ん中に居場所を築き、投資業界でますます存在感を強めている。金融業界は不人気かもしれないが、これまでのところ人類にとって有益な存在であり、より低コストの貯蓄商品を通じて、誰もが直接的あるいは間接的にその恩恵を受けている。過去二〇年にアメリカのミューチュアル・ファンドの投資コストは、ほぼ半減しているのだ。[6]

フィンクはＥＴＦの影響力を、低価格と利便性、透明性によって小売業界を変革したアマゾンになぞらえる。「資産運用業界の成り立ちはそういった要素とは無縁だった。不透明で複雑なものとして発展してきた」と説く。

とはいえ、あまりにも急激なインデックス・ファンドの成長は、簡単には答えの出ない疑問を生みはじめている。それは、投資家にとって最善の利益や金融システムの健全性に資するとは限らないかもしれない、めまぐるしいイノベーションや、パッシブ・ファンドの比重がさらに高まった場合の世界の投資業界の行く末、そしてインデックス・ファンド市場における巨大企業への支配力の集中にかかわる疑問である。

第15章 パーディーのショットガン

PURDEY SHOTGUNS

信仰は常にロバート・ネッツリーの生活の中心にあった。恵まれなかった幼少期においても、大人になり若年層向け牧師から自動車販売会社のオンライン・セールスまで、さまざまな仕事を経験するようになってからも、自分を支える土台だった。やがてインデックス・ファンドの聖なる発祥地、ウェルズ・ファーゴで働きはじめたネッツリーは、そこで自らの天命を知った。

二〇〇八年の金融危機でそれまで働いていたフォルクスワーゲンの販売店が倒産したあと、ネッツリーは最終的にウェルズ・ファーゴの富裕層向け資産運用部門で職を得た。ある日、教会で金融をテーマとした説教をするためのネタ探しをインターネットでしていたところ、ただ収益を目的にするのではなく、聖書の教えをもとに投資ポートフォリオを組むべきだ、と書かれた記事を偶然目にした。分厚い黒ぶち眼鏡をかけ、無精ヒゲを生やした細身のネッツリーは、口の達者な株式営業マンというよりはハイテク企業の経理担当者に見える人物だ。その記事は保守的なキリスト教信者であるネッツリーの心をとらえた。

キリスト教は幼いころからネッツリーの身近にあった。両親は共に薬物常用者だった。ネッツリーが三歳のとき、父が完全な依存症となったのをきっかけに離婚した。母は薬物を絶ち、ネッツリーと自閉症の弟を育てた。そうした暮らしの中で、教会はすぐにネッツリーの人生の重要な柱となった。ただし、大人になるまで、自分の信仰について語るのは必ずしも心安らぐことではなかった。

金融アドバイザーになったネッツリーは、環境汚染をもたらす重工業や武器製造業、ギャンブルなどの分野を投資対象から外す「社会的責任投資」という考え方を知った。だが、それはリベラル派の思想に支配された概念であり、信仰重視で保守的な自分自身の原則からかけ離れていると感じていた。そうしたなかで出会った「聖書の教えに則した責任ある投資」という理念に、ネッツリーはたちまち共感した。精霊そのものに心臓を鷲掴みにされたような衝撃を覚えたという。[1]

興味をいだいたネッツリーは、自分自身の投資ポートフォリオの中身をじっくりと調べた。そして、妊娠中絶に用いられる薬品で稼いでいる大手製薬会社三社の株式が含まれていることを知り、愕然とした。仕事とは別にプロライフ妊娠センター〔訳注：望まない妊娠をした女性が中絶を選ばずに済むよう支援する中絶反対派の組織〕の所長を務めているネッツリーにとって、受け入れがたい事実だった。自分のポートフォリオの問題点は、それだけではなかった。「地獄発の『話題の銘柄』ニューズレターに載っているような、あらゆる種類の不道徳企業の株式が含まれていた」と、のちに振り返っている。[2]

こうした実情を知り、若いネッツリーは心底震えた。このままウェルズ・ファーゴに勧めつづけ、悪徳まみれとしか思えない企業の株式を顧客に勧めることは道義上できないと思った。その日、帰宅したネッツリーは妻に、神が自分に別のプランを用意しているようだと告げた。そして、「そう……うちには二人の子がいて住宅ローンも残っているけど、そのプランというのは何?」と心配そうにたずねる妻に、[3]わからないが、とにかく神に祈ろうと答えた。数カ月後、ネッツリーはウェルズ・ファーゴを退職し、クリスチャン・ウェルス・マネジメント（CWM）を創設した。敬虔な信者に「聖書の教えに則した責任ある投資」、つまりキリスト教の基本理念と完全に合致する対象への投資を勧める資産運用会社である。幸い事業は軌道に乗り、やがてCWMは神に奉仕するキリスト教徒の金融アドバイザーたちの巨大なネットワークとなった。二〇一五年には同社の資産運用額が約四〇〇〇万ドルに達した。

だが、大きな障害もあった。その輪に加わろうとした金融アドバイザーたちの多くは当時、顧客の資金の大部分を低コストのインデックス・ファンドに投じていた。それはまさに、自分たちが不快感をいだく数多くの企業に投資していることを意味していた。伝統的なアクティブ・ファンドなら多少の裁量はあるが、罪深き分野への投資を完全に避けられるわけではなかったうえ、コストの高さと低調なパフォーマンスのせいで魅力は乏しかった。

ネッツリーは複数のインデックス・ファンド提供会社に接触し、自分の顧客用にある程度カスタマイズした商品を設定できないかと打診した。それを実現するには、ネッツリーが邪悪とみているもの（たとえば中絶やポルノ）から直接的、間接的に利益を得ている産業や企業、あるいはLGBTの「ライフスタイル」を積極的に支持している企業を選別して排除する作業が必要となる。当然とも言えるが、そうした要求の受け入れがたさや、世間の反感を買う恐れから、大手の業者はこのプロジェクトに加わろうとしなかった。このため、ネッツリーは自力で実行せざるをえなくなった。そこで二〇一五年にインスパイア・インベスティングを設立し、二〇一七年には「聖書の教えに則した責任ある投資」シリーズのETFを導入しはじめた。

インスパイア・インベスティングでは、保守的なキリスト教の価値観への合致度に応じて企業を格付けし、それをもとに問題があるとみなされる企業を完全に排除した株価指数（ETFを連動させるべき指数）を創設するシステムを用いている。問題企業とされるのは、アルコール製造会社のようにわかりやすいものから、意見の分かれやすいもの（たとえば全社的にLGBTの権利を擁護しているアップルやスターバックス）まで、さまざまだ。当然のことながら物議も呼んだ。「決して誰のことも憎んではいないし、誰であってもできるかぎり力になりたいと思っている。だが、どのような印象を受けるかは人によって違うものだ」と、ネッツリーは主張する。

こうした手法によって実際にファンドの構成銘柄となったのは種々雑多な企業だ。エネルギー会社や鉱業会社、一部の小売会社に加えて、半導体メーカーのエヌビディア、そして奇妙なことにイギリスのロイヤル・メールやマレーシアのゴム手袋メーカー、トップ・グローブ（コンドームも製造している）も含まれている。そして、神もインスパイアのＥＴＦをどう扱うべきか迷っているのだろうか、そのパフォーマンスはまちまちだ。同社初のＥＴＦで、国外企業の比重が大きいＢＬＥＳ（聖書の教えに則したＥＴＦにふさわしい、「祝福」の響きがするティッカーシンボル）は上場以来、世界の株式市場をアンダーパフォームしている。一方、多様性よりも規模の大きさを重視したアメリカ企業中心のＢＩＢＬは、Ｓ＆Ｐ五〇〇とほぼ同等のパフォーマンスを演じている。

とはいえ、インスパイアの試みはこれまでのところ成功している。聖書の教えに則した同社のＥＴＦ合計の運用資産額は二〇二〇年末までに一三億ドル強に達した。「われわれは、ただ全身全霊で神を賛美したい、そして神の栄光が世界中に広がるように奉仕したい。それを実現するうえで、このＥＴＦの構想が最良の方法と考えただけだ」とネッツリーは説く。「うまくいったのも神のお導きゆえだ」。

バイブルベルト好みのＥＴＦが物議を醸しているとはいえ、インスパイア・インベスティングはＥＴＦがもたらしたインデックス・ファンド業界の変容を鮮やかに象徴する存在となっている。インデックス・ファンドは当初、株式だけを対象とした、かなり平凡な商品にすぎなかったが、ＥＴＦがもたらした技術によって、いまや実質的に金融システム内の全分野への足がかりを築いている。

ＥＴＦの支持者の中には、わかっているかぎりのあらゆる嗜好の者が自分に合う金融商品を選べる素晴らしい環境が整った、とみる向きもある。だが、そう思えたものが実は危険の潜むジャングルであることが、しだいに明らかになってきた。ETFによってインデックス・ファンド業界は勢いを強めたが、ほぼどんな金融証券でも組み込めるという便利さは、業界で最初に起きたのと同じ手痛い過ちを投資家が犯す可能性を示している。「ETFはロンドンで買った〔オーダーメイド銃の製造で〕有名なパーディーのショットガンにちょっと似ている」。かつて、ジャック・ボーグルはこう語った。[4]「かつてないほど性能が高く、アフリカの大型動物を仕留めるのにもってこいだが、自殺にもおあつらえ向きだ」。

＊

ETFは大きな可能性を秘めた新しい金融テクノロジーの一環だが、テクノロジーはそこからまだまだ変化しつづける、ということに最初に気づいたのはBGIだったかもしれない。二〇〇〇年代初頭にiシェアーズ部門で採用されていた「ブリッツスケーリング」というアプローチは、やがて一部のETF愛好家ですら「スパゲッティ砲」[5]〔訳注：茹でているスパゲッティを壁に投げつけペタリと貼りついたら茹で上がりのサイン、という俗説に由来する用語〕と揶揄するものに変わっていった。これは、多くの業者がニッチ分野のETFを量産しては、壁に投げつけるように売り出し、貼りつくかどうか、つまり投資家が食いつくかどうか確かめている、という業界の傾向を表す。

インベストメント・カンパニー・インスティテュート（ＩＣＩ）のデータによると、〔アメリカ市場では〕二〇〇〇年の時点で、五〇〇種類を超えるインデックス・ミューチュアル・ファンドで四二六〇億ドルが運用されていたのに対し、ＥＴＦはわずか八八種類で運用額も七〇〇億ドルにとどまっていた。一〇年後にはＥＴＦの商品数が二六二一とインデックス・ミューチュアル・ファンドを若干上回る水準まで拡大したが、運用額では、より利便性が高い主流のインデックス・ミューチュアル・ファンドの規模（一兆五〇〇〇億ドル）には少し及ばなかった。だがＩＣＩによると、二〇二〇年末には、世界全体で七〇〇〇種類近くのＥＴＦが存在し、七兆七〇〇〇億ドルが運用されていた。ＩＣＩが調査対象としている世界の従来型インデックス・ファンドと比べると、種類は二倍以上、運用額はほぼ同等で、種類の数ではアメリカ国内のアクティブ運用ミューチュアル・ファンドに近づいている。

運用額の大部分は、ステート・ストリートの草分け的商品であるＳＰＤＲや、互いに競合するブラックロックとバンガードのＳ＆Ｐ五〇〇ＥＴＦなど、大手で主流のＥＴＦに集中している。また、ＥＴＦは依然としてアメリカ市場中心の商品である。日本を除くアジア圏とヨーロッパで最初のＥＴＦが導入されたのは、それぞれ一九九九年と二〇〇〇年だった。一方、ＪＰモルガンによると、北米の証券取引所に上場されているＥＴＦの数は、今でも世界全体の三分の二近くを占めている。

とはいえ、世界全体でも過去一〇年にＥＴＦは急速に拡大しており、滑稽なほど奇抜な新型商品も数多く導入されてきた。こうした風潮にはＥＴＦ支持者も危機感を募らせている。二〇〇八年にジャック・ブレナンからバンガードＣＥＯの座を引き継ぎ、同社のＥＴＦ事業強化に取り組んだビル・マクナブは、二〇一六年にフロリダ州で四日間にわたって開催された業界最大の年次会議「インサイドＥＴＦ」に出席した際、参加企業に新商品導入のペースを抑えるよう懇願した。「業界では三〇秒おきと思えるほどのペースで新しいＥＴＦが導入されている」と聴衆に不満を告げると、マクナブはこう続けた。[6]「かなり慎重になる必要がある。業界が先走りしすぎれば、投資家は本来の商品概念に疑問をいだくだろう。すでに一部の分野で過度に難解な商品が出ている」。そして悲観的な様子で、気味が悪いほどよく似た前例について伝えた。「今の状況は一九八〇年代のミューチュアル・ファンドを彷彿とさせる。あのときはどのファンドにもハッピーエンドは訪れなかった」。

公平を期すために言うと、マイアミ郊外で開催されたお祭りのような会議で、マクナブの当惑に耳を傾ける聴衆はほとんどいなかった。投資家は過去数年間に、特定のニッチ分野から恩恵を得ることを目的とした「テーマ性のある」ＥＴＦを買えるようになっていた。テーマの例を列挙すると（長くなるので息をしっかり吸っておいたほうがよいかもしれない）、世界的な肥満の蔓延、オンラインゲーム、ミレニアル世代の台頭、ウィスキー業界、ロボット工学、人工知能、クリーンエネルギー、太陽エネルギー、自動運転、ウラン採掘、女性役員比率の向上、クラウドコンピューティング、ゲノム技術、ソーシャルメディア、大麻栽培、発展途上国の有料道路、浄水、逆加重アメリカ株指数、健康とフィットネス、オーガニック食品、高齢者介護、リチウム電池、ドローン、サイバーセキュリティなどだ。ＥＴＦ業界に関わりのある企業の株式に投資する、というテーマのＥＴＦさえ存在した。こうした試験的な色彩の強いファンドの中には人気を得て勢いづくものもある。だが大半は低迷ののちに清算され、資金はまた流行最先端の商品に還流する。

そうした奇抜な商品を量産する企業は、自由市場では実験的な試みを行い、何が投資家に支持されるか確かめる権利が誰にでもある、と主張する。実のところ、ちょっと運に恵まれただけでうまくいくケースもある。たとえば、サイバーセキュリティ事業に携わる企業の株式に投資するＨＡＣＫというティッカーシンボルのＥＴＦは、二〇一四年にソニー・ピクチャーズエンタテインメント（ＳＰＥ）が大規模なハッキング事件に見舞われる十数日前に上場していた。ＳＰＥは内部データを盗まれ、不都合な社内メールなど一部の情報が公開されるという被害にあった。事件発覚後すぐにＨＡＣＫの価格は急上昇し、ゼロ同然だった運用資産額は二〇一五年半ばには一五億ドル近くまで拡大した。のちに、お祭りでばらまかれるキャンディーのように楽に手に入る潤沢な管理手数料をめぐって、このファンドの運営関係者間で諍いが生じた。一方で、芽が出るまで時間がかかるケースもある。ヴァンエック・ベクトル金鉱株ＥＴＦは、運用資産額が一〇億ドルを超えるまでに二年を費やしたが、現在では一六〇億ドル規模のファンドに成長している。*このような遅咲きの例は珍しくなってきているが、ちょっとした運があれば勝ち組になれる、という期待感が多くの小規模ＥＴＦ提供会社を支えている。

八〇〇〇種近くもあるＥＴＦを多いと感じるかもしれないが、それをはるかに超えて超新星爆発並みの勢いで増加しているのが金融指数だ。かつては投資業界の中でも地味な脇役にすぎなかった指数ビジネスが、今では金のなる木のような一大産業になっている。それは、インデックス・ファンドが普及するなかでS&Pダウ・ジョーンズ・インデックス、MSCI、FTSEラッセルなどの大手指数提供会社が、顧客向けに次から次へとベンチマークとなる指数を量産してきたからだ。これらの大手が結成した業界団体、指数産業協会によると、所属企業が管理している「現役の」指数は三〇〇万種類近く存在している。[7]

このほかにも、さまざまな銀行が顧客にオーダーメイドの投資商品を提供するために組成した指数や、インデックス・ファンド会社が大手指数提供会社に巨額のライセンス料を支払わずに済むよう自作（「セルフ・インデクシング」）した指数が数千種類ある。**

これに対して、現在の世界全体における上場企業の数は約四万一〇〇〇社にすぎない。[8] そのうち実際に株式の売買が可能な企業は、わずか三〇〇〇～四〇〇〇社程度だろう。インデックス投資革命がむしろ業界の先細りを招きつつある、という現状のエビデンスとして、こうしたデータが真っ先に提示されることも多くなっている。

＊　このケースですら、昨今ではかなり早く成功した例とみなされる。「時価総額の小さい」銀鉱業会社を対象としたあるETFは、二〇一三年の上場後、三年以上にわたって運用額が一〇〇〇万ドルに満たない鳴かず飛ばずの状態が続いた。さらにその後の四年間も運用額は一億ドルをほぼ下回りつづけたが、二〇二〇年になって急拡大し、八億ドルを超えた。

＊＊　ドイツ取引所（フランクフルト証券取引所の運営会社）傘下の分析会社コンティゴにいたっては、誰でも望みどおりのあらゆる種類のベンチマーク指数を自ら組成したうえで、その後の地道な管理業務をコンティゴに委託することのできるDIY型指数開発ソリューション「ｉスタジオ」を導入している。

このような状況をどうとらえるべきだろうか。常識の枠を超えた素晴らしいアイデアは、模倣したいという欲求を引き起こす。二〇一八年、金融調査会社バーンスタインのアナリストである イニーゴ・フレイザー＝ジェンキンスは、作成可能な株価指数をすべて作る、という困難な任務を課された孤高の匿名ヒーローが主人公の作り話を書き、指数の「唯一性」を揶揄した。「役に立ちそうにない指数は作るべきではない、あるいは作ったあとで無用とみなされた指数は迷わず切り捨てるべきだ、とみる向きがある」。それに対する主人公の反応をフレイザー＝ジェンキンスはこう書いている。「彼はそうした見方に反対だった。どの指数が有益でどの指数が無益だと一体、誰が決めるのだろう」。とはいえ主人公は、他のすべての指数をしのぐ、たった一つの「究極指数」を作成することを最終目標としている。そして、それがどのような指数であるべきなのか熟考する。

＊

そこに美しさ、ひいてはある種の芸術性も必要だろうか。可能なかぎりすべての資産を最適な比率で取り入れたものであるべきだ、という声もある。しだいに彼は確信を強める。株式だけを対象にすべきではないし、株式だけで済ませることはできない。したがって、すべての株式、債券、商品、その他の金融資産を取り入れ、それぞれの人間社会におけるニーズの大きさに比例するようにウェイトづけするのがよいだろう。こうした条件を満たすことで、この指数はただちに社会的利益に貢献することができるうえ、指数そのものの成功も保証される。一方、そのような指数は存在しえないのではないか、と考える者もいる。すべての資産について最適なウェイトづけができるほど、社会はそれぞれのニーズを把握できていないのではないか、と。

この作り話に込められた皮肉は、少しばかり大げさだ。現存する約三〇〇万種類の指数の多くは、同じ対象資産を違う観点に基づいた手法でそれぞれ異なる種類として組成したものだ。たとえばS&P五〇〇に関しては、ドル以外の各国通貨建てで算出される指数や、銃関連の銘柄を取り除いたオーダーメイド型の指数、あるいはアルコール製造やカジノに関連する企業や銀行を除外したイスラム教徒向けの指数などが存在しうる。時価総額ではなく、環境や企業統治や社会的基準に関する尺度に従ってウェイトを調整した指数もある。約三〇〇万種類の指数には、世界中の債券や商品を対象としたものも含まれる。英語のアルファベット二六文字で、スパイ小説からティーン向けライトノベル、重厚な文学作品、そしてインデックス・ファンドに関する冗長なノウハウ本まで、さまざまな書物を無限に生み出せるのと同じで、作成可能な金融指数の数、あるいは作成すべき金融指数の数に特に上限はないのだ。

とはいえ、多種多様な指数とインデックス・ファンドの爆発的な増加は、憂慮すべき潮流を象徴している。インデックス・ファンドは、ほとんどの投資家が（経験豊富なプロの資産マネジャーでも、引退後の生活のために投資を行う歯医者でも、手っ取り早く稼ぐためにデイトレードに手を出した失業中の二〇代の若者でも）手痛い目にあう、という気づきから始まった。長期的に高い投資成績をあげるには、大型で十分に分散化された金融証券のポートフォリオを買い、できるかぎり保有しつづけるのが一番だ。ジャック・ボーグルはこの二つの基本原則を柱として巨大な金融帝国を築いた。

だが実際には、人気のドットコム株を買おうが、バイオテクノロジーやロボット工学がテーマのETFに投資しようが、大した違いはない。「アクティブ」投資と「パッシブ」投資の境界はそもそも曖昧である。どのインデックス・ファンドに投資するのか決めるうえで、アクティブな選択をせざるをえないからだ。指数の組成も、完全に定量的な手法で行われることはまれで、ほとんどの指数提供会社は組成にかかわる決断に際し、少なくともある程度の人的裁量を用いている。したがって、ベンチマーク指数の構成銘柄にも「アクティブ」な選択が反映されている。ただし、その選択はフィデリティやティー・ロウ・プライスのポートフォリオ・マネジャーというよりは、主に匿名の指数委員会によるものだ（この件に関しては次章で詳述する）。近年のインデックスETFの普及は、もともと不明瞭だったアクティブ投資とパッシブ投資の境界線を完全に取り払い、悪影響をもたらしかねない状況を生み出している。

ファンドを連動させるべき指数の構成がどちらかというと不透明である点を考慮すると、こうした状況はなおさら懸念される。その不透明性が意図的なものである場合すらある。この最新のトレンドは「アクティブ運用の」ETFでみられる。アクティブETFと言っても、第二次世界大戦後の大半の時期に標準だった通常の合法的投資商品よりもメリットが大きい（売買可能でアメリカ国内でなら節税効果がある）特有の仕組みに、アナリスト、トレーダー、ポートフォリオ・マネジャーらが乗じた従来型のＥＴＦと基本的に変わらない。

ベアー・スターンズによる史上初のアクティブＥＴＦの上場は二〇〇八年にさかのぼる。短期債券を対象とするこの商品にはＹＹＹというティッカーシンボルがつけられ、無理もないことだが「なぜ、なぜ、なぜ」（why why why）アクティブＥＴＦを買いたがる投資家がいると思うのかと揶揄された。いくつかの大きな障害があったせいでアクティブＥＴＦの成長は鈍く、二〇二〇年末になっても運用資産額は二四〇〇億ドル程度にとどまっていた。最大の障害は、ＥＴＦの構成銘柄の内訳を毎日公表しなければならないという、透明性維持のための規定だった。これはネイサン・モストが導入した、ＥＴＦを売買可能にするための設定／交換のプロセスを円滑に機能させるうえで非常に重要な手続きである。だがアクティブ・マネジャーの多くは、自分の主力商品の実態がライバルの目に触れることを嫌った。

ところが数年間にわたるロビー活動の結果、アメリカのＳＥＣは、一定期間後に構成銘柄の情報を開示する「半透明」ＥＴＦを認める、という次善策を容認しはじめた。この展開に投資業界は騒然となった。アクティブ・ファンドは長年、資金流出に苦しめられてきたが、興味深いことに、その流れが反転する可能性が出てきたからだ。このアクティブ型非透明ＥＴＦ（active nontransparent ETFs）は、略語を好む金融業界でＡＮＴと呼ばれることも多くなっている。

それでも投資家が何に関心を示すかは、わからないままだ。テクノロジー分野への投資で有名なアメリカのキャシー・ウッドは、テスラなどの話題の銘柄への投資によってアクティブＥＴＦ

の帝国を築くにいたった。ただ、節税効果がアメリカ国内だけでしか得られないうえ、毎日の情報開示は大半の投資家にとって必要不可欠というわけではないため、コストが高めのアクティブETFは、従来型の格安インデックス・ファンドの優位性を崩すものにはならないとみられる。

ETFの多種多様化は投資業界の成功の前触れとして歓迎すべきだ、とみる者もいる。ようやく投資家は、数種類の単純なインデックス・ファンドにとどまらない、広い選択肢の中から自分の好みに合った商品を選べるようになった。投資家がどのような嗜好の持ち主であっても、今ではそれを満たすタイプのETFが存在する、と。こうした見方は正しいのかもしれないが、マイナス面があるのも事実だ。ETFの進化と普及は、多くのインデックス・ファンド投資家がなかったことにしたいと考えているのと同じ原罪を投資家が犯す可能性を生み出している。

ただ、数えきれないほど量産されている「テーマ性のある」ETFよりも問題含みなのは、過去一〇年に台頭してきた一連のデリバティブ活用型インデックス・ファンドだ。ブラックロック、バンガード、ステート・ストリートという投資業界の「ビッグ・スリー」や、もっと規模の小さいライバル企業の多くは、その分野に携わるのは控えており、そうしたよりニッチで複雑な商品がインデックス・ファンド業界全体の信用を損なう危険性を懸念している。

＊

二〇一八年初頭、アメリカの株式市場はドナルド・トランプ政権による税制改革の追い風を受けていた。改革に盛り込まれた法人税減税は、金融危機以降、不本意な低位安定成長が続いていた国内経済に、一時的かもしれないがある程度の活力をもたらしていた。アメリカの株価は史上最高値を更新しつづけ、一九六〇年代と一九九〇年代の強気相場（大幅な下落なしに上昇基調が続いた状態）の最長記録も塗り替えた。だが残念なことに、この平穏な時期も長くは続かなかった。

アメリカの株価は一月末の数日間に力強く上昇したのち、下落傾向に転じ、二月五日に急落した。この日一日でS&P五〇〇は四パーセントと、二〇一一年のヨーロッパ危機時以来、最大の下げ幅を記録した。この週のうちにアメリカの株価は史上最速級のスピードで一〇パーセントの下落を演じた。世界全体では、わずか五日間で株式時価総額（ドル換算）が四・二兆ドルも減少した。これは二〇〇〇～二〇〇二年のドットコム・バブルの崩壊でナスダックが失った時価総額に相当する。

直接的なきっかけとなったのは債券相場の下落で、これが株価にも悪影響を及ぼすとみた投資家が株式の売りに走った。だが、当時アメリカの景気が好調だった点を考慮すると、これだけで急激な株価下落を説明することはできない。かわりに明らかになったのが、一握りのETFがその日に暴落したという事実である。それらは金融デリバティブを活用した非常に複雑な商品で、アメリカ株式市場でボラティリティの低位安定が続くと見込む投資家をターゲットとしたものだった。当時、こうしたETFの運用額は三〇億ドルにすぎなかったが、その暴落はボラティリティの水準そのものに直結する投資戦略に基づいた大量の自動売り注文を招き、雪崩を誘発するスノーボールのような働きをした。

厳密に言うと、こうしたボラティリティ・ファンドの中でも最大のベロシティシェアーズ・デイリー・インバースVIXショートタームETN（ティッカーシンボルの「XIV」で称されることが多い）は、上場投資証券（ETN）と呼ばれるものだった。ETNは、かつてモルガン・スタンレーのロバート・タルが開発したOPALS〔第12章参照〕の末裔とも言うべきものだ。従来型のETFのような体裁をした売買可能なファンドだが、その実態は、特定の指数に連動するようにウォール街の金融エンジニアによって組成された合成債券だ。〔金融デリバティブの活用により、さまざまな投資戦略に対応できる〕柔軟性が高くなっており、基準となる指数（原指数）よりもリターンが高くなる「レバレッジ型」や、原指数が下落した場合に利益が得られる「インバース型」といった、より型破りな商品が手軽に組成されている。こうした指数連動型の幅広い商品の総称として上場取引型金融商品（ETP）という用語があるが、実際には、すべてまとめてETFと呼ぶ場合が多い。

XIVはVIX指数に連動するインバース型のETNだった。VIX指数は、オプション取引のボラティリティに基づいて算出されるアメリカ株式市場の短期ボラティリティの期待値を表す指標で、よくウォール街の「恐怖指数」と呼ばれる。言い換えると、XIV（金融知識の有無にかかわらず誰でも買えた）は実質的にデリバティブを原資産とするデリバティブであった。株式市場のボラティリティが落ち着いているあいだは高いリターンを生み出していたが、ひとたびその平静が破られると派手に暴落した。しかも、複雑な商品特性のせいでその暴落は株式市場にも波及し、ボラティリティがさらに上昇してＸＩＶへの下げ圧力が一段と高まる、という悪循環が生じた。ＸＩＶや同様の商品に潜む波乱含みの複雑性や脆弱性に無知だった一般投資家の多くは大やけどを負った。*

ＸＩＶを発行したクレディ・スイスは、ただちに同商品の早期償還に踏み切った。ＥＴＦ事業を幅広く手がけるブラックロックは、ＸＩＶの暴落で自社のイメージが損なわれることを恐れ、いつになく単刀直入な表現を用いた声明を発表した。「インバース型、レバレッジ型の上場取引型金融商品はＥＴＦではなく、市場で圧力にさらされた場合にＥＴＦのようなパフォーマンスをあげることができません。だからこそ、ｉシェアーズではそれらの商品を提供していません」[10]。

インバース型、レバレッジ型をはじめとするデリバティブ活用型のＥＴＰの多くは、新型コロナウイルス感染症の大流行にともなう市場の大混乱でも打撃を受けた。四〇種類を超えるＥＴＰ（その大半は商品指数に連動するものだった）が発行体によって速やかに早期償還された。そこまでの深手は負わずに済んだが、市場に悪影響を及ぼすことになった商品もある[11]。たとえば、原油先物価格に連動するＥＴＦ、〔ユナイテッド・ステーツ・オイル・ファンド〕ＵＳＯは、二〇二〇

＊　デイトレードを行う二人のアマチュア・ミュージシャンが、ＸＩＶの暴落で大損したあと、トム・ペティの「フリー・フォーリン」の替え歌を作った。自分たちの失敗談を自虐的につづった歌を悲しげな表情で歌う二人の動画はユーチューブに投稿された。「一日中、下がりつづける相場をみている／Ｓ＆Ｐが大暴落だ／オレはＸＩＶを買った、カネを取り戻そうと思って／オレはダメな男だ、さらに買い足しちまった／今じゃＸＩＶがフリーフォール状態／そう、ＸＩＶの下げが止まらない」

年四月にアメリカの原油先物価格が一時的ながら史上初めてマイナス価格になる、という珍しい現象の原因となった。また第17章で触れるように、同年三月には債券ETFに対する不安が増大し、市場の大混乱を招いた。とはいえ、二〇一八年二月と二〇二〇年三月の騒動も、デリバティブ活用型ETPの人気低下につながることはなかった。

史上初のレバレッジ型ETFは、二〇〇六年にプロシェアーズという小さな新興投資グループによって導入された。モーニングスターのデータによると、レバレッジ型とインバース型を合わせた運用資産額は二〇一八年初頭には七〇〇億ドル超まで拡大していた。だが、やがてXIVが暴落し、その余波で巨額の資金が流出した結果、しばらく低迷期が続いた。ピークの水準に戻ったのは二〇一九年一二月のことだ。すると、そこから運用資産額はさらに拡大し、二〇二一年三月には一三〇〇億ドル超に達した。こうした数字も、これらの商品が日々の相場に及ぼす影響を十分に伝えるものではない。その大半は長期的な貯蓄商品というよりも、短期投資の手段として基本的に設計されており、一般的なETFに比べると巨額の資産が蓄積されることはまれである。

＊

一〇年ほど続いたインデックス・ファンドの上場ラッシュにも歯止めがかかりつつある。主要な分野の大半は、一握りの大手企業（主にブラックロック、バンガード、ステート・ストリートの三社）によって堅固に支配されており、そうした状況はずっと変わりそうにない。ニッチ分野でも、人気のいかんを問わず似たような構図がみられる。

　今後もインデックス・ファンド業界でさまざまな機能性や価値をともなった革新的な商品がさらに出てくるのは疑いない。一方で近年、消滅するETFが増加しつづけていることも明らかになっている。新型コロナウイルスに淘汰される格好で消滅したETPの数は一〇〇〇種類を優に超えており、間違いなく今後さらに増えるだろう。このため、一部の業界関係者は、次なるインデックス投資革命の候補に期待を募らせている。それは、ダイレクト・インデックスだ。

　自在にカスタマイズできるインデックス・ファンド（たとえば石炭会社や武器製造会社を取り除いた指数に連動するファンド）を求めているのは、ロバート・ネッツリーだけではない。大手の指数提供会社のほとんどが多種多様なラインナップを取り揃えた主力商品のシリーズを提供している今では、指数のカスタマイズは比較的簡単になっている。ダイレクト・インデックスは、こうしたカスタマイズをより自然な形で行う次の段階の手法だ。投資家はインデックス・ファンドやETFではなく、ベンチマーク指数を構成するすべての（あるいはほぼすべての）個別証券を購入し、それらを用いて自分の嗜好に合った投資ポートフォリオを自由に構築する。値下がりした個別証券があっても、少なくともアメリカでは損益通算して税負担を減らし、効率的に税引き後のリターンをあげることも可能だ。たとえば、S&P五〇〇あるいはFTSE一〇〇の全構成銘柄を既定のオプションとして購入し、魅力を感じない銘柄は手放す。すると、あら不思議、投資家の感性にぴったりと合ったカスタムメイドのインデックス・ファンドが完成する。その後も必要に応じていつでも構成銘柄を微調整すればよい。

ダイレクト・インデックス自体はまったくの新しい概念ではないが、近年、以下の三つの変化が起きてきた影響で潜在的な顧客の層が拡大している。第一に、技術の進歩で以前よりも格段に手を出しやすくなっている。かつては複雑なコンピューター処理が必要だったが、今では自動化が進んでプロセスが簡素化されている。第二に、ここ数年の取引コストの急減（場合によってはゼロ化）により、低コストの単純なインデックス・ファンドに対するコスト競争力が高まっている。第三に、「端株」取引が可能になった（株価が高くても売買単位に満たない株式を買えるようになった）ことで、投資家の裾野が広がっている。

ダイレクト・インデックスが、本当にインデックス投資の次世代「インデックス投資3・0」を切り拓くかどうかは、まだ不明である。大手機関投資家の多くはすでにその段階に足を踏み入れているが、一般投資家の大半は、個別証券の保有量やウェイトをいじるよりも、総合的なインデックス・ファンドを一つ、あるいはいくつか買う、という手間のかからない投資方法を今後も好むだろう。極端な言い方をすると、ダイレクト・インデックスは、分散化していない一握りの株式をただ買うのと大して違わない。

いずれにせよ、当面は従来型のインデックス・ファンドやETFへの巨額の資金流入が続くことは明々白々である。それが市場や資産運用ビジネスや金融業界全体に及ぼす影響が、より鮮明になってきているとしてもだ。

第16章

資本の新たな支配者たち

THE NEW CAPTAINS OF CAPITAL

二〇二〇年、電気自動車（EV）製造大手のテスラの株価が急騰した。新型コロナウイルス感染症の大流行で突然、家に閉じこもらざるをえなくなり、暇つぶしにデイトレードを始めた一般投資家の多くが、アメリカ政府から支給された給付金を同社株につぎ込んだことが大きな原動力となった。そして同年一一月、この株価上昇に新たな衝撃が加わり、イーロン・マスク率いるテスラは世界有数の時価総額を誇る企業へと躍進した。

テスラの株価は過去一〇年に劇的な上昇を遂げていたが、金融ベンチマーク指数提供大手のS&Pダウ・ジョーンズ・インデックスは、長いこと旗艦指数のS&P五〇〇に同社を組み入れずにいた。理由は単純で、安定的に利益を計上している、という基準を同社がなかなか満たせなかったためだ。

だが、テスラは二〇二〇年夏までに四・四半期連続で黒字を記録し、ようやくその資格を得た。すると指数組み入れの可能性がわずかながらも生じたことで、株価上昇に拍車がかかった。一一月後半、ベンチマーク指数の構成銘柄を決めるＳ＆Ｐダウ・ジョーンズ・インデックスの指数委員会が、ついにテスラをＳ＆Ｐ五〇〇に採用すると発表した。すると大量の買いが入って株価が急騰し、同社の時価総額が四〇〇〇億ドルの大台に乗った。発表されてから実際にＳ＆Ｐ五〇〇に組み込まれた一二月二一日までの間に株価は七〇パーセントも上昇し、時価総額は六五〇〇億ドル超に達した[1]。

このように一つの指数で構成銘柄の微調整が行われても、一般大衆の意識においては由緒あるダウ・ジョーンズ工業株平均のほうが存在感が大きいため、あまり相場に影響は生じない場合が多い。それではテスラの時価総額が突然、数千億ドルも増加したのはなぜか。簡単に言うと、インデックス・ファンドのせいである。

Ｓ＆Ｐ五〇〇をベンチマークとして、それを上回るパフォーマンスをめざすあらゆるファンド・マネジャーにとっても、テスラは投資対象企業となったが、そうしたアクティブ・マネジャーには少なくとも買うかどうかを選択する余地がある。一方、数兆ドル規模のＳ＆Ｐ五〇〇連動型パッシブ運用インデックス・ファンドの場合、Ｓ＆Ｐ五〇〇内での比率に従って同社株を買う以外に選択肢はない。テスラの株価水準や事業面での魅力がどうであろうとだ。

金融指数を提供する会社は、長いこと平凡な公益企業のようにみなされてきた。その多くは、ウォール・ストリート・ジャーナル紙やフィナンシャル・タイムズ紙、日本経済新聞といった大手金融新聞の副次的な事業としてスタートしたものだ。それが大きな収入源になるとは誰も思っていなかった。今日では、ベンチマーク指数の創設そのものが非常に収益性の高い産業に成長している。MSCI、FTSEラッセル、S&Pダウ・ジョーンズ・インデックスの「ビッグ・スリー」が支配的な立場を築いており、三社合計の市場シェアは約七〇パーセントに達する。その支配力はまだまだ過小評価されているが、この三社を金融業界の陰の実力者と言ってもよいだろう。

簡単にまとめると、市場のほんの断片を表す存在にすぎなかった指数が、主にインデックス・ファンドの成長によって、市場に影響を及ぼす一大要因へと変貌した。そして、そのインデックス・ファンドの投資判断は、実質的にベンチマーク指数を創設する会社へ委ねられている。指数提供会社が事実上、誘導する資金の規模は膨大だ。インデックス連動型ミューチュアル・ファンドやETFのように公に知られていて規模の大きさがわかるものから、データとして表には出てこないが各種基金や年金基金、政府系投資ファンドなどが内部で採用している独自の大規模なインデックス連動戦略まで合わせると、今日では二六兆ドルを超える資産が金融ベンチマーク指数に直接連動する手法で運用されている模様だ。* 現在、アメリカではほとんどの大手企業の主要株主の座をインデックス・ファンドが占めており、世界的にも同じ傾向が強まっている。

これは、より広範囲に及ぶ世界の投資業界（利益追求に貪欲なヘッジファンドやプライベート・エクイティ投資会社から伝統的なミューチュアル・ファンドまで）や、さらに広大な世界中の金融資産全体と比べると、依然として非常に小さい規模である。だが、インデックス・ファンドはなおも急成長中で、割高な競合金融商品から市場シェアを奪っている。こうした拡大の勢いの影響は無視しがたくなっており、今では支持者のあいだでも、尻尾（インデックス・ファンド）が犬（市場）を振り回しはじめそうな兆しがあちこちにみられる、と指摘する声が上がっている。指数提供会社はお金の面でも、市場への影響力という面でも、こうした傾向から最も大きな恩恵を受ける。

*

指数の影響力は、金融業界内部の者でも気づかないうちに、見えない形で発揮される場合も多い。だがテスラの例でわかるように、企業の命運は自社の株式や債券が主要な指数に採用されるかどうかで決まってしまう可能性がある。**

より規模が小さくて売買高の少ない銘柄の場合、指数組み入れの影響はとてつもなく大きくなりうる。二〇一九年、ＭＳＣＩが〔香港企業の〕アートゴーを影響力の大きい主要指数の一つに組み入れると発表したことで、同社の株価が〔年初から〕三八〇〇パーセントも高い水準まで急上昇した。大理石の採掘〔・加工販売〕を手がけるアートゴーは小規模で、まだ利益も計上していなかった。このため、一部のアナリストが先行き不透明な同社への懸念を示したところ、

MSCIは前言を撤回した。アートゴー株は大暴落し、年初からの上昇分を超える下げ幅を記録した。[2] 指数提供会社の影響力の増大を象徴するエピソードはほかにもある。二〇二〇年、S&Pダウ・ジョーンズ・インデックスのある従業員が、同社のベンチマーク指数採用銘柄に関する未公表情報を用いて九〇万ドルの株式売買益をあげたとして、インサイダー取引の容疑で訴追請求された。[3]

指数組み入れの影響が大きくなる理由は、パッシブ投資だけにあるのではない。伝統的なアクティブ・ファンドでも、ベンチマーク指数に組み込まれていない銘柄に投資できる規模には制限がある。新たに指数に組み入れられる銘柄に投資する必要は（選択の余地がないパッシブ・ファンドと違って）ないが、結局はポートフォリオに入れてしまう場合が少なくない。先物などの金融デリバティブでも、そうしたベンチマーク指数に連動する商品が多くなっている。したがって、一九七〇年代にインデックス・ファンドが発明されていなかったとしても、指数は（現状ほどではないにせよ）やはり市場への影響力を発揮していただろう。

とはいえ、最近の学術研究は、指数組み入れによる効果が薄れつつあることを示唆している。

＊　このインデックス連動型戦略による運用額の合計推計値を導き出した方法については、第1章を参照。

＊＊　指数からの除外が企業に大きな痛手をもたらす場合もある。ヨーロッパ大手銀行のソシエテ・ジェネラルとBBVAは、ヨーロッパ版S&P五〇〇とも言えるユーロ・ストックス五〇指数の構成銘柄からの除外が発表された〔翌日の〕二〇二〇年九月三日に、株価の急落に見舞われた。

ベンジャミン・ベネット、ルネイ・スタルツ、ゼグジィ・ワンの三人が二〇二〇年に発表した論文によると、インデックス・ファンドの規模が拡大しているにもかかわらず、S&P五〇〇への組み入れによる株価上昇効果は徐々に低下しつづけ、今ではなくなってしまっている。[4]原因としては、指数に組み入れられそうな銘柄を推測し、あらかじめ買う、という投資家の行動により、実際に発表されるころには組み入れ効果が株価にほぼ織り込み済みとなっている可能性が考えられる。あるいは、純粋にS&P五〇〇構成銘柄となったことで企業が満足してしまい、その後の収益性が低下する、という見方もできる。

ただし、これとは違う結論を導き出している研究もある。確実なのはテスラの例が如実に示すように、大型の株価指数への組み入れが、投資家と企業の双方に並々ならぬ影響を及ぼすということだ。最大の原因は、指数への連動が必須のパッシブ投資戦略による運用規模が拡大している点にある。S&Pダウ・ジョーンズ・インデックスの推計によると、テスラ組み入れの時点で、インデックス・ファンドは機械的に五一〇億ドル相当のほかの銘柄を売り、その売却額でテスラ株を購入する必要に迫られた。[5]

これがなぜ指数提供会社の支配力増大につながるのか。それは、ベンチマーク指数の作成が複雑で、理解されにくい性質の仕事だからだ。通常、指数は市場を客観的に反映するものとみなされている。市場をさっと写真に収めたようなもの、というもっと乱暴な見方もある。特定の日にアメリカ株式市場で何が起きたかを語る場合、S&P五〇〇をその代表として用いる場合が多い。だが、現実はもう少し厄介だ。

ほとんどの指数では、おおむね機械的、定量的な手法に従って銘柄選択を行っているが、どのような手法を使うか、どうやって銘柄をウェイトづけするかの判断は指数提供会社の手に委ねられている。かつて〔金融指数に関する論文を書いた〕二人の法学者は、指数のことをプラトンの数学的観念にも近い、純粋に数学的な産物としてとらえたがる傾向を、「客観性神話」と名づけた。[6] 実際には、人間の裁量は指数作成のプロセスにおいて不可欠で不可避な要素である。

たとえば、S&Pダウ・ジョーンズ・インデックスは二〇一七年に、これから先、アメリカの旗艦ベンチマーク指数に複数種類の株式を発行している企業を組み入れることは認めないと決めた。[7] これは重大な決断だった。企業の創業者の中には、自社株の大部分を市場に放出しつつも経営権は維持したい、と考える者がいる。それを実現する方法の一つが、配当受け取りなどの経済的権利は付与されているが、議決権はない（あるいはないに等しい）タイプの株式を発行して投資家向けに公開する一方で、取締役会の支配力を維持するために自分たち用に別のタイプの株式も発行する、というものだ。グーグルやフェイスブックはそうした企業の代表例だ。S&Pダウ・ジョーンズ・インデックスは、すでにS&P五〇〇に組み込まれている企業についてはこの基準の適用を免除するものの、新たに採用するのは「一株一議決権」の原則を遵守する企業に限る、と決定した。

この決定は当時、おおむね歓迎された。指数提供会社がすべての株式には同じ価値があるとして、平等性重視の株主民主主義の重要な土台を強く支持する姿勢を見せた、と受け止められたからだ。だがこれは、S&Pダウ・ジョーンズ・インデックスやライバル企業が、独自の指数組み入れ基準の設定により、企業統治の核となる領域で実質的に影響力を発揮することを示す強力な例である。正しい決断かもしれないが、民間企業ではなく、立法機関や規制当局に委ねるのがふさわしい分野の話だとも言える。

ほかにも、本社をロンドンからオランダに移すという決定を白紙撤回したユニリーバの例が挙げられる。由緒ある消費財コングロマリットの同社は、一九二九年にイギリスの石鹸製造会社とオランダのマーガリン製造会社の合併で誕生したが、その英蘭二本社制という特異な歴史的遺産をいらぬ頭痛のタネと考えていた。だが、オランダを本社として事業を統合した場合、同社株がイギリスのFTSE一〇〇指数から除外され、主要株主の多くが売却を余儀なくされることが判明した。このため、ユニリーバは方針転換を迫られた。[8]

企業をどの産業のカテゴリーに分類するか、というありきたりな選択も、大きな影響力を発揮する場合がある。事情に詳しくない投資家の多くは、ステート・ストリートとバンガードがアメリカのハイテク企業を対象とするETF（合計の運用資産額は八〇〇億ドル超）にアマゾン、フェイスブック、そしてグーグルの親会社であるアルファベットを組み込んでいないことに驚くかもしれない。それは、ただ単にS&Pダウ・ジョーンズ・インデックスが、この三社を小売企業（アマゾン）、通信企業（残り二社）に分類しているからだ。一方で、物理的なデバイスを製造しているアップル、クレジットカード会社であるマスターカードとビザはハイテク企業に分類されている。

この手の分類については日常的にいろいろなところで論じられているため、些細な問題として片づけてしまいたくなる。しかし、分類しだいで資金の流れが変わる点を考慮すると、間接的に多大な影響力を発揮しかねない。ジョハネス・ペトリー、ヤン・フィッシュナー、イールケ・ヘームスケルクの三人は、二〇二〇年に発表した「資本の誘導」というタイトルの論文で、パッシブ投資ブームによって、指数提供会社が「資本市場で強大な政治経済的影響力を有する民間権力者の地位」を獲得した、と述べている。⁹ 分類や選別に関する基準の変更は、指数提供会社とその顧客、そして影響を受ける企業とのあいだでの徹底的な話し合いを経て行われるのかもしれないが、最終的な決断を下すのは、あくまでも指数提供会社である。

「したがって、このパッシブ資産運用の新時代においては、指数提供会社が事実上の規制権力を行使し、ひいては企業統治と国の経済政策に重大な影響を及ぼしうる門番になりつつある」と、ペトリーたちは説く。

＊

この「資本の誘導」という論文が示唆するように、いまや国家でさえも金融指数の重要性を認識せざるをえなくなっている。こうしたなかで、影響力の大きいベンチマーク指数提供会社に対し、自国の株式や債券の指数への組み入れや、格上のカテゴリーへの昇格、あるいは最低でも降格防止を、密かに、だが激しく訴えるロビー活動が折に触れて行われてきた。

世界各国の株価指数の提供会社として支配的な立場にあり、ＢＧＩによるＥＴＦ部門（のちの

iシェアーズ）の創設を後押ししたMSCIは、二〇一六年にペルーの位置づけを「新興国市場」から「フロンティア市場」に格下げする可能性を匂わせた。リマ証券取引所の規模の小ささがその理由である。途上国を対象としたこの二つの異なるカテゴリーをどのように区別しているのかは、明らかにはされていないようだ。ただ当時、より主流のMSCI新興国市場指数をベンチマークとして運用されている資金が（アクティブ、パッシブ合わせて）一兆五〇〇〇億ドルに達していたのに対し、MSCIフロンティア市場指数の場合は一二〇億ドルにとどまっていた。[10]このため、フロンティア市場に格下げされれば、国外からの投資資金が流出することになり、このラテンアメリカの小国は甚大な打撃を受ける。さらに、フロンティア市場指数に組み入れられているパキスタンやナイジェリアなどの国にも悪影響が及ぶ。ペルーが同指数に組み込まれれば、これらの国は指数内での急激なウェイトの低下に見舞われるからだ。

結局、ペルー側が必死になってロビー活動を行い、小規模な取引所の充実化を約束したことで、ニューヨークに本拠を置くMSCIは現状維持を決めた。[11]当時、ペルーの経済財政大臣を務めていたアロンソ・セグラ・バシは胸をなで下ろした。「特定の市場に関する投資家の投資判断は、指数に組み入れるかどうかという指数提供会社の決定に著しく左右される」。のちに、ブルームバーグの取材に対してバシはこう語っている。[12]「指数提供会社は、企業や国の資本市場へのアクセスをコントロールできてしまう立場にある」。

一方、ギリシャは自国の経済危機後に、西側諸国の中で初めてMSCI、FTSEラッセル、S&Pダウ・ジョーンズの「先進国」のカテゴリーから格下げされたが、ペルーの場合のような残留のための活動は行われなかった。格下げは必ずしも不幸な出来事ではない。小さめの池のほうが大魚にとって好ましい場合もあるのだ。ギリシャ株は「新興国市場」のカテゴリーに格下げされたことで恩恵を受けたと言える。先進国のベンチマーク指数では、投資家の関心は主に西欧やアメリカの巨大企業に向けられている。その中で取るに足らない存在として放置されるよりも、格下のカテゴリーにいるほうがメリットがある。たとえば、先進国市場に分類されている多くの国より豊かであるにもかかわらず、新興国市場のカテゴリーに据え置かれている韓国は、そのおかげで得をしているようにみえる。結局のところ、その指数に連動した運用が十分な規模で行われているのであれば、さほど格が高くない指数の中で大きなウェイトを占めるほうが、企業にとっては都合がよいのだろう。

近年では、組み込まれる指数にこだわる動きが弱小国に限らずみられる。中国でさえも、MSCI新興国市場指数への自国本土銘柄〔訳注：中国A株〕の組み入れを要求する猛烈なキャンペーンを展開した（同国内でのMSCI事業活動への妨害をちらつかせたとも報じられている[13]）。その成果あって、二〇一八年にMSCIは中国A株を同指数に組み入れ、ウェイトも徐々に引き上げていくことを決定した。

これは十分に筋の通った成り行きでもあった。いまや中国は世界第二の経済大国だ。巨大化した企業は投資家にとって魅力的な存在であり、政策当局も規制面、技術面でのインフラの拡充と、広大な金融市場の機能向上に力を入れている。指数組み入れに関する決定は、現地および世界的な金融機関との長期にわたる、そして多くの場合、徹底的な話し合いを経たうえで、公開された透明性のある定量的尺度と技術的要件に従って下される。MSCIは、決定に関して圧力をかけられたことはないと主張し、指数に関する決断を下すのは、現地で事業を展開しているのとは別の部門だと説明している。

とはいえ、すべての投資家がこうしたMSCIの動きを歓迎したわけではない。中国の株式市場は新興国市場の基準でみても、まだどちらかというと発展途上で未成熟だ。政治的にも、中国は特にアメリカで論争を巻き起こしている。たとえば、MSCIの旗艦指数に組み入れられた政府系監視カメラ製造会社の杭州海康威視数字技術(ハイクビジョン)は、その後、自国企業との取引を禁止するアメリカ政府のブラックリストに登録された。[14]

当然のことながら、中国株の指数組み入れに対する批判も生じている。共和党上院議員のマルコ・ルビオは、問題がありそうな中国企業にアメリカ国民の数十億ドルもの貯蓄が自動的に投じられることになり、アメリカの国益に直接的な悪影響が及ぶ可能性がある、としてMSCIの決定を非難した。「中国企業が財務データをはじめとする基本的な情報の開示を怠り、アメリカの投資家と年金生活者を危険にさらす一方で、中国の独裁政権がアメリカと世界の資本市場から恩恵を享受しているのをこれ以上、看過できない」。二〇一九年六月、ルビオはMSCI会長兼CEOのヘンリー・フェルナンデスに宛てた手紙に激しい論調で書いた。[15]「MSCIは、共産党が牛耳る中国株式市場に……重大な資金源へのアクセスとうわべだけの合法性を与えてしまっている」。

＊

MSCI、FTSEラッセル、S&Pダウ・ジョーンズ・インデックスの支配力が及ぶ範囲は、おおむね株式市場にとどまっている。各国にとって、より直接的なインパクトがあり、重要性も高いのが、影響力の大きい多種多様な債券市場指数における位置づけとウェイトだ。テレビのニュースで報じられる主要株価指数ほど有名ではないかもしれないが、ブルームバーグ・バークレイズ・グローバル総合インデックスや、JPモルガンのEMBIとGBI－EMといった指数は、それぞれの分野で重要な地位を築いている。

債券指数は珍獣のようだ。大型の株価指数において、時価総額に応じて各銘柄の相対的なウェイトが設定されるのは完全に理にかなっている。アップルのウェイトが〔スポーツ用品製造の〕アンダーアーマーより高いのも当然だ。債券市場のベンチマーク指数でも、発行債券の時価総額に応じてウェイトづけが行われる。だがそのせいで、負債依存度が高い国または企業ほど指数におけるウェイトが大きくなる、という奇妙な事態が発生する。

しかも、債券の売買価格が高くなればなるほど、ウェイトは高まる。たとえ、価格上昇で利回りがマイナスになるとしてもだ（このマイナス利回りという現象は近年、各国中央銀行が金融緩和政策の一環として大量の国債買い入れを行ってきたことで、なじみ深くなっている）。つまり、債券指数にこうした特異性があるために、パッシブ運用の債券ファンドは利回りがマイナスの債券を買わざるをえなくなる。そして、その債券を満期まで保有した場合、確実に損失が発生する。

国際決済銀行（ＢＩＳ）のエコノミスト、ブラディスラフ・スシュコとオーストラリア準備銀行のグラント・ターナーも、インデックス・ファンドが債券市場でのリスク増大を促す可能性を二〇一八年に発表した論文で指摘している。指数に組み入れられることが重要である一方、組み入れに際して従来型の債権者保護条項が重視されない点を考慮すると、企業は満期までの期間がより長く、投資家保護の優先順位が高くないタイプの債券をより大量に発行するとみられる。[16]だが現実には、債券指数はそれをベンチマークとする投資商品の存在を前提に作られたものではなく（株価指数と比べると、なおさらそうである）、債券相場を漠然と反映する指標にすぎない。

特異性の問題はさておき、債券指数はきわめて直接的な形で（政治家や、投資家以外の人々がそれに気づくとは限らないとしても）、各国に重大な影響を密かに及ぼしている。投資家にとっての指数の重要性を考慮すると（その多くはベンチマーク採用銘柄以外の債券への投資に警戒感をいだく）、指数への組み入れは国の借入コストの低下につながりうる。債券ベンチマーク指数の重要性はかなり高まっており、国際通貨基金（ＩＭＦ）が世界的な資金の流れと国際金融システムの健全性を脅かすリスクにそれが与える影響について調査を始めているほどだ。主要債券指数への組み入れはメリットをもたらす可能性がある。だが一方で、世界中を気まぐれに移動する資金に国の命運が左右されやすくなることから、ＩＭＦが「安定性リスク」と呼ぶものをも生み出す。

インデックス・ファンドは広大な世界の債券市場の中でまだ小さな存在にすぎないが、規模は拡大しつづけている。近年はパッシブ債券ファンドへの資金流入に拍車がかかっており、その規模は二兆ドルの大台にじわじわと近づいている。過去一〇年で一〇倍になった計算だ。なかでもバンガードのトータル債券市場インデックス・ファンドは、運用資産額三〇〇〇億ドル超の世界最大の債券投資商品となっている。このファンドがついに世界一となったとき、バンガードのクルーたちはふざけて運用担当のジョシュ・バリックマンの机をバーガーキングの紙製の王冠で飾りつけた。かつてピムコで世界最大の債券ファンドを運用していたビル・グロスの「債券王」（ボンドキング）というあだ名をもじったのである。[17]

ＩＭＦが指摘しているように、新興諸国の債券の影響力はとりわけ顕著になってきている。トーマス・ウィリアムズ、ネイサン・コンバース、エドゥアルド・レビ・シェシャーティの三人は、二〇一八年に発表した論文でこう説いている。「国際的な資金移動の経路としての役割が強まるなか、ＥＴＦは新興諸国への世界的な金融ショックの伝播を助長している」[18]。言い換えると、ＥＴＦは発展途上国への資金流入を後押しする一方で、その売買の容易さから、国内要因とは無関係な世界的な投資家センチメントの急激な変化の影響をそうした国によりもたらしやすくなっている。

大抵の場合、大手指数提供会社（そして事実上、それらの会社に大きな支配力を付与してきた大手インデックス・ファンド提供会社）は、自分たちが下す決断の重要性とそれにともなう責任を十分に認識しながら、勤勉かつ誠実に事業を行っている。それでも、平凡で公益企業のような性質のデータ提供会社から、世界的な資金の強大な門番へと変容し、間接的ながら大手公開企業の運命だけでなく、数百万人の人々の生活をも左右する力をもつにいたった今、より綿密な仕事を求められるのは当然かつ必須の成り行きだ。

新聞の第一面に載るような話題では（少なくとも今のところ）ないとはいえ、指数提供会社の影響力増大に多くの規制当局が気づかずにいたわけではない。大陸ヨーロッパ全域の金融市場を監督する欧州証券市場監督局（ＥＳＭＡ）は、すべてのベンチマーク指数提供会社に対する監視と検査の体制を強化している。また業界筋によると、アメリカのＳＥＣが同様の行動に出るのも時間の問題だという。そうしているあいだにも、指数の特異性がさまざまな形で市場の構造を少しずつ変容させ、時として奇妙な相場変動をもたらす、という構図が強まっている。

＊

株価はしばしば説明しようのない奇怪な動きをする。そのような場合でも、アナリストや金融ジャーナリストは説得力のあるナラティブをひねり出そうとする。ただ、そうした業界関係者の目にも、二〇一七年春に起きたアメリカの小型金鉱株の急落は得体の知れない現象と映った。金価格は上昇基調にあり、その週に過去五カ月で最高の水準を記録していた。貴金属価格を支える宝飾品の需要にも衰えの兆しはみられなかった。むしろ急落の主因は、時として相場に影響を及ぼすＥＴＦの特異性にありそうだった。実のところ、この予想外の相場変動を引き起こしたのは、ヴァンエック・ベクトル中小型金鉱株ＥＴＦ（運用資産額一六〇億ドルのヴァンエック・ベクトル金鉱株ＥＴＦの小型版）という、たった一つのファンドだった。

この中小型金鉱株ＥＴＦの運用資産額は、二〇一六年初めの時点ではわずか一三億ドルだったが、ピークとなった二〇一八年二月には六〇億ドル近くまで膨れあがっていた。つまり、ベンチマークとしていた「超小型」金鉱株の指数に見合わない規模に拡大し、構成銘柄の一部が保有上限に抵触する状況が生じた。このため、同ETFは指数への連動に苦心しており、ETF業界で大罪とみなされる「トラッキングエラー」を起こす危険性もあった。そこで二〇一七年四月、別会社だがヴァンエックに指数を提供しているMVISが、ベンチマークを微調整し、同ETFが投資できる金鉱株の個別の時価総額の上限を二倍近くまで引き上げると発表した。これは理にかなった対処法であったが、一部の小規模銘柄が指数から除外されるという憶測を呼んだ。すると、そうした銘柄を指数の調整実施に先立って売却するトレーダーが現れ、その動揺が金鉱株全体へと波及していったのだった。[19]

この騒動はアメリカ株式市場の中の小規模で重要度も低い領域で起きたことだった。だが小型の指数であっても、調整が施され、ETFの資金流出入に関する憶測が生じれば、相場に大きな影響をもたらす可能性があることを示した。二〇二〇年一月には、〔不動産投資信託の〕タンガー・ファクトリー・アウトレット・センターズと、アイオワ州に本拠を置く雑誌出版社メレディス・コーポレーションの株価が、ETFの仕組みのせいで乱高下した。

両社とも業績が長らく低迷しており、二〇一八年から二〇一九年にかけて株価が急落していた。だが、どちらの会社も投資家への配当支払いは継続すると主張した。このため、二〇〇億ドル規模のステート・ストリートの配当重視型ETFが、この二社の株式を大量に買いはじめた。大抵のETFは、各銘柄の株式時価総額の規模に応じてウェイトづけした指数に連動するが、この

SPDR・S&P配当ETFは、各銘柄の「配当利回り」によってウェイトづけしたS&P高配当貴族指数をベンチマークとしていた。簡単に言うと、株価との相対比較でみて配当が高くなると、配当利回りは上昇する。

タンガーとメレディスの場合、株価が低下する一方で配当額は据え置かれた結果、配当利回りが上昇した。このため、他の投資家が逃避するなかで、ステート・ストリートのETFは両社の株式を上限比率の四パーセントに達するまで買いつづけた。同ETFの総資産に占める両社株の比率は低めのままだったが、二社の減少した時価総額に対するステート・ストリートの持ち分の比率は大幅に上昇した。さらに他の配当重視型ETFも、この二社の株式を買い増ししていた。二〇二〇年一月半ばには、タンガー株の五〇パーセント超、メレディス株の四〇パーセント弱をインデックス・ファンドが保有していた。そして、SPDR・S&P配当ETFがその約半分を占めていた。[20]

問題は、高配当貴族指数の構成銘柄が配当額のいかんにかかわらず、時価総額一五億ドル以上の企業と決められており、タンガーとメレディスの株価がその基準を満たせないところまで下がってしまった点にあった。このため、一月二四日にS&Pダウ・ジョーンズ・インデックスがこの二社を指数から除外すると、SPDR・S&P配当ETFは両社の株式売却を余技なくされた。縮小してしまった時価総額に対する保有株の比率の大きさから、この売却は市場を大混乱に陥れかねなかった。だが売却に際し、また別の波乱要因の影響が現れた。

大半のインデックス・ファンドは、株価下落による利益獲得を狙うトレーダーに保有株式を一時的に貸し出すセキュリティーズ・レンディングで追加的な収入を得ている。借りたトレーダーはいわゆる空売りを行う。つまり、その株式を売却し、首尾よく値下がりしたところで買い戻して差額を手にする。株価が下落しつづけていたタンガーとメレディスは格好の空売り対象であり、株式が大量に貸し出されていた。だが、指数からの除外によって保有株を売却する必要が生じたため、SPDR・S&P配当ETFは貸し出していた株式を回収しなければならなくなった。こうして借り手のトレーダーが株式の買い戻しを余儀なくされると、両社の株価は反騰した。[21] おかげでステート・ストリートETFの売却による影響は和らいだが、結果的にこの二社の株価は一月のあいだ乱高下しつづけたのだった。

ただ、このように小さく特異な例が、より広い範囲に歪みをもたらすインデックス・ファンドの性質を覆い隠してしまっている、と懐疑的な目でみる者もいる。インデックス・ファンドが多くの投資家にメリットをもたらしていることは間違いないが、金融市場全体の目先の健全性に及ぼす悪影響がそれを超えつつある、というのである。この点については次章で論じる。

第17章 これが水だ

THIS IS WATER

作家のデイビッド・フォスター・ウォレスは人前で話すのが大の苦手だった。だから二〇〇五年五月のある晴れた日、オハイオ州ケニオン大学の演台に向かって歩くあいだも不安に押しつぶされそうになっていた。気温と緊張のせいで、これからするスピーチのために着た黒いガウンの下は汗だくだった。[1]

「汗が気になる人は、どうか構わずに。わたしもこうするので……」。ボサボサ髪のウォレスはガウンの下からハンカチを取り出して顔の汗を拭いた。それから、やがて学位授与式の名スピーチの一つとして絶賛されることになる話を始めた。

ウォレスはまず、単純明快で説得力のある寓話を披露して、聴衆の心をぐっと引き寄せた。二匹の若い魚が海で泳いでいると、年上の魚がやってきて「おはよう、坊やたち。今日の水はどうだい？」と声をかける。そのまましばらく泳いでから、ふと片方の若い魚がもう一匹にたずねる。「ところで、水って何のこと？」と。ウォレスはこう続けた。「ありきたりだけどとても重要な現実は、往々にして見えにくく、話題にもなりにくいのです」。

ウォレスが伝えたかったのは、大人として日常生活で直面する困難や孤独や退屈に立ち向かっていくためには、しっかりと意識をもって自覚と共感を養う必要がある、ということだった。だが、自分たちを取り囲む現実、周りにあるものすべてを形づくり、維持している現実に気づいていない二匹の若い魚の話は、勢力を強めつつあったインデックス投資懐疑派にとって、パッシブ投資が市場に与える影響を説明するのにうってつけの材料だった。

マイケル・グリーンは、そうした警告を発する増大中の懐疑派の一人だ。五〇代前半のグリーンは一本気な頭脳派で、短い黒髪とカサンドラ（誰にもその予言を信じてもらえないよう運命づけられたギリシャ神話の悲劇の予言者）のように疲れた感じの口調を特徴とする。ボラティリティ連動型ETFの価格下落を見越した戦略をとり、二〇一八年二月の暴落で大儲けしたことで金融業界の異端児として一気に注目を集めた。[2] 当時、グリーンはシリコンバレーの投資家ピーター・ティールが率いるヘッジファンド、ティール・マクロで働いていた。現在は、皮肉にもオプション連動型アクティブETFの提供会社シンプリファイ・アセット・マネジメントでチーフ・ストラテジストを務めているが、パッシブ投資には予測のつかない危険性があると考え、それを人々に警告することを自らの使命としている。[3]

グリーンは「これが水だ」という題で語られるウォレスの話が、いまや市場と金融業界全体に及んでいるパッシブ投資の包括的な影響を表すのに最適なたとえだとみている。「指数は尺度として設計されたものだが、それがあるときから投資対象となってしまったことで歪みが生じた」とグリーンは説く。「指数自体が市場参加者となり、勢いを強めはじめたことで、市場に影響を及ぼすようになった」。ほかにもパッシブ投資を批判する人々はたくさんいるが、グリーンほど熱意をもってはっきりと口に出す者はいない。そして、グリーンの主張がほんの一部でも正しいのだとすれば、パッシブ投資は厄介な問題に直面していることになる。

*

パッシブ投資のマイナスの副作用の中には、支持者も反対派もさほど重要とみておらず、議論の的になることのない無難なものもある。

ほとんどのインデックス・ファンドは各銘柄の時価総額に応じてウェイトづけされているため、投資資金の大半は時価総額の大きい株式もしくは債券に投じられる。非常に重要なことに、そして一般の認識とは異なり、インデックス・ファンドはすでに保有している証券について、値上がりしているという理由だけで自動的にその買い増しをするわけではない。だが新たな資金が入ってきた場合は、拡大後の規模に見合うように証券の買い増しを行う。すると理論上は、すでに時価総額が大きい銘柄に多めの資金が投じられる可能性がある。たとえば過去四〇年のデータをみると、バンガード五〇〇あるいはステート・ストリートのSPDRに新たに流入した資金のうち、平均で一ドル当たり一四セントが時価総額の上位五銘柄に投じられてきた。一〇年前のこの数値は一〇セント弱だったが、今日では過去最高の二〇セント超に達している。[4] 上位銘柄はそもそも時価総額が大きいわけだが、二〇二〇年に発表された研究論文によれば、このような追加資金の振り分け方は市場に不均等な影響を及ぼす可能性がある。[5] つまり、規模が規模を生み、金融市場のバブル化を後押ししかねない、という批判の声も上がっている。

さらに、伝統的なアクティブ運用に対するインデックス・ファンドの「アウトパフォーマンス」は、少なくとも理論上は自己成就的な予言となりうる。インデックス・ファンドに新たに流入した資金は、それまでの保有銘柄の構成比率を完璧に維持するように振り分けられる。過去一〇年にインデックス・ファンドに投じられた資金の規模を考慮すれば、それは市場に著しい影響を及ぼす可能性がある。事実上、アクティブ・マネジャーは、成功の指標となる尺度を掌握し左右することができるライバルと競争しているのだ。グリーンのような批判派はインデックス・ファンドのアウトパフォーマンスについて、その一部がファンドの核となる強み（あまり活発ではない売買と控えめな管理手数料によるコストの低さなど）に起因すると認める一方で、大部分はこうした商品の仕組みにともなう影響力の増大にある、と訴える。*

インデックス・ファンド懐疑派は次のように説く。かつては伝統的なアクティブ運用のファンド・マネジャーが、過小評価されていると判断した株式を買い、場合によっては過大評価されている株式を空売りする、という重要な役割を果たしていた。そのおかげで、ユージーン・ファーマの用語を使えば、市場全体が比較的「効率的な」状態に保たれていた。だがインデックス・ファンドの規模が大きくなりすぎてしまった現在、アクティブ・マネジャーがその勢力に対抗しようとしても、相手がベンチマークとする指数を長期的にアンダーパフォームすることは、ほぼ避けられなくなっている、と。

さらに、グリーンはこう主張する。インデックス・ファンドは二〇〇八年の金融危機以降、平均的な株価の長期上昇トレンドに寄与してきたが、一方で下降局面での市場の脆弱性を高める働きをした、と。

アクティブ・マネジャーがアンダーパフォームする一因は、運用方針の違いにある。アクティブ・マネジャーは通常、資金の五パーセント程度をキャッシュで保有する。投資家による資金の引き揚げや魅力的な投資機会にすぐ対応できるようにするためだ。これに対してインデックス・ファンドは、ベンチマークからの乖離を防ぐために手元のキャッシュを可能なかぎり少なくする。つまり、新たに一ドルの資金を得た場合、インデックス・ファンドは全額をそのまま市場に投じるが、アクティブ・マネジャーは平均で九五セントしか投資しない。相場が上昇しているときには、この手元のキャッシュの分だけアクティブ・マネジャーのパフォーマンスが相対的に低下する。ものすごい勢いで巨額の資金がアクティブ・ファンドからパッシブ・ファンドへと移動するなかで、この運用方針の違いが持続的な株価の上昇をもたらしている、とグリーンは説く。ただ、過去数十年間に企業利益と株価を押し上げてきたほかのトレンド（反トラスト法違反行為の減少、グローバル化、労働組合の弱体化、そしてあらゆる金融資産の価格上昇をもたらす金利の低下など）が重なった場合に、この要因にどれほどの影響力があるのかという点には議論の余地があるが、ゼロではないと考えられる。逆に、キャッシュをもたないインデックス・ファンドが資金の引き揚げに直面した場合、保有株をただちに売却する必要が生じ、株価の下落を招く。

ただしグリーンによれば、最も大きな影響は、インデックス連動戦略がいまや株式市場の大部分を吸い込んでしまっていることから生じている。過去一〇年間、同戦略は株式市場で買い手として支配的な立場にあった。このため、ほかの投資家が売買できる株式の規模が小さくなり、問題となっている。それというのも、今日ではS&P五〇〇のような大型のベンチマーク指数の大半が、ただ個別銘柄の時価総額の規模に応じてウェイトづけされているのではなく、「浮動株」調整を施した時価総額加重方式で算出されているためだ。つまり、指数の中で各銘柄が占めるウェイトは、発行済み株式全体の時価総額ではなく、実際に自由に売買できる浮動株の時価総額によって決まる。

株式時価総額が一〇〇〇万ドルの公開企業があり、一〇〇〇万株の発行済み株式の半分を創業者

＊　近年、ウォーレン・バフェットまでもが腕を鈍らせているようにみえるのも、こうした理由で説明できるかもしれない。バークシャー・ハサウェイ株は、かつてバフェットがテッド・サイディスのヘッジファンドとの賭けに用いたバンガード五〇〇を、過去一〇年の大部分においてアンダーパフォームしている。

が保有しているとしよう。この場合、株式市場で自由に売買されているのは五〇万株だ。そして、指数の算出に用いられる時価総額は、一〇〇〇万ドルではなく、浮動株の五〇〇万ドルである。だが、インデックス・ファンドが浮動株の二〇パーセントを保有していて、投資家による資金の引き揚げが起きないかぎり、売却されることはない。つまり、ほかの投資家が実際に売買できるのは時価総額三〇〇万ドルの三〇万株だけである。指数のウェイトづけに用いられている時価総額が五〇〇万ドルであるにもかかわらずだ。

したがって、アクティブ・マネジャー、あるいは新たな資金を得たインデックス・ファンドがこの銘柄の買い増しをすれば、単純に売り手が少ないことから株価はより急激に上昇する可能性がある。パッシブ投資がブラックホールのように浮動株をどんどん吸収すれば、株価は右肩上がりとなるだろう。グリーンの言葉を借りると、この場合のインデックス・ファンドは、まるでパンデミック下で抗菌石鹸を買い込み、その積み上げた在庫の上にどっかりと座っている人のようだ。当然のことながら、やがてインデックス投資の潮が引けば、あとに残るのは大量のガラクタばかり、という事態になりかねない。純粋に売り手の比重が高まる一方で、潜在的な買い手は減っていくからだ。株式市場から支配的な買い手だった者はいなくなり、ほぼ売り手しか残らなくなる。

もちろん、一般の投資家とプロのファンド・マネジャーの両方に（個別銘柄レベルでも株式市場全体でも）バブルを増長させ、暴落に拍車をかける力が十分にあることは、歴史を振り返ればよくわかる。規模が規模を生むというのが本当なのであれば、インデックス投資が始まったころに世界一の株式時価総額を誇っていたエクソンモービルは、今でもその地位を維持しているはずだ。指数の算出に用いる浮動株から、インデックス・ファンドの保有株を除外するのは理にかなったことではない。パッシブ・ファンドも、投資家資金の満ち引きの波に応じて（そのスパンは長い場合が多いが）常に売買を行っているからだ。そして今のところ、全体に占めるパッシブ投資の商品の割合はアメリカ株式市場でも七分の一にすぎず、その他の市場ではそれよりもはるかに低い。パッシブ投資の商品は魚にとっての水のように、周りに満ちているのが当たり前の存在ではないのだ。そして、パッシブ投資は批判派がよくイメージするような均質的な汚点でもない。ほとんどの市場分野で売買高はこれまでよりも増えており、パッシブ投資の隆盛によって市場の活力が損なわれたとは言いがたい。批判派の主張も、割安でより魅力的な商品を提供するライバルからの圧力が強まるなかで業界の既存勢力が声高に唱えるご都合主義のデマ、として片づけてしまいたくなるところだ。

ただし学術界では、表立ってはわかりにくい形でインデックス・ファンドが市場に破壊的な影響を及ぼしている可能性について研究が行われており、エビデンスも出てきている。たとえば、インデックス・ファンドの拡大により、金融証券がそれぞれ独自の特徴を反映した価格変動を見せるのではなく、足並みを揃えた値動きをするようになったことを示す研究[6]や、ETFによる持ち株比率が高い株式ほど、値動きが平均よりも激しくなる、というエビデンスを提示した研究[7]がある。

連邦準備制度（Fed）でさえも、アクティブからパッシブへの投資戦略シフトが「過去数十年に資産運用業界に多大な影響を及ぼしてきたのであり、そのシフトの性質から、今後数年にそうした影響が金融システム全体へと波及していくとみられる」という見方を研究論文で示している。[8] アクティブ投資からパッシブ投資への構造的な変化によって「金融の安定性を脅かす諸リスクは、低減しているものもあれば、増大しているものもあるといった形で変容している」というのは、Ｆｅｄのエコノミストならではのバランスに配慮した見解であろう。だがグリーンのような批判派は、こうした公平を装った見解が本質を覆い隠してしまっていると主張する。「パッシブ戦略の勢力はあまりにも強大になりすぎて、ベンチマークとする市場そのものに、はっきりと目に見える形で悪影響を及ぼしている」とグリーンは説く。「そして今、その結果としての脆弱性が現れはじめている」。

＊

懐疑派の多くは、最も危険な断層が、株式に投資する主流の大型インデックス・ファンドではなく、売買高がさほど大きくなく、より特異性の強い債券などの商品の指数に連動するＥＴＦにあると論じる。

企業乗っ取り屋として名をはせたカール・アイカーンは、かつてある業界会議の壇上でラリー・フィンクの隣に座りながら、世界最大の債券ＥＴＦ提供会社であるブラックロックのことを「非常に危険な企業」と評した。[9] いたずら心と加齢にともなう無頓着さ、そして何かあっても食うに困らないだけの富の勢いを借りて、アイカーンは債券市場がやがて「暗礁《ブラック・ロック》にぶつかる」と予言した。同じ金融業界の大物から公の場でそのような批判を浴びることに慣れていなかったフィンクは、苛立ちながら切り返した。「カール、あなたは素晴らしい投資家だが、また思い違いをしている」。目の前で繰り広げられる、いつになくとげとげしい言葉の応酬に聴衆は釘づけになった。

多くの批判派は、債券ETFの核となる部分に危険な要素が潜んでいるとみている。ETFは株式と同じように証券取引所で売買されるが、債券の中にはまれにしか取引されないものがあり、それも仲介役として重要な役割を演じるゴールドマン・サックス、バークレイズ、ドイツ銀行などの投資銀行を通じてのみ行われている場合が多い。とりわけETFが重要性を増しつつある社債の分野で、その傾向は顕著だ。シティグループの調査によると、二〇一八年において、SECに登録されているアメリカの社債二万一一七五銘柄のうち、同年中に少なくとも一日に一回、取引が成立したものは二四六銘柄にとどまった。そして社債に限らず、ほとんどすべての種類の債券は、株式ほど活発に取引されていない。懐疑派の中には、相次ぐ投資家の資金引き揚げに見舞われた個別の債券ETFが、それに対応するための保有債券の売却を実施できずに破綻するのではないか、と危惧する声もある。その場合、債券ETF全般に関する不安が広がって資金引き揚げの動きがパニック的に加速し、債券市場全体が崩壊する展開にもなりかねない。

新型コロナウイルス危機が深刻化した二〇二〇年三月には、こうした不安が高まって怪物のように市場に襲いかかり、多くの債券ETFの価格が急落して、組み入れ債券の理論価値を大幅に下回る事態が発生した。通常であれば、円滑な売買を促すためにETFの設定／交換（ネイサン・モストが発明したプロセス）の業務を専門的に担うトレーディング会社（「指定参加者」と呼ばれる）が、こうした価格と理論価値の乖離に乗じた裁定取引を行うことができる。指定参加者が暴落したETFを買い取ったうえで組み入れ銘柄の現物と交換し、その現物を市場で売れば、乖離は縮小する。ところが、このときは債券市場が機能不全に陥っていて売買が成立せず、そのような裁定取引はほとんど不可能になっていた。やがてFedが最大限の金融調節手段（債券ETFの買い入れを含む）を用いて介入したことで、ようやく混乱は収まったのだった。[10]

批判派は、アメリカの中央銀行の力に頼らなければ混乱を収拾できなかったという事実こそが、一日中ひっきりなしに売買される債券ETFと、あまり商いが活発ではないその組み入れ銘柄との「流動性」ミスマッチに代表される脆弱性の証拠だと訴える。FedによるETF買い入れの実務を担う業者に選ばれたブラックロックに、利益相反の匂いを感じ取る業界関係者もいた。

ただし、二〇二〇年三月の出来事は、ETFの仕組みが実際には批判派が主張するよりも柔軟であることを示したと言える。債券ETF価格の理論価値からの乖離は、組み入れられている債券の現物を誰も売ることができなかったために起きた。現物の債券の価格変動がETFよりも落ち着いているようにみえたのは、単に売買が成立していなかったからである。ETF価格が現物に対してディスカウントの水準に落ち込んでいるという観測は、言ってみれば錯覚だった。なぜなら、債券ETFの価格は債券市場の機能不全という実態をきちんと反映していたからだ。[11] そして、価格暴落によって債券ETFからの資金流出が加速したわけでもなかった。裁定取引がほぼ不可能になっていたため、投資家は基本的に債券ＥＴＦを売買することしかできなかった。そして債券ＥＴＦは事実上、自由に売買できるクローズドエンド型ファンドになってしまっていた。[12]

言い換えると、債券ＥＴＦ価格の理論価値からの乖離は、金融市場の歪《ひず》みの原因ではなく、症状である。ある意味、債券ＥＴＦは三〇年以上前にＡＭＥＸチームのネイサン・モストが独自の構想を思いつくきっかけとなった、重要なショック・アブソーバーの役割を果たした。たしかに激しい売りによるショックを一手に引き受けたことで債券ＥＴＦは急落したのであり、Ｆｅｄの介入がなければ暴落どころか崩壊していたであろう商品もあった。だが、そのショック・アブソーバーとしてのＥＴＦが存在していなければ、債券市場全体の混乱はもっと深刻化していたとみられる。相次ぐ解約に対応するための保有債券の売却ができずにいた債券重視型ミューチュアル・ファンドも、（より深刻ではないとしても）債券ＥＴＦと同様にリスクにさらされていたのだから。

結果として、かつての懐疑派の中にも債券ＥＴＦが思っていたよりもはるかに耐久力に優れていたと静かに認める者が現れ、支持者は自分たちの勝利に快哉を叫んだ。「驚くべきことに、ＥＴＦを理解していない人が多すぎる」とラリー・フィンクは嘆く。「相変わらず、よく知りもせずにＥＴＦのことを『悪だ』とか『うまくいかない』とか言っているが、市場が混乱に陥ると毎度のようにそういう見方が間違いであることが明らかになる。あの三月の数週間が好例だ」。

インデックス・ファンド全般についても、同じようなことが言える。そもそもインデックス・ファンドへの資金流入は気まぐれで、資金流出が優勢となる時期が来るのは避けられないのだが、そうした局面では金融市場崩壊を予測する声が頻繁に生じる。実際にはインデックス・ファンドへの投資は短期的ではなく、伝統的なアクティブ・ファンドに比べて投資資金が「より粘り強い」ことが明らかになっている。「これは、パッシブ・ファンドにおける資金の純流出入がリターンの低迷に左右されにくく、これらのファンドの成長が金融市場の安定性に寄与している可能性があることを示唆している」。二〇一八年に発表した研究論文で、Ｆｅｄはこう論じている。[13]

パッシブ投資の拡大が株式、債券両方の市場の構造に悪影響を及ぼす可能性は、実際に憂慮すべき問題である。だがそれも昨日今日に始まったものではない。金融市場におけるインデックス・ファンドの誕生と成長は、自然界の生態系における外来生物（一八世紀後半にヨーロッパからオーストラリアに持ち込まれて野生化したブタなど）の侵入とその後の大混乱になぞらえることができる。そして、金融市場は活力に満ちた生態系であり、たとえそれが一九世紀の投資信託であろうと、二〇世紀に誕生したミューチュアル・ファンド、あるいはもっと最近になって登場したヘッジファンドであろうと、ジャングルに新たに現れた獣にもやがて順応していく、ということを肝に銘じておくべきだ。こうした新しい「種」のそれぞれが、しばらくのあいだは苦悩と悲観的な兆候をもたらしたものの、時がたつにつれて生態系全体に新たな活力を生み出してきたのだ。

インデックス・ファンドも同じ道をたどるとみられる。たとえ今後数年間、金融市場への影響に関する議論が確実に高まるとしてもだ。そして、パッシブ投資が金融業界のほかの分野に及ぼす破壊的な影響については、すでにかなり明確になってきている。

＊

新しい上司から予定外の会議に出るように言われたとき、エリザベス・フェルナンドは何かが起きそうだと感じた。会議は、大学退職年金基金（ＵＳＳ）の投資フロアの真ん中に位置する、その上司の金魚鉢風のガラス張りオフィスで行われた。ＵＳＳは七五〇億ポンドの資金を運用するイギリス屈指の民間年金基金である。

株式投資チームを率いていたフェルナンドは、新しい上司のサイモン・ピルチャーが組織を変革しようとしていることを察知していた。同基金で二五年働いてきた自分のキャリアが危機に瀕しているのではないかと恐れたが、とりあえず呼ばれた先は、ありがたくない宣告が下される際によく使われる地味な会議室ではなかった。

ところが蓋を開けてみると、ピルチャーの計画はフェルナンドの解雇だけで済む話ではなかった。日本、ヨーロッパ、アメリカといった主流の市場を担当する基金内の株式選択チーム全体を閉鎖し、その一四〇億ポンドの資金を、より「テーマ性のある」諸戦略に定量的なコンピューター・モデルを用いて振り向ける、というのだ。[14] フェルナンドは会議中ずっと無表情を装って座っていなければならなかった。同じフロアにいるスタッフから、ガラス張りの部屋の中は丸見えだったからだ。会議終了後、フェルナンドはフロア内の静かな部屋をみつけ、そこでようやく考えをまとめることができた。まるで、知らないうちに受けさせられていた試験に落ちたような気分だった。そして純粋にその決定が理解できなかった。

フェルナンドの資産運用チームは優秀だった。当時の最新のUSS年次報告書によると、同チームは過去五年間に、経費控除後のリターンで三億八九〇〇万ポンド、ベンチマークをアウトパフォームしていた。それでも決定は覆らないと告げられたフェルナンドは、ピルチャーが公式発表を行う段階まで、チームのメンバーにそれを伝えることができなかった。年次人事評価の時期が近づくなか、部下とまともに顔を合わせることができなくなったフェルナンドは、ジム通いを始めてランニングマシンでストレスを発散するようになった。

二〇二〇年二月一二日、ついにピルチャーは「難しい決断」を告げる電子メールを送信した。そこには、「価値を一番高めることのできる分野に内部投資機能を専念させるため」、株式チームを「作り直す」と書かれていた。株式の銘柄選択に頼る手法から、より「テーマ性のある戦略」へシフトする、というものの、具体的なことは明記されていなかった。ただ、フェルナンドと一二人の部下が仕事を失うことはほぼ確実だった。ピルチャーが同じメールの中で、「二〇一九年には株式分野全般で素晴らしい成績を収めることができた。担当チームは胸を張ってほしい」と称えていたにもかかわらずだ。[15]

USSの銘柄選択チームがたどった道は決して例外的ではない。むしろ、過去一〇年に投資スタイルの振り子が伝統的なアクティブ投資から定量的なパッシブ投資へと激しく揺れ動いてきたことを象徴している。[*]

インデックス・ファンドのパイオニアたちは、自分たちがずっと冷笑を浴びてきたことや、ポートフォリオ・マネジャーの投資成績がかなり悲惨な状態にあったにもかかわらず多くの投資家がパッシブ投資に二の足を踏んだことを、今も鮮明に覚えている。今日では、ベンチマークをアウトパフォームしているファンド・マネジャーであっても、ジョン・マクォーンやジャック・ボーグル、ネイサン・モストが起こした革命の難を逃れられるとは限らない。一九六〇年代と一九七〇年代に初期の啓示的な論文が相次いで発表されて以来、数えきれないほどの研究が行われ、相変わらずアクティブ運用が大部分において（一九七五年の著書でチャールズ・エリスが名づけたように）「敗者のゲーム」であることを繰り返し示してきた。

この分野で大きな影響力を発揮したのが、インデックス・ファンドの創設を後押しした理論の生みの親、ウィリアム・シャープが一九九一年に発表した論文である。[16]「アクティブ運用の算術」という味気ないタイトルのこの著作は、シャープのそれまでの研究を発展させたもので、このころ勢いを強めはじめていたインデックス投資のトレンドも「一時的な流行」にすぎない、という見方に応える内容になっていた。

＊　金融データ提供会社ＥＰＦＲの推計によると、二〇〇七～二〇〇八年の金融危機前夜以降、合計で二兆ドル超の資金が伝統的なアクティブ運用ミューチュアル・ファンドから流出していった。これはフランスとドイツの株式時価総額の合計に近い数字である。債券ファンドの場合、株式ファンドほど激しい動きはみられないものの、同じ期間のパッシブ・ファンドへの資金流入のペースは伝統的なアクティブ・ファンドを上回っている。これは少し前までは考えられなかった状況である。しかも、このデータは情報が公表されているファンドだけのものであり、機関投資家のあいだではこうした傾向がより顕著になっているとみられる。

そこには、シャープが時代が変わっても不変の鉄則とみなす二つの点が明示されていた。それは、①平均的なアクティブ運用と平均的なパッシブ運用の経費控除前のリターンは同じになる、②経費控除後だと、平均的なアクティブ運用のリターンが平均的なパッシブ運用のリターンを下回る、ということだ。言い換えると以下のようになる。数学的にみると、市場は平均リターンを示す存在であり、市場をアウトパフォームする投資家がいれば、それと同じ人数だけ市場をアンダーパフォームする投資家がいるはずだ。インデックス・ファンドの費用は伝統的なファンドの費用よりはるかに低いため、時がたつにつれて平均的なパッシブ投資家のリターンは平均的なアクティブ投資家のリターンを上回ることになる。

後年、このシャープの一九九一年の論文に難癖をつける学者たちが現れた。その最も代表的な例が、二〇一六年に「アクティブ運用の算術に磨きをかける」という論文を発表したラッセ・ヘジェ・ペデルセンだ。ペデルセンは以下のように論じている。シャープの主張は、「市場ポートフォリオ」の組み換えを一度も行わないといった、いくつかの重大な仮定に基づいている。だが現実の「市場」では、構成要素が変わりつづけている。つまり、アクティブ・マネジャーは少なくとも理論上は平均として市場をアウトパフォームする可能性があり、また市場主導型経済の健全性の向上に寄与している、と。一方でペデルセンは、これだけでアクティブ運用を声高に擁護できるわけではない、とも説く。「低コストのインデックス・ファンドは金融業界でも指折りの投資家に優しい発明だと思うし、この論文も、高い手数料を要求しながら、ろくに付加価値をもたらさないアクティブ・マネジャーの言い訳に利用されるべきではない[17]」。「算術的には、アクティブ運用が全体として付加価値を提供することは可能だが、実際に付加価値をもたらすのか、だとすればどの程度になるのか、という点については実証的な研究が必要だ」。

継続的に、あるいは長期でみて市場をアウトパフォームしている平均超えのファンド・マネジャーを発掘することは可能なのだろうか。ここでも学術研究は投資業界にとって悲観的な結果を示している。S&Pダウ・ジョーンズ・インデックスは、ジェイムズ・ローリーが証券価格調査センター（CRSP）を創設して以来、収集されてきたデータを用いて、「持続性スコアカード」を半年に一回発表している。これは、成績トップクラスのファンド・マネジャーがどれだけ長く同業者をアウトパフォームしつづけることができるかを示す指標だ。その数字は厳しい現実を突きつけている。成績上位四分の一の株式ファンド・マネジャーのうち、五年後もそのカテゴリーにとどまっていられた者は三パーセントにも満たなかった。むしろ、トップクラスの運用成績は、好成績の持続ではなく成績悪化の前触れとなる傾向が強い。[18]

結果として、フェルナンドの失職でも浮き彫りになったように、たとえ好成績を収めているファンド・マネジャーでも、投資家の信頼を確保しつづけるためのハードルはどんどん高くなっている。* モルガン・スタンレーによると、一九九〇年代にはアメリカの株式重視型ミューチュアル・ファンドの運用成績上位六〇パーセントが資金純流入の恩恵に浴していた。[19] 二〇〇〇年代最初の一〇年間には、資金の純流入を記録した層が上位三〇パーセントに狭まった。そして二〇一〇〜二〇二〇年の時期には、上位一〇パーセントのファンドだけが資金の純流出を免れた。その上位層も、資金獲得のペースは過去に比べて著しく鈍化していた。

インデックス投資側に向かう振り子の動きを象徴するエピソードがある。巨額の篤志家でコロラド大学卒業生のクラレンス・ハープストは、二〇二〇年に同大学の基金がアクティブ・マネジャーを起用しつづけている件について訴訟を起こした。二〇億ドルを運用する同基金は、短期的にも中期的にも他の大学基金の大半をアウトパフォームしていたが、ハープストは過去一〇年にその資金を単純にバンガード五〇〇に投じていたなら、もっと高いリターンを達成していただろう、と訴えた。バンガード五〇〇のみへの投資は、ほとんどの基金が採用している典型的なバランス型アプローチよりも、分散化の度合いがはるかに低く、リスクも高くなるというのにだ。ハープストの訴えはデンバー地方裁判所の判事に棄却されたが、これは、いまや実質的にすべての大手投資家が取り組まなければならない問題となっている。

ただ、アクティブ・マネジャーの全般的な取り組みが市場の健全性と効率性（そして、おそらくは一国の経済の健全性）に寄与するものであるのなら、こうした傾向はどのような影響を及ぼすのだろうか。そして、パッシブ投資の比率を高めていった場合、どこかの時点で投資家個人が享受する恩恵を市場参加者全体が負担する合計のコストが超えるのだろうか。

*

エリザベス・フェルナンドは投資業界を辛辣な目で見ている。過去二〇年に長足の発展を遂げたにもかかわらず、最新の注目材料を追うのに時間とお金をかけすぎている二流のファンド・マネジャーがいまだに多く、結果として一般の投資家が「割りを食っている」と。一方で、現在のなりふり構わぬパッシブ投資戦略へのシフトは、経済の中で金融市場が果たす中心的な役割を阻害しつつあると懸念している。投資資金が企業の将来性ではなく、時価総額の規模に応じる形で闇雲に投じられているからだ。

「株式市場は本来、資本を配分する機能を果たすために存在する。ところがパッシブ投資の場合、将来の勝ち組ではなく過去の勝ち組に資金を投じることになる」と、フェルナンドは説く。ということは、インデックス投資の拡大は、市場や他の投資家にとどまらず、経済全体の活力にも悪影響を及ぼしているのではないか。

この難しい問題を誰よりも痛烈かつ鮮やかに描いたのが、イニーゴ・フレイザー＝ジェンキンスだ。「究極指数」の作成をめざす架空の人物を称える物語を皮肉たっぷりに書いたバーンスタインのアナリストである〔第15章参照〕。それより前の二〇一六年には、さらにパンチの効いた「農

＊　アクティブ・マネジャーはよく、自分たちの真価が明らかになるのは弱気相場のときだけだと主張する。どのような局面でも市場にひたすら追随するインデックス・ファンドと異なり、持ち前の敏捷さで最悪の事態に陥る前に売り抜け、その後の回復に乗じて利益をあげるのだ、と。だが現実はそれほど甘くない。好成績をあげるファンド・マネジャーはどのような局面でもある程度いるが、大半のファンド・マネジャーは下げ相場でもインデックス・ファンドをやはりアンダーパフォームする。一九七〇年代以降、市場が大混乱に見舞われるたびに、パッシブ投資が下火になるどころか、アクティブ投資からのシフトに拍車がかかった理由もそこにある。

奴制へと静かに続く道：なぜパッシブ投資はマルクス主義よりも悪なのか」というタイトルの論文を発表している。その主旨はこうだ。少なくとも共産主義国は、特に重要な分野に資源を振り向けようとした。それは、資本主義における分散型の市場志向的配分手法には効率で劣るかもしれないが、恣意的に作成された指数の気まぐれな動きに従い、闇雲に資金を配分する方法よりは、まだましである。

共産主義と比較するという、この挑発的な論法は意図的に採用されたものだ。とはいえ、全体として社会的価値をもたらすアクティブ・マネジャーの仕事の成果にインデックス・ファンドがタダ乗りしていることは疑いようのない事実であり、ジャック・ボーグルですら認めていた。もし誰もがパッシブ投資を行えば、行きつく先は「大混乱、大惨事だ」と、亡くなる数年前にボーグルは語った。「売買が成立しなくなる。投資収入が資本としてつぎ込まれ、その資本からまた投資収入が生まれる、という流れが消えてしまうだろう」と、二〇一七年にバンガード創業者は説いていた。[20]

すべての投資家がインデックス・ファンドにしか投資しなくなる、というシナリオが現実になる可能性はゼロだ、とボーグルは当然のように見込んでいた。だが投資家やアナリストの中には、パッシブ投資偏重への勢いの強さから、市場の効率性が徐々に低下し、悲惨な事態を招くのではないかと恐れる者もいる。「ある特定のアクティブ運用がある特定の個人投資家にとって最良の投資判断になるかどうかは場合によるだろうが、システム全体でみると、資本の効率的な配分というメリットをアクティブ投資はもたらす」とフレイザー－ジェンキンスは論じる。[21]「パッシブ投資では、資産配分に際して実体経済に注目したり、将来の経済動向を見きわめようとしたりすることはない。資産配分そのものが目的化しており、その決定に必要な情報を得るために、金融経済の状況に目を向けるにすぎない」。

効率的市場仮説の核心部分には厄介な問題がある。ヘッジファンド・マネジャーのサンフォード・グロスマンとノーベル賞受賞経済学者のジョセフ・スティグリッツが一九八〇年に発表し、大きな影響力を発揮した論文にちなみ、この問題は「グロスマン・スティグリッツのパラドックス」と呼ばれることが多い。[22]「情報的に効率的な市場の不可能性について」というタイトルのこの論文で、二人は以下のように説き、ユージーン・ファーマの理論を正面から攻撃した。もし市場価格があらゆる関連情報（企業データ、経済ニュース、業界のトレンドなど）を完全に反映するのであれば、誰も取引に必要な情報を収集しようとしなくなる。情報収集にはコストがかかるからだが、そうなると市場はもはや効率的ではなくなる。つまり、市場が効率的であるためには誰かしらの労力が必要であり、その労力は何らかの形で報われなければならない、ということになる。

このパラドックスも、パッシブ投資の拡大を妨げる役割を演じるにはいたらなかった。投資家の多くは、どんな学術理論を引き合いに出そうと、ほとんどのアクティブ・マネジャーが長期的にはベンチマークをアンダーパフォームする、という冷酷な事実は揺るがないことに気づいていった。たとえ市場をアウトパフォームしたとしても、大抵の場合、マネジャーのスキルが生み出した「アルファ」の大部分は手数料で消えてしまう。ボーグルは持ち前のウィットを発揮して、これを「コストが問題仮説（CMH）」〔訳注：効率的市場仮説の略称EMHをもじっている〕と名づけた。[23] とはいえ、グロスマン・スティグリッツのパラドックスの真実性は、投資が盛んになればなるほど市場の効率性は低下するのか、というもっともな疑問をたしかに提起した。

伝統的な投資家の多くは、やがて市場があまりにも非効率になった結果、転換点が訪れ、巨額の利益を得る大チャンスが自分たちに巡ってくることを願っている。だが、これまでのところ、そのような兆候はみられない。アナリストの中には、いつかアルファが満ちあふれる約束の地にたどり着ける、という見方に懐疑的な者もいる。

ウォール街有数の由緒正しきアナリストで、コロンビア・ビジネススクールの非常勤教授も務めるマイケル・モーブッシンは、インデックス・ファンドが巨大化しすぎた結果、自分たちが簡単に市場をアウトパフォームできるようになる日がやがて来る、という多くのアクティブ・マネジャーの夢がかなわないであろうことを、秀逸なたとえで示している。投資を、多種多様なスキルをもった大勢の友人たちによるポーカーゲームだと考えてみよう。おそらく要領の悪い者たちがまず脱落し、傷心を癒すために家に帰るだろう。脱落者が出ても、残りのメンバーにとって勝負が楽になるわけではない。むしろ、有能な者が残ったのだから、より勝つのが難しくなったと言える。[24]

より多くの者が入れ替わり立ち替わり参加するうえ、ポーカーのような一定のルールも存在しない金融市場では、もっとダイナミックにゲームが繰り広げられる。それでも、このたとえは、パッシブ投資拡大の波が続いたとしても市場に勝つのは難しくなりそうだ、ということを説得力をもって示している。平凡なファンド・マネジャーは徐々に業界から締め出されていく。同時に個人投資家の数も減っていき（著名な医者や歯医者はゴルフ場に舞台を移して賭けをするようになる）、ウォール街に安定的に流れ込んでは「スマートマネー（賢い資金）」を操るプロのファンド・マネジャーに食い物にされてきた「ダムマネー（愚かな資金）」が消えてしまう。

マイケル・グリーンが指摘したように、パッシブ投資が市場にもたらした歪みの影響もあるかもしれない。だが、ほとんどのファンド・マネジャーは肯定的に認めている。業界で必要とされる平均スキルと訓練の質がどんどん高くなっており、絶えず改革や再訓練、頭痛を催すほどの激務を求められている、と。「直観に頼り、大量に買いつけ、ランチを楽しむ」という古き良き時代はとっくに過ぎ去った。かつては、MBAの学位か公認証券アナリスト（CFA）の資格を持ってさえいれば、投資業界内で優位に立てるとみなされていた。それに加えて企業の四半期財務報告書を実際に読む努力をすれば、とりあえず有能そうにみえたものだ。今日ではMBAもCFAも金融業界では当たり前になっている。そして、四半期財務報告書何千冊分のデータもコンピューターで解析できるようになり、そのスイッチを入れることが人間の仕事になっている。

実のところ、シティグループによると「アメリカの」上場企業一社当たりのCFAの人数は過去二〇年に四人から五一人へと増えている。昨今では、パイソンなどのプログラミング言語に習熟していなければ、経済学博士号をもっていても資産運用業界で職が得られるとは限らない。パイソンは、クレジットカードのデータや衛星画像、大量のソーシャルメディアへの投稿から絶え間なく抽出され収集される消費者心理情報など、今では当たり前に存在する膨大なデジタル・

データセットを解析するのに用いられている。

市場に勝つことは不可能ではない。だが、勝ちつづけるのは過去よりもはるかに難しくなっている。データ科学者、プログラマー、ロケット科学者、金融業界きっての頭脳派などの有能な人材を取り揃えた数十億ドル規模の巨大ヘッジファンドですら、手数料控除後でベンチマークをアウトパフォームしつづけるのは簡単ではない。モーブッシンのポーカーのたとえ話を用いると、残ったメンバーが有能なのはもちろんだが、先に脱落した者よりもずる賢く、計算高く、何を考えているのかわからない新たなメンバーがさらに加わるのだ。*

*

インデックス・ファンドが台頭した結果、資産運用業界はあらゆる面で変化の波にさらされている。金融アドバイザーの多くが顧客に勧めるのは、もはや最新の話題の株式やフィデリティの花形ファンド・マネジャーではなく、複数のインデックス・ファンドだ。チューリッヒやシンガポールのプライベート・バンクはヘッジファンドを避け、ETFの分散ポートフォリオを構築するようになっている。そしてヘッジファンド自体でも、リスクヘッジのためにETFを利用する傾向が強まっている。

その影響は甚大で、かつては高い収益性を誇っていた業界で収益率が圧迫されている。資産運用は依然として実入りのいいビジネスではあるが、おおむね思わしくない方向へと変化している。

たとえば手数料への低下圧力はとどまるところを知らない。かつてインデックス・ファンドに疑念をいだき、手を出さないと明言していたフィデリティも、やがて翻意して遅ればせながら参入し、二〇一八年には業界で初めて手数料ゼロのETFを導入した。その衝撃は、競合する資産運用会社の株価下落という形で表れた。少なくとも平凡で単純なインデックス・ファンドにとっては、競争の行きつく先がゼロコスト投資になりそうだとの認識が広がりはじめたからだ。

二〇一九年にはステート・ストリート・グローバル・アドバイザーズのCEOサイラス・タラポレバラが、ある会議の席で自虐的に語った。業界は岐路に立たされている。「片方の道は失望と絶望に、もう片方の道は完全な破滅につながっている」と。[25] 冗談ではあったが、その言葉には投資業界に広く浸透している悲観論がにじみ出ていた。その悲観論を象徴するように、過去一〇

＊　データはこれを裏づけている。S&Pダウ・ジョーンズ・インデックスは「持続性スコアカード」に加え、どれだけのミューチュアル・ファンドがベンチマークをアウトパフォームしているかを示すデータを発表している。ほとんどの年には、相場の状態がどうであれ、大多数がベンチマーク指数をアンダーパフォームしている。そして年を重ねるごとに状況はどんどん厳しくなっている。二〇二〇年六月時点で、アメリカのアクティブ運用株式ファンドのうち、過去一〇年の累積ベースでベンチマークをアウトパフォームしていたのは一五パーセントだけだった。債券ファンドでも同様の傾向がみられるが、タイプによって程度の違いはある。新興国市場の債券など、より特殊で効率性の低い資産クラスを扱うファンド・マネジャーの成績は比較的ましだ。だが全体でみると、中長期では大半のファンド・マネジャーが競合するパッシブ・ファンドを手数料控除後でやはりアンダーパフォームしている。

年以上にわたり、上場資産運用会社の株式全般がアメリカの株式市場全体をアンダーパフォームしている。ただ一社、ブラックロックだけが顕著な例外だ。

こうした状況は、金融業界全体の再編につながりはじめており、売買実務の代行や経済調査レポートの発信、その他の関連サービスの提供など、投資業界に付随する事業が発展する一因となっている。かつて本の執筆のために一年を費やしてウォール街のことを調べた小説家のゲイリー・シュタインガートは、のちに金融業界を、自分より大きな動物の歯の掃除をするかわりに食べかすをもらう「ヘルパー・アニマル」のようだと評した。「ポートフォリオ・マネジャー以外のニューヨークの住人はみな、まるで小さなヘルパー・アニマルだ。その存続は自分より大きな動物の健康にかかっているのであり、中心的な動物が消滅すれば生態系全体が滅ぶ」と、バロンズ誌の記者に語っている。[26] プロの作家ならではの巧みな誇張に思えるかもしれないが、少なくとも金融業界の人間に関しては一抹の真理がある。

顧客の急激な変化にともない、投資銀行、証券取引所、企業向けの法律事務所、会計事務所、ブローカーなどは、自分たちもそれに合わせて変化していかざるをえなくなった。金融調査部門がETFの分析専門のチームを新設する。ETFという新たな商品に対応するために、トレーダーのデスクが刷新される。大型ETFの台頭で社債の値動きのパターンが変わる。投資銀行では、M&A部門のスタッフが自分たちの手がける案件をバンガードやブラックロックがどう評価するか気にする一方で、企業の株式公開や債券発行の手助けをする株式・債券両部門のスタッフは、非常に重要な指数に担当企業の証券が組み込まれるようにするための方策に頭をひねる。

だが、インデックス・ファンド革命はやがて金融業界の範疇をはるかに超えるところまで進展していくだろう。新たに生じている最大の（そして一部の業界関係者が渋々ながら的を射ていると密かに認めるであろう）論点は、パッシブ投資の拡大があらゆる公開企業の経営にどのような影響を及ぼすのか、ということだ。その答えは、あるアメリカ特有の悲劇の余波が如実に示している。

第18章

企業界の新たな大権力者たち

OUR NEW CORPORATE OVERLORDS

その日のフロリダは晴れていた。二〇一八年二月一四日の昼下がり、ニコラス・クルーズは自分が中退したパークランドの高校の前でウーバーの車を降りた。痩せこけた一九歳のクルーズはマージョリー・ストーンマン・ダグラス高校の入口の階段を昇りきると、黒いリュックに隠していたAR－15半自動式ライフルに弾薬を装填し、生徒に向かって乱射しはじめた。

わずか六分間でクルーズは一七人を殺害した。あまりにも愚かしく残忍なこの虐殺事件は、アメリカの銃規制論争を再燃させた。そして予測しえた構図のとおりに、リベラル派は規制の強化を要求し、保守派は事件直後の今は「哀悼の意と祈りを捧げる」ときであり、性急な行動を起こすべきではないと主張した。

ところが投資業界では、この悲劇がもたらした論争にインデックス・ファンドが巻き込まれるという初めての事態が生じた。インデックス・ファンドが大手上場銃製造会社の大株主の一角を占めている、と活動家に指摘されたからだ。現場にいながら被害を免れたデイビッド・ホッグは、ブラックロックとバンガードとの取引をボイコットするよう、人々に呼びかけさえした。[1] 銃関連銘柄を含むインデックス・ファンドを扱っていた投資業界の二大勢力にとって、これは不都合な成り行きだった。幹部の個人的見解がどうであれ、自社のインデックス・ファンドがベンチマークとする指数の中の銃関連銘柄を投資対象から外すのは不可能だったからだ。

バンガードとブラックロックの両社は、銃製造会社と話し合いの場を設け、製造する銃器が普及することによるリスクを低減させ、パークランドのような悲劇の再発を防ぐために何をするつもりなのか聞く、と誓った。また希望する投資家に、銃製造会社を除外したインデックス・ファンドの提供も行うと発表した。「民間人向け銃器の製造会社と小売会社においては、責任ある事業方針と事業慣行が自社の長期的展望にとって非常に重要な意味をもつと考えています」と、ブラックロックは事件後に発表した声明で伝えた。[2]

この難しい局面は、何をすべきか、何ができるかという点に関する静かな議論をインデックス投資業界にもたらした。被害を免れ、ショック状態のままパークランドの高校から警官に送り出される生徒や教師の姿はテレビで報じられた。この悲惨なニュースを見たジャック・ボーグルは熟考の末、銃製造会社に頑な態度を改め、同様の虐殺事件の再発を防ぐためにもっと具体的な行動を起こすよう訴えた公開書簡を送った。「あのように生徒たちを連れ出す教師の姿は見るに耐えないし、もう前と同じ心持ちではいられない」と、ボーグルは悲しそうに言葉をつづった。ただし根本問題として、実際に目に見える行動を起こさなければならないのは政治家であり、インデックス・ファンド提供会社ではない、と締めくくることも忘れなかった。

現実には、インデックス・ファンドが銃関連株を外すことも、メーカーに銃の製造をやめろと言うことも不可能だ。結局、心痛を表明する以外にできることはほとんどなかった。ただ、パークランドの悲劇とその余波は、インデックス・ファンド業界の「ビッグ・スリー」の規模と影響力の増大に注目が集まりはじめていること、そして業界の将来の主戦場がどうなるのかは、世界中の企業に対して大手がその増大する力をいつ、どういった理由でどのように行使するかにかかっている、ということを浮き彫りにした。

「パークランドの件は興味深かった。ブラックロックのような組織にとって難しい問題を突きつけられた」と、同社のある元上級幹部は語る。「道義的声明を発表して、銃関連株を売却するべきか。だが、そうすればトラッキングエラーが起きる。結局は、単純に銃関連株を除外した別のファンドを提供することになった。だが、ブラックロックが企業経営のあるべき姿について表立って語れば語るほど、『あの企業が指数に組み込まれている』のは問題だ、という話がどんどん出てきてしまう」。

これは非常に大きな変化だ。インデックス・ファンド草創期には、投資家が「平凡な運用成績で満足する」はずがない、という批判が支配的だった。だが、そうした批判はやがて信頼性の高いデータに木っ端微塵にされた。とはいえ、インデックス・ファンドは市場をよりバブル化させる、あるいはより脆弱にする、というエビデンスもいまだに確定的ではない。最新の、そして最も説得力がありそうな批判は、パッシブ投資の勢力増大が企業統治に影響を及ぼしているのではないか、そして業界の寡占化を加速させているのではないか、というものである。

「企業統治」は、マニアックな弁護士だけが関心を寄せる、おもしろみのないニッチな用語のように思えるかもしれない。だが実はきわめて重要な概念である。企業は現代の世界において巨大な力を手にしており、その最大の所有者は多くの場合、ブラックロック、バンガード、ステート・ストリートなどが提供するインデックス・ファンドである（そして、その持ち株比率も上昇している）。これはインデックス・ファンドにとって避けて通ることのできない論点だ。株主としての権利を行使しないという決断をしたとしても、その決断自体が影響力を発揮するからだ。

晩年のボーグルは、インデックス投資の規模の経済が否応なしにもたらすであろう結末に不安を募らせていた。このまま業界の寡占化が進みつづければ、やがてアメリカの大手上場諸企業の議決権を行使できるのが一握りの企業だけになってしまう、という不安である。

「当局の政策において、この増大する支配力を無視することがあってはならない。金融市場や企業統治や規制に及ぼす影響を考えれば、なおさらだ。この問題はこれからの時代の重要な論点になるだろう」。亡くなる少し前に［ウォール・ストリート・ジャーナル紙に寄せた記事で］、ボーグルはこう書いている。[3]「このような支配力の集中が国益に資するとは思えない」。

*

白くなった髪とヒゲをきちんと整え、眼鏡をかけた七〇代のポール・シンガーは、ハゲタカとも呼ばれる恐ろしげなヘッジファンドのリーダーとして知られているが、かつて職業としていた弁護士の肩書きのほうがしっくりくる雰囲気の持ち主だ。シンガーが創業したエリオット・マネジメントは、二〇〇一年にアルゼンチンが債務不履行（デフォルト）に陥ったあと、同国債の元利払いを要求して世界各地で訴訟を起こした。そして最終的にアルゼンチン政府から二四億ドルを搾り取ることに成功し、名を広めた。二〇一七年には、パッシブ投資を激しく攻撃する内容の顧客向けレターを出した。

　シンガーはその扇動的なレターで、過去数十年に企業のアカウンタビリティ（利害関係者に対する情報開示責任）がどんどんないがしろにされてきていること、そしてインデックス・ファンドの台頭がその風潮に拍車をかけていることを訴えた。[4] どのような投資上のメリットがあるにせよ、インデックス・ファンドは怠惰で注意散漫な株主を生み出す。それが企業の怠慢と資源の浪費につながり、ひいては経済全体の活力を損なうことにもなりかねない、とシンガーは説いた。「事業に関する調査や株価評価、企業統治、経営の質、長期的な見通しについての現実的な評価は顧みず、むしろ指数やインデックス商品を提供する会社に委任するような形で運用される資金の規模がどんどん大きくなっていますが、こうした風潮は資本主義や経済成長やイノベーションにどんな影響を及ぼすでしょうか」と、やや芝居がかった論調でシンガーは疑問を投げかけた。*

昔から多くの投資グループは、煩雑だが地味で退屈な企業統治関連の業務の大部分を「議決権行使アドバイザー」と呼ばれるコンサルティング会社の小さな一団に事実上、外注してきた。その中で群を抜く大手の二社が、グラス・ルイスとインスティテューショナル・シェアホルダー・サービシズ（ISS）である。このニッチな業界でほぼ複占状態にある両社は、企業の世界と金融業界が交わる十字路の真ん中で、目立たないが大きな影響力を発揮している。

グラス・ルイスは毎年、世界の百を超える市場で二万五〇〇〇社超の企業の年次株主総会に出席している。一方、ISSは一一五カ国で約四万四〇〇〇社の年次株主総会に出ていると誇らしげに発表している。両社がアドバイザリー・サービスを提供している投資グループの数は合わせて数千社で、それら合計の運用資産額は数十兆ドルに達する。そして毎年、数百万に及ぶ議決権を代理で行使している。

企業幹部の多くは、議決権行使アドバイザーの往々にして型にはまった株主総会での働きかけを不快に感じており、そうしたアドバイザーへの依存を株主責任の放棄とみている。こうした見方には少々ご都合主義なところがある。たとえば、幹部は役員報酬に関して追及するアドバイ

＊　このレターのパッシブ投資に関する部分のタイトルは、ピンク・フロイドの楽曲にちなんで「コンフォタブリー・ナム」とつけられている。現在、あまりにも多くの投資家がこの「心地よさのある無感覚状態」で投資を行っている、とシンガーは訴えた。

ザーの姿勢を快く思っていないからだ。とはいえ、責任の放棄という言い分にも一理ある。ほとんどの投資グループは、株式を保有する数百あるいは数千もの企業のそれぞれについて、数多くのありふれた議案に対処するという煩わしい手続きをとりたがらない。そもそも、そうした煩わしさから投資グループを解放するためにＩＳＳやグラス・ルイスが存在する。

アクティブ・マネジャーも議決権行使アドバイザーを利用するが、対象銘柄を保有しつづけなければならないインデックス・ファンドと異なり、方針が気に入らない会社の株式を売却するという選択肢が常にある、と主張する。これに対してパッシブ・マネジャーは、明日には売却してしまうかもしれない短期投資のアクティブ・マネジャーよりも、事実上の「永久資本」を提供する自分たちは、企業に変化を促す能力と意欲に優れていると反論する。「われわれは貴社が四半期の利益目標を達成すれば貴社の株式を保有しつづけます。達成できなくても保有しつづけます。貴社のことが気に入っていれば保有しつづけます。気に入らなくても保有しつづけます。ほかの誰もが貴社の株式を大量に購入している状況でも保有しつづけます。そして、ほかの誰もがすべて売却しようとしているときでも保有しつづけます」。二〇一五年、ある会合でのスピーチで、バンガードＣＥＯのビル・マクナブはこう語った。[5]「要するに、われわれは大規模であり、あまり雑音を発することもなく、そして長期投資に専念しています。だからこそ、われわれは良き統治にこだわっているのです」。

ただ、パッシブ・ファンドは受動的な株主だという批判にさらされるなか、大手インデックス・ファンド提供会社は方針を変えつつある。企業統治に関する単調な業務（所定の決議や監査報告書の承認など）を引き続き議決権行使アドバイザーに委託する一方で、ステート・ストリート、ブラックロック、バンガードの三社は数年前から大規模な「スチュワードシップ（受託者責任）」チームをそれぞれ編成している。これらのチームは、自社のファンドで投資している企業すべてを監視し、各社の取締役会とより頻繁かつ徹底的に対話を行い、年次株主総会での機械的ではない議決権行使を心がけることに力を注ぐ。「インデックス投資が拡大するなか、いま必要とされているのは、こうした機能を新たな段階へと発展させることです」。二〇一八年、ブラックロックが毎年、投資先企業のCEOに向けて発信するレター〔通称フィンク・レター〕の中で、ラリー・フィンクはこう述べた。[6]

ポール・シンガーは、そうした取り組みもイチジクの葉で都合の悪い物を隠すような行為と大して変わらないと感じている。ただ、これらのスチュワードシップ・チームのプロ意識を疑うわけではないと強調し、その取り組みにより、三〇〇〇メートルの上空から見下ろすだけだった企業統治が少しましになったと認めている。実際にイアン・アッペル、トッド・ゴームリー、ドナルド・ケイムの三人の金融学者が行った研究では、インデックス・ファンドによる持ち株比率が上昇すると、独立取締役の人数が増えるといった効果が生じることが明らかになっている。[7] それでもシンガーは、インデックス・ファンド提供会社の規模の大きさを考慮すると、何千社もの企業と、その統治においてよく生じる無数の重要問題に関し、的確な判断を下すべき立場に求められる包括的で細やかな業務をこなすには、スチュワードシップの取り組みはまだはるかに物足りない、と説く。[8]

とはいえ、とりわけ「ＥＳＧ」関連の領域で現実に変化は起こりつつある。最近、金融業界でよく耳にするＥＳＧとは、環境（environment）、社会（social）、企業統治（governance）の頭文字を取って作られた言葉だ。ＥＳＧ投資原則（これらの分野での取り組みを怠っている企業を投資対象から外す、あるいは正しい方向へと導く、といった基本原則）は現在、投資業界全体に押し寄せている最大級の潮流である。

パッシブ投資家は特定の銘柄を売却することができないが、個々の取締役の再選を阻む、あるいは役員報酬制度を否認するために静かなロビー活動を展開するなど、手持ちの武器で戦うことは可能だ。ＥＳＧはスタンドプレーと非難されがちであり、「グリーンウォッシュ」（環境に配慮しているように装っているだけの偽善行為）だと指摘される場合すらあるが、実際に変化が起きつつあることを示す兆候は数えきれないほど現れている。

＊

ラリー・フィンクは毎年八月に大勢の友人や社員を引き連れて、アラスカ州南西部イリアムナ湖周辺での三日間のフライフィッシング旅行に出かけている。フィンクにとっては宗教行事にも近い恒例の短期休暇で、ニジマスやカワヒメマスの釣りを楽しむだけでなく、よく他分野の企業経営者たちを招待し、巧みな話術でもてなす場でもあった。ただし、二〇一九年の釣り旅行は、世界中の企業に幅広く影響を及ぼす可能性を秘めた転換点となった。

その年の七月、アラスカは観測史上最高の気温を記録する熱波に見舞われた。州内各地で破壊的な大規模森林火災が発生し、通常は牧歌的な田園地帯の広範囲を煙が覆った。[9] 恒例の釣り旅行のあと、フィンクは妻ローリーとボツワナのオカバンゴ・デルタへとサファリ観光に出かけた。オカバンゴ・デルタは、ほとんどが乾燥地帯であるカラハリ砂漠の中の緑豊かなオアシスだ。だが、いつもは沼地の三角地帯が、その年は異常高温で乾燥し、ゾウをはじめとする動物の集団死が起きていた。

だいぶ前からフィンクは人間が引き起こした気候変動の影響を気にかけていた。だが、この年のアラスカとボツワナへの旅で、危機がすぐそこに迫っており、早急に対処する必要があるという思いにかられた。思案のときを経て、フィンクはついにブラックロックの総力を傾け、この問題に取り組むと決意した。

二〇二〇年に発信されたフィンク・レターの内容は衝撃的だった。フィンクは、ブラックロックが提供する持続可能性重視型ＥＴＦの数を〔向こう数年で〕一五〇まで増やすこと、すべてのアクティブ運用ファンドの投資対象から石炭会社を外すこと、業界ごとの持続可能性ガイドラインに従った厳密な情報開示を企業に要求し、「従来の信用性や流動性のリスクに関する分析の場合と同じ厳格な姿勢で」企業評価を始めることを約束した。

フィンクの主張をまとめると以下のようになる。気候変動リスクの著しい増大は投資リスクを生み出しており、受託者であるブラックロックは断固たる姿勢で行動するよりほかに道はない。「金融の仕組みを根本から変えなければ危うい状況に、今われわれはいます」[10]。「各国政府、企業各社、株主の一人ひとりが気候変動の問題に取り組まなければなりません」。そして、企業の取締役会にこうした危機感が伝わらなかった場合に備え、あからさまな警告も発した。「投資先企業が持続可能性に関する情報開示と、その根本となる事業活動や計画において十分な進展を示せない場合には、経営陣と取締役に対して反対票を投じることを、より積極的に検討します」。

ブラックロックが方針を転換したのは、日本の年金積立金管理運用独立行政法人（GPIF）が同社との巨額のインデックス投資の取引をやめたからだ、と皮肉る声もある。一・六兆ドルの運用資産額を誇るGPIFは、ブラックロックがESG問題に真剣に取り組んでいない点を不安視したために手を引いた、と報じられている。[11] 世界中の大手機関投資家の多くは、ESGの重視を求める姿勢を明らかに強めていた。したがって、道義的な責務を意識したかどうかにかかわらず、ブラックロックが持続可能性を新たな社是としたのは企業として完全に理にかなったことだった。友人たちは、フィンクが二〇一九年のアラスカとボツワナでの経験でまさに衝撃を受け、ブラックロックの新たな改革運動を実行に移したのだと反論している。

ただし、そうした取り組みも落とし穴にはまる可能性がある。どれだけ価値と重要性があろうとも、ESG重視の方針はインデックス・ファンド提供会社を否応なしに政治的な物議を醸す領域へと引きずり込む。これから先、パッシブ投資が中心になり、また特に政治面、文化面で両極化が進むなかで、パッシブ運用の株主とアクティブ運用の株主のあいだでうまくバランスをとることが最大の課題となるだろう。

インデックス・ファンド提供会社にとって、両極端な立場から往々にして矛盾する攻撃を多々受けることはストレスだ。ブラックロックのパブリック・ポリシー部門の冷徹な前責任者バーバラ・ノビックは、自社の苦しい立場を「ゴルディロックスのジレンマ」と表現した。〔童話『3びきのくま』で、ちょうど良い温度のお粥を探す少女ゴルディロックスのように、〕「資産マネジャーはしっかり働いているか？　やりすぎていないか？　ちょうど良い加減の仕事をしているか？」と悩むのだ、と二〇一九年にハーバード大学で開催された企業統治に関する会議でノビックは語った。[12]

すでに、とりわけブラックロックに対する反発の兆しは現れている。投資対象企業の幹部やライバル企業の中には、聖人ぶった尊大な態度をとっているようにみえるフィンクに苛立ちを覚える者もいる。「いつの間にラリーは神になったのか」。不動産投資で富を築き有名になったサム・ゼルは、二〇一八年にこんな不平をもらした。[13]ただ、このような愚痴も、気候変動に言及した二〇二〇年のフィンク・レターに対する反応に比べれば、かわいいものだった。今では、ブラックロックがほかの投資家の代理で運用している資金を濫用し、パブリック・ポリシーの領域で幅を利かせている、と批判する声も上がっている。

保守的なアメリカ企業のリーダーたちが組織したシェアホルダー・エクイティ・アライアンスというグループは、投資家から預かった資金で政治活動をしている、と公開書簡でフィンクを痛烈に非難した。「企業に脅しをかけ、曖昧模糊とした『持続可能性』ガイドラインに従わせるにしても、『容認しがたい』企業を廃業に追い込むにしても、やっていることは実質的に変わらない。露骨なほどイデオロギー重視で、法の枠を超えた規制を生み出しているも同然だ」。[14]

これとは逆の政治的立場のアクティビストたちからも、フィンクは同じくらい激しい攻撃を受けている。ブラックロックは気候変動を回避するのに十分な行動を起こしていない、と当代最大級のテーマに関して槍玉に挙げられているのだ。元アメリカ副大統領〔で環境活動家〕のアル・ゴアでさえも議論に加わっている。「大手のパッシブ運用会社は本当に難しい決断を迫られている。人類文明を破壊する企業への資金提供を続けたいのか、否か」[15]。かつて、こう問題を提起したうえで、ゴアは次のように続けた。「パッシブ・マネジャーの事業モデルでは、アクティブ・マネジャーには可能な戦略を実施できない場合がある、ということは理解できる。彼らも努力はしているが、まだうまくいっていない」。

二〇二〇年のレターで気候変動に言及したあと、左派、右派双方から手当たりしだいに攻撃されたのは愉快な経験ではなかった、とフィンクは打ち明ける。それでも、とにかく純粋にブラックロックが人々の資金の受託者としての役割を果たすうえで、行うべきことだったと主張する。「われわれは長期的な目標に注力しなければならない。長期的な目標とは……顧客の資金の受託者として正しい行動をすることだ」とフィンクは説く。「そして、気候変動の影響について顧客に理解してもらうことがわれわれの仕事だ」。さらに、ブラックロックの事業が拡大しつづけていることを鑑みれば、投資家全般も賛同してくれているようだと主張する。「わたしが右派や左派に攻撃されているあいだにも、会社は正しい行いを心がけている。投資家は事業の拡大という形で報いてくれているし、われわれの発言の重要性はかつてないほどに高まっている」。

とはいえ、投資業界の良心とみなされることの多いウォーレン・バフェットですら、ＥＳＧ推進派を支持していない点は注目に値する。バフェットは、現実には多くの株主が「善い行い」よりも利益をあげることに注力している企業を好むと指摘し、突きつめると真の変革は民主的に正当な形で進められなければならないと説く。[16] 実のところ、巨大投資グループが資本主義の活力に悪影響を及ぼす可能性について、詳しい研究に着手している国もある。

＊

ニューヨーク大学ロースクールのバンダービルト・ホールという建物の中には、グリーンバーグ・ラウンジと呼ばれる落ち着いた雰囲気の部屋がある。二〇一八年一二月六日、投資家、規制当局、経済学者らが激しく議論する会合が、およそ似つかわしくないこの場所で開催された。連邦取引委員会（FTC）が主催したこの会合は、インデックス・ファンド業界関連で最大の論争の的となっている「コモン・オーナーシップ（共通株主）」理論をテーマとした意見聴取会だった。

コモン・オーナーシップ理論では、自社の大株主がライバル企業の大株主でもあるとわかっている場合、企業は新たな商品・サービスの導入や価格競争に意欲的ではなくなる、とされる。企業同士が密室で露骨に反競争的な取引を交わすことを示唆するわけではなく、単に大々的な株主構成の重複が間接的に企業の競争心を削ぐ効果をもたらすことを意味する。この理論は合同運用方式の大型投資商品（ミューチュアル・ファンドなど）すべてに当てはまるが、事実上の寡占体制にあるインデックス・ファンド業界では、とりわけ切実な論点となっている。S&P五〇〇を構成する企業の八〇パーセント超で、ブラックロック、バンガード、ステート・ストリートのいずれかが筆頭株主になっているからだ。

コモン・オーナーシップの基礎となる理論は一九八四年に経済学者のジュリオ・ローテンバーグによって提示されていたが、注目が集まるきっかけとなったのは、二〇一四年に三人の若い経済学者が共同で発表した衝撃的な論文である。「コモン・オーナーシップの競争阻害効果」と題した論文で、ホセ・アザール、イザベル・テク、マーティン・シュマルツは、詳細にわたる航空業界のデータを分析し、航空各社の株主構成の重複が原因で航空運賃が適正価格よりも高くなっていることを裏づけるエビデンスを提示した。[17] 当時、ブラックロック、ステート・ストリート、バンガード、バークシャー・ハサウェイなどの企業がアメリカン、デルタ、サウスウエスト、ユナイテッドといった航空会社の株式を大量に保有していたことで、これらの企業が重複して運航するルートの運賃が上昇したというのである。

この論文には、航空業界にとどまらない、はるかに広い分野への含蓄があった。コモン・オーナーシップは、現代資本主義の基本前提である競争意欲を減退させるという形で、より広範囲に影響を及ぼすのではないか。たとえば、JPモルガンにアクティブ手法で投資する者は、同社がライバルと競争することを積極的に奨励するかもしれないが、アメリカの全銀行の株式を保有するインデックス・ファンドの場合、そうした積極的な姿勢はとらないのではないか。

当初、象牙の塔の経済学者たちは、コモン・オーナーシップ理論をバカげた考えとみなし、取り合わなかった。なにしろ航空業界は不名誉なことに倒産が起こりやすい分野であり、露骨かどうかにかかわらず、そこで競争阻害的な行動が起きているというエビデンスは説得力を欠く。〔イギリスの〕実業家で億万長者のリチャード・ブランソン〔ヴァージン・アトランティック航空の創業者〕は、航空業で大富豪になる最良の方法は、億万長者になって航空会社に投資することだ、という冗談を言ったことがある。それでも、コモン・オーナーシップ理論は徐々に注目を集めはじめた。二〇一七年には、アトランティック誌が「インデックス・ファンドは悪か？」という挑発的なタイトルの記事で同理論について論じた。[18]

前述したように、二〇一八年末にはFTC（反トラスト法が遵守されているかどうかを監視するアメリカの政府機関）がコモン・オーナーシップ理論に関する意見聴取会を開いた。この会合には、法律家、法学教授陣、物見高い金融ジャーナリストたち、FTCとSECの複数の委員の一団に加えて、二〇一四年の論文の共著者の一人、マーティン・シュマルツが出席していた。論文を執筆した三人の経済学者の見解を伝えることが目的だった。それに反論するために、ブラックロックからバーバラ・ノビックも参加しており、同社がこの問題を真剣にとらえていることをうかがわせた。「この議論は学術研究の範囲にとどまるものではありません」と、FTC委員のノア・フィリップスは会議の場で強調した。[19]「今ここにいるわたしたちと同じように、世界中の独占禁止法当局が議論の行方に注目し、コモン・オーナーシップ理論を分析に取り入れようとしています」。

ブラックロックやバンガードなどのインデックス・ファンド提供会社、そしてインベストメント・カンパニー・インスティテュート（ＩＣＩ）も独自の研究を行い、コモン・オーナーシップの影響力に関するエビデンスについて、それぞれ異なる結論を導き出している。そうした結論の違いはあれど、インデックス・ファンドの大手各社は以下のように主張している。ほとんどの企業において、自分たちは今も少数株主のままである。経済全体の中での位置づけを考慮すれば、競争阻害的行為によって打撃を受けるのは自分たちも同じだ、と。

たとえば、インデックス・ファンド提供会社は航空会社が運賃競争を避けることで恩恵を受けるかもしれないが、その一方で飛行機で旅する人が減れば、投資しているホテル関連企業に悪影響が及ぶ。ボーグル自身は、コモン・オーナーシップ理論のことを「バカげている」と思っていた。企業の行動を左右する要因は、ほかにも無数に存在するからだ。たとえば、ストックオプションの形式をとるのが一般的な役員報酬は、経営陣に自社株上昇のためにあらゆる手段を尽くすことを直接的に促す要因となる。その場合、自社の株主であるバンガードやブラックロックがライバル会社の株式も保有しているかどうかは関係ない。

とはいえ、世界の独占禁止法当局のあいだでは、コモン・オーナーシップ理論を真剣に受け止める動きも出はじめている。二〇一七年に欧州委員会（ＥＣ）がデュポンとダウ・ケミカルの合併計画について審査を行った際には、化学業界内でコモン・オーナーシップの度合いが強くなっていることが審議の対象となった。そして審議の結果、両社がそれぞれの殺虫剤事業を売却することが合併承認の条件に掲げられた。[20] 合併完了後まもなく、ＥＣの競争政策担当委員として強い力をもつマルグレーテ・ベステアーは、ＥＣがコモン・オーナーシップの問題を「注視」していると語った。[21]

法学者の中には、注視を要する段階はとうに過ぎており、具体的な行動を起こす必要がある、と説く者もいる。反トラスト問題を専門とするハーバード・ロースクール教授のアイナー・エルヘイは、この分野の過去の研究についてあらためて考察した二〇二〇年の論文で、以下のような結論を述べている。「水平株式保有は現代において最大級の競争阻害リスクである。それは主に、競争制限効果をもたらす問題の中で唯一、手つかずのままだからだ。この問題に対して消極的な姿勢をとることは正当化できない[22]」。

＊

おそらく企業統治とコモン・オーナーシップをめぐる議論は、より深遠で一段と厄介な問題の副産物にすぎない。ありとあらゆる研究者とアナリストが先を争ってそうした問題を解決しようとする様子は、それぞれゾウの体の違う部位を触り、これはヘビだ、いや木の幹だと説明する目の見えない男たちの寓話にも似ている。この場合、ゾウに相当するのはインデックス・ファンド大手の純然たる大きさと成長力だ。何よりも規模の大きさ自体が、とらえどころはないが中心的で厄介な問題なのである。

これは実質的にすべての産業、とりわけ近年、攻撃の的となっている「ビッグ・テック」に当てはまる話である。だがインデックス・ファンド業界は、その規模の大きさがそのまま優位性となる点で独特だ。伝統的なアクティブ・ファンドの場合、規模が拡大するにつれてパフォーマンスは低下するのが通常だ。一方、インデックス・ファンドは完全に汎用品化しており、規模が大きくなればなるほど運用コストは安くなる。その結果、手数料の引き下げが可能になり、投資家がさらに流入する。規模の大きいETFの場合、概して売買がより活発という強みも加わって、さらに魅力が大きくなっている。このように、大手がさらに大型化する、というのがインデックス・ファンドの動かしがたい特徴となっており、数兆ドル規模の一握りの巨大投資グループが世界中のあらゆる企業への影響力を手に入れる可能性を高めている。

ハーバード・ロースクール教授ジョン・コーツの「一二人問題」という人目を引くタイトルの論文は、こうした風潮をテーマとしている。コーツは、このパッシブ投資の「メガトレンド」の中で、今後も繁栄しつづけるであろうインデックス・ファンド大手、議決権行使アドバイザー、ごく一部の伝統的投資グループで働くわずか一二人ほどの人間が、絶大な支配力を手にする危険性があると論じた。[23]

「法制度を変更しなければ、インデックス投資は『パッシブ』投資の概念を覆し、われわれが生きているうちに経済支配力の徹底的な集中を生み出すだろう」と、コーツは警告した。「一二人の人間が経済の大半を支配する可能性すらあるという見通しは、合法性やアカウンタビリティに関する議論の中でも最大級の問題だ。法制度で対処すべき課題とすら言える」。

大げさに思えるかもしれないが、インデックス投資誕生の地であるアメリカでは、いまや支配力集中のトレンドは鮮明化し、定着し、加速している。ハーバード・ロースクール教授のルシアン・ベブチャックとボストン大学准教授のスコット・ハーストの共同研究によると、過去一〇年にアメリカの投資業界に流入した資金の約八〇パーセントがバンガード、ステート・ストリート、ブラックロックの三社で運用されてきた。S&P五〇〇構成企業の全株式に対するビッグ・スリー合計の保有株の比率は、一九九八年には約五パーセントだったが、その後の二〇年に急拡大し、現在では二〇パーセントに達している。[24] そして、すべての株主が年次株主総会で議決権を行使するわけではないため、実際に行使された議決権の約四分の一がバンガード、ブラックロック、ステート・ストリートの手によるものとなっている。

これまでのトレンドが続くと仮定すると、ビッグ・スリーが行使する議決権の比率は向こう一〇年以内に三分の一に拡大し、二〇年後までに約四一パーセントに達する、とベブチャックとハーストは推計している。そして、「この『ジャイアント・スリー』シナリオでは、過半数株主の存在しないアメリカ主要企業の実質すべてで、三社の投資マネジャーが議決権行使に際して支配力を発揮することになる」と、二〇一九年に発表した論文で指摘している。[25]

当然のように、ラリー・フィンクはこうした支配力集中シナリオを非常識だと感じている。ブラックロックとライバル二社の規模は大きいが、資産運用業界では他の多くの業界ほど支配力の集中は進んでいない、とフィンクは指摘する。さらに、もし大手の規模が企業統治にマイナスの効果をもたらしている、あるいは影響力を強めすぎている、というコンセンサスが形成されているのであれば、傘下の資産をより規模の小さい独立した複数の法人に分割し、それぞれに調査チームとスチュワードシップ・チームを設置する、という方法で対処することもできる。そのためには複雑な手続きが必要でコストもかかるが、法外というほどではない。「これが大きな問題になると社会で認識されるのであれば、解決することは可能だ」とフィンクは語る。「そのうえで、引き続き透明性と利便性と低価格でのサービスを提供することもできる」。

ただし、これは晩年のボーグルが頭を悩ませていた問題の核心である。インデックス・ファンドの成功と規模の拡大で社会が被る目先のコストが、数値化できる形で実際に投資家が享受している利益を超える日は来るのか。インデックス・ファンドが数百万人の人々にもたらしてきた恩恵を維持しながら、そうしたマイナスの影響を軽減することは可能なのか。

「われわれがどこまで成長するのか、そしてどのような結果をもたらすのかは、よくわからない。だが、大きくなることで、対処しなければならない問題が生じているのは確かだ」。二〇一九年一月に亡くなったボーグルは、その少し前に受けたインタビューでこう語っている。[26]「そうした問題を無視することはできない。しかし、その解決のために金融史上で最も偉大な発明を無にするべきではない」。

エピローグ

EPILOGUE

約二五〇年前、アムステルダムは世界の商業の中心地だったが、そこに暮らす裕福な商人の多くは、金融史の中でも早い時期に勃発した金融危機で大きな打撃を受けた。〔一七七二年、〕イギリス東インド会社の株価暴落をきっかけに、オランダでは銀行の連鎖倒産が起き、政府が救済に動いて最終的に国有化を行う、という事態が生じた。そして、混乱は発達途上にあるヨーロッパ各国の市場にも波及した。こうしたなか、ほぼ無名の商人で株式ブローカーの仕事もしていたあるオランダ人が、時代の先を行く構想を思いついた。

一七七四年、アーブラハム・ファン・ケトウィフは「エンドラフト・マークト・マフト」（オランダ語で「団結は力を生む」）という名の新手の投資商品を創設した。その実態は、二〇〇〇株の株式を一株五〇〇ギルダーで個人投資家に販売し、集まった資金を五〇種類の債券からなる分散ポートフォリオに投資する、という仕組みの投資信託だった。投資先は、プランテーション向け融資やスペインおよびデンマークの有料道路債券、ヨーロッパ数カ国の国債など、一〇のカテゴリーに分かれていた。当時の債券は紙あるいはヤギ皮でできた物理的な証券で、頑丈な鉄製金庫に保管された。三重の鍵がかかった金庫を開けることができるのは、エンドラフト・マークト・マフトの信託委員と独立した公証人だけだった。分散投資による投資家保護を目的としたこの投資信託は、毎年四パーセントの配当支払いを約束しており、最終的には二五年後に解散し、残った収益を投資家に分配することになっていた。[1]

だがその後、一七八〇年に勃発した第四次英蘭戦争と一七九五年の〔フランス革命軍〕によるオランダ占領で、エンドラフト・マークト・マフトは大打撃を受けた。毎年の配当支払いは一度も実現せず、投資家が最終的に資金を回収できたのは一八二四年になってからだった。しかも、受け取った額は一株当たり五六一ギルダーにとどまった。それでも、その後のイギリスにおける投資信託、ひいては今日のミューチュアル・ファンドの誕生につながる道を切り拓いたエンドラフト・マークト・マフトは、輝かしい発明だった。また、最小限に抑えた売買、分散投資のアプローチ、低い手数料（年間わずか〇・二パーセント）といった特徴を考慮すると、現在のインデックス・ファンドの究極の祖先、知的な源流とも言えるだろう。

今ここで一八世紀のアムステルダムの話を持ち出したことを奇妙に思うかもしれない。だがエンドラフト・マークト・マフトの例は、金融業界が常に進化してきたこと、そして多くの発明の重要性が最初の段階で見過ごされがちであることを浮き彫りにしている。当初は前途多難だったインデックス・ファンドもまた然りだ。かつて物理学者のニールス・ボーアは、「予測はきわめて難しい、特に未来に関しては」と皮肉を言った。しかし、今では世界の投資業界の未来図をおぼろげながら予測し、それが市場にどのような影響を及ぼすのかを想像することができるようになってきている。よほどの大変動がなければ、全世界の投資資金の大半がインデックス・ファンドあるいは同様の投資戦略に投じられている、という状況が向こう三〇年以内に現実となる可能性がある。

金融市場は万人にとって必ずしもなじみ深いものではなく、むしろ部外者からみれば、往々にして不可解で気まぐれで、危険ですらある存在だ。それでも現代の資本主義体制を支える土台なのであり、そこで劇的な変化が起きれば、世界経済の多くの面に計り知れない影響が及ぶだろう。インデックス・ファンドの時代と聞いても、自分には無関係だと思うかもしれない。だが、そうではない。ようやくわかりはじめてきたところだが、数えきれないほどさまざまな形で、インデックス・ファンドはわれわれの生活にかかわっている。金融業界全体に及ぶ影響力の甚大さは歴史上でも屈指であり、いずれは資本主義そのものの再構築を促す可能性もある。

本書終盤の数章で論じたように、深刻な問題を引き起こす恐れのある副作用も数多く生じている。それでも、ジャック・ボーグルが指摘した以下のような点を見失わずにいることは重要だ。ウォール街の歴史の中でも、真に有益と断言できるような発明は数えるほどしかない。インデックス・ファンドはそのうちの一つであり、突破力をもった技術だ。インデックス・ファンドによって投資家が築いてきた貯蓄の規模はすでに数千億ドルに達しており、近い将来に間違いなく数兆ドルまで増えるだろう。それが何を意味するのか、ちょっと考えてみてほしい。退職後の生活や子どもの大学進学や住宅購入のために、あるいは純粋に何かあった場合に備えて貯蓄をしている人々のほとんどが、ささやかなインデックス・ファンドから直接的あるいは間接的に恩恵を受けているのだ。

そう、インデックス・ファンドは簡単には気づかない形で現代の金融を変容させている。それは少し前にはミューチュアル・ファンドが、さらにその前には投資信託が行ってきたことだ。ただ、一握りの企業に支配力が集中するという懸念はもっともだが、企業の所有権があまり分散されず、長期的に安定することが、実は企業統治の面でプラスに働く、という可能性もみえてきている。そうでないとしても、危険性を最小限に抑えるための手段はある。

一九七〇年代に因習を打破するという覚悟をもってインデックス・ファンドを生み出した背教者たちは、正当に評価されていないが、現代において重大な役割を果たした創造的破壊者だ。彼らが火をつけた革命のマイナスの副作用とおぼしきものを認識し、それに対処しようとするのは重要だが、その革命が膨大な恩恵がもたらしていることは紛れもない事実なのだ。

謝辞

この本はわたし一人が書いた体裁になっているが、実際には（本人たちが気づいているかどうかはさておき）多くの人々の物語がまとまってできたものである。

何よりもまず、寛大な心で貴重な時間を使い、それぞれの物語を話してくれたすべての人にお礼を申し上げたい。ジャーナリストは情報源によって生きもすれば、死にもする。この上なく幸運なことに、本書を執筆するにあたって（本になることが決まってすらいない時期の取材もあった）、非常に多くの方々に力を借りることができた。実名を出さないことを希望した人も含め、すべての協力者に深く感謝している。ここで一人ひとりの名は挙げられないが、この思いが伝わることを願う。

多くの人が数時間もの電話取材に応じるだけでなく、詳細確認のために送った質問メールにも根気強く答えてくれた。なかでもパンデミックとそれにともなう混乱の渦中で対応してくれた人には、なおさら強い感謝の念をいだいている。とりわけインデックス・ファンド草創期のパイオニアたちの多くは七〇代、八〇代、人によっては九〇代になっているが、そのエネルギーと知性の輝きは今も衰えておらず、脱帽するばかりだ。

特に感謝の気持ちを伝えたいのは、快活そのものだったジャック・ボーグルだ。この本の核となったFTウィークエンド・マガジンの記事を執筆するために、わたしは数度にわたりボーグルと話をした。二〇一八年一二月末には、必要な情報が全部揃っているかどうかを確認するためだけに、わざわざ電話をかけてきてくれた。病院に行く直前で、もう先が長くないかもしれないと不安がっていた。八九歳でこの世を去ったのはその一カ月後のことだ。歴史上の偉大な人物として名を残したことは言うまでもない。

出版エージェントのジュリア・イーグルトンと編集者のリア・トラウボーストには心から感謝している。ジュリアはフィナンシャル・タイムズ紙のわたしの記事を読んでくれていて、そこから壮大な物語が紡がれる可能性を本人よりも先に見いだしていた。パンデミックの渦中、それも自身がニューヨークの会社からロンドンの会社へと転職したばかりの状況にもかかわらず、本が出来上がるまでの全プロセスを通じ、中心になってわたしを支え、助言もしてくれた。そして幸運なことに、インデックス・ファンドの物語が一冊の本として成立する、というジュリアの考えに賛同してくれたリアにも一生感謝したい。本にまとめる作業は思っていたよりはるかに楽しかったが、それは彼女の熱意と、わたしのしつこいほどのメールにも嫌がらずに応じる前向きな姿勢によるところが大きかった。同じく編集者のノア・シュワルツバーグは、このプロジェクトの舵を取り、冷静に目的地へと導いてくれた。ルーシー・ウッドは原稿のファクトチェックで卓越した手腕を発揮したうえ、テリー・プラチェットの著作の表現をこっそり引用した比喩についても評価してくれた。本書の記述に瑕疵《かし》があるとすれば、当然のことながら、それはすべて筆者の責任である。

出版関係者以外の友人や知人からも、多大な力添えをいただいた。精神的な支えとなってくれた人もいれば、言葉足らずな部分や間違いがないか、大量の原稿を徹底的にチェックしたり、自分の知り合いに頼んで確認してもらったりしてくれた人もいる。とりわけチャールズ・エリス、ユアン・カーク、ジョン・ワース、ジェイムズ・リープ、ジャン・トワルドウスキー、エリック・クローシア、ラリー・ティント、フレデリック・グラウアー、フェリックス・サーモン、クリフ・ウェバーの各氏には、本書の各章について事実と異なる点や説明不足な記述がないか、確認する際にご協力いただいた。何か問題がある場合、その責めを負うのは筆者である。エリスは本書を執筆する一つのきっかけを与えてくれた人物であり、あらゆる面でひらめきをもたらしてくれる存在である。ディメンショナル・ファンド・アドバイザーズとブラックロックの両社が送ってくれた社史は、それぞれの章を執筆するうえで欠かせない貴重な情報源となった。インスティテューショナル・インベスター誌のキップ・マックダニエルは、同誌の保管庫を開放してくれた。金融史オタクのわたしにとっては、天国にいるような気分を味わえる場所だった。

フィナンシャル・タイムズという職場でも、素晴らしい同僚たちと共に働ける幸運に恵まれている。日々の仕事の中で知的な刺激をもらっているのはもちろんだが、本書の大部分を執筆していた二〇二〇年、あの何もかもが混沌としていた時期を他愛もないおしゃべりをしながら一緒に過ごしたことは、大きな喜びだった。ケイティ・マーティン、イアン・スミス、ベン・マクラナハン、トニー・タッセル、ジェフ・ダイアー、ハリエット・アーノルド、アダム・サムソンや、その他の有能なFT編集部隊の面々は、わたしが何かと発するうめき声にさぞかし悩まされたことだろうが、（大抵の場合は）我慢強くやりすごしてくれた。ほかにも、さまざまな市場や投資情報担当の素晴らしい同僚がたくさんいる。残念ながら全員の名を挙げることはできないが、みな大好きだし、いつか一杯おごらせてもらいたいと思っている。実のところ、一〇年以上前に入社して以来、わたしはFTファミリー全体の大ファンである。だから、その一員となる機会を与えてくれたルーラ・カラフとアンドリュー・イングランド、そして最初に現場でわたしを鍛えてくれたジェイムズ・ドラモンドには特に感謝している。あれほど熱心な指導を受けられる幸運なジャーナリストは決して多くないだろう。

すべてのジャーナリストは、自覚しているかどうかはさておき、「巨人の肩に乗って」（先人が積み重ねた功績を土台として）仕事をしている。本書でも、わたしが一つの大きなナラティブとしてまとめようとしていたトピックやテーマについて、独自に探究した他のジャーナリストや作家、金融史家の一流の著作があったからこそ、大部分において内容を充実させることができた。特に多くのひらめきの源泉となったのがピーター・L・バーンスタインの著書で、前半の章を執筆するうえで大いに助けられた。コリン・リードの『効率的市場仮説論者』（*The Efficient Market Hypothesists*）もまた然りである。ルイス・バーナムが書いたジャック・ボーグルの伝記は、バンガード創業者の波瀾に富んだ人生に興味がある者にとって必読の書だ。ラルフ・リーマンの『とらえどころのないトレード』（*The Elusive Trade*）はETFの誕生について細部にいたるまで徹底的に記した貴重な本であり、アンソニー・ビアンコの『大きな嘘』（*The Big Lie*）はパトリシア・

ダン統治時代のWFIAとBGIの内情を鮮やかに描いている。また、ジョン・オーサース、ジリアン・テット、ジェイムズ・マッキントッシュ、フィリップ・コガン、ジェイソン・ツワイクなどの金融ジャーナリストや、デボラ・ファー、ベン・ジョンソン、エリック・バルチュナス、デイビッド・ナディグといった金融業界の専門家からも、直接話を聞いたり、著作を読んだりして実にたくさんのことを学んだ。これらの人々はみな偉大な巨人で、わたしはその肩に恐るおそる乗る身にすぎない。

とはいえ、最も感謝すべき相手は身近にいる家族であろう。コロナ禍のロックダウンで家にこもっていたとき、娘がなぞなぞを紙に走り書きして、誇らしげにわたしに見せた。そこには「がんばってもがんばっても、ぜんぜんおわらないものはなに?」と書いてあった。恐ろしい話だが答えはわたしだとわかった。

幸せなことに、わたしは自分の仕事が本当に好きだ。だが残念ながら、そこには周りの人の犠牲がともなう。ここ数年、妻のガンバーには大変な我慢をさせてきた。本書執筆の最終段階には、わたしが数週間にわたって缶詰め状態になることもあった。だが結婚するとき、彼女もその相手がどんな人間か、少なくともおぼろげにはわかってくれていた。それから何より、わたしが今あるのは素晴らしい両親、ウィレンとピーターのおかげだ。ただ二人とも、わたしを仕事中毒人間に育ててしまった責任を感じているに違いない。わたしのことを実際よりはるかに賢いと思っている弟のフィリップも、大いに勇気を与えてくれる存在だ。幸い、仕事モードのスイッチを切ることのできないわたしからの実害を受けずに済んでいる。

最後になったが、いたずらで毎日の暮らしを楽しくしてくれている二人の子ども、マチルダとフィンに本書を捧げる。

16. Robert Armstrong, "Warren Buffett on Why Companies Cannot Be Moral Arbiters," *Financial Times*, December 29, 2019.
17. José Azar, Martin Schmalz, and Isabel Tecu, "Anti-competitive Effects of Common Ownership," *Journal of Finance*, May 2018.
18. Frank Partnoy, "Are Index Funds Evil?," *Atlantic*, September 2017.
19. Brooke Fox and Robin Wigglesworth, "Common Ownership of Shares Faces Regulatory Scrutiny," *Financial Times*, January 22, 2019.
20. McLaughlin and Massa, "The Hidden Dangers of the Great Index Fund Takeover."
21. Marc Israel, "Renewed Focus on Common Ownership," White & Case LLP, May 18, 2018.
22. Einer Elhauge, "How Horizontal Shareholding Harms Our Economy— And Why Antitrust Law Can Fix It," *Harvard Business Law Review*, 2020.
23. John Coates, "The Future of Corporate Governance Part 1: The Problem of Twelve," Harvard Public Law Working Paper, October 2018.
24. Lucian Bebchuk and Scott Hirst, "The Specter of the Giant Three," National Bureau of Economic Research, June 2019.
25. Bebchuk and Hirst, "The Specter of the Giant Three."
26. Robin Wigglesworth, "Passive Attack: The Story of a Wall Street Revolution," *Financial Times*, December 20, 2018.

エピローグ

1. Jan Sytze Mosselaar, *A Concise Financial History of Europe* (Rotterdam: Robeco, 2018).

19. Robin Wigglesworth, "Active Fund Managers Pray for Turnround as Exodus Continues," *Financial Times*, January 3, 2020.
20. Myles Udland, "Jack Bogle Envisions 'Chaos, Catastrophe' in Markets If Everyone Were to Index," Yahoo Finance, May 6, 2017.
21. Luke Kawa, "Bernstein: Passive Investing Is Worse for Society Than Marxism," Bloomberg, August 23, 2016.
22. Sanford Grossman and Joseph Stiglitz, "On the Impossibility of Informationally Efficient Markets," *American Economic Review*, June 1980.
23. Ben Johnson, "The Cost Matters Hypothesis," Morningstar, February 10, 2016.
24. Michael Mauboussin, Dan Callahan, and Darius Majd, "Looking for Easy Games. How Passive Investing Shapes Active Management," Credit Suisse, January 4, 2017.
25. Robin Wigglesworth, "Why the Index Fund 'Bubble' Should Be Applauded," *Financial Times*, September 23, 2019.
26. Mary Childs, "Gary Shteyngart's View from Hedge Fund Land," *Barron's*, September 7, 2018.

第 18 章　企業界の新たな大権力者たち

1. Mike Murphy, "David Hogg Calls for Investors to Boycott BlackRock, Vanguard over Gun Holdings," MarketWatch, April 18, 2018.
2. BlackRock, "BlackRock's Approach to Companies That Manufacture and Distribute Civilian Firearms," press release, March 2, 2018.
3. Jack Bogle, "Bogle Sounds a Warning on Index Funds," *Wall Street Journal*, November 29, 2018.
4. Simone Foxman, "Paul Singer Says Passive Investing Is 'Devouring Capitalism,'" Bloomberg, August 3, 2017.
5. Bill McNabb, "Getting to Know You: The Case for Significant Shareholder Engagement," speech at Lazard's 2015 Director Event.
6. Larry Fink, "A Sense of Purpose," annual letter to CEOs, 2018.
7. Ian Appel, Todd Gormley, and Donald Keim, "Passive Investors, Not Passive Owners," *Journal of Financial Economics*, 2016.
8. Paul Singer, "Comfortably Numb," Elliott Management letter to investors, 2017.
9. Elizabeth Harball, "'There Is No Silver Lining': Why Alaska Fires Are a Glimpse of Our Climate Future," *Guardian*, August 23, 2019.
10. Larry Fink, "A Fundamental Reshaping of Finance," BlackRock 2020 letter to CEOs.
11. Billy Nauman and Leo Lewis, "Moral Money Special Edition: Hiro Mizuno, Japan's $1.6tn Man," *Financial Times*, December 12, 2019.
12. David McLaughlin and Annie Massa, "The Hidden Dangers of the Great Index Fund Takeover," *Bloomberg BusinessWeek*, January 9, 2020.
13. Andrew Ross Sorkin, "World's Biggest Investor Tells CEOs Purpose Is the 'Animating Force' for Profits," *New York Times*, January 17, 2019.
14. Shareholder Equity Alliance, Letter to Lawrence Fink, press release, April 15, 2020.
15. Gillian Tett, Billy Nauman, Patrick Temple- West, Leslie Hook, Mehreen Khan, Anna Gross, Tamami Shimizuishi, and Andrew Edgecliffe-Johnson, "Al Gore Blasts BlackRock," *Financial Times*, December 11, 2019.

19. Henry Hu and John Morley, "A Regulatory Framework for Exchange-Traded Funds," *Southern California Law Review*, March 13, 2018.
20. John Coumarianos, "How a Dividend ETF Was Bitten by the Index It Mimics," *Barron's*, January 24, 2020.
21. Jason Zweig, "The Stock Got Crushed. Then the ETFs Had to Sell," *Wall Street Journal*, January 21, 2020.

第17章　これが水だ

1. Sam Levine, "David Foster Wallace's Famous Commencement Speech Almost Didn't Happen," *Huffington Post*, May 24, 2016.
2. Miles Weiss, "Peter Thiel Had $244 Million Bet on Volatility Jump at Year-End," Bloomberg, February 16, 2018.
3. Michael Green, "Policy in a World of Pandemics, Social Media and Passive Investing," Logica Capital Advisers, March 26, 2020.
4. Brian Scheid, "Top 5 Tech Stocks' S&P 500 Dominance Raises Fears of Bursting Bubble," S&P Global Market Intelligence, July 27, 2020.
5. Hao Jiang, Dimitri Vayanos, and Lu Zheng, "Tracking Biased Weights: Asset Pricing Implications of Value-Weighted Indexing," CEPR Discussion Paper, December 23, 2020.
6. Marco Pagano, Antonio Sanchez Serrano, and Josef Zechner, "Can ETFs Contribute to Systemic Risk?," European Systemic Risk Board, June 2019.
7. Itzhak Ben-David, Francesco Franzoni, and Rabih Moussawi, "Do ETFs Increase Volatility?," *Journal of Finance*, September 22, 2018.
8. Kenechukwu Anadu, Mathias Kruttli, Patrick McCabe, Emilio Osambela, and Chae Hee Shin, "The Shift from Active to Passive Investing: Potential Risks to Financial Stability?," Federal Reserve Bank of Boston, 2018.
9. Matthew Goldstein and Alexandra Stevenson, "Carl Icahn Calls BlackRock a 'Very Dangerous Company,'" *New York Times*, July 15, 2015.
10. Joe Rennison, "How the Fed Helped Bond ETFs Meet Their Biggest Challenge," *Financial Times*, March 26, 2020.
11. Robin Wigglesworth, "All That Drama About Fixed-Income ETFs Was Overplayed," *Financial Times*, April 22, 2020.
12. Rohan Arora, Sebastien Betermier, Guillaume Ouellet Leblanc, Adriano Palumbo, and Ryan Shotlander, "Concentration in the Market of Authorized Participants of US Fixed-Income Exchange-Traded Funds," Bank of Canada, November 2020.
13. Anadu, Kruttli, McCabe, Osambela, and Shin, "The Shift from Active to Passive Investing."
14. Robin Wigglesworth, Owen Walker, and Josephine Cumbo, "UK Universities Pension Fund Closes Stockpicking Team," *Financial Times*, February 13, 2020.
15. Wigglesworth, Walker, and Cumbo, "UK Universities Pension Fund Closes Stockpicking Team."
16. William Sharpe, "The Arithmetic of Active Management," *Financial Analysts Journal*, 1991.
17. Lasse Heje Pedersen, "Sharpening the Arithmetic of Active Management," *Financial Analysts Journal*, 2018.
18. Berlinda Liu and Phillip Brzenk, "Does Past Performance Matter? The Persistence Scorecard," S&P Dow Jones Indices, December 2019.

10. Jeff Cox, "BlackRock Distances Itself from the Products That Have Freaked Out the Market," CNBC, February 6, 2018.

11. J. P. Morgan Global ETF Study, 2020, https://am.jpmorgan.com/content/dam/jpm-am-aem/americas/us/en/insights/investment-insights/etf-investing/JPM-Global-ETF-Study-2020.pdf.

第16章 資本の新たな支配者たち

1. Peter Santilli, "Tesla Stock Joins the S&P 500: A Game Changer," *Wall Street Journal*, December 21, 2020.

2. Hudson Lockett and Daniel Shane, "Investors Lose Billions as Bubble in Two HK Companies Bursts," *Financial Times*, November 21, 2019.

3. Patricia Hurtado, "S&P Index Manager Charged with $900,000 Insider-Trading Scheme," Bloomberg, September 22, 2020.

4. Benjamin Bennett, René Stulz, and Zexi Wang, "Does Joining the S&P 500 Index Hurt Firms?," National Bureau of Economic Research, July 2020.

5. Noel Randewich, "Tesla to Join S&P 500, Spark Epic Index Fund Trade," Reuters, November 16, 2020.

6. Gabriel Rauterberg and Andrew Verstein, "Index Theory: The Law, Promise and Failure of Financial Indices," *Yale Journal on Regulation*, 2013.

7. Nicole Bullock, "Investors Hail S&P 500 Move over Multiple Class Shares," *Financial Times*, August 1, 2017.

8. "Unilever Ditches Plan to Move to Rotterdam After Shareholder Pressure," DutchNews.nl, October 5, 2018.

9. Johannes Petry, Jan Fichtner, and Eelke Heemskerk, "Steering Capital: The Growing Private Authority of Index Providers in the Age of Passive Asset Management," *Review of International Political Economy*, December 10, 2019.

10. Steve Johnson, "MSCI Peru Ruling Threatens to Unbalance Frontier Index," *Financial Times*, April 29, 2016.

11. Andres Schipani, "Peru Stocks Remain in MSCI EM Indices," *Financial Times*, June 15, 2016.

12. Tracy Alloway, Dani Burger, and Rachel Evans, "Index Providers Rule the World — For Now, at Least," *Bloomberg Markets*, November 27, 2017.

13. Mike Bird, "How China Pressured MSCI to Add Its Market to Major Benchmark," *Wall Street Journal*, February 3, 2019.

14. Shelly Banjo and Jenny Leonard, "Rubio Duels with MSCI over Investors' Money in Chinese Stocks," Bloomberg, October 21, 2019.

15. Michelle Price, "US Senator Queries MSCI over Inclusion of Chinese Shares in Major Benchmark," Reuters, June 13, 2019.

16. Vladyslav Sushko and Grant Turner, "The Implications of Passive Investing for Securities Markets," *BIS Quarterly Review*, March 2018.

17. Joe Rennison, Robert Armstrong, and Robin Wigglesworth, "The New Kings of the Bond Market," *Financial Times*, January 22, 2020.

18. Tomas Williams, Nathan Converse, and Eduardo Levy-Yeyati, "How ETFs Amplify the Global Financial Cycle in Emerging Markets," Institute for International Economic Policy Working Paper Series, September 2018.

9. BlackRock Official History.
10. Carey and Morris, *King of Capital*, 263.
11. BlackRock Official History.
12. Carey and Morris, *King of Capital*, 358.
13. Blackstone statement to author.
14. Devin Banerjee, "Schwarzman Says Selling BlackRock Was 'Heroic' Mistake," Bloomberg, September 30, 2013.
15. BlackRock Official History.
16. Blackstone statement.
17. Chrystia Freeland, "View from the Top: Larry Fink," *Financial Times*, April 24, 2007.
18. Ranjay Gulati, Jan Rivkin, and Aldo Sesia, "BlackRock: Integrating BGI," Harvard Business School, November 13, 2017.
19. Charlie Gasparino, "Merrill Taps Thain After Fink Demanded Full Tally," CNBC, November 14, 2007.
20. Andrews, "Larry Fink's $12 Trillion Shadow."
21. Henderson and Walker, "BlackRock's Black Box."

第14章　世紀の買収

1. David Ricketts and Mark Cobley, "Inside BlackRock's 'Once in a Lifetime' Deal with Barclays, 10 Years Later," *Financial News*, June 11, 2019.
2. BlackRock Official History.
3. Ricketts and Cobley, "Inside BlackRock's 'Once in a Lifetime' Deal with Barclays."
4. Elena Holodny, "The Founder of $5tn Investing Behemoth BlackRock Helped Launch Maroon 5," *Business Insider*, April 18, 2017.
5. Larry Fink, UCLA commencement speech.
6. Investment Company Institute data.

第15章　パーティーのショットガン

1. Robert Netzly, "The Inspire Story," Inspire Investing, www.inspireinvesting.com/story.
2. Netzly, "The Inspire Story."
3. Netzly, "The Inspire Story."
4. Lewis Braham, *The House That Bogle Built: How John Bogle and Vanguard Reinvented the Mutual Fund Industry* (New York: McGraw-Hill, 2011), chap. 12, ePub.
5. Ben Johnson, "Ready, Fire, Aim: The ETF Industry Blasts Its Spaghetti Cannon," Morningstar, June 17, 2016.
6. Janet Levaux, "Vanguard CEO Pleads for Slowdown on ETF Rollouts," *ThinkAdvisor*, January 25, 2016.
7. Index Industry Association, "Index Industry Association's Third Annual Survey Finds 2.96 Million Indexes Globally," Business Wire, October 25, 2019.
8. OECD, "Who Are the Owners of the World's Listed Companies and Why Should We Care?," October, 17, 2019.
9. Inigo Fraser-Jenkins, "The Man Who Created the Last Index," Bernstein, November 23, 2018.

Fast-Growing World of ETFs (Hoboken, NJ: Wiley, 2016), 72.
34. Lehman, *The Elusive Trade*, 129.
35. Rachel Evans, Vildana Hajric, and Tracy Alloway, "The Fate of the World's Largest ETF Is Tied to 11 Random Millennials," Bloomberg, August 9, 2019.

第12章　WFIA2.0

1. Anthony Bianco, *The Big Lie: Spying, Scandal, and Ethical Collapse at Hewlett Packard* (New York: PublicAffairs, 2010), 105.
2. Bianco, *The Big Lie*, 107.
3. Andrew Pollack, "Wells Fargo and Nikko Set Advisory Venture," *New York Times*, June 28, 1989.
4. Bianco, *The Big Lie*, 108.
5. Peter Truell, "Barclays to Acquire a Unit of Wells Fargo and Nikko," *New York Times*, June 22, 1995.
6. Truell, "Barclays to Acquire a Unit of Wells Fargo and Nikko."
7. Joel Chernoff, "It's Dunn Deal Now at BGI," *Pensions & Investments*, July 13, 1998.
8. Bianco, *The Big Lie*, 113.
9. Chernoff, "It's Dunn Deal Now at BGI."
10. Bianco, *The Big Lie*, 99.
11. James Stewart, "The Kona Files," *New Yorker*, February 2007.
12. Bianco, *The Big Lie*, 106.
13. Barclays annual report, 1998.
14. Tom Lauricella, "How Barclays Became a Force in ETFs," *Wall Street Journal*, November 1, 2004.
15. Investment Company Institute data.
16. Barclays annual report, 2007.
17. Bianco, *The Big Lie*, 119.
18. Bianco, *The Big Lie*, 119.

第13章　ラリーの攻めの一手

1. Suzanna Andrews, "Larry Fink's $12 Trillion Shadow," *Vanity Fair*, April 2010.
2. "Larry Fink," Crain's New York Business Hall of Fame, www.crainsnewyork.com/awards/larry-fink.
3. Larry Fink, "Built on the 'Ashes of Failure,'" UCLA commencement speech, June 10, 2016.
4. Richard Henderson and Owen Walker, "BlackRock's Black Box," *Financial Times*, February 24, 2020.
5. BlackRock Official History, shared with author.
6. David Carey and John Morris, *King of Capital: The Remarkable Rise, Fall, and Rise Again of Steve Schwarzman and Blackstone* (New York: Crown Business, 2010), 179.〔邦訳：デビッド・キャリー／ジョン・E・モリス著、土方奈美訳『ブラックストーン』東洋経済新報社、2011年〕
7. Carey and Morris, *King of Capital*, 180.
8. BlackRock Official History.

第 11 章　スパイダーの誕生

1. Robin Wigglesworth, "Passive Attack: The Story of a Wall Street Revolution," *Financial Times*, December 20, 2018.
2. Jack Bogle, *Stay the Course: The Story of Vanguard and the Index Revolution* (Hoboken, NJ: Wiley, 2018), 108.
3. Wigglesworth, "Passive Attack."
4. Bogle, *Stay the Course*, 110.
5. Jennifer Bayot, "Nathan Most Is Dead at 90; Investment Fund Innovator," *New York Times*, December 10, 2004.
6. Ralph Lehman, *The Elusive Trade: How Exchange-Traded Funds Conquered Wall Street* (Dallas: Brown Books, 2009), 50.
7. Lehman, *The Elusive Trade*, 51.
8. Lehman, *The Elusive Trade*, 51.
9. Bayot, "Nathan Most Is Dead at 90; Investment Fund Innovator."
10. Lehman, *The Elusive Trade*, 52.
11. Lehman, *The Elusive Trade*, 53.
12. Edwin Hill, "The Strangest Stock Market in the World," *Munsey's Magazine*, February 1920.
13. Eric Balchunas, "The ETF Files: How the US Government Inadvertently Launched a $3 Trillion Industry," *Bloomberg Markets*, March 7, 2016.
14. Lawrence Carrel, *ETFs for the Long Run: What They Are, How They Work, and Simple Strategies for Successful Long-Term Investing* (New York: Wiley, 2008), 13.
15. Donald Katz, "Wall Street Rocket Scientists," *Worth*, February 1992.
16. Laurence Arnold, "Ivers Riley, Who Helped Introduce Spider ETFs, Dies at 82," Bloomberg, February 19, 2015.
17. Lehman, *The Elusive Trade*, 67.
18. Gary Gastineau, *The Exchange-Traded Funds Manual* (New York: Wiley, 2010), 33.
19. Jim Wiandt, "Nate Most, Exchange-Traded Fund Inventor, Dies at Age 90," ETF.com, December 8, 2004.
20. State Street Global Advisors, "SPY: The Idea That Spawned an Industry," January 25, 2013, www.sec.gov/Archives/edgar/data/1222333/000119312513023294/d473476dfwp.htm.
21. Carrel, *ETFs for the Long Run*, 22.
22. State Street Global Advisors, "SPY: The Idea That Spawned an Industry."
23. Balchunas, "The ETF Files."
24. Mark Rubinstein, "The SuperTrust," unpublished paper, December 20, 1990.
25. Lehman, *The Elusive Trade*, 103.
26. Divya Balji, "The $6 Trillion ETF Revolution Began 30 Years Ago in Toronto," Bloomberg, March 9, 2020.
27. Lehman, *The Elusive Trade*, 121.
28. Lehman, *The Elusive Trade*, 127.
29. Lehman, *The Elusive Trade*, 125.
30. Lehman, *The Elusive Trade*, 128.
31. Carrel, *ETFs for the Long Run*, 28.
32. Lehman, *The Elusive Trade*, 129.
33. Eric Balchunas, *The Institutional ETF Toolbox: How Institutions Can Understand and Utilize the*

4. Gibson, "Return on Principles."
5. David Booth and Eduardo Repetto, "Dimensional Fund Advisors at Thirty," *Dimensional Fund Advisors*, 2011, 24.
6. Booth and Repetto, "Dimensional Fund Advisors at Thirty," 25.
7. Booth and Repetto, "Dimensional Fund Advisors at Thirty," 27.
8. Investment Company Institute retirement factbook.
9. Booth and Repetto, "Dimensional Fund Advisors at Thirty," 25.
10. Thom Hogan, "IBM Announces New Microcomputer System," *InfoWorld*, September 14, 1981.
11. Booth and Repetto, "Dimensional Fund Advisors at Thirty," 25.
12. Booth and Repetto, "Dimensional Fund Advisors at Thirty," 28.
13. Booth and Repetto, "Dimensional Fund Advisors at Thirty," 43.
14. Crain News Service, "Chicago Money Managers Betting on 'Scrap Heap' Fund," *Crain's Chicago Business*, March 1982.

第10章　バイオニックベータ

1. Anise Wallace, "Perils and Profits of Pension Advisers," *New York Times*, September 11, 1983.
2. David Booth and Eduardo Repetto, "Dimensional Fund Advisors at Thirty," Dimensional Fund Advisors, 2011, 31.
3. Wallace, "Perils and Profits of Pension Advisers."
4. A. F. Ehrbar, "Giant Payoffs from Midget Stocks," *Fortune*, June 30, 1980.
5. Rolf Banz, "The Relationship Between Return and Market Value of Common Stocks," *Journal of Financial Economics*, March 1981.
6. Booth and Repetto, "Dimensional Fund Advisors at Thirty," 29.
7. Fischer Black and Myron Scholes, "From Theory to a New Financial Product," *Journal of Finance*, May 1974.
8. Chris Welles, "Who Is Barr Rosenberg? And What the Hell Is He Talking About?," *Institutional Investor*, May 1978.
9. Narasimhan Jegadeesh and Sheridan Titman, "Returns to Buying Winners and Selling Losers: Implications for Stock Market Efficiency," *Journal of Finance*, March 1993.
10. Robert Huebscher, "Sharpe Ratio Inventor: 'When I Hear Smart Beta It Makes Me Sick,' " *Business Insider*, May 22, 2014.
11. Eugene Fama and Kenneth French, "The Cross-Section of Expected Stock Returns," *Journal of Finance*, June 1992.
12. Robin Wigglesworth, "Can Factor Investing Kill Off the Hedge Fund?," *Financial Times*, July 22, 2018.
13. Booth and Repetto, "Dimensional Fund Advisors at Thirty," 31.
14. Booth and Repetto, "Dimensional Fund Advisors at Thirty," 32.
15. Booth and Repetto, "Dimensional Fund Advisors at Thirty," 41.
16. Jason Zweig, "Making Billions with One Belief: The Markets Can't Be Beat," *Wall Street Journal*, October 20, 2016.
17. Booth and Repetto, "Dimensional Fund Advisors at Thirty," 56.
18. Michael Lewis, "The Evolution of an Investor," *Condé Nast Portfolio,* December 2007.

第8章　バンガードの隆盛

1. Lewis Braham, *The House That Bogle Built: How John Bogle and Vanguard Reinvented the Mutual Fund Industry* (New York: McGraw-Hill, 2011), chap. 11, ePub.
2. Jack Bogle, *Stay the Course: The Story of Vanguard and the Index Revolution* (Hoboken, NJ: Wiley, 2018), 146.
3. Braham, *The House That Bogle Built*, chap. 10, ePub.
4. Braham, *The House That Bogle Built*, chap. 9, ePub.
5. Ben Yagoda, "Mutually Exclusive," *Philadelphia* magazine, August 1993.
6. Bogle, *Stay the Course*, 147.
7. Bogle, *Stay the Course*, 48.
8. Braham, *The House That Bogle Built*, chap. 12, ePub.
9. John Hechinger and Pui-Wing Tam, "Vanguard 500 Surpasses Fidelity Magellan in Size," *Wall Street Journal*, April 6, 2000.
10. Pui-Wing Tam and John Hechinger, "Vanguard 500 Is Set to Pass Magellan as Biggest Fund," *Wall Street Journal*, January 12, 2000.
11. Bogle, *Stay the Course*, 51.
12. Bogle, *Stay the Course*, 146.
13. Bogle, *Stay the Course*, 146.
14. Bogle, *Stay the Course*, 147.
15. Bogle, *Stay the Course*, 91.
16. J. M. Lawrence, "Frank Brennan, 93; Banker Had an Honest, Caring Way," *Boston Globe*, April 6, 2010.
17. Bill Lane, "Frank Brennan: An Elder Statesman Keeps on Going," *Boston Business Journal*, June 22, 1998.
18. Bogle, *Stay the Course*, 148.
19. Braham, *The House That Bogle Built*, chap. 12, ePub.
20. Braham, *The House That Bogle Built*, chap. 1, ePub.
21. Bogle, *Stay the Course*, 143.
22. Erin Arvedlund, "Vanguard Founder Bogle and Surgeons Gather for a Heart-Transplant Reunion," *Philadelphia Inquirer*, February 21, 2017.
23. Braham, *The House That Bogle Built*, chap. 12, ePub.
24. Robert McGough and Pui-Wing Tam, "Vanguard May Ask Bogle to Retire from Its Board," *Wall Street Journal*, August 12, 1999.
25. Braham, *The House That Bogle Built*, chap. 12, ePub.
26. Bogle, *Stay the Course*, 263.
27. Robin Wigglesworth, "Passive Attack: The Story of a Wall Street Revolution," *Financial Times*, December 20, 2018.

第9章　ニュー・ディメンション

1. Lydialyle Gibson, "Return on Principles," *University of Chicago Magazine*, January– February 2009, http://magazine.uchicago.edu/0902/features/booth.shtml.
2. Gibson, "Return on Principles."
3. Shawn Tully, "How the Really Smart Money Invests," *Fortune*, July 6, 1998.

28. Bogle, *Stay the Course*, 24.
29. Braham, *The House That Bogle Built*, chap. 5, ePub.
30. Braham, *The House That Bogle Built*, chap. 5, ePub.
31. Braham, *The House That Bogle Built*, chap. 5, ePub.
32. Bogle, *Stay the Course*, 23, and *Institutional Investor*, July 1972.
33. Braham, *The House That Bogle Built*, chap. 5, ePub.
34. Robin Wigglesworth, "Passive Attack: The Story of a Wall Street Revolution," *Financial Times*, December 20, 2018."
35. Braham, *The House That Bogle Built*, chap. 5, ePub.
36. Bogle, *Stay the Course*, 25.

第７章　ボーグルのバカげた事業

1. Lewis Braham, *The House That Bogle Built: How John Bogle and Vanguard Reinvented the Mutual Fund Industry* (New York: McGraw-Hill, 2011), chap. 6, ePub.
2. Jack Bogle, *Character Counts: The Creation and Building of the Vanguard Group* (New York: McGraw- Hill, 2002), 7.
3. Jack Bogle, *Stay the Course: The Story of Vanguard and the Index Revolution* (Hoboken, NJ: Wiley, 2018), 32.
4. Braham, *The House That Bogle Built*, chap. 6, ePub.
5. Braham, *The House That Bogle Built*, chap. 7, ePub.
6. Braham, *The House That Bogle Built*, chap. 6, ePub.
7. Jack Bogle, "Born in Strife," *Philadelphia Inquirer*, September 24, 2014.
8. Bogle, *Character Counts*, 7.
9. Paul Samuelson, "Challenge to Judgment," *Journal of Portfolio Management*, Fall 1974.
10. Bogle, *Stay the Course*, 39.
11. Bogle, *Stay the Course*, 189.
12. Charles Ellis, "The Loser's Game," *Financial Analysts Journal*, July/ August 1975.
13. Bogle, *Stay the Course*, 44.
14. Bogle, *Stay the Course*, 41.
15. Bogle, *Stay the Course*, 45.
16. A. F. Ehrbar, "Index Funds—An Idea Whose Time is Coming," *Fortune* 93, June 1976, 144-154; Paul Samuelson, "Index-Fund Investing," *Newsweek*, August 16, 1976, 66.
17. Bogle, *Stay the Course*, 47.
18. Richard Phalon, "Beating the Market or 'Indexing' It?," *New York Times*, March 26, 1977.
19. *Boston Globe*, August 24, 1976, via Bogle, *Stay the Course*, 47.
20. Bogle, *Stay the Course*, 47.
21. Bogle, *Stay the Course*, 58.
22. Braham, *The House That Bogle Built*, chap. 12, ePub.
23. Braham, *The House That Bogle Built*, chap. 7, ePub.
24. Bogle, *Stay the Course*, 55.
25. Braham, *The House That Bogle Built*, chap. 7, ePub.
26. Braham, *The House That Bogle Built*, chap. 7, ePub.
27. Bogle, *Stay the Course*, 63.

They Are Indexing, Without Admitting It, and Charging High Fees," *Wall Street Journal*, January 31, 1979.

35. Charles D. Ellis, *The Index Revolution: Why Investors Should Join It Now* (Hoboken, NJ: Wiley, 2016), 43.〔邦訳：チャールズ・エリス著、鹿毛雄二／鹿毛房子訳『チャールズ・エリスのインデックス投資入門』日本経済新聞出版社、2017年〕
36. *Institutional Investor*, February 1976.
37. Fabozzi, *Perspectives on Equity Indexing*, 43.
38. *Institutional Investor*, June 1977.
39. *Institutional Investor*, February 1976.
40. Fabozzi, *Perspectives on Equity Indexing*, 42.
41. Paul Samuelson, "Index-Fund Investing," *Newsweek*, August 1976.

第6章　ハリネズミ

1. Jack Bogle, *Stay the Course: The Story of Vanguard and the Index Revolution* (Hoboken, NJ: Wiley, 2018), 262.〔邦訳：ジョン・C・ボーグル著、石塚順子訳『航路を守れ――バンガードとインデックス革命の物語』幻戯書房、2021年〕
2. Lewis Braham, *The House That Bogle Built: How John Bogle and Vanguard Reinvented the Mutual Fund Industry* (New York: McGraw-Hill, 2011), chapter 1, ePub.
3. Gene Colter, "Change of Heart," *Wall Street Journal*, September 24, 2004.
4. Braham, *The House That Bogle Built*, chap. 1, ePub.
5. Bogle, *Stay the Course*, 258.
6. Bogle, *Stay the Course*, 258.
7. Braham, *The House That Bogle Built*, chap. 1, ePub.
8. Bogle, *Stay the Course*, 9.
9. Braham, *The House That Bogle Built*, chap. 2, ePub.
10. Braham, *The House That Bogle Built*, chap. 1, ePub.
11. "Big Money in Boston," *Fortune*, December 1949.
12. Jack Bogle, "The Economic Role of the Investment Company" (Princeton thesis, 1951).
13. Braham, *The House That Bogle Built*, chap. 2, ePub.
14. Braham, *The House That Bogle Built*, chap. 3, ePub.
15. Braham, *The House That Bogle Built*, chap. 3, ePub.
16. Philadelphia Area Archives Research Portal, Jack C. Bogle Papers, Princeton University Library.
17. Braham, *The House That Bogle Built*, chap. 4, ePub.
18. Bogle, *Stay the Course*, 264.
19. Bogle, *Stay the Course*, 20.
20. Braham, *The House That Bogle Built*, chap. 4, ePub.
21. Braham, *The House That Bogle Built*, chap. 4, ePub.
22. Bogle, *Stay the Course*, 21.
23. *Institutional Investor*, January 1968.
24. *Institutional Investor*, January 1968.
25. *Institutional Investor*, July 1972.
26. *Institutional Investor*, July 1972.
27. *Institutional Investor*, July 1972.

第５章　非正統派の砦

1. *Institutional Investor*, July 1972.
2. Peter Bernstein, *Capital Ideas: The Improbable Origins of Modern Wall Street* (New York: Wiley, 1992), 242.
3. *Institutional Investor*, July 1972.
4. Email from James Vertin via Charley Ellis.
5. Bernstein, *Capital Ideas*, 240.
6. Myron Scholes, "Derivatives in a Dynamic Environment," Nobel Lecture, December 1997.
7. Perry Mehrling, *Fischer Black and the Revolutionary Idea of Finance* (Hoboken, NJ: Wiley, 2011), 105.〔邦訳：ペリー・メーリング著、今野浩監訳、村井章子訳『金融工学者フィッシャー・ブラック』日経BP社、2006年〕
8. Mehrling, *Fischer Black and the Revolutionary Idea of Finance*, 101.
9. James Hagerty, "Bill Fouse Taught Skeptical Investors to Love Index Funds," *Wall Street Journal*, October 31, 2019.
10. "William Lewis Fouse," *San Francisco Chronicle* (obituary), October 17, 2019.
11. Robin Wigglesworth, "William Fouse, Quantitative Analyst, 1928–2019," *Financial Times*, October 24, 2019.
12. Bernstein, *Capital Ideas*, 243.
13. Bernstein, *Capital Ideas*, 244.
14. Bill Fouse, "His Early Bosses Thought Fouse's Indexing Idea Was a Melon," *Pensions & Investments*, October 19, 1998.
15. Bernstein, *Capital Ideas*, 245.
16. Mehrling, *Fischer Black and the Revolutionary Idea of Finance*, 106.
17. Mehrling, *Fischer Black and the Revolutionary Idea of Finance*, 107.
18. Donald MacKenzie, *An Engine, Not a Camera: How Financial Models Shape Markets* (Cambridge, MA: MIT Press, 2006), 85.
19. Frank Fabozzi, *Perspectives on Equity Indexing* (New York: Wiley, 2000), 44.
20. Bernstein, *Capital Ideas*, 248.
21. Deborah Ziff Soriano, "Index Fund Pioneer Rex Sinquefield," *Chicago Booth Magazine*, May 2019, www.chicagobooth.edu/magazine/rex-sinquefield-dimensional.
22. *Pensions & Investments*, June 23, 1975.
23. Dean LeBaron, speech to Atlanta Society of Financial Analysts, January 22, 1975.
24. George Miller, "First to Sell, but Not First to Invent," *Wall Street Journal*, September 18, 2011.
25. *Institutional Investor*, February 1976.
26. *New York Times*, March 26, 1977.
27. *Institutional Investor*, July 1972.
28. *Institutional Investor*, February 1974.
29. *Institutional Investor*, April 1980.
30. Bernstein, *Capital Ideas*, 248.
31. Jonathan Laing, "Bye-Bye, Go-Go?," *Wall Street Journal*, June 7, 1973.
32. Laing, "Bye-Bye, Go-Go?"
33. Eric Balchunas, "Passive Funds' Effect on Stocks," Bloomberg, September 18, 2019.
34. Lawrence Rout, "Firms' Pension Fund Managers Often Are Failing to Manage — Instead,

16. Eugene Fama, "A Brief History of Finance and My Life at Chicago," *Chicago Booth Review,* April 7, 2014, https://www.chicagobooth.edu/review/a-brief-history-of-finance.
17. The Nobel Prize, "Eugene F. Fama."
18. Tyler Vigen, "Spurious Correlations," www.tylervigen.com/spurious-correlations.
19. Eugene Fama, "The Behavior of Stock-Market Prices," *Journal of Business* 38, no. 1 (January 1965).
20. Read, *The Efficient Market Hypothesists,* 102.
21. *Institutional Investor*, April 1968.
22. Roger Ibbotson, "Random Talks with Eugene Fama," Ibbotson Associates, 2000.
23. Burton Malkiel, *A Random Walk Down Wall Street* (New York: Norton, 1973).〔最新版の邦訳：バートン・マルキール著、井手正介訳『ウォール街のランダム・ウォーカー〈原著第13版〉――株式投資の不滅の真理』日本経済新聞出版、2023年〕

第４章　クオンティファイアーズ

1. Peter Bernstein, *Capital Ideas: The Improbable Origins of Modern Wall Street* (New York: Wiley, 1992), 237.
2. Bernstein, *Capital Ideas*, 238, and author interviews with McQuown.
3. Bernstein, *Capital Ideas*, 238.
4. Bernstein, *Capital Ideas*, 238.
5. John McQuown, "A Personal History of Modern Finance," speech, 2011.
6. McQuown, "A Personal History of Modern Finance."
7. McQuown, "A Personal History of Modern Finance."
8. *Institutional Investor*, April 1968.
9. Bernstein, *Capital Ideas*, 241.
10. Robin Wigglesworth, "Passive Attack: The Story of a Wall Street Revolution," *Financial Times*, December 20, 2018.
11. Jeanette Cooperman, "The Return of the King," *St. Louis* magazine, June 23, 2009, www.stlmag.com/The-Return-of-the-King/.
12. Donald MacKenzie, *An Engine, Not a Camera: How Financial Models Shape Markets* (Cambridge, MA: MIT Press, 2006), 100.
13. Deborah Ziff Soriano, "Index Fund Pioneer Rex Sinquefield," *Chicago Booth Magazine*, May 2019, www.chicagobooth.edu/magazine/rex-sinquefield-dimensional.
14. Margaret Towle, "Being First Is Best: An Adventure Capitalist's Approach to Life and Investing, a Conversation with Dean LeBaron," *Journal of Investment Consulting* 14, no. 2 (November 2013).
15. Towle, "Being First Is Best."
16. LeBaron family history, courtesy of Donna Carpenter-LeBaron.
17. LeBaron family history.
18. LeBaron family history.
19. *Pensions & Investments*, November 26, 1973.
20. *Pensions & Investments*, January 1975.
21. *Pensions & Investments*, February 17, 1975.

www.crsp.org/research/james-lorie-recognized-importance-crsp-future-research.
30. Lorie, "Current Controversies on the Stock Market."
31. Michael Jensen, "The Performance of Mutual Funds in the Period 1945–1964," *Journal of Finance*, May 1968.
32. Paul F. Miller Jr., "The Dangers of Retrospective Myopia," in *The Book of Investing Wisdom: Classic Writings by Great Stock- Pickers and Legends of Wall Street*, ed. Peter Krass (New York: Wiley, 1999), 49.
33. Edward Renshaw and Paul Feldstein, "The Case for an Unmanaged Investment Company," *Financial Analysts Journal*, 1960.
34. John B. Armstrong, "The Case for Mutual Fund Management," *Financial Analysts Journal*, 1960.
35. Prasanna Chandra, *Behavioural Finance* (New Delhi: McGraw-Hill Education, 2016), 7.
36. Charles D. Ellis, "The Loser's Game," *Financial Analysts Journal*, 1975.
37. Ian Liew, "SBBI: The Almanac of Returns Data," *Index Fund Advisors*, July 19, 2019, www.ifa.com/articles/draft_dawn_creation_investing_science_bible_returns_data/.
38. Lorie, "Current Controversies on the Stock Market."
39. Bernstein, *Capital Ideas*, 97.
40. Lorie, "Current Controversies on the Stock Market."

第３章　偶然の悪魔を手なずける

1. Russell R. Wasendorf Sr. and Russell R. Wasendorf Jr., "Feature Interview: Harry M. Markowitz, Nobel Laureate," *SFO Magazine*, July 2008, 2, www.altavra.com/docs/thirdparty/interview-with-nobel-laureate-harry-markowitz.pdf.
2. UBS, "Harry Markowitz," Nobel Perspectives, www.ubs.com/microsites/nobel-perspectives/en/laureates/harry-markowitz.html.
3. Wasendorf and Wasendorf, "Feature Interview: Harry M. Markowitz, Nobel Laureate," 3.
4. Peter Bernstein, *Capital Ideas Evolving* (Hoboken, NJ: Wiley, 2007), xiii.〔邦訳：ピーター・L・バーンスタイン著、山口勝業訳『アルファを求める男たち――金融理論を投資戦略に進化させた17人の物語』東洋経済新報社、2009年〕
5. Robin Wigglesworth, "How a Volatility Virus Infected Wall Street," *Financial Times*, April 12, 2018, https://www.ft.com/content/be68aac6-3d13-11e8-b9f9-de94fa33a81e.
6. Wasendorf and Wasendorf, "Feature Interview: Harry M. Markowitz, Nobel Laureate," 3.
7. Wasendorf and Wasendorf, "Feature Interview: Harry M. Markowitz, Nobel Laureate," 3.
8. Natalie Marine-Street, William F. Sharpe interview, Stanford Historical Society, 2018.
9. Marine-Street, William Sharpe interview.
10. Ronald N. Kahn, *The Future of Investment Management* (CFA Institute Research Foundation, 2018), 19, www.cfainstitute.org/-/media/documents/book/rf-publication/2018/future-of-investment-management-kahn.ashx.
11. Marine-Street, William Sharpe interview.
12. The Nobel Prize, "Eugene F. Fama" (biography).
13. Colin Read, *The Efficient Market Hypothesists: Bachelier, Samuelson, Fama, Ross, Tobin, and Shiller* (Basingstoke, UK: Palgrave Macmillan, 2013), 93.
14. The Nobel Prize, "Eugene F. Fama."
15. The Nobel Prize, "Eugene F. Fama."

4. L. Carraro and P. Crépel, "Louis Bachelier," Encyclopedia of Math, www.encyclopediaofmath.org/images/f/f1/LouisBACHELIER.pdf.
5. Carraro and Crépel, "Louis Bachelier."
6. Colin Read, *The Efficient Market Hypothesists: Bachelier, Samuelson, Fama, Ross, Tobin, and Shiller* (Basingstoke, UK: Palgrave Macmillan, 2013), 48.
7. Bernstein, *Capital Ideas*, 18.
8. John Kenneth Galbraith, *The Great Crash, 1929* (Boston: Mariner Books, 2009; originally published by Houghton Mifflin, 1955), 27.〔邦訳：ジョン・K・ガルブレイス著、村井章子訳『大暴落1929』日経BP、2008年〕
9. Bernstein, *Capital Ideas*, 29.
10. Alfred Cowles, "Can Stock Market Forecasters Forecast?," paper read at a joint meeting of the Econometric Society and the American Statistical Association, Cincinnati, Ohio, December 31, 1932, https://cowles.yale.edu/sites/default/files/2022-08/cowles-forecasters33.pdf.
11. Bernstein, *Capital Ideas*, 33.
12. Cowles, "Can Stock Market Forecasters Forecast?"
13. Alfred Cowles, "Stock Market Forecasting," *Econometrica* 12, no. 3/4 (July-October 1944): 206-214, http://e-m-h.org/Cowl44.pdf.
14. Bernstein, *Capital Ideas*, 35.
15. Bernstein, *Capital Ideas*, 36.
16. Alfred Cowles, *Cowles Commission for Research in Economics* (Monograph No. 3), 2.
17. Robin Wigglesworth, "Passive Attack: The Story of a Wall Street Revolution," *Financial Times*, December 20, 2018.
18. Louis Engel, "What Everybody Ought to Know...About This Stock and Bond Business," *New York Times*, October 19, 1948, https://swiped.co/file/about-this-stock-bond-louis-engel/.
19. David Bird, "Louis Engel Jr., Ex-Merrill Lynch Partner, Dies," *New York Times*, November 8, 1982, www.nytimes.com/1982/11/08/obituaries/louis-engel-jr-ex-merrill-lynch-partner-dies.html.
20. James H. Lorie, "Current Controversies on the Stock Market," speech to American Statistical Association, September 1965, https://www.chicagobooth.edu/~/media/480B895BA1864CCBBDD04633A1CDE9E7.pdf.
21. Tonya Maxwell, "In Memory of James H. Lorie," *Chicago Tribune*, August 11, 2005, www.dailyspeculations.com/vic/JimLorie.html.
22. Maxwell, "In Memory of James H. Lorie."
23. "Lorie Developed Chicago Approach to Management Education," *University of Chicago Chronicle*, October 6, 2005, http://chronicle.uchicago.edu/051006/obit-lorie.shtml.
24. Lorie, "Current Controversies on the Stock Market."
25. Lorie, "Current Controversies on the Stock Market."
26. Lorie, "Current Controversies on the Stock Market."
27. L. Fisher and J. Lorie, "Rates of Return on Investments in Common Stocks," *Journal of Business* 37, no.1 (January 1964): 1–21, at 2.
28. Center for Research in Security Prices, "Louis Engel: The Man Who Brought Wall Street to Main Street," *50th Anniversary Issue: Rates of Return of Investments in Common Stocks*, www.crsp.org/research/louis-engel-man-who-brought-wall-street-main-street.
29. Center for Research in Security Prices, "James Lorie: Recognized the Importance of CRSP for Future Research," *50th Anniversary Issue: Rates of Return of Investments in Common Stocks*,

原注

以下に出典が記されていない本書内の引用は、すべて2018年から2020年にかけて著者自身が行ったインタビューに基づいている。

第1章　バフェットの賭け

1. Carol Loomis, "Buffett's Big Bet," *Fortune*, June 2008.〔邦訳「バフェットの大きな賭け」はキャロル・ルーミス著、峯村利哉訳『完全読解 伝説の投資家バフェットの教え』朝日新聞出版、2014年に収録されている〕
2. Ted Seides, "Dear Warren," letter to Buffett.
3. Stephen Gandel, "The 1975 Buffett Memo That Saved WaPo's Pension," *Fortune*, August 15, 2013.
4. Chris Welles, "Fred Alger, Portrait of a Star," *Institutional Investor*, January 1968.
5. Warren Buffett, "The Superinvestors of Graham-and-Doddsville," speech, Columbia Business School, May 17, 1984.〔スピーチ全文の邦訳「グレアム・ドッド村のスーパー投資家たち」はベンジャミン・グレアム／ジェイソン・ツバイク著、増沢和美／新美美葉／塩野未佳訳『新 賢明なる投資家〈下〉』パンローリング、2005年の補遺に収録されている〕
6. Loomis, "Buffett's Big Bet."
7. Ahmed Kabil, "How Warren Buffett Won His Multi-Million Dollar Long Bet," *Medium*, February 17, 2018.
8. "Over a ten-year period commencing on January 1, 2008, and ending on December 31, 2017, the S&P 500 will outperform a portfolio of funds of hedge funds, when performance is measured on a basis net of fees, costs and expenses," Long Bets Project, 2008.
9. Berkshire Hathaway annual report, 2017.
10. Loomis, "Buffett's Big Bet."
11. Jack Bogle, "Warren Buffett Gave Me a Surprise Shoutout at Berkshire Meeting," *Omaha World-Herald*, April 10, 2018.
12. Bogle, "Warren Buffett Gave Me a Surprise Shoutout at Berkshire Meeting."
13. Berkshire Hathaway annual report, 2016.
14. Justin Baer, "Fidelity Reports Record Operating Profit, Revenue," *Wall Street Journal*, March 3, 2020.
15. Paul Singer, "Comfortably Numb," Elliott Management letter to investors, 2017.

第2章　ゴッドファーザー

1. Peter Bernstein, *Capital Ideas: The Improbable Origins of Modern Wall Street* (New York: Wiley, 1992), 23.〔邦訳：ピーター・L・バーンスタイン著、青山護／山口勝業訳『証券投資の思想革命（普及版）――ウォール街を変えたノーベル賞経済学者たち』東洋経済新報社、2006年〕
2. Bernstein, *Capital Ideas*, 23.
3. Mark Davis, "Louis Bachelier's Theory of Speculation," talk, Imperial College, https://f-origin.hypotheses.org/wp-content/blogs.dir/1596/files/2014/12/Mark-Davis-Talk.pdf.

［著者］

ロビン・ウィグルスワース

Robin Wigglesworth

フィナンシャル・タイムズ紙グローバル・ファイナンス担当記者。マーケット、投資動向、世界のファイナンスについての動きを追う。長尺の読み物、アナリシス、人物関連記事、コラム執筆を担当。2008年にFT紙に移籍する前はブルームバーグニュース社に在籍。

［訳者］

貫井佳子

ぬきい・よしこ

翻訳家。青山学院大学国際政治経済学部卒業。証券系シンクタンク、外資系証券会社に勤務後、フリーランスで翻訳業に従事。訳書に『戦略の世界史（上・下）』『金融危機の行動経済学』『市場サイクルを極める』『投資で一番大切な20の教え』『なぜ「あれ」は流行るのか?』『リーダーなき経済』（日本経済新聞出版）などがある。日本証券アナリスト協会検定会員。

TRILLIONS（トリリオンズ）
［物語］インデックス・ファンド革命

2024年2月14日　1版1刷

著者　ロビン・ウィグルスワース
訳者　貫井佳子
発行者　國分正哉
発行　株式会社日経BP
日本経済新聞出版
発売　株式会社日経BPマーケティング
〒105－8308　東京都港区虎ノ門4－3－12
装幀　新井大輔
DTP　マーリンクレイン
印刷・製本　中央精版印刷株式会社

ISBN 978-4-296-11511-2

本書籍に関するお問い合わせ，ご連絡は下記にて承ります。
https://nkbp.jp/booksQA

Printed in Japan